Hitoshi Takeda

Qualität im Prozess

Hitoshi Takeda

Qualität im Prozess

Leitfaden zur Qualitätssteigerung
in der Produktion

*Übersetzung aus dem Japanischen von
Melanie van der Laan*

Bibliografische Information der Deutschen Nationalbibliothek
Die Deutsche Nationalbibliothek verzeichnet diese Publikation in der Deutschen Nationalbibliografie.
Detaillierte bibliografische Daten sind im Internet über http://dnb.d-nb.de abrufbar.

Für Fragen und Anregungen:
takeda@mi-wirtschaftsbuch.de

1. Auflage 2009

© 2009 by mi-Wirtschaftsbuch, FinanzBuch Verlag GmbH, München,
Nymphenburger Straße 86
D-80636 München
Tel.: 089_651285_0
Fax: 089_652096

© der Originalausgabe by SPS Management Consultants Japan, Hitoshi Takeda

Die japanische Originalausgabe erschien 2007 bei Nikkan Kogyo Shinbun, Tokyo
unter dem Titel »Seizô genba no 'hinshitsu tsukurikomi nôryoku' pawâappu kyôhon
-- furyô bokumetsu no tame no jissen nôhau --«

Alle Rechte, insbesondere das Recht der Vervielfältigung und Verbreitung sowie der Übersetzung, vorbehalten. Kein Teil des Werkes darf in irgendeiner Form (durch Fotokopie, Mikrofilm oder ein anderes Verfahren) ohne schriftliche Genehmigung des Verlages reproduziert oder unter Verwendung elektronischer Systeme gespeichert, verarbeitet, vervielfältigt oder verbreitet werden.

Übersetzung: Melanie van der Laan, Rodgau
Redaktion: Leonie Zimmermann, Landsberg am Lech
Lektorat: Stephanie Walter, München
Umschlaggestaltung: Jarzina Kommunikationsdesign, Holzkirchen
Satz: Jürgen Echter, Landsberg am Lech
Druck: Joh. Walch, Augsburg
Printed in Germany

ISBN 978-3-86880-023-4

— *Weitere Infos zum Thema:* —

www.mi-wirtschaftsbuch.de
Gerne übersenden wir Ihnen unser aktuelles Verlagsprogramm.

Inhalt

	Qualitätserzeugung im Prozess (QiP) – Der Durchbruch zur Produktionsreform	9
1	**Was bedeutet »Qualitätserzeugung im Prozess«?**	**11**
1.1	Qualität in der Produktionsstätte	11
1.2	Warum die Qualitätsprobleme nicht abnehmen	14
1.3	Qualität erzeugen bedeutet die Sicherstellung von Gutteilbedingungen	17
1.4	Durch wen und wann die Bedingungen für die Gutteilerzeugung festgelegt werden	20
1.5	Auf welche Weise die Bedingungen für die Gutteilerzeugung festgelegt werden	23
1.6	Bedingungen für die Qualitätserzeugung im Prozess	26
1.7	QIP ist eine Produkterzeugungsphilosophie	29
2	**QiP – Warum jetzt?**	**33**
2.1	Eine neue Perspektive für die Steigerung der Wettbewerbsfähigkeit	33
2.2	QiP führt zur Steigerung der Wettbewerbsfähigkeit	36
2.3	Die Entwicklung der neuen Kennzahl Qualitätskosten	39
2.4	Traditionelle Qualitätskosten	42
2.5	Das Phänomen der neuen Qualitätskosten	45
2.6	QiP minimiert die Qualitätskosten	48
2.7	QiP ist der Durchbruch zur Produktionsreform	51
3	**Was ist QiP-Fähigkeit?**	**55**
3.1	QiP ist ein Teil der Organisationsfähigkeit	55
3.2	QiP-Philosophie – Was ist QiP-Fähigkeit?	58
3.3	Die vier Grundelemente der QiP-Fähigkeit	61
3.4	Maßstab zur Erfassung der Gesamtleistung einer Produktion	64
4	**Wie die QiP-Fähigkeit gesteigert wird**	**67**
4.1	Ansatz 1: Etablieren der Produkterzeugungsphilosophie	67
4.2	Ansatz 2: Reform des Produktionsmanagements	70
4.3	Ansatz 3: Reform des Produktionssystems	73
4.4	Ansatz 4: Anwendung von Methoden und Tools	76

5	Etablierung der Produkterzeugungsphilosophie zur Steigerung der QiP-Fähigkeit...	79
5.1	Etablieren des QiP-Konzepts als Wertvorstellung der Organisation	79
5.2	Vorbild Topmanagement	82
5.3	Eine Unternehmenskultur schaffen, die ihre Priorität auf Qualität setzt	85
5.4	Hoher Qualitätsanspruch und Anstreben des Sollzustands	88
5.5	Qualifikation und Ausbildung von Experten	91
6	Das Management zur Steigerung der QiP-Fähigkeit............	95
6.1	Die Organisierung der Produktionsstätte – Einführung der Teamstruktur...............................	95
6.2	Die Rolle des Teamleiters	98
6.3	Die Systematik der Arbeitsstandards und standardisierte Arbeit..	101
6.4	Die Rolle der Führungskräfte und der Büromitarbeiter	104
6.5	Die Aufgaben der Produktionsstätte im Stadium der Produktionsvorbereitung..................................	107
6.6	Begleitende Unterstützung der Lieferanten	110
6.7	Produktionsqualität beginnt im Stadium der Neuproduktentwicklung.	113
7	Ansätze zur Steigerung der QiP-Fähigkeit durch das Produktionssystem...	117
7.1	Stabilisierung der Produktionsbedingungen durch Glättung der Produktion	117
7.2	Schaffen von Strukturen, die Verbesserungen fördern	120
7.3	Im-Fluss-Halten der Prozesse bringt Gutteile hervor	123
7.4	Kleinlosefertigung und Einzelstückfluss ermöglichen eine schnelle Rückmeldung	126
7.5	Prüfung und Qualitätssicherung in allen Prozessen............	129
7.6	Schaffen einer Struktur, die bei Auftreten eines Fehlers die Linie anhält	132
8	Ansätze zur Steigerung der QiP-Fähigkeit über die Anwendung von Methoden und Tools	135
8.1	Bedingungen für die Gutteilerzeugung: Waren und Informationen...	135
8.2	Bedingungen für die Gutteilerzeugung: Standardisierung der Arbeit	151
8.3	Bedingungen für die Gutteilerzeugung: Personalqualifikation	168
8.4	Bedingungen für die Gutteilerzeugung: Anlagen	184
8.5	Pokayoke..	199
8.6	Schnelles Rückmeldesystem bei Auftreten eines Qualitätsfehlers ...	214
8.7	QiP-Beurteilungsliste	228

Abbildungen **231**

Register **235**

Autoreninformation... **239**

Qualitätserzeugung im Prozess (QiP) – Der Durchbruch zur Produktionsreform

Während der Globalisierungswettbewerb der Unternehmen weiter voranschreitet, nimmt auch die Zahl der Unternehmen, die zur Steigerung ihrer Wettbewerbsfähigkeit und auf der Suche nach günstigeren Arbeitskräften ihre Produktionsstätten ins Ausland verlegen, weiter zu. Tatsache ist jedoch, dass dabei vermehrt Kosten zur Beseitigung von Qualitätsproblemen entstehen und sich die Gesamtkosten nicht wie erwartet reduzieren.

Gleichzeitig gibt es Unternehmen, die Qualität als ihr höchstes Gut anpreisen, aber beträchtliche Kosten aufgrund von Kundenreklamationen haben, weil sie nicht in der Lage sind, Qualität im Prozess zu erzeugen.

Die Idee der Qualitätserzeugung im Prozess (QiP) wurde vor einem halben Jahrhundert in den Vereinigten Staaten geboren, sie ist mittlerweile allgemein bekannt bei den produzierenden Unternehmen und bildet die Basis der Qualitätssteuerung. Es gibt jedoch bisher recht wenige Unternehmen, bei denen diese Idee konsequent umgesetzt wird.

Die Ursache dafür liegt in einem Festhalten an Qualitätsmethoden aus den Zeiten der Massenfertigung, wie zum Beispiel dem Prüfen oder dem Erzielen einer Fehlerrate, die zwar aus betriebswirtschaftlicher Sicht sinnvoll erscheint, aber nicht für die Produktion von Qualität sorgt.

Selbst bei Unternehmen, die nach außen damit werben, Qualitätserzeugung im Prozess zu betreiben, trifft man noch häufig auf veraltete Maßnahmen der Qualitätskontrolle.

Andererseits gibt es natürlich auch Unternehmen, die solide Strukturen zur Qualitätserzeugung im Prozess geschaffen, Fehlerraten im ppm-Bereich erreicht und ein herausragendes Qualitätsniveau verwirklicht haben.

Dieses Buch will aufzeigen, welche Strukturen zur Qualitätserzeugung im Prozess, die ein solch herausragendes Qualitätsniveau hervorbringen, notwendig sind und wie man diese aufbaut. Dabei wird Qualität als Produktionsqualität verstanden; es geht also darum, wie Produktionsqualität im Prozess erzeugt werden kann.

Was die Strukturen zur Qualitätserzeugung im Prozess anbetrifft, werden diese aus Sicht der Wettbewerbs- und Organisationsfähigkeit des gesamten Unternehmens untersucht. Der Grundgedanke dieses Buchs: Qualitätserzeugung im Prozess beruht nicht nur auf der Nutzung von Methoden und Tools, sondern bezieht auch Produktionssystem, Management und Unternehmensphilosophie mit ein.

Produktionsqualität im Prozess zu erzeugen ist also nicht nur eine Sache von technischen Maßnahmen und Methoden, sondern erfordert auch systematisches und strategisches Vorgehen.

Qualitätserzeugung im Prozess systematisch zu verwirklichen wird hier als »Fähigkeit zur Qualitätserzeugung im Prozess«, auch kurz »QiP-Fähigkeit«, bezeichnet. Wir werden der Frage nachgehen, wie man diese Fähigkeit etablieren und steigern kann.

Qualitätserzeugung im Prozess beruht auf vier Grundelementen, wobei größerer Wert gelegt werden sollte auf die Produkterzeugungsphilosophie, das Vorgehen des Produktionsmanagements und die Struktur des Produktionssystems als auf die technischen Methoden und Werkzeuge. Diese vier Grundelemente sollen jeweils gestärkt werden und sich zu einer ganzheitlichen Kompetenz entwickeln.

Die kontinuierliche Erzeugung von Gutteilen erfordert insbesondere, die Eigenständigkeit der Produktionsstätte zu stärken, das Steuerungsniveau der alltäglichen Produktion zu steigern sowie die Erfahrungswerte zu konkretisieren und zu systematisieren. Das bedeutet auch, spezielle Fähigkeiten erfahrener Mitarbeiter zu nutzen und kreative Lösungen für die Praxis zu entwickeln, um diese als Teil der Produktionstechnik umzusetzen.

Trennen Sie sich bei der Steigerung der QiP-Fähigkeit von der traditionellen Denkweise, den Zusammenhang zwischen Qualität und Kosten als Kosten-Nutzen-Verhältnis zu sehen, und stellen Sie sich um auf eine neue Denkweise in Bezug auf die Qualitätskosten, die besagt, dass echte Wettbewerbsfähigkeit in puncto Kosten dann entsteht, wenn der Qualität höchste Priorität eingeräumt wird.

Wenn Ihnen dieses Buch neue Perspektiven eröffnet in Bezug auf die QiP-Fähigkeit und Sie dazu veranlasst, sich darüber Gedanken zu machen, was Organisationsfähigkeit und Unternehmensführung für die Herstellung von Gütern bedeutet, wäre mir das ein persönlicher Grund zur Freude.

Hitoshi Takeda
Tokyo im September 2009

1 Was bedeutet »Qualitätserzeugung im Prozess«?

1.1 Qualität in der Produktionsstätte

Qualität: Begriff und Bedeutung

Was bedeutet Qualität? Es ist nicht einfach, diese Frage zu beantworten. Das liegt daran, dass die Inhalte, die mit dem Begriff Qualität umschrieben werden, zum Beispiel mit Veränderung der Unternehmenskultur, je nach Art des Produkts oder durch die unterschiedliche Position dessen, der darüber spricht, ganz unterschiedlich sein können. Das heißt, die Bedeutung des Begriffs Qualität ist sehr vielfältig und verändert sich auch mit der Zeit.

Zu Zeiten, in denen ein Mangel an Gütern herrscht und die Anbieter sich im Vergleich zu den Käufern in der besseren Position befinden, werden die Käufer vor allem darum bemüht sein, die nötige Ware überhaupt zu erhalten, und nicht sehr großen Wert auf die Qualität legen. Hingegen wird in einer Zeit wie der heutigen, in der Dinge und Waren im Überfluss vorhanden sind, verlangt, dass die speziellen Wünsche und potenziellen Bedürfnisse der Kunden befriedigt werden, sodass es für die produzierenden Unternehmen überlebensnotwendig ist, Produkte oder Dienstleistungen in entsprechender Qualität anzubieten.

Es gilt ebenfalls, dass in Industriegüter produzierenden Unternehmen die Forderungen der Kunden klar artikuliert sind und allgemein bekannt ist, was in diesem Fall Qualität bedeutet. Auf der anderen Seite zeigt sich für Konsumgüter produzierende Unternehmen, dass die Bedürfnisse der Kunden immer differenzierter werden und auch höhere Ansprüche an die Qualität gestellt werden.

Die Qualität der Produkte wird nicht mehr nur rein durch Nutzen und Funktion definiert, sondern beinhaltet auch den modischen Aspekt, inwieweit ein Produkt die Sinne anspricht, oder den inhaltlichen Aspekt, also welche Werte durch ein Produkt vertreten werden. Auch das Markenimage des Unternehmens selbst ist zu einem Teil der Qualität geworden.

Trotz der Vielfalt kann man zum Begriff der Qualität die grundlegende Aussage treffen, dass bei der Qualität von Produkten oder Dienstleistungen das Wertniveau oder der praktische Nutzen durch den Kunden beurteilt wird (siehe Abbildung 1).

Konstruktionsqualität und Produktionsqualität

Wenn man die Qualität in produzierenden Unternehmen betrachtet, gibt es entsprechend den drei großen Funktionen Entwicklung, Produktion und Vertrieb

Was bedeutet »Qualitätserzeugung im Prozess«?

drei verschiedene Arten von Qualität. Diese sind (siehe Abbildung 2) die Konstruktionsqualität, die Produktionsqualität und die Marketingqualität sowie die ganzheitliche oder Gesamtqualität, die aus diesen drei Elementen besteht. Zur Gesamtqualität kommen noch Preis und Lieferzeit hinzu, die dann zusammen als Kundenzufriedenheit die Wettbewerbsfähigkeit auf dem Markt widerspiegeln.

Wirft man nun ein Auge auf die Produkte, die von produzierenden Unternehmen erzeugt werden, sind die grundlegenden und gleichzeitig wichtigen Qualitäten die Konstruktionsqualität und die Produktionsqualität. Die Konstruktionsqualität stellt dar, inwieweit die Forderungen und Bedürfnisse des Kunden zufriedengestellt werden, und die Produktionsqualität zeigt auf, wie genau das Produkt mit der Absicht hinter der Konstruktion und der Konstruktionszeichnung übereinstimmt. Daher bezeichnet man die Produktionsqualität gelegentlich auch als »Übereinstimmungsqualität«. Da dieses Buch den Fokus auf die Produktionsstätte legt, wird grundsätzlich von der Produktionsqualität gesprochen.

Zielsetzung bei der Verbesserung von Qualität

Zu Zeiten von Güterknappheit und Massenproduktion wurde unter dem Begriff Qualität vor allem die Produktionsqualität verstanden und die Hauptaktivitäten im Bereich der Qualitätssicherung bestanden in ihrer Aufrechterhaltung und Verbesserung. In dieser Zeit entwickelten sich verschiedene Steuerungstechniken und entsprechendes Know-how zur Verbesserung der Produktionsqualität.

Nachdem im Laufe der Zeit die Position des Kunden überlegener wurde und sich kundenorientiertes Denken verbreitete, gewann die oben genannte Konstruktions- und Marketingqualität an Bedeutung und der Schwerpunkt der Qualitätssteuerung verlagerte sich. Da diese Qualitäten vom Markt und vom Kunden direkt beurteilt wurden und sich auf das Geschäftsergebnis niederschlugen, wurde es zu einer Selbstverständlichkeit, sich auf die Verbesserung dieser Qualitäten zu konzentrieren.

Allerdings wurde in puncto Produktionsqualität das Qualitätssteuerungssystem aus Zeiten der Massenproduktion beibehalten und man trifft viele Firmen an, bei denen bis heute keine Anpassung an das neue Umfeld und in Bezug auf Konstruktions- und Marketingqualität erfolgt ist.

Das hat zur Folge, dass von den drei genannten Qualitäten die Produktionsqualität vergleichsweise schwach ausgeprägt ist und zu einem Engpass werden kann.

Aus dieser Erkenntnis heraus möchte sich dieses Buch vor allem dem Thema widmen, wie die Produktionsqualität gesteigert werden kann.

Qualität in der Produktionsstätte

Die Grundlagen von Qualität

Die Höhe des **Wertes** (Qualität), wie sie vom Kunden beurteilt wird, gegenüber der **Produkte/Dienstleistungen** (Ware), die von den Unternehmen erbracht werden

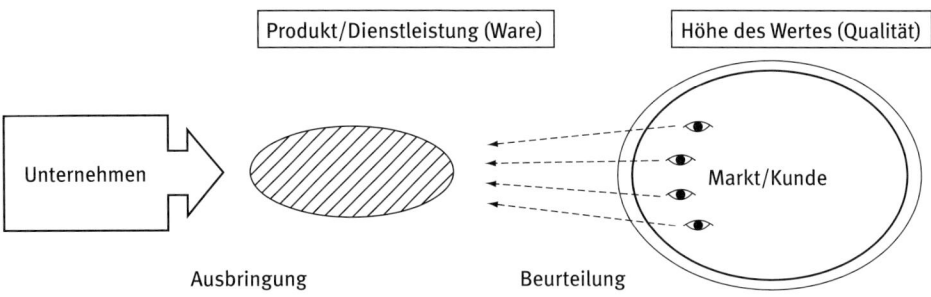

Die Vielfältigkeit von Qualität

Zeitgeschehen, Umfeld	Zeiten des Gütermangels (Anbieter in überlegener Position)	Produktqualität steht im Mittelpunkt
	Zeiten des Güterüberflusses (Kunde in überlegener Position)	Auf Gesamtqualität, vor allem Konstruktionsqualität, wird Wert gelegt
Art des Produkts	Industriegüter	Da Bedürfnisse der Kunden eindeutig, erstreckt sich der Wert auf Konstruktions- und Produktionsqualität
	Konsumgüter	Bedürfnisse der Kunden vielfältiger und komplexer, neben Funktion sind modischer Aspekt und Aussage gefragt

Abbildung 1: Die vielfältige Bedeutung des Begriffs Qualität

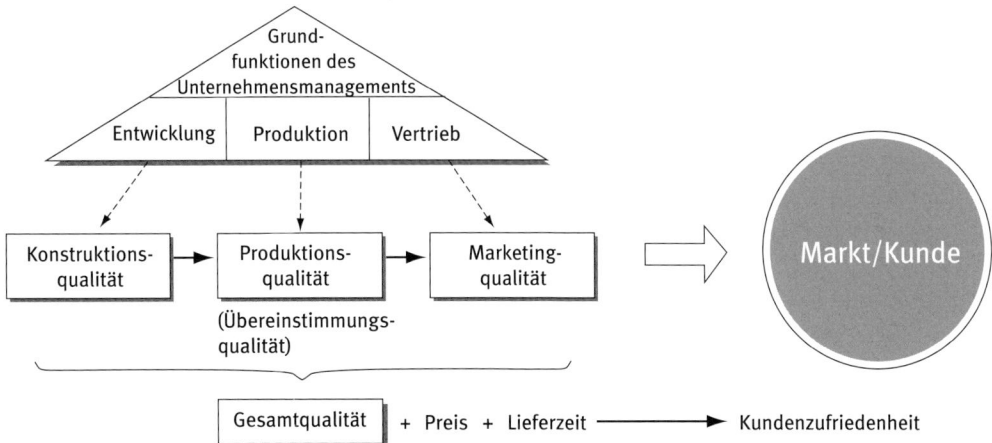

Abbildung 2: Qualität in der produzierenden Industrie

1.2 Warum die Qualitätsprobleme nicht abnehmen

Zwei Grundmuster der Qualitätsverbesserungsaktivitäten

Es verstreicht wohl kein Tag am Arbeitsplatz in der produzierenden Industrie, an dem nicht die Verbesserung der Produktionsqualität thematisiert wird. In den Produktionsstätten werden tagtäglich Aktivitäten zur Aufrechterhaltung und Verbesserung der Qualität unternommen und als Ergebnis dessen kann ein konstantes Qualitätsniveau erreicht werden. Somit spiegelt das Niveau der Qualität die Balance zwischen den Qualitätsmängeln, die durch den tatsächlichen Zustand der Arbeitsprozesse verursacht werden, und den Bemühungen, diese einzugrenzen, wider. Sind die Bemühungen zur Qualitätsverbesserung intensiver Art, wird ein hohes Qualitätsniveau erreicht, sind sie nur schwach ausgeprägt, kann nur ein niedriges Niveau erreicht werden.

In vielen Produktionsstätten werden die Aktivitäten zur Qualitätsverbesserung dann in Angriff genommen, wenn das bestehende Qualitätsniveau als problematisch erkannt wird. Wenn zum Beispiel bei Anlauf eines Neuprodukts gehäuft Qualitätsmängel auftreten und das Qualitätsniveau stark darunter leidet, wird der Verbesserung der Qualität höchste Priorität eingeräumt. Infolgedessen werden verstärkt Aktionen zur Qualitätsoptimierung durchgeführt, sodass die Qualitätskennzahlen sich anfangs zwar stark verbessern, mit der Zeit aber die Dynamik nachlässt und mit Erreichen eines gewissen Niveaus kaum mehr Veränderungen aufweisen. Richtet man das Augenmerk auf diesen Verlauf, kann man, wie in Abbildung 3 dargestellt, zwei grundlegende Muster erkennen.

Unterschiede der zwei Muster

Der entscheidende Unterschied zwischen Muster A und Muster B der Abbildung 3 liegt im Qualitätsniveau nach Erreichen des ausbalancierten Zustands. Wie ersichtlich liegt die Fehlerrate im Prozess bei Muster A in der Größenordnung von Prozenten (um 1 %), während diese bei Muster B bei ppm (um 10 ppm) liegt. Der Unterschied wirkt sich also um mehrere Stellen hinter dem Komma aus.

Produktionsstätten, die nach Muster B verfahren, gibt es nur wenige, aber sie existieren tatsächlich. Die meisten Produktionen gehen nach Muster A vor und streben zwar mithilfe intensiver Aktivitäten eine Fehlerrate in ppm-Einheit an, kommen aber nicht so gut wie beabsichtigt voran und zerbrechen sich den Kopf darüber, warum die Qualitätsmängel nicht reduziert werden können.

Der grundlegende Unterschied zwischen diesen beiden Mustern besteht im Bemühen um das »Erzeugen von Qualität«, das heißt im Verständnis des Konzepts vom Erzeugen der Qualität und der darauf basierenden Vorgehensweise bei der Qualitätsverbesserung sowie des gesamten Aufbaus der einzelnen Arbeitsprozesse und des Produktionssystems.

Was bedeutet »Erzeugen von Qualität«?

Das Konzept vom Erzeugen der Qualität löst die herkömmliche Denkweise der Massenproduktion, nämlich »Qualität durch Prüfen zu sichern«, ab (Abbildung 4). Zu Zeiten des Gütermangels, in denen die Nachfrage das Angebot übertraf, wurde der Sicherung der Angebotsmenge der Vorzug gegeben und es war eine Selbstverständlichkeit, selbst wenn die Fehlerrate im Prozentbereich lag, die fehlerhaften Produkte durch den Prüfprozess auszusortieren und die Fehler in einem Nacharbeitsprozess zu beheben. Dementsprechend wurden auch die Produktionslinien von Anfang an so konzipiert, dass nach dem »Prüfe-und-bessere-nach«-Prinzip Prüf- und Nacharbeitsprozesse integriert waren. Anstatt personelle Ressourcen und Kosten dafür aufzuwenden, die Fehlerrate weitestgehend gen Null zu reduzieren, zog man es vor, sorgfältig zu prüfen und auszusortieren, um geringfügig nachzuarbeiten.

Aber mit dem Wandel der Zeit wurde die Position des Käufers gegenüber dem Anbieter stärker und bei steigender Produktvielfalt wurden die Anforderungen der Kunden in puncto Qualität höher, sodass auch die geringsten Qualitätsmängel nicht mehr toleriert werden. Überdies kann im Falle von hoher Fehlerrate im Prozess auch bei genauester Prüfung nicht vermieden werden, dass mangelhafte Qualität den Kunden erreicht und zu Reklamationen führt.

Es wurde offensichtlich, dass man mit der Denkweise der »Sicherung der Qualität durch den Prüfprozess« den Bedürfnissen der Kunden nicht gerecht werden konnte, und der Schwerpunkt der Qualitätssicherung verlagerte sich schließlich darauf, wie die Fehlerrate im Prozess reduziert werden kann.

Durch das Prüfen kann zwar das Bekanntwerden der Qualitätsmängel vermieden werden, aber das Entstehen von Fehlern an sich wird nicht eliminiert. Da die Qualität am Ende in den jeweiligen Fertigungsprozessen entsteht, muss, um die Fehler zu reduzieren, in den Fertigungsprozessen irgendeine Art von Gegenmaßnahme getroffen werden. Auf Grundlage dieser selbstverständlichen Tatsache wird die Idee, in den jeweiligen Prozessen die Bedingungen für die Gutteilerzeugung zielbewusst herzustellen, als »Qualitätserzeugung im Prozess« bezeichnet.

Was bedeutet »Qualitätserzeugung im Prozess«?

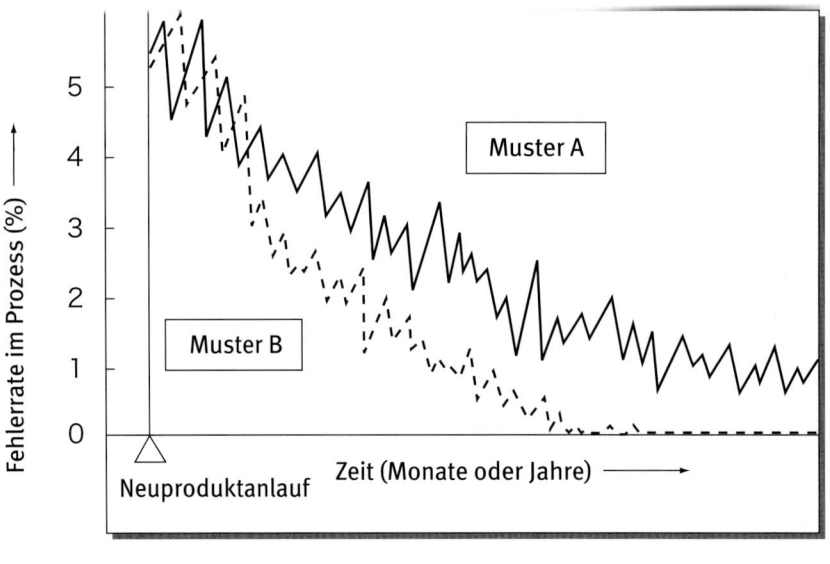

| Muster A: | Die Reduktion der Fehlerrate stagnierte ab Erreichen von ca. 1 % |
| Muster B: | Die Fehlerrate reduzierte sich bis auf ein 10-ppm-Niveau |

Abbildung 3: Die zwei Muster der Qualitätsverbesserung (Fallbeispiel)

Der Unterschied der in Abbildung 3 dargestellten zwei Muster zeigt auf, ob der Schwerpunkt auf dem Prüfen oder der Qualitätserzeugung im Prozess liegt

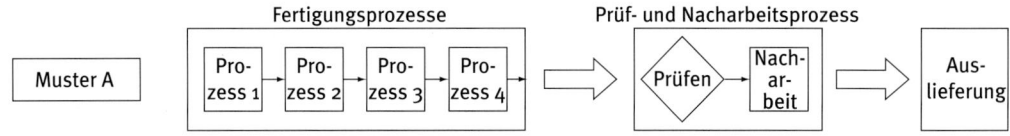

- In dieser Herstellungsweise wird das Produkt Schritt für Schritt weiterbearbeitet und am Ende geprüft bzw. nachgearbeitet
- Die Rückmeldung der Prüfergebnisse ist schwach und die Fehlerrate sinkt ab einem gewissen Niveau nicht mehr weiter

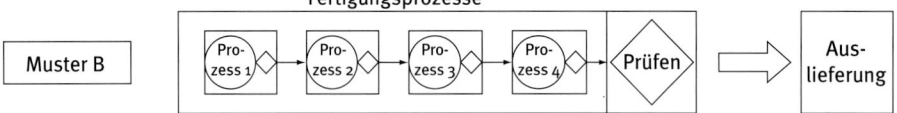

- In dieser Herstellungsweise werden in jedem Fertigungsprozess die Bedingungen für die Gutteilerzeugung gesteuert und pro Prozess geprüft (◇)
- Diese Art der Herstellung bezeichnet man als »Qualitätserzeugung im Prozess«

Abbildung 4: Die Bedeutung von »Erzeugen der Qualität im Prozess«

1.3 Qualität erzeugen bedeutet die Sicherstellung von Gutteilbedingungen

Wandlung vom ergebnisorientierten zum ursachenorientierten System

Zum Zwecke der Qualitätssicherung wird mittlerweile die Bedeutung des Konzepts vom »Erzeugen der Qualität im Prozess« auf breiter Basis anerkannt. Jedoch lohnt es, sich über dessen Bedeutung und Inhalte tiefergehende Gedanken zu machen.

Die Denkweise, vor allem auf das Prüfen Wert zu legen, wie es in den herkömmlichen Massenproduktionssystemen üblich ist, richtet das Augenmerk vor allem auf das fertiggestellte Produkt und ist eine ergebnisorientierte Art der Steuerung. Das Konzept vom Erzeugen der Qualität im Prozess hingegen richtet den Fokus auf den Prozess an sich sowie dessen Hauptaspekte wie Mitarbeiter, Anlagen und Fertigungsweise, welche die Struktur eines Fertigungsprozesses ausmachen. Dabei will man noch die Wurzeln der Entstehung der Qualität ergründen und daher wird diese Art der Steuerung als prozess- und ursachenorientiert bezeichnet.

Das heißt, dass durch die Veränderung der Marktsituation im Allgemeinen der Schwerpunkt mehr auf das Erzeugen der Qualität als auf das Prüfen gelegt wurde und auch in der Qualitätssteuerung sich ein Wandel von der Ergebnisorientierung hin zur Prozess- und Ursachenorientierung vollzogen hat.

In den Fertigungsprozessen entsteht die Qualität

Wenn hier von Prozess gesprochen wird, sind Fertigungsprozesse gemeint. Im Allgemeinen werden die Produktionsprozesse unterteilt in Fertigungsprozesse, Transportprozesse, Lagerungsprozesse, Prüfprozesse und ähnliche. Von diesen sind beim Erzeugen der Qualität ausschließlich die Fertigungsprozesse betroffen, zudem sie auch diejenigen sind, bei denen vom Rohmaterial ausgehend bis zum fertigen Produkt eine stetige Veränderung stattfindet und Mehrwert geschaffen wird. Die Prozesse Transport, Lagerung und Prüfung haben zwar auch mit der Qualität zu tun, aber sie spielen nur eine sekundäre Rolle, weil die in den Fertigungsprozessen erzeugte Qualität nicht wesentlich beeinflusst wird.

Überlegungen anzustellen, was Qualität erzeugen beinhaltet, ist gleichbedeutend damit, dass man sich die Zusammenhänge zwischen der Qualität und den Funktionen, Grundelementen und Strukturen der Fertigungsprozesse bewusst macht.

Wie die Fertigungsprozesse aufgebaut sind

Stellt man den Aufbau eines Fertigungsprozesses schematisch dar, so sieht er wie in Abbildung 5 aus. Ein Teil des Inputs für einen Fertigungsprozess sind die Konstruk-

Was bedeutet »Qualitätserzeugung im Prozess«?

tionsinformationen wie zum Beispiel Konstruktionszeichnungen und -daten oder produktbezogene Standards und Normen. Die grundlegende Bedeutung der Fertigung liegt nämlich darin, Konstruktionsinformationen auf Rohmaterial wie Stahl oder Kunststoff detailliert zu übertragen und zu vergegenständlichen.

Der zweite Teil des Inputs besteht entweder aus dem Rohmaterial oder dem Halbfertigprodukt aus dem vorgelagerten Prozess. Es bildet ein M der 4M der Fertigung, nämlich das Material.

Die Faktoren des Fertigungsprozesses an sich fügen sich zusammen aus den restlichen drei M, nämlich aus dem Menschen, der Anlage (Maschine) und der Methode sowie dem Arbeitsumfeld. Zusätzlich sind die jeweiligen Faktoren in Subelemente zu untergliedern, zum Beispiel sind dem Faktor Mensch die Subelemente Sicherung der standardisierten Arbeit, Training zum multifunktionalen Einsatz, Qualitätsbewusstsein et cetera untergeordnet. Beim Faktor Anlage (Maschine) sind es die Subelemente Maschinen, Vorrichtungen und Hilfsmittel, Werkzeuge, Messinstrumente et cetera; bei der Methode standardisierte Arbeitsabläufe, Fertigungsbedingungen, Art und Weise der Kontrollmessungen et cetera. Das Arbeitsumfeld beinhaltet Unterpunkte wie Temperatur und Luftfeuchtigkeit im Arbeitsprozess und zum Beispiel Sauberkeit der Arbeitsumgebung.

Diese eben genannte Vielzahl von Elementen nimmt im Zusammenspiel unter bestimmten, vorgegebenen Bedingungen Einfluss auf die Qualität.

Der Output ist das gefertigte Produkt, an dem sich als Ergebnis der Fertigung die Qualität zeigt. Wenn zum Beispiel ein qualitätsentscheidender Wert gemessen und die Ergebnisse als Verteilungskurve dargestellt werden, erscheint sie wie in Abbildung 6, nämlich inklusive der Abweichungen und Schwankungen, im Vergleich zur Produktionsnorm recht nahe der Normalverteilung. Bei dieser Verteilung gelten die sich innerhalb der Produktionsnormwerte befindenden Fertigteile als Gutteile, die sich außerhalb befindenden als Schlechtteile.

Die Quantifizierung des Verhältnisses dieser Streuung und der Normwerte erfolgt durch den Prozessfähigkeitsindex (Cp-Wert), der als Indikator die Fähigkeit, Qualität im Prozess zu erzeugen, deutlich macht (Abbildung 6).

Qualität im Prozess zu erzeugen bedeutet, die Bedingungen der oben genannten Prozessfaktoren so festzulegen und zu stabilisieren, dass das Gefertigte zu 100 % in die Toleranz der Produktionsnormwerte fällt. Anders ausgedrückt bedeutet es die Sicherstellung der Bedingungen für die Gutteilerzeugung.

Qualität erzeugen bedeutet die Sicherstellung von Gutteilbedingungen

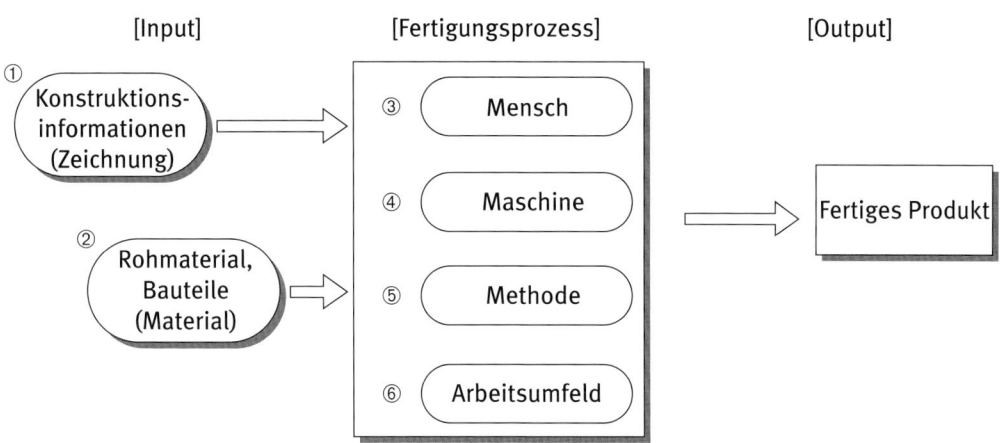

Abbildung 5: Strukturelle Faktoren eines Fertigungsprozesses und Bedingungen für die Gutteilerzeugung

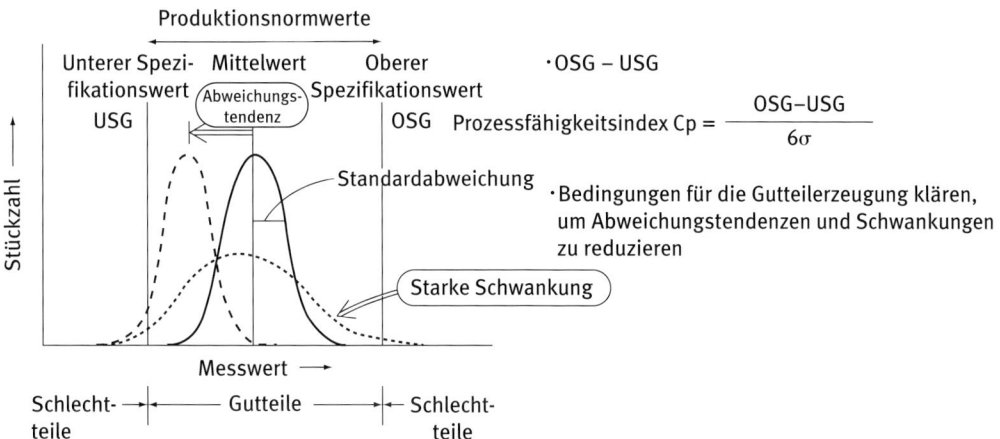

Abbildung 6: Qualität und Cp-Wert des Fertigprodukts

1.4 Durch wen und wann die Bedingungen für die Gutteilerzeugung festgelegt werden

Wie die Bedingungen für die Gutteilerzeugung festgelegt werden

Im Allgemeinen werden die diversen Bedingungen zur Sicherung der Qualität im Produktionsprozess im Stadium der Arbeitsvorbereitung durch die Produktionstechnik geplant und festgelegt. Im Normalfall geschieht das Festsetzen der Bedingungen zur Gutteilerzeugung für die Qualitätserzeugung im Prozess ebenfalls zu diesem Zeitpunkt. Allerdings ist es enorm schwierig, im Stadium der Arbeitsvorbereitung tatsächlich sämtliche Gutteilbedingungen zu klären und festzulegen.

Es ist nämlich nahezu unmöglich, vor Beginn der tatsächlichen Serienproduktion alle möglicherweise auftretenden Situationen vorherzusehen und entsprechende Gutteilbedingungen im Vorfeld herauszuarbeiten. In der Realität verfügen die Zuständigen der Produktionstechnik über wenig Erfahrung mit den tatsächlichen Gegebenheiten in der Produktion, und die Sammlung von Informationen und Know-how beziehungsweise die Rückmeldung über die Qualität innerhalb der Produktionsprozesse geschieht nur in geringem Maße.

Das bedeutet, dass zwar theoretisch die Produktionstechnik die Bedingungen für die Gutteilerzeugung festlegt, aber dabei noch immer bestimmte Faktoren übersehen oder Details nicht genügend beachtet werden, also de facto viele Unternehmen noch nicht wirklich das Niveau von Qualitätserzeugung im Prozess erreichen können und darum ringen.

Bedeutung des Zusammenspiels von Arbeitsvorbereitung und Produktion

Man muss sich allerdings die Frage stellen, ob das weitverbreitete Vorgehen, dass die Produktionstechnik sämtliche Gutteilbedingungen festlegt, angesichts der aktuellen Veränderungen des Umfelds wirklich gerechtfertigt ist. Wenn man die Komplexität und Schnelligkeit der Veränderungen bei den Produkten und deren Produktionsprozessen bedenkt, ist eine konsequente Klärung der Bedingungen nur mithilfe der Produktionstechnik nicht mehr möglich. In Zukunft wird es notwendig sein, dass die Arbeitsvorbereitung sehr eng mit der Produktion zusammenarbeitet und auch weitere involvierte Arbeitsbereiche einbezogen werden, um das Thema als gesamtes Unternehmen anzugehen.

Vor allem bei Unternehmen, die auf herkömmliche Weise nach einem Massenproduktionssystem arbeiten, ist das Zusammenspiel von Arbeitsvorbereitung und Produktionsbereich schlecht und die Transparenz bei Informationen und dem Know-how bezüglich der Erzeugung von Qualität im Prozess noch ungenügend ausgeprägt. Häufig werden aus terminlichen Gründen die unzureichend geordneten Gutteilbedingungen an die Produktion weitergegeben. Dann muss die Serienproduktion gestartet werden und die Bedingungen für die Gutteilerzeugung werden erst nach Entstehen vieler fehlerhafter Teile im Eilverfahren festgelegt.

Mit dem herkömmlichen Vorgehen in der Arbeitsvorbereitung, das heißt auch mit der herkömmlichen Art von Produktionssystemen, kann bestenfalls ein Qualitätsniveau mit einer Fehlerrate von einigen Prozenten erreicht werden. So kann aber ein Unternehmen in einer Wettbewerbssituation, welche die Qualitätserzeugung im Prozess voraussetzt, nicht bestehen.

Klärung und Aufrechthalten der Gutteilbedingungen durch den Produktionsbereich

Es ist notwendig, in verschiedenen Stadien der Arbeitsvorbereitung gemeinsam mit dem Produktionsbereich für die Klärung der Bedingungen für die Gutteilerzeugung zu sorgen. Vor allem bei der Erstellung von Prototypen für die Serienfertigung müssen in der Produktion ausgiebig Versuche durchgeführt werden, um Instabilitäten auszuräumen. Die Mitarbeiter des Produktionsbereichs besitzen, wenn sie den tatsächlichen Prototyp vor sich haben, durchaus das Know-how, um vorherzusehen, welche Qualitätsprobleme die Serienproduktion hervorrufen kann. Eine Struktur zu schaffen, die solches Know-how nutzt, ist dabei essenziell.

Die Klärung der Gutteilbedingungen mag zu 99 bis 99,9 % auch vor Serienbeginn möglich sein. Dennoch liegt das wirklich Bedeutsame an der Qualitätserzeugung im Prozess darin, dass bei 0,1 bis 1 % der Qualitätsmängel, die nach Serienbeginn auftreten, eine Klärung der Gutteilbedingungen erfolgen kann. Der Produktionsbereich spielt bei diesem Unterfangen die Hauptrolle (siehe Abbildung 7).

Dieser Typus von Qualitätsmangel ist im Vorfeld schwer prognostizierbar und es ist ziemlich schwierig, zu analysieren, wie stark der Einfluss bestimmter Faktoren darauf ist. Gerade Aufgaben als Herausforderung anzunehmen steigert die Qualifikation und das Know-how der Mitarbeiter vor Ort (am Genba) und führt zu einem Arbeitsplatz, an dem hohe Qualität die Norm ist. Dafür ist es unumgänglich, dass die Mitarbeiter so geschult werden, dass es für sie selbstverständlich wird, das auftretende Phänomen des Qualitätsfehlers aufmerksam zu beobachten und auf Basis logischen Denkens mehrfach nach dem »Warum« zu fragen, um die wahre Ursache zu ergründen. Durch tägliches Training der Mitarbeiter zur Klärung der Gutteilbedingungen schafft man eine Produktionsstätte, in der eine Fehlerrate im ppm-Bereich Realität werden kann.

Was bedeutet »Qualitätserzeugung im Prozess«?

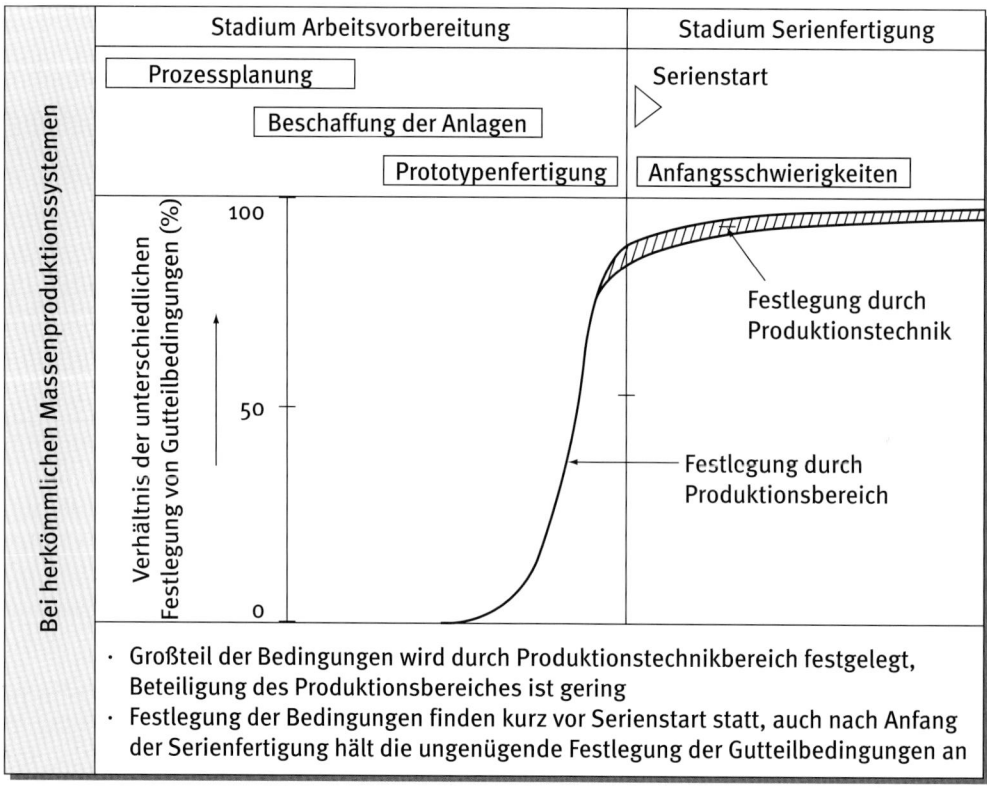

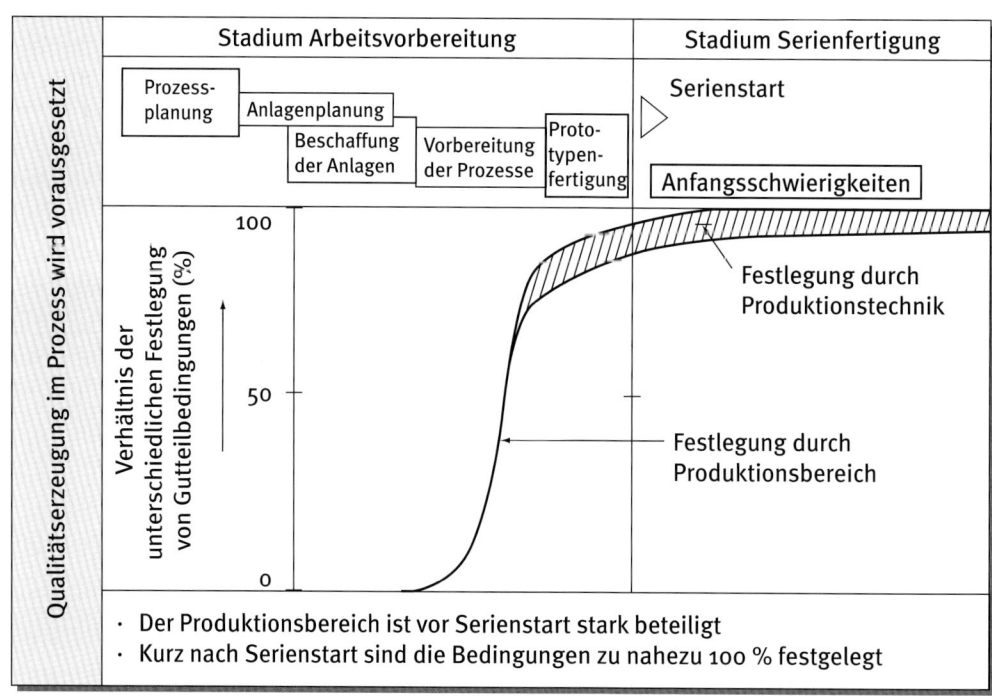

Abbildung 7: Zwei unterschiedliche Muster bei der Festlegung der Gutteilbedingungen

1.5 Auf welche Weise die Bedingungen für die Gutteilerzeugung festgelegt werden

Prozess zur Erreichung einer Fehlerrate in Größenordnung von ppm

Qualität im Prozess zu erzeugen ist gleichbedeutend damit, eine Fehlerrate im Prozess in der Größenordnung von ppm zu erreichen. Solange sich die Fehlerrate im Prozentbereich befindet, kann nicht von Qualitätserzeugung im Prozess die Rede sein. Eine Fehlerrate im Prozentbereich zeugt davon, dass man sich, wie es für herkömmliche Massenproduktionssysteme typisch ist, schwerpunktmäßig auf das Prüfen stützt, die Prozesse nur ungenügend beachtet werden und unter mangelhaften Gutteilbedingungen produziert wird.

Qualitätsverbesserungsaktivitäten zeigen in vielen Fällen am Anfang Effekte, die aber später nachlassen, und es findet eine Stagnation der Fehlerrate in der Größenordnung von Prozenten statt. Dennoch gibt es Beispiele von Produktionsstätten, die eine Fehlerrate im ppm-Bereich erzielen.

Analysiert man solche Fallbeispiele genauer, kann man erkennen, dass der Prozess zur Erreichung einer Fehlerrate im ppm-Bereich in vier unterschiedliche Phasen aufzuteilen ist.

Vier Phasen der Qualitätsverbesserung

Es gibt einige Unternehmen, bei denen nach gravierendem Auftreten von Qualitätsmängeln bei Start eines Neuprodukts im großen Stil Qualitätsverbesserungsaktivitäten durchgeführt wurden und sich dadurch die Fehlerrate im Prozess bis in den ppm-Bereich reduziert hat (Abbildung 8).

Wenn man dabei den Prozess der Qualitätsverbesserungsaktionen betrachtet, kann man von der Entwicklung der Fehlerrate im Prozess sowie vom Inhalt der Verbesserungsaktivitäten her vier Phasen beobachten. Diese Phasen stehen auch im Bezug zu den Besonderheiten der Fehlerursachen und der jeweils unterschiedlichen Art der Festlegung von Gutteilbedingungen.

In Phase 1 liegt die Fehlerrate bei mehreren zehn Prozenten, die Produktion befindet sich in einem chaotischen, anormalen Zustand. Die Fehlermodi und verschiedenen Phänomene der Qualitätsmängel sind zwar eingeschränkt, aber die Häufigkeit des Auftretens ist sehr hoch. Die Ursache der Qualitätsfehler liegt oft in einem einzelnen, spezifischen Faktor. Eine solche Situation kann meist auf die mangelhafte Festlegung der Bedingungen für die Gutteilerzeugung durch die Produktionstechnik zurückgeführt werden.

In Phase 2 ist die Fehlerrate auf eine einstellige Prozentzahl gesunken, was den Anschein erweckt, die Extremsituation überwunden zu haben, und dazu führt, dass die Spannung in puncto Fehlerbekämpfung nachlässt. Die Häufigkeit ist geringer, aber eine Vielzahl von unterschiedlichen Fehlermodi treten im Wechsel auf. Die jeweilige Fehlerursache ist zwar ein einzelner Faktor, aber die Anzahl der unterschiedlichen Fehler und deren Ursachen steigt. Diese müssen beharrlich analysiert und mit entsprechenden Maßnahmen eingedämmt werden.

In Phase 3 reduziert sich die Fehlerrate um einen Bruchteil von Prozenten und die Häufigkeit des Auftretens pro Fehlermodus wird geringer. Die Abstände zwischen dem Auftreten der Fehler werden länger und aufgrund der geringen Möglichkeit, den Fehler zu beobachten, wird die weitere Ursachenfindung schwieriger. Bei den Ursachen reduzieren sich die Fälle mit einem einzelnen Faktor und es kommt häufiger vor, dass verschiedene Faktoren unabhängig voneinander oder in Wechselwirkung miteinander Einfluss nehmen und schwerer zu analysieren sind.

In Phase 4 erreicht die Fehlerquote die Größenordnung von ppm. Die Steuerung der Gutteilbedingungen wird konsequenter, die Häufigkeit der auftretenden Fehler nimmt nochmals ab und ein einmal aufgetretener Fehlermodus tritt über längere Zeit nicht mehr auf. Die Häufigkeit der einzelnen Fehlermodi nimmt nicht nur stark ab, sondern auch die Ursachen bestehen aus einem recht selten vorkommenden Zusammenspiel unterschiedlicher Faktoren. Die Analyse wird anspruchsvoll und zeitaufwendig.

Eine konsequente Durchstrukturierung der Ursachenanalyse ist notwendig

Um Qualität im Prozess zu erzeugen, sind für die Klärung der Bedingungen für die Gutteilerzeugung unterschiedliche Ursachenanalysen notwendig, die den oben genannten vier Situationen angepasst sind.

Je näher die Fehlerrate an den ppm-Bereich heranreicht, desto geringer ist die Häufigkeit des Auftretens eines Fehlers bei steigender Anzahl und Komplexität der Fehlerfaktoren, sodass für die erschwerte Analysemöglichkeit dementsprechende Vorkehrungen und Strukturen vonnöten sind.

Eine Maßnahme, um dem seltenen Auftreten eines Fehlers beizukommen, ist zum Beispiel die Schaffung einer Struktur, die bei Auftreten des Fehlers sofort die Produktionslinie anhält, sodass vor Ort anhand des tatsächlichen Objekts untersucht werden kann, in welcher Situation beziehungsweise unter welchen Bedingungen ganz physisch betrachtet das Phänomen des Fehlers aufgetreten ist. Ebenfalls ist bei der Feststellung eines Qualitätsmangels im nachgelagerten Prozess eine schnelle Rückmeldung an den Verursacherprozess und eine sofortige Analyse vor Ort anhand des tatsächlichen fehlerhaften Objekts notwendig. Aufgrund der Analyseergebnisse werden Hypothesen über mögliche Ursachen erstellt, die wiederum in Versuchen am Genba verifiziert werden.

Auf welche Weise die Bedingungen für die Gutteilerzeugung festgelegt werden

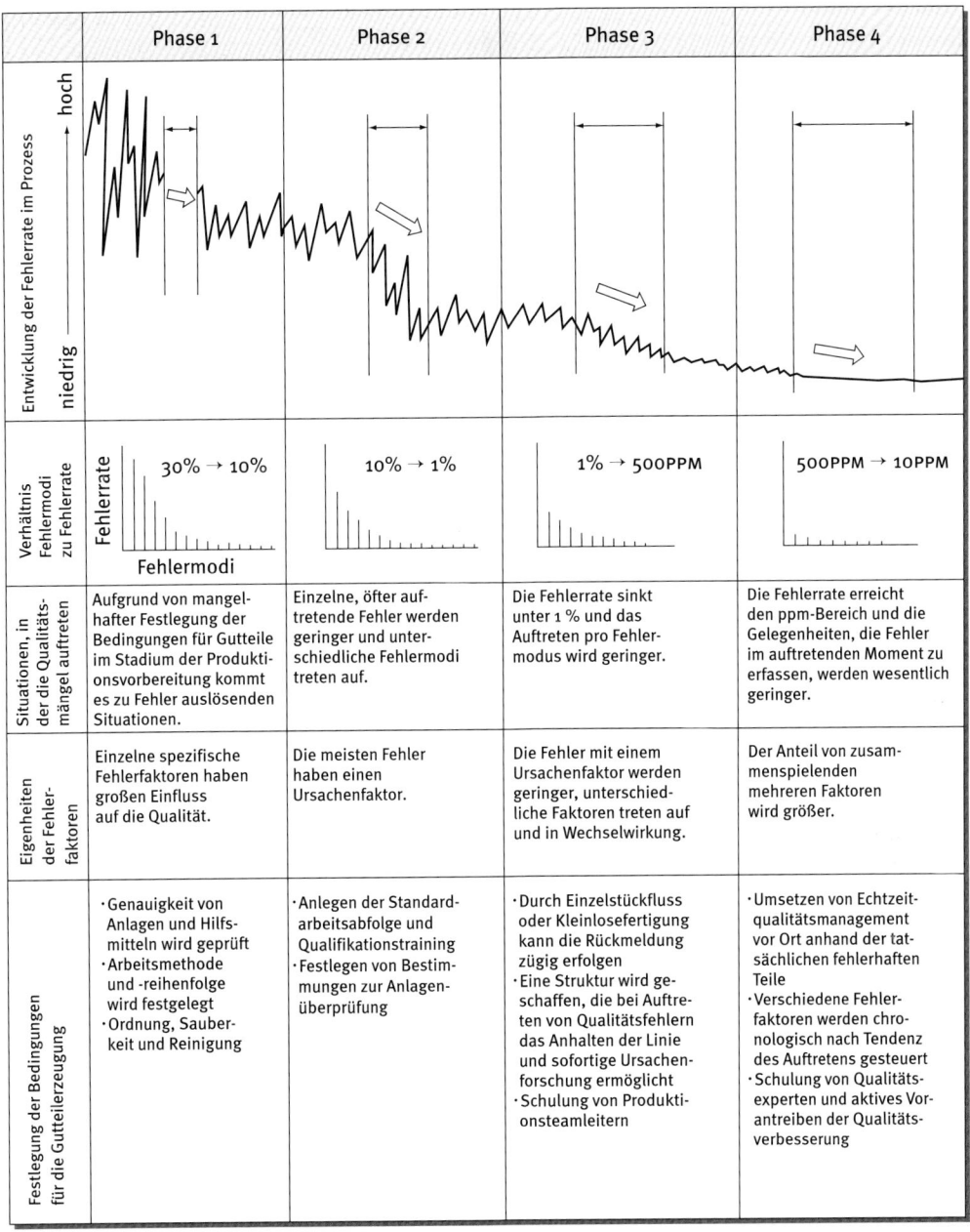

Abbildung 8: Die vier Phasen der Qualitätsverbesserung

1.6 Bedingungen für die Qualitätserzeugung im Prozess

Bedingungen für die Gutteilerzeugung festlegen und aufrechterhalten

Es wurde bereits erwähnt, dass die Qualitätserzeugung im Prozess durch das Sicherstellen der Gutteilbedingungen gewährleistet wird. Dabei bedeutet Sicherstellen zum einen das Klären und Festlegen der Bedingungen für die Gutteilerzeugung und zum anderen das Stabilisieren und Steuern dieser Bedingungen. Ersteres benennt das genaue Untersuchen aller Aspekte, welche die Produktqualität beeinflussen, um die Bedingungen für die Gutteilerzeugung zu spezifizieren; Letzteres bezeichnet das sichere Stabilisieren und Einhalten dieser festgelegten Bedingungen im Alltagsgeschäft.

Infolgedessen bedeutet das Auftreten von Fehlern in den Prozessen, dass entweder die Bedingungen für die Gutteilerzeugung nicht ausreichend geklärt sind oder die Bedingungen zwar klar sind, aber nicht eingehalten werden.

Theoretisch ist jede Produktionsstätte in der Lage, Qualität im Prozess zu erzeugen, wenn die Bedingungen für die Gutteilerzeugung festgelegt und umgesetzt werden, aber in der Realität teilen sich die Werke deutlich in solche, die dazu fähig sind, und solche, die es nicht sind. Dies zeigt auf, ob in den Produktionsstätten bestimmte Strukturen vorhanden sind und das Arbeitsumfeld derart gestaltet ist, dass die Gutteilbedingungen leicht aufzufinden und beizubehalten sind oder nicht. Überdies zeigt sich, inwieweit innerhalb des Produktionssystems die Qualitätserzeugung im Prozess positioniert ist (siehe Abbildung 9).

Voraussetzungen, die das Klären der Bedingungen für die Gutteilerzeugung vereinfachen

Wenn die Fehlerrate sinkt und sich die Häufigkeit des Auftretens der Qualitätsmängel reduziert, verringern sich ebenso die Gelegenheiten, die Fehler direkt bei Auftreten zu beobachten, und die Ursachenerforschung wird schwierig. Also muss man Voraussetzungen schaffen, um die Untersuchungen zu erleichtern.

Basis für die Erleichterung der Ursachenklärung ist, das Auftreten eines Fehlers schnellstmöglich an den Verursacherprozess rückzumelden. Die schnellste Art der Rückmeldung ist das Feststellen eines Fehlers direkt nach der Verarbeitung bei sofortigem Anhalten der Produktion. Das bedeutet eine Echtzeitrückmeldung, die erfordert, sofort vor Ort anhand des tatsächlichen Objekts zu beleuchten, welche Faktoren sich wie beeinflusst haben.

Dabei ist wichtig, die Ursachenklärung des Qualitätsmangels vorzuziehen, selbst wenn das ein vorübergehendes Anhalten der Produktion erfordert.

Wenn zum Beispiel ein Werker an einer Montagelinie einen Qualitätsfehler bemerkt, hält er nach eigenem Ermessen die Montagelinie an, ruft den Leiter der

Linie und schafft Gelegenheit zur Ursachenforschung. Zu diesem Zweck muss neben physisch vorhandenen Mitteln wie einer elektronischen Anzeigetafel zum Informationsaustausch über den Zustand der Linie (Andon) oder einer Reißleine für den Mitarbeiter vor allem eine Struktur vorhanden sein, welche die Mitarbeiter dazu anhält, die Linie zu stoppen, und die dafür sorgt, dass der Teamleiter stets an der Linie ist und bei Problemfällen prompt auf die jeweilige Situation reagieren kann.

Damit auch bei einer Rückmeldung von einem nachgelagerten Prozess die Zeit zwischen Auftreten des Fehlers und Meldung möglichst kurz bleibt, ist es unerlässlich, dass zum Beispiel durch Einzelstückfluss oder Kleinstlosefertigung an der Reduktion der Durchlaufzeit gearbeitet wird.

Voraussetzungen, die das Aufrechterhalten der Bedingungen für die Gutteilerzeugung vereinfachen

Die festgelegten Regeln einzuhalten ist in jeder Produktionsstätte eine nicht endende Herausforderung. Wenn man bedenkt, dass ein Großteil der Qualitätsmängel durch die Nichteinhaltung festgelegter Regeln verursacht wird, ist das Streben nach einer vereinfachten Umsetzung der Gutteilbedingungen ebenfalls ein wichtiges Thema.

Was als Erstes unternommen werden muss, ist das konsequente Bekanntmachen der Arbeitsstandards sowie der Bestimmungen zur Anlageninspektion, die jeweils den Inhalt der Gutteilbedingungen ausmachen. Dabei gilt es nicht nur, die Mitarbeiter darüber in Kenntnis zu setzen, welche Regelungen sie einhalten müssen, sondern sie müssen auch umfassend geschult werden, warum das Einhalten der Regeln wichtig ist und welche Qualitätsfehler bei Nichteinhalten auftreten können.

Als Nächstes müssen zur stabilisierenden Steuerung der Qualität die notwendige Arbeitszeit und die Hilfsmittel zur Verfügung gestellt sowie ein geeignetes Training entsprechend vorbereitet werden. Es ist unabdingbar, dass nicht nur Verbesserungs- und TPM-Aktivitäten durchgeführt werden, um die Steuerung der verschiedenen Gutteilbedingungen effizienter zu gestalten, sondern dass auch gleichzeitig das konsequente Stabilisieren und Aufrechterhalten der Bedingungen als ein essenzielles Vorhaben der Unternehmensführung deutlich kundgetan wird.

Was bedeutet »Qualitätserzeugung im Prozess«?

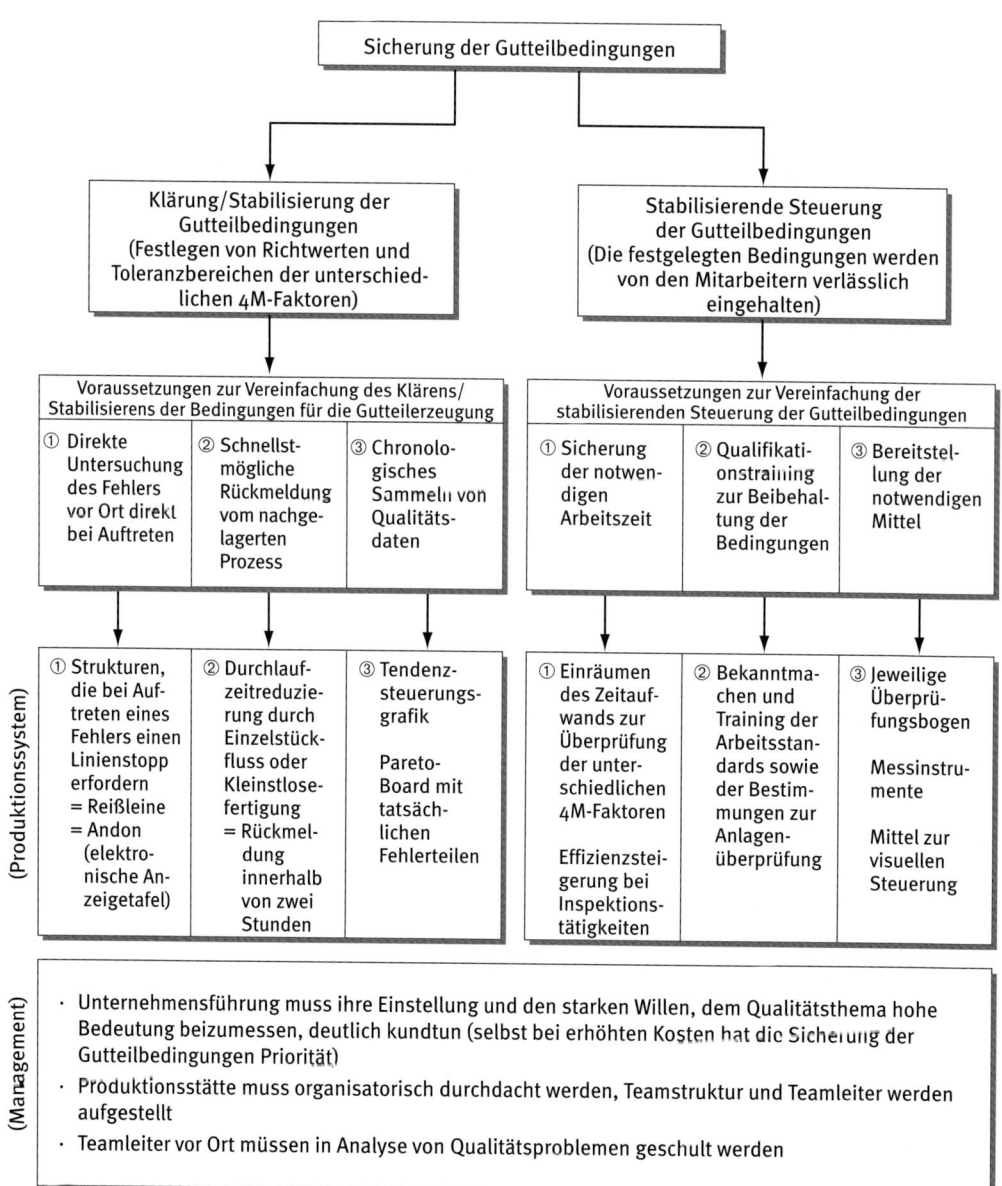

Abbildung 9: Voraussetzungen zur Sicherung der Bedingungen für die Gutteilerzeugung

1.7 QiP ist eine Produkterzeugungsphilosophie

Erzeugen von Qualität im Prozess ist keine Methode

Es kommt vor, dass die Qualitätserzeugung im Prozess als eine Methode zur Qualitätsverbesserung aufgefasst wird, bei der die Mängel, die bei der Qualitätsprüfung erkannt werden, bis zum Verursacher zurückverfolgt werden, um die Gründe zu ermitteln und diese durch Gegenmaßnahmen zu reduzieren. Dies ist ein Missverständnis, es handelt sich nicht um eine Methode zur Qualitätsverbesserung oder einer Technik zur Qualitätssteuerung.

Aufgrund der Einsicht, dass mit der herkömmlichen Produktions- und Denkweise des Massenproduktionssystems, die den Schwerpunkt auf das Prüfen legt, die Steigerung der Qualitätsgüte seine Grenzen erreicht, ist die Qualitätserzeugung im Prozess als Denkweise entstanden, die den Schwerpunkt mehr auf den Produktionsprozess an sich legt, in dem die Qualität erzeugt wird. Es ist also ein Wandel in der Denkweise beabsichtigt, nämlich dahingehend, das Herstellen von guter Qualität in jedem einzelnen Prozess zu sichern. Der Wandel bezieht sich gewissermaßen auf die gesamte Produktionsphilosophie, um ein mit der herkömmlichen Produktionsweise unerreichbares hohes Qualitätsniveau zu erzielen (Abbildung 10).

Voraussetzung ist ein Wandel des Produktionssystems

Eben war vom Wandel des Produktionssystems die Rede. Überlegungen über den konkreten Wirkungskreis und die Inhalte führen zur Erkenntnis, dass sich der Wandel nicht nur durch die Verschiebung des Schwerpunkts vom Prüfprozess auf den Produktionsprozess und damit auf die Prozesse an sich oder die Aufstellung der Prozesse allein beschränkt. Wenn man an die Rahmenbedingungen denkt, die zur Sicherung der Gutteilbedingungen notwendig sind, beinhalten diese die Frage, wie ein entsprechendes Produktionssystem strukturiert sein muss. Dabei wird vor allem der Faktor »Mensch«, der die Sicherung der Gutteilbedingungen wesentlich bestimmt, im Vergleich zu herkömmlichen Produktionssystemen eine neue, wichtige Rolle einnehmen.

Um zum Beispiel bei Auftreten eines Qualitätsmangels sofort die Linie anzuhalten und die Ursache zu erforschen, ist eine Struktur erforderlich, die den Mitarbeitern erlaubt, nach eigenem Ermessen die Linie anzuhalten, die Mitarbeiter also in Selbstverantwortung und der notwendigen Fähigkeit schult, prompte Ursachenforschung zu leisten. Ebenso muss eine Organisation vor Ort bestehen, die diese Schulungen als Teil des Alltagsgeschäfts vorantreibt. Genauso unerlässlich – um eine schnellstmögliche Rückmeldung von den nachgelagerten Prozessen zu gewährleisten – ist eine Reduzierung der Produktionsdurchlaufzeit durch Einzelstückfluss oder Kleinstlosefertigung. Diese wichtigen Aspekte der Grundstruktur eines Produktionssystems bedeuten, dass beim Produktionssystem an sich ein Wandel vom herkömmlichen Massenproduktionssystem zu einem Produktionssystem mit hoher Produktvarianz in Kleinstmengen mit Einzelstückfluss beziehungsweise Kleinstlosefertigung angestrebt werden muss.

Richtige Denkweise als Grundlage zur Produktherstellung

Im diesem Buch liegt der Fokus auf der Qualitätserzeugung im Prozess, das heißt auf der Produktionsqualität. Auf das Thema Qualitätserzeugung im Prozess bezüglich der Konstruktionsqualität wird nicht direkt eingegangen. Aber eigentlich sind beide Qualitätsaspekte im Verlauf der Produktherstellung eng miteinander verbunden. Und je stärker das Zusammenspiel der beiden Aspekte ist, desto mehr steigt das ganzheitliche Qualitätsniveau. Das heißt, dass Produktionsqualität nicht nur Ergebnis eines passiven Vorgangs ist, bei dem bloß die Genauigkeit der Umsetzung der Konstruktionsinformationen in ein Produkt zählt, sondern auch davon abhängt, inwieweit der Produktionsbereich dem Konstruktionsprozess rückmeldet, ob und wie Qualität mühelos produziert werden kann. Damit die Mitarbeiter der Produktion in der Lage sind, die Konstruktionsprozesse mit Informationen über die Einfachheit bei der Erzeugung von Produktionsqualität zu versorgen, ist es unerlässlich, dass im Produktionsbereich durch tägliche Qualitätsverbesserungsaktivitäten Informationen und Know-how über Fehler, die durch die Konstruktion verursacht werden, gesammelt werden. So kann das Know-how, das zur reibungslosen Erzeugung von guter Qualität notwendig ist, bei unterschiedlichen Gelegenheiten, wie einer Neuproduktentwicklung, zurückgemeldet werden.

Nicht nur bei internen Prozessen, sondern auch in den Abläufen mit den Lieferanten ist die konsequente Verwirklichung von Qualitätserzeugung im Prozess bedeutend. Damit die Lieferanten sich mit dem Thema Qualitätserzeugung im Prozess auseinandersetzen können, benötigen sie die Sachkenntnis des Produktionsbereichs, die sich nicht auf Theorien, sondern auf tatsächliche Fälle vor Ort stützt.

Wenn man auf diese Weise die Sicherung der Qualität im Produktionsprozess betrachtet, wird deutlich, dass das Thema Erzeugen von Qualität im Prozess eine Grundlage und zugleich eine Philosophie der Produktherstellung ist.

QiP ist eine Produkterzeugungsphilosophie

Produktionssystem und Qualitätsniveau

Produktionssystem mit Schwerpunkt Qualitätsprüfung für die Massenproduktion

Prozess 1 (Mensch, Material, Maschinen, Methode, Umfeld) → Zwischenbestand → Prozess 2 (Mensch, Material, Maschinen, Methode, Umfeld) → Zwischenbestand → Prozess 3 (Mensch, Material, Maschinen, Methode, Umfeld) → Zwischenbestand → Qualitätsprüfung → Nacharbeit → Versand

Rückmeldung ist schwerfällig

Niedriges Qualitätsniveau (Fehlerrate im Prozess im Prozentbereich)

Produktionssystem mit Qualitätserzeugung im Prozess zur Produktion von hoher Typenvielfalt in kleinen Mengen

Prozess 1 (Mensch, Material, Maschinen, Methode, Umfeld | Gutteilbedingungen | Prüfung im eigenen Prozess) → Prozess 2 (Mensch, Material, Maschinen, Methode, Umfeld | Gutteilbedingungen | Prüfung im eigenen Prozess) → Prozess 3 (Mensch, Material, Maschinen, Methode, Umfeld | Gutteilbedingungen | Prüfung im eigenen Prozess) → Qualitätsprüfung → Versand

Rückmeldung prompt

Hohes Qualitätsniveau (Fehlerrate im Prozess im ppm-Bereich)

Die Denkweise über Qualität je nach Produktionssystem

System	Hintergrund	Denkweise über Qualität	Eigenheit des Systems
Produktionssystem mit Schwerpunkt Qualitätsprüfung	Durch Gütermangel ist die Anbieterseite (die verkaufenden Hersteller) in der überlegenen Position.	· Die Priorität liegt weniger in der Qualität, sondern darin, die Nachfrage zu stillen (umsatzorientiert) · Durch Qualitätsprüfungen wird das Auftreten von Qualitätsmängeln beim Kunden verhindert	· Es wird bis zu einem gewissen Grad von Qualitätsmängeln ausgegangen, diese werden durch die Prüfungen ausgeschleust und nachgearbeitet · Zwischen den einzelnen Prozessen befinden sich eine Menge Umlaufbestände, die Wirkung von Fehlerrückmeldungen ist gering · Die Mitarbeiter des Produktionsbereichs verfügen nur über wenig Kenntnis, um Qualitätsprobleme zu analysieren und zu beseitigen
Produktionssystem mit Qualitätserzeugung im Prozess	Durch Güterüberfluss ist die Kundenseite (die Käufer) in der überlegenen Position	· Die Anforderungen der Kunden sind sehr hoch, Qualität ist ein Muss · Das Erzeugen der Qualität im Prozess bildet die Grundlage	· Im jeweiligen Fertigungsprozess werden die Bedingungen für die Gutteilerzeugung sichergestellt und durch Prüfen im eigenen Prozess wird in jedem Prozess Qualität erzeugt · Durch Einzelstückfluss beziehungsweise Kleinstlosefertigung gibt es nur geringe Umlaufbestände, die Fehlerrückmeldung ist prompt und führt zu einer guten Ursachenklärung · Die Mitarbeiter des Produktionsbereichs sind leistungsstark im Sichern der Bedingungen für die Gutteilerzeugung

Abbildung 10: Erzeugen von Qualität im Prozess und der Wandel des Produktionssystems

2 QiP – Warum jetzt?

2.1 Eine neue Perspektive für die Steigerung der Wettbewerbsfähigkeit

Lehre aus einer Werksverlegung nach China

Mit Beendigung des Kalten Krieges um 1990 herum entwickelte sich die Weltwirtschaft rasch in Richtung Globalisierung und die Unternehmen begannen einen enormen weltweiten Wettbewerb. In einem solchen Marktumfeld wurde auch für japanische Unternehmen eine Steigerung der Wettbewerbsfähigkeit durch unterschiedliche Maßnahmen erforderlich. Als eine der Maßnahmen, um auf der Kostenseite Vorteile im Wettbewerb zu schaffen, entstand eine große Welle von Auslagerungen der Produktionsstätten nach China, in das Land, das drastische Senkungen der Personalkosten ermöglichte.

Wenn man aber den Verlauf dieser Bewegung verfolgt, hört man wenig über Erfolge in puncto Verbesserung der Wettbewerbsfähigkeit durch Kostenreduzierung. Aber man hat verschiedene Lehren aus dieser Erfahrung gezogen, um die Frage zu beantworten, was eine wirklich sinnvolle Steigerung der Wettbewerbsfähigkeit bedeutet. Es gibt auch erste Firmen, die ihre Produktionsstätten wieder in ihr Heimatland zurückgeholt haben.

Unerwartet hohe Qualitätskosten

Aus welchem Grund haben die geringen Personalkosten in China nicht zu der errechneten Kostenreduktion geführt? Es stellte sich heraus, dass Logistik-, Verwaltungs- und Unterstützungskosten in höherem Maße als geplant angefallen sind. Aber der schwerwiegendste Grund: Durch die mangelnde Qualitätserzeugung im Prozess entstanden in unerwartetem Maße zusätzliche Kosten für Qualitätssicherung, auch Qualitätskosten genannt, unter anderem durch mehrfaches Prüfen, Nacharbeit und Maßnahmen zur Reduzierung von Kundenreklamationen.

Woraus sich die Qualitätskosten im Einzelnen zusammensetzen, wird später im Detail dargestellt. Hier sei nur gesagt, dass die in den verschiedenen Abteilungen und Geschäftsabläufen anfallenden Qualitätssicherungskosten gesammelt und mit kalkuliert werden.

Das bedeutet: Wenn ein Unternehmen nicht in der Lage ist, in den einzelnen Produktionsprozessen Qualität zu erzeugen, kann es passieren, dass selbst bei minimalen Personalkosten extreme Steigerungen in den indirekten und Verwaltungskosten entstehen können, die den Vorteil der Personalkosten zunichte machen. Vor allem beim Auftreten von Kundenreklamationen müssen, angefangen bei der Qualitätssicherung über den Vertrieb bis hin zur Produktion, in verschiedensten Abteilungen eine Reihe von nicht wertschöpfenden Problembeseitigungsmaßnahmen eingeleitet werden. Es müssen ebenfalls sehr kostenaufwendige Vorkehrungen getroffen werden, um ein Wiederauftreten des Problems zu vermeiden, mit dem Ergebnis, dass alle diese Aktionen zu einem enormen Anstieg der Qualitätskosten führen.

QiP führt zur Steigerung der Wettbewerbsfähigkeit in puncto Kosten

In der bisherigen Struktur der Kostenberechnung wurden die Kosten, die durch Qualitätsmängel in Größenordnung von ein paar Prozent entstehen, im Vergleich zu anderen Kostenpunkten als recht gering eingeschätzt und wenig beachtet. Wenn man aber die Qualitätskosten in allen indirekten sowie Verwaltungsbereichen konsequent ans Licht bringt, wird die Gesamtsumme unübersehbar hoch (siehe Abbildung 11).

Die Qualitätskosten werden heutzutage, wenn auch noch nicht allgemein verbreitet, auf andere Weise als in der herkömmlichen Kostenkalkulation errechnet. Sie stellen bei Betrachtung der wahren Wettbewerbsfähigkeit in puncto Kosten einen Faktor dar, den man nicht außer Acht lassen darf.

Das heißt: Wenn man die Qualitätserzeugung im Prozess konsequent umsetzt und die Fehlerrate bis zum ppm-Bereich minimiert, reduzieren sich nicht nur die unnötigen Produktionskosten, die durch mehrfaches Prüfen und Nacharbeit der Fehler entstehen, sondern auch die Kosten des indirekten und Verwaltungsbereiches, die durch vorbeugende oder problemlösende Maßnahmen gegen Reklamationen entstehen, und das senkt die Qualitätskosten insgesamt.

Die Qualitätserzeugung im Prozess beschränkt sich aber nicht nur auf das Erreichen eines hohen Qualitätsniveaus durch Fehlerbehebung oder auf die Reduktion der Qualitätskosten. Durch das Betrachten der gesamten Geschäftsabläufe in puncto Qualität werden Sachkenntnisse und Informationen zum Eliminieren von Verschwendung genutzt, die sonst durch organisatorische Mauern vom Verbesserungsprozess ausgeschlossen worden wären. Eine solche wesentliche Senkung des allgemeinen Kostenniveaus trägt enorm zur Wettbewerbsfähigkeit bei.

Eine neue Perspektive für die Steigerung der Wettbewerbsfähigkeit

Geplante und tatsächliche Kostenentwicklung bei einer Verlagerung der Produktionsstätte ins Ausland

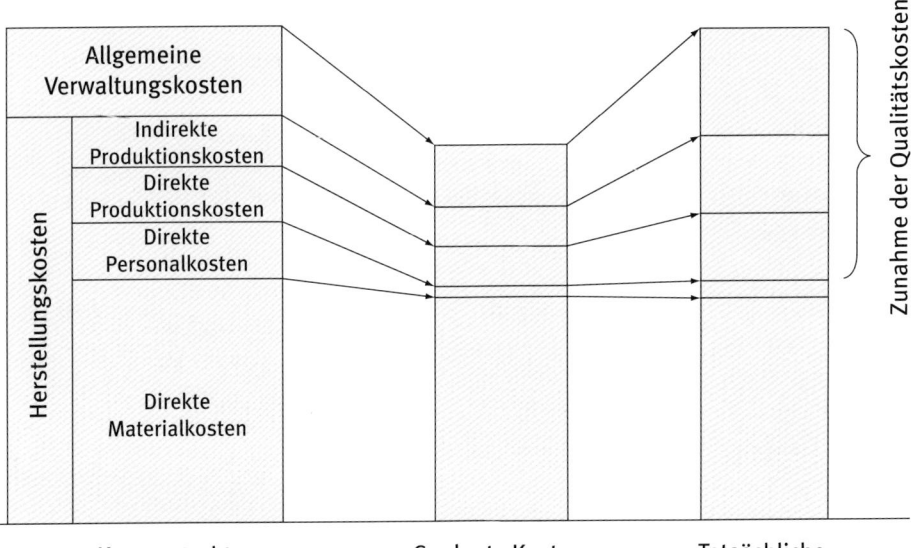

Herstellungskosten:
- Allgemeine Verwaltungskosten
- Indirekte Produktionskosten
- Direkte Produktionskosten
- Direkte Personalkosten
- Direkte Materialkosten

Zunahme der Qualitätskosten

- Kostenstruktur vor Verlagerung
- Geplante Kostenreduktion durch Verlagerung
- Tatsächliche Kostenreduktion durch Verlagerung

Ursprüngliche Absicht
- Erreichen von Kostenreduktion durch Verlagerung einer Produktionsstätte ins Ausland mit günstigen direkten Personalkosten

➡ **Ergebnis**
- Keine Kostenreduktionswirkung
- Zunahme der Qualitätskosten durch Maßnahmen zur Beseitigung von Qualitätsproblemen

Daraus gezogene Lehren
- Eine leichtfertige Verlagerung von Produktionsstätten ins Ausland führt nicht zu Kostenreduktion
- Qualitätskosten sind unerwartet hoch, Erzeugen von Qualität im Prozess ist von großer Wichtigkeit
- Die Qualitätserzeugung im Prozess kann nicht ohne Weiteres verlagert werden

Abbildung 11: Eine Verlagerung der Produktionsstätte ins kostengünstigere Ausland bedeutet nicht notwendigerweise eine Kostenreduktion (Fallbeispiel)

2.2 QiP führt zur Steigerung der Wettbewerbsfähigkeit

Was ist Wettbewerbsfähigkeit?

Warum ist heute das Erzeugen von Qualität im Prozess gefragt? Auf den Punkt gebracht lautet die Antwort: Um die Wettbewerbsfähigkeit zu verbessern. Vorangehend wurde erwähnt, dass QiP zur Steigerung der Wettbewerbsfähigkeit dient, aber im Wesentlichen erstreckt sich der Nutzen nicht nur auf die preisliche Wettbewerbsfähigkeit, sondern auch auf die Steigerung der Wettbewerbsfähigkeit des gesamten Unternehmens, des Betriebs und des Produkts.

Ich möchte hier kurz zusammenfassend erläutern, was Wettbewerbsfähigkeit ist. Im Allgemeinen bezeichnet man mit der Wettbewerbsfähigkeit die notwendige Leistungsstärke, die ein Unternehmen oder ein Produkt benötigt, um auf dem Markt zu bestehen und sich weiterzuentwickeln. Der Maßstab für diese Leistungskraft ist die Beurteilung durch den Markt. Wenn also im Vergleich zu konkurrierenden Unternehmen oder Produkten bessere Leistungsmerkmale (zum Beispiel im Umsatz oder im Marktanteil) erreicht werden, gilt ein Unternehmen oder Produkt als wettbewerbsfähig.

Die Kriterien bei der Beurteilung auf dem Markt sind vielseitig. Allein aufgrund eines großen Marktanteils wird ein Unternehmen nicht als wettbewerbsstark angesehen. Die Konkurrenzfähigkeit wird anhand verschiedener Gesichtspunkte beurteilt, indem gefragt wird, wie profitabel ein Geschäft tatsächlich ist, ob der Kundenkreis erweitert werden kann oder ob langfristig eine hohe Kundenzufriedenheit aufrechterhalten werden kann.

Dazu kommt, dass bei der Beurteilung durch den Markt vor allem das Ergebnis der Güter, welche die Unternehmen hervorgebracht haben, betrachtet wird, aber die eigentliche Beurteilung der Wettbewerbsfähigkeit von den Prozessen abhängig ist, welche die Güter hervorbringen. So betrachtet ist das Spektrum der Wettbewerbsfähigkeit wesentlich erweitert. Um Wettbewerbsfähigkeit richtig zu verstehen, ist eine schematische Darstellung wie in Abbildung 12 hilfreich, um ihre Vielseitigkeit und Vielschichtigkeit zu verstehen.

Vierschichtige Struktur der Wettbewerbsfähigkeit

Die Wettbewerbsfähigkeit lässt sich anhand eines vierschichtigen Modells erläutern (siehe Abbildung 12) und diese Struktur kann man wiederum horizontal in zwei Bereiche unterteilen. Der obere Teil stellt die Beurteilung durch den Markt dar, der untere zeigt die firmeninterne Situation.

Die erste Schicht steht dafür, wie viel ein Unternehmen oder ein Produkt als Ergebnis des Wettbewerbs auf dem Markt im Vergleich zu konkurrierenden Unternehmen an Profit erwirtschaftet hat. Die Wettbewerbsfähigkeit ergibt sich aus den finanzwirtschaftlichen Ergebnissen wie Ertrag, Umsatzrentabilität sowie frei verfügbarer Cashflow.

Die zweite Schicht zeigt die im Markt direkt beurteilte Wettbewerbsfähigkeit auf. Sie besteht aus Kriterien wie Verkaufszahlen, Umsatz, Marktanteile und Kundenzufriedenheit. Das sind die Ergebnisse des Wettbewerbs zwischen konkurrierenden Unternehmen im Verkaufsgeschehen und die, die allgemein als Wettbewerbsfähigkeit gelten.

Die dritte Schicht stellt die Beurteilung dessen dar, was in firmeninternen Prozessen und dem Produktionssystem geleistet wurde, dabei sind Qualität (Q), Kosten (C) und Lieferfähigkeit (D) repräsentative Kennzahlen. Q beinhaltet die Fehlerrate im Prozess sowie die Durchlaufrate, C Arbeitsproduktivität und Entwicklungsproduktivität und D Werte wie Produktionsdurchlaufzeit und Durchlaufzeit in der Entwicklung.

Die vierte Schicht steht für die Leistungsstärke, die im Allgemeinen als Organisationsfähigkeit bezeichnet wird. Bezogen auf die Unternehmensorganisation, welche die in der dritten Schicht genannten Q, C, D hervorbringt, beinhaltet sie die gebündelte geistige Leistungsfähigkeit: die Wertvorstellungen, Verhaltensregeln und Gewohnheiten, die für die Schulung, Sammlung und Überlieferung des firmenspezifischen technologischen Know-hows und Könnens verantwortlich sind.

QiP ist die Basis der Wettbewerbsfähigkeit

Denken wir darüber nach, wie im Zusammenhang mit der oben erläuterten Vierschichten-Struktur die Qualitätserzeugung im Prozess zu einer Steigerung der Wettbewerbsfähigkeit führt. Die Produktionsqualität an sich ist zwar das Ergebnis der in der dritten Schicht genannten firmeninternen Prozesse. Um jedoch Qualität in den Prozessen zu erzeugen, ist das zur vierten Schicht gehörende Genba-Knowhow und eine Denkweise, die der Qualität sehr hohe Priorität einräumt, vonnöten.

Um ein Produkt herzustellen, das in seiner hervorragenden Qualität von der Konkurrenz nicht kopierbar ist, oder das Image eines Unternehmens mit hohem Qualitätsanspruch zu pflegen, reichen die zu der zweiten und dritten Schicht genannten ergebnisorientierten Qualitätsmaßnahmen nicht aus. Und wie bereits bei der vierten Schicht erwähnt, ist das Aneignen von Organisationsfähigkeit, um an der Quelle der Herstellung Qualität erzeugen zu können, ebenso unerlässlich.

Das andauernde Bemühen vor Ort, die Bedingungen für die Gutteilerzeugung sicherzustellen, entwickelt sich zu einer Anhäufung von Wissen in der Produktionstechnik und führt zu einer soliden Basis für die Wettbewerbsfähigkeit.

QiP – Warum jetzt?

Erste Schicht
Rentabilität des Unternehmens bzw. des Produkts (Finanzwirtschaftliches Ergebnis)
— Finanzwirtschaftliche Kennzahlen wie Ertrag, Umsatzrentabilität, frei verfügbarer Cashflow

Zweite Schicht
Beurteilung durch den Kunden bzw. den Markt
— Verkaufszahlen, Umsatz, Marktanteile und Kundenzufriedenheit

Dritte Schicht
Beurteilung der Ausbringung aus firmeninternen Prozessen und dem Produktionssystem (Q, C, D)
— Qualität (Fehlerrate im Prozess, Durchlaufrate)
— Kosten (Arbeitsproduktivität, Entwicklungsproduktivität)
— Liefertreue (Produktionsdurchlaufzeit, Durchlaufzeit in der Entwicklung)

Vierte Schicht
Organisationsfähigkeit bei der Produkterzeugung (Praktische Umsetzung vom Erzeugen der **Qualität im Prozess** und Just-in-Time-Produktion)
— Firmenspezifisches technologisches Know-how und Fähigkeiten, Wertvorstellungen, Produkterzeugungsphilosophie, Verhaltenskodex

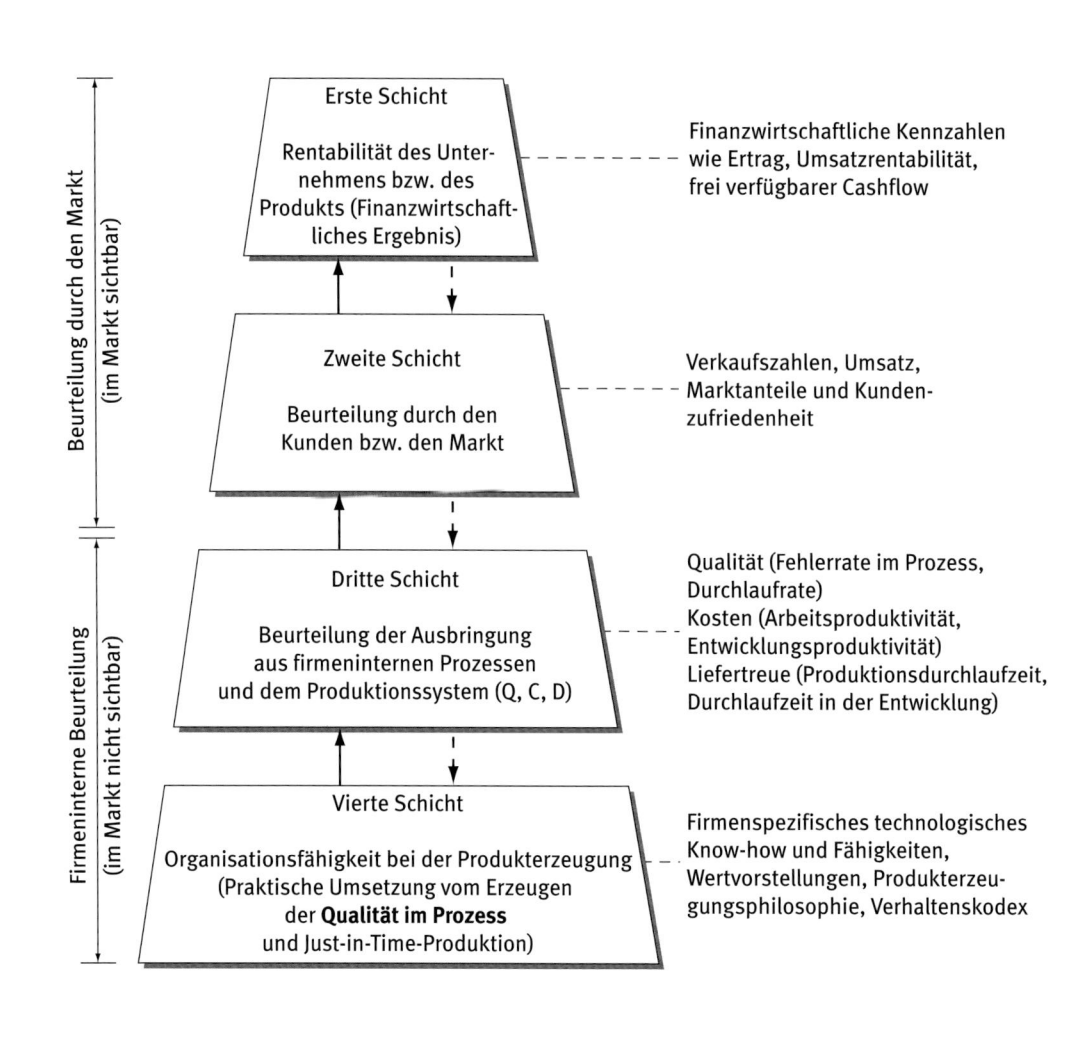

Beurteilung durch den Markt (im Markt sichtbar)
Firmeninterne Beurteilung (im Markt nicht sichtbar)

Abbildung 12: Die vierschichtige Struktur der Wettbewerbsfähigkeit

2.3 Die Entwicklung der neuen Kennzahl Qualitätskosten

Zusammenhang von Qualität und Kosten

Aus Erfahrung wissen wir, dass zwischen Qualität und Kosten eine komplexe Wechselwirkung besteht. Wenn man das Qualitätsniveau verbessern möchte, muss man Kosten für Prozesssteuerung und Prüfungen aufwenden, während bei einer Senkung der Unkosten für die Qualitätssteuerung die Gefahr zunehmender Qualitätsmängel besteht. Diese Wechselwirkung nennt man Zielkonflikt zwischen Qualität und Kosten.

Es gilt aber zu hinterfragen, ob bei dem aktuellen Qualitätsniveau innerhalb dieses Zielkonflikts wirklich genügend Kosten für die Qualität aufgewendet werden oder nicht. Betriebswirtschaftler haben sich den Kopf darüber zerbrochen, bis zu welchem Grade solche Kosten angemessen sind und wie das Kosten-Nutzen-Verhältnis messbar gemacht werden kann. Eine Orientierung in diesen Fragen bieten die »Qualitätskosten«.

Entstehung der Qualitätskosten

Der Begriff der Qualitätskosten entstand in den Vereinigten Staaten Anfang der fünfziger Jahre, als mit der Systematisierung der Techniken und Theorien zur Qualitätssteuerung in der Massenproduktion begonnen wurde. Bereits zu dieser Zeit erkannte man, wie wichtig es ist, in jedem einzelnen Schritt und Arbeitsprozess Qualität zu erzeugen, es entstand der Begriff der Qualitätskosten.

Das Ziel der Quantifizierung der Qualitätskosten bestand darin, den Geschäftsführern und weiteren Führungskräften aufzuzeigen, dass man sich nicht mit dem aktuellen Qualitätsniveau zufriedengeben sollte, da Qualitätsmängel stets großen Verlust erzeugen, und ihnen erneut die Bedeutung der Qualitätssteuerung bewusst zu machen.

Man erkannte, dass es sich lohnt, noch mehr Kosten für vorbeugende Maßnahmen in Bezug auf das Erzeugen von Qualität im Prozess aufzuwenden, um die hohen Kosten, die durch das Auftreten von Qualitätsfehlern entstehen, zu reduzieren und den Profit zu erhöhen.

Bis dahin meinte man, dass ein wirtschaftlich betrachtetes Optimum eines Qualitätsniveaus existiert, bei dem die mit der Qualität zusammenhängenden Kosten minimal sind, und erhob die Forderung, mit vorbeugenden Maßnahmen die Qualitätskosten bis auf dieses Minimum zu reduzieren. In Europa und Amerika ist diese Denkweise auch heute noch weit verbreitet (im Folgenden als traditionelle Qualitätskosten bezeichnet) (siehe Abbildung 13).

Diese Denkweise ist verwandt mit der Auffassung von der wirtschaftlich optimalen Losgröße, sie zeigt die Eigenheit der Produktionsphilosophie der Massenproduktion auf.

Einführung von Qualitätskosten in Japan

Die Idee der Qualitätskosten wurde in den sechziger Jahren in Japan verbreitet, als die aus Amerika eingeführten Qualitätssteuerungstechniken nach japanischer Art verbessert wurden und als TQC-Aktionen große Beachtung fanden.

Die in Japan weiterentwickelte TQC legt den Schwerpunkt auf die Qualitätssicherung gegenüber dem Kunden und strebt eine Fehlerrate von null an. In diesem Zusammenhang war die Auffassung von Qualitätskosten, die einen gewissen Anteil an Qualitätsmängeln wie selbstverständlich hinnahm, vollkommen inakzeptabel. Von daher hat sich die ursprüngliche Idee von Qualitätskosten in Japan nicht durchgesetzt.

In Japan setzte man sich bei der Qualitätssteuerung eine Fehlerrate von null zum Ziel, ließ die Kosten außer Acht und befasste sich konsequent mit dem Erzeugen von Qualität im Prozess – mit dem Ergebnis, dass der Zielkonflikt zwischen Qualität und Kosten überwunden wurde und in rascher Folge viele Unternehmen und Produkte auftauchten, die gleichzeitig hohe Qualität und niedrige Kosten erreichten.

In den achtziger Jahren wurde das japanische TQC von Amerika übernommen, strategisch und systematisch restrukturiert zum TQM weiterentwickelt, wobei ein neues Konzept zum Begriff der Qualitätskosten entstand.

Als in den neunziger Jahren die japanische Wirtschaft einen Rückschlag erlitt, bemühten sich die japanischen produzierenden Unternehmen zur Steigerung der Wettbewerbsfähigkeit auf dem internationalen Markt um den Einsatz von TQM, das in Amerika neu strukturiert und nach Japan reimportiert wurde. Dabei wurde auch die neue Bedeutung der Qualitätskosten als wichtiges Werkzeug eingeführt.

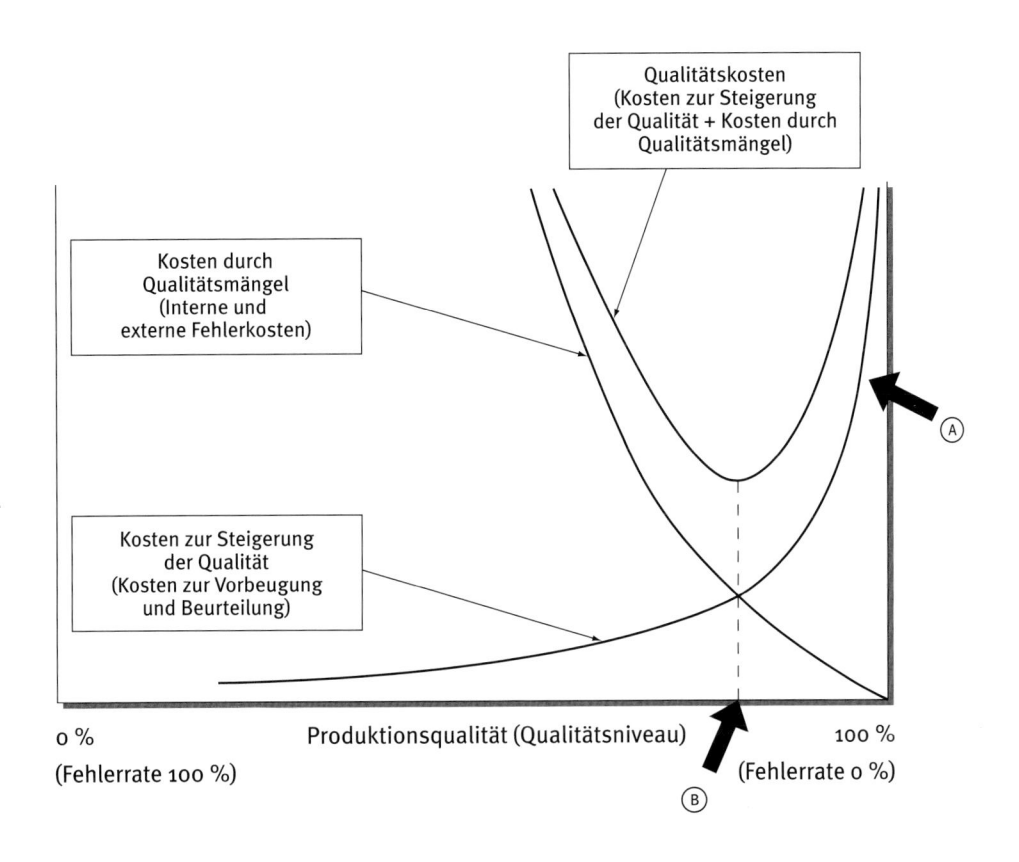

Die Entwicklung der neuen Kennzahl Qualitätskosten

Qualitätskosten
(Kosten zur Steigerung
der Qualität + Kosten durch
Qualitätsmängel)

Kosten durch
Qualitätsmängel
(Interne und
externe Fehlerkosten)

Kosten zur Steigerung
der Qualität
(Kosten zur Vorbeugung
und Beurteilung)

Kosten pro Stück des Produkts

0 % — Produktionsqualität (Qualitätsniveau) — 100 %
(Fehlerrate 100 %) (Fehlerrate 0 %)

Ⓐ Ⓑ

> **Zusammenfassung der wichtigsten Punkte**
>
> 1. Je höher das Qualitätsniveau und je mehr die Fehlerrate gegen Null geht, desto rascher steigen die Kosten zur Steigerung der Qualität (siehe Pfeil A).
> 2. Es existiert ein wirtschaftlich optimales Qualitätsniveau (mit minimalen Kosten) (siehe Pfeil B).

Abbildung 13: Traditionelle Qualitätskosten

2.4 Traditionelle Qualitätskosten

Hauptbestandteile der traditionellen Qualitätskosten

Die Einteilungen, Bezeichnungen und Inhalte der Hauptkostenpunkte, aus denen sich Qualitätskosten zusammensetzen, unterscheiden sich je nach Verfechter der Theorie oder nach Unternehmen ein wenig, und man kann nicht sagen, dass es eine einheitliche Definition gibt. Aber die grundsätzliche Denkweise ist eindeutig, nämlich dass man die Qualitätskosten in zwei unterschiedliche Arten von Kosten unterteilen kann. Die eine Art oder Gruppe beinhaltet die Kosten, die im Vorfeld zur Verbesserung des Qualitätsniveaus aufgewendet werden, also die Kosten zur Steigerung der Qualität. Die andere Gruppe besteht aus den Kosten, die im Nachhinein als Fehlerbekämpfungskosten entstehen.

Die Kosten zur Steigerung der Qualität setzen sich zusammen aus zwei Arten von Kosten: Die Kosten zur Vorbeugung, die durch die Qualitätserzeugung im Prozess entstehen, und die Kosten zur Beurteilung durch die Qualitätsprüfungen, weshalb sie als Vorbeugungs- und Beurteilungskosten bezeichnet werden. Die Fehlerbekämpfungskosten bestehen wiederum aus zwei Teilen: Die internen Maßnahmenkosten wie Nachbearbeitungs- oder Entsorgungskosten, und die externen Maßnahmenkosten, die zum Beispiel aufgrund von Kundenreklamationen entstehen. Sie werden interne und externe Fehlerbekämpfungskosten genannt.

Die traditionellen Qualitätskosten setzen sich aus den oben genannten vier Hauptkostengruppen zusammen. Diese Einteilung dient als Grundmuster bei der Erörterung der Qualitätskosten. Ordnet man deren Inhalte in einer Übersicht an, lassen sie sich wie in Abbildung 14 darstellen.

Die vorbeugenden Kosten enthalten Kostenpunkte wie Qualitätsplanung, Prozesssteuerung, Training der Mitarbeiter, Instandhaltung der Anlagen und Verbesserungsaktivitäten. Sie werden präventiv eingesetzt, bevor es zu einem Qualitätsmangel kommt. Die Beurteilungskosten beinhalten Kosten für die Wareneingangsprüfung, Fertigproduktprüfung, Qualitätsüberwachung, Produktionsbeurteilungstests und Instandhaltung der Prüfgeräte.

Die internen Fehlerbekämpfungskosten werden aufgewendet für die Entsorgung, die Nacharbeit, zusätzliche Produktion, Wiedereinkauf und Konstruktionsänderungen bei Qualitätsfehlern, die während des Fertigungsprozesses und vor dem Versand erkannt werden. Externe Fehlerbekämpfungskosten entstehen, wenn Qualitätsmängel den Kunden erreicht haben und Kundenreklamationen zu bearbeiten sind. Sie beinhalten Ursachenforschung, Kosten für die Gegenmaßnahmen und deren Dokumentation, für die Neuauslieferung der Ware und Schadensersatzkosten.

Streben nach dem wirtschaftlich optimalen Qualitätsniveau

Die grafische Darstellung des Zusammenhangs von Kosten und Qualitätsniveau findet sich in Abbildung 13. Wenn die Vorbeugungs- und Beurteilungskosten nach und nach angehoben werden, steigt das Qualitätsniveau. Infolgedessen sinken die internen und externen Fehlerbekämpfungskosten und die Summe dieser Kosten, nämlich die Qualitätskosten, sinken ebenfalls. Übersteigt aber das Qualitätsniveau einen gewissen Level, gehen die Vorbeugungs- und Beurteilungskosten schlagartig in die Höhe, sodass die gesamten Qualitätskosten wiederum ansteigen. Das heißt, dass der Verlauf der Qualitätskosten eine U-förmige Linie bildet und bei einem gewissen Qualitätsniveau die Qualitätskosten einen minimalen Punkt erreichen. Anders ausgedrückt bedeutet es, dass ein wirtschaftlich optimales Qualitätsniveau existiert.

Im Hinblick auf die Kosten und Investitionen für die Qualitätssteuerungsaktivitäten, die bislang schwer zu fassen waren, wurde beschlossen, sich das wirtschaftlich optimale Qualitätsniveau zum Ziel zu setzen. Diese Zielsetzung ist auch im Sinne des Kosten-Nutzen-Verhältnisses rationell und gut verständlich zur Planung und Umsetzung der Qualitätsverbesserung.

Null Fehler sind unrealistisch

Den Hintergrund der traditionellen Denkweise über die Qualitätskosten bildet die Vorstellung, dass bei jeder Produktionsaktion das Auftreten von Qualitätsmängeln unvermeidbar und das Ziel null Fehler unrealistisch ist.

Der Gedanke, dass bei extremer Steigerung des Qualitätsniveaus die Vorbeugungs- und Beurteilungskosten ins Unermessliche steigen, beruhte auf der mangelnden Erfahrung und den fehlenden Werkzeugen, um die Fehlerrate möglichst stark gen Null zu reduzieren, und die Schätzung entsprach dem damaligen Konsens. Bis man die Fehlerrate in Größenordnung von ppm zu messen begann, verstrichen noch einige Jahre.

QIP – Warum jetzt?

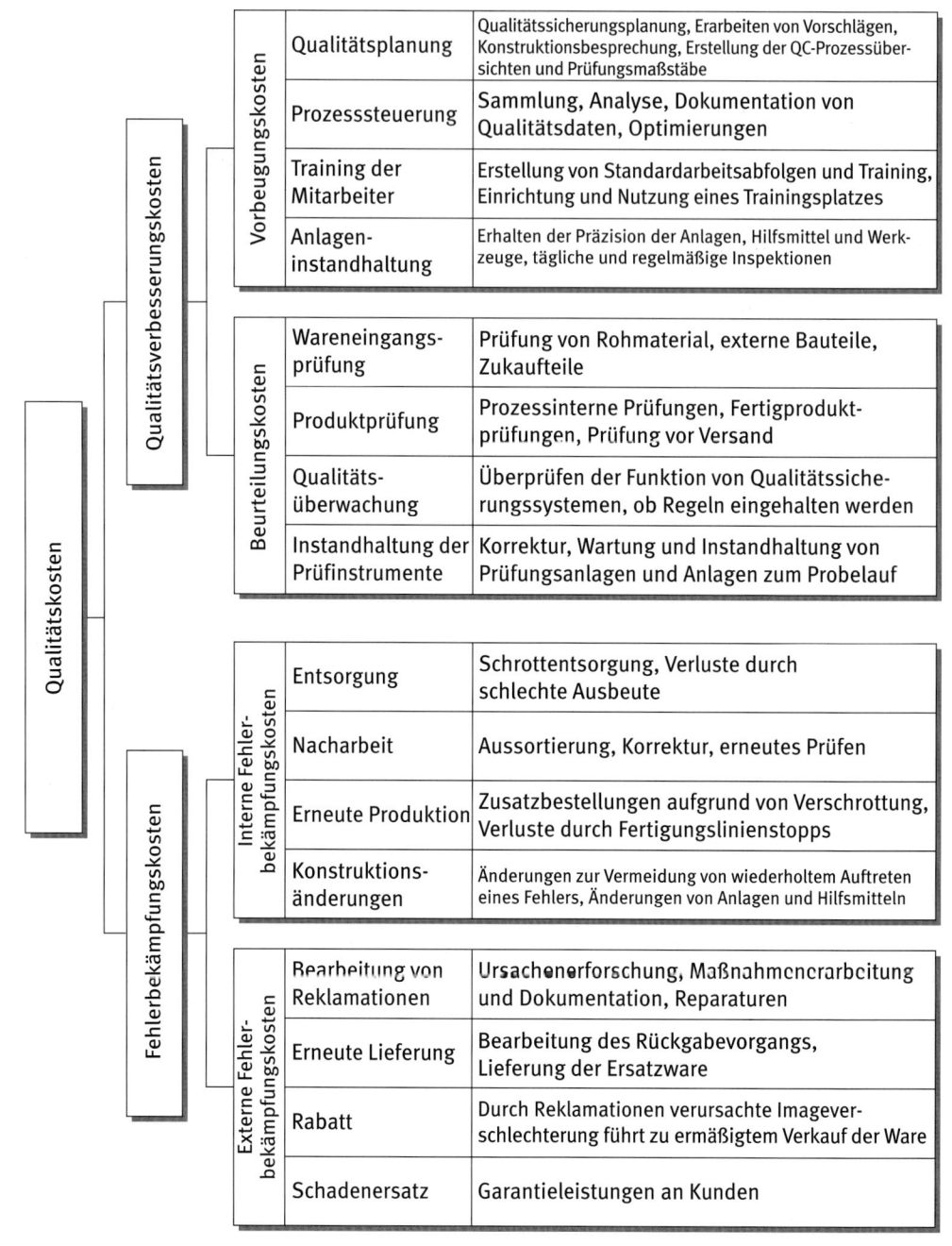

Qualitätskosten	**Qualitätsverbesserungskosten**	**Vorbeugungskosten**	Qualitätsplanung — Qualitätssicherungsplanung, Erarbeiten von Vorschlägen, Konstruktionsbesprechung, Erstellung der QC-Prozessübersichten und Prüfungsmaßstäbe
			Prozesssteuerung — Sammlung, Analyse, Dokumentation von Qualitätsdaten, Optimierungen
			Training der Mitarbeiter — Erstellung von Standardarbeitsabfolgen und Training, Einrichtung und Nutzung eines Trainingsplatzes
			Anlageninstandhaltung — Erhalten der Präzision der Anlagen, Hilfsmittel und Werkzeuge, tägliche und regelmäßige Inspektionen
		Beurteilungskosten	Wareneingangsprüfung — Prüfung von Rohmaterial, externe Bauteile, Zukaufteile
			Produktprüfung — Prozessinterne Prüfungen, Fertigproduktprüfungen, Prüfung vor Versand
			Qualitätsüberwachung — Überprüfen der Funktion von Qualitätssicherungssystemen, ob Regeln eingehalten werden
			Instandhaltung der Prüfinstrumente — Korrektur, Wartung und Instandhaltung von Prüfungsanlagen und Anlagen zum Probelauf
	Fehlerbekämpfungskosten	**Interne Fehlerbekämpfungskosten**	Entsorgung — Schrottentsorgung, Verluste durch schlechte Ausbeute
			Nacharbeit — Aussortierung, Korrektur, erneutes Prüfen
			Erneute Produktion — Zusatzbestellungen aufgrund von Verschrottung, Verluste durch Fertigungslinienstopps
			Konstruktionsänderungen — Änderungen zur Vermeidung von wiederholtem Auftreten eines Fehlers, Änderungen von Anlagen und Hilfsmitteln
		Externe Fehlerbekämpfungskosten	Bearbeitung von Reklamationen — Ursachenerforschung, Maßnahmenerarbeitung und Dokumentation, Reparaturen
			Erneute Lieferung — Bearbeitung des Rückgabevorgangs, Lieferung der Ersatzware
			Rabatt — Durch Reklamationen verursachte Imageverschlechterung führt zu ermäßigtem Verkauf der Ware
			Schadenersatz — Garantieleistungen an Kunden

Abbildung 14: Grundelemente und Zusammensetzungen der Qualitätskosten

2.5 Das Phänomen der neuen Qualitätskosten

Problempunkte der traditionellen Qualitätskosten

Die Theorie der traditionellen Qualitätskosten, dass eine unaufhörliche Steigerung des Qualitätsniveaus und das Anstreben der Fehlerrate null die Vorbeugungs- und Beurteilungskosten ins Unermessliche steigen lässt, scheint plausibel und nicht hinterfragbar.

Aber hierbei handelt es sich nicht um eine Gesetzmäßigkeit, die Ergebnis langjähriger Praxis ist, sondern um eine im Kopf entstandene Theorie auf Basis allgemein verbreiteter Vorstellungen, die als Voraussetzungen des damaligen Produktionssystems dienten.

An dieser Theorie gibt es mehrere Problempunkte. Als Erstes ist zu benennen, dass die Verwirklichung der Fehlerrate null abgelehnt wurde. Es wurde zwar die Qualitätserzeugung im Prozess angestrebt, aber da das Erreichen einer Null-Fehlerrate sehr hohe Kosten verursacht, sagte man sich, dass man einen gewissen kleinen Prozentsatz an Qualitätsfehlern in Kauf nehmen müsse. Die damaligen Begriffe von Qualitätssicherung und Qualitätserzeugung im Prozess gingen darüber kaum hinaus, aber bei dem damals herrschenden Gütermangel war dieses Verständnis nicht so unnatürlich. Der nächste Problempunkt ist, dass man anstatt der Qualität den Kosten die höhere Priorität zuschreibt. Auf den ersten Blick scheint es, als lege man Wert auf die Balance von Qualität und Kosten, aber schlussendlich strebte man ein optimales Kosten-Nutzen-Verhältnis und Minimalkosten an und das führt nicht zur eigentlichen Verbesserung des Qualitätsniveaus.

Außerdem behauptete man, dass das Anstreben von null Fehlern eine drastische Erhöhung der Vorbeugungs- und Beurteilungskosten nach sich ziehe, aber um wie viel es sich dabei tatsächlich handelte, war nicht bekannt. Das rührt daher, dass diese Behauptung sich nicht auf tatsächliche Aktivitäten vor Ort zur konsequenten Reduzierung der Qualitätsmängel stützte, sondern eine auf die aktuellen Qualitätsaktionen gestützte Theorie darstellte.

Die Theorie der traditionellen Qualitätskosten mit den oben genannten Problempunkten wurde später durch die Erfolge von Qualitätssteuerung und TQC-Aktivitäten, wie sie in japanischen produzierenden Unternehmen angewandt wurden, in großem Maße korrigiert.

Wie schon erwähnt, wurde innerhalb der japanischen Qualitätssteuerung die von Amerika eingeführten Ideen der Qualitätssicherung und des Erzeugens von Qualität im Prozess getreu dem Original umgesetzt. Die Ziele wie eine hohe Kundenzufriedenheit oder null Fehler wurden mit nur geringer Rücksicht auf die Kosten verfolgt. Infolgedessen gab es Produktionsfirmen, bei denen ohne allzu große Ausgaben an Vorbeugungs- beziehungsweise Beurteilungskosten erfolgreich die Fehlerrate gen null reduziert werden konnte. Vor diesem Hintergrund entstanden Vorschläge zu einer neuen Denkweise über Qualitätskosten.

Minimierung der Qualitätskosten bei null Fehlern

Der Schlüssel zum neuen Qualitätskosten-Modell liegt in der Vorstellung, dass die Realisierung von null Fehlern auch ohne sehr hohe Vorbeugungs- und Beurteilungskosten möglich ist. Außerdem gilt: Je weniger Qualitätsfehler es gibt, desto geringer werden die Qualitätskosten – und bei null Fehlern erreichen sie das Minimum.

Die grafische Darstellung dazu zeigt Abbildung 15. Auch beim Modell der neuen Qualitätskosten sind die Faktoren der Kostenzusammensetzung und die Bezeichnungen dieselben wie beim traditionellen Modell. Die Vorbeugungs- und Beurteilungskosten steigen ebenfalls mit der Verbesserung des Qualitätsniveaus, aber die Steigung ist nicht so extrem wie bei dem traditionellen Modell, sondern nur leicht. Sie erreicht ihr Maximum bei null Qualitätsmängeln. Bei Erreichen der Fehlerrate null sind natürlich die internen und externen Fehlerbekämpfungskosten ebenfalls bei null. Der Maximalwert ist identisch mit dem der gesamten Qualitätskosten, während die gesamten Qualitätskosten bei null Fehler den minimalen Wert erreichen.

Die internen und externen Fehlerbekämpfungskosten beschreiben zwar grundsätzlich eine ähnliche Kurve wie im klassischen Modell, jedoch fällt sie mit Steigerung des Qualitätsniveaus sanft ab.

Das Modell der neuen Qualitätskosten überwindet den Zielkonflikt zwischen Qualität und Kosten und macht deutlich, dass es neue Wege gibt, mit denen gleichzeitig gute Qualität und niedrige Kosten erreicht werden können. Bei den Vorbeugungs- beziehungsweise Beurteilungskosten jedoch zeigt sie zwar die Wichtigkeit vom Erzeugen der Qualität im Prozess auf, aber über die konkrete Vorgehensweise wurde bisher nicht viel geschrieben.

Das Phänomen der neuen Qualitätskosten

Qualitätskosten
(Kosten zur Steigerung
der Qualität + Kosten durch
Qualitätsmängel)

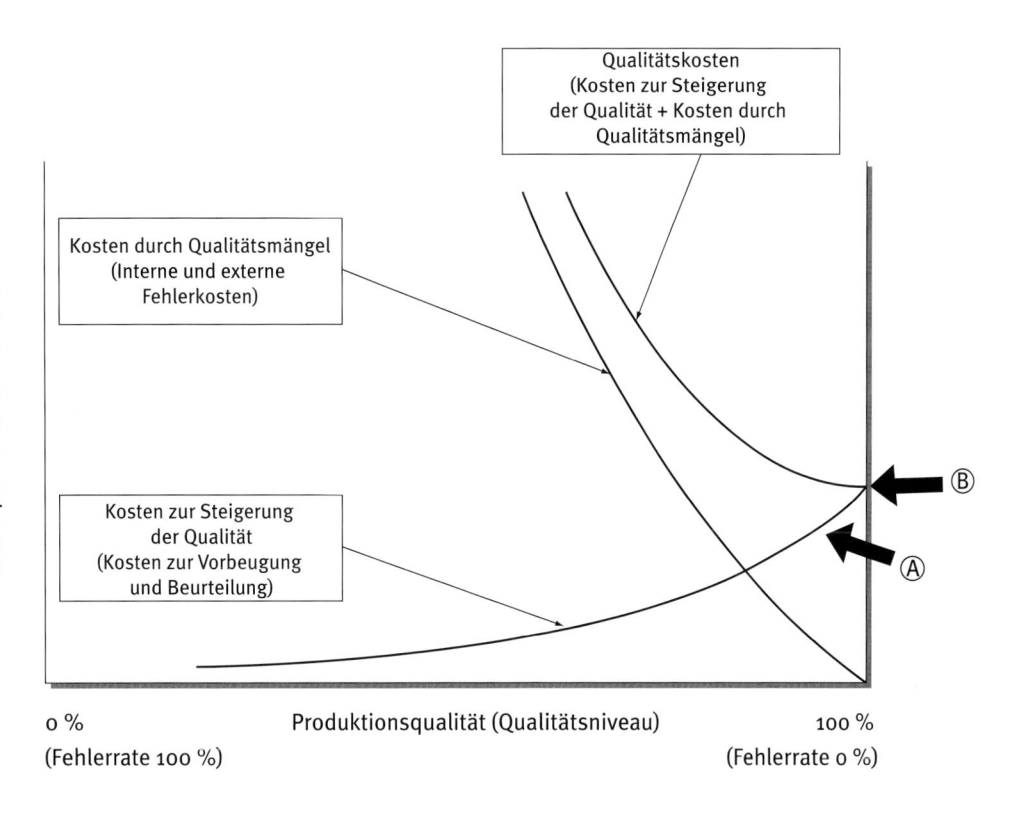

Kosten durch Qualitätsmängel
(Interne und externe
Fehlerkosten)

Kosten pro Stück des Produkts

Kosten zur Steigerung
der Qualität
(Kosten zur Vorbeugung
und Beurteilung)

0 %   Produktionsqualität (Qualitätsniveau)   100 %
(Fehlerrate 100 %)   (Fehlerrate 0 %)

Zusammenfassung der wichtigsten Punkte

1. Auch ohne sehr hohe Qualitätssteigerungskosten ist das Erreichen der Fehlerrate null möglich (siehe Pfeil A).
2. Die gesamten Qualitätskosten sind bei null Fehler am Minimum (siehe Pfeil B).

Abbildung 15: Modell der neuen Qualitätskosten

2.6 QiP minimiert die Qualitätskosten

Was die Qualitätskosten reduziert

Wie das Modell der neuen Qualitätskosten aussagt, muss es möglich sein, wenn ohne besonders hohe Vorbeugungs- und Beurteilungskosten null Fehler zu verwirklichen sind, ebenso die gesamten Qualitätskosten wesentlich zu reduzieren.

Was aber diesen Punkt betrifft, ist die konkrete und praxisorientierte Methodik erst mangelhaft geordnet und beschränkt sich auf Hypothesen, die versuchen, das gleichzeitige Erreichen von hoher Qualität und niedrigen Kosten, wie es einzelnen fortschrittlichen Unternehmen gelungen ist, theoretisch zu erklären. Dennoch ist es wichtig, gründlich darüber nachzudenken, auf welchem Weg man ohne Aufwand von Vorbeugungs- und Beurteilungskosten die Qualität verbessert.

Ein Denkanstoß wäre der Vergleich über die Auffassung von Vorbeugungs- und Beurteilungskosten bei dem traditionellen und dem neuen Qualitätskosten-Modell. In beiden Modellen wird die gleiche Bezeichnung für diese Art der Kosten genutzt. Auf den ersten Blick scheinen die Werte sich auch nicht nennenswert zu unterscheiden, aber die vorausgesetzte Produktionsphilosophie und die Struktur des Produktionssystems unterscheiden sich erheblich. Deshalb ist es notwendig, diese Unterschiede genau zu kennen.

Was die Vorbeugungs- und Beurteilungskosten senkt

Bei den traditionellen Qualitätskosten ging man davon aus, dass die Vorbeugungs- und Beurteilungskosten bei erhöhtem Qualitätsniveau – und je näher man an die Fehlerrate von null heranreicht – rapide ansteigen. Wenn man den Grund für diese Auffassung versteht, kann man Ansätze finden, mit geringen Vorbeugungs- und Beurteilungskosten die Qualität zu verbessern.

Voraussetzungen für die Aktivitäten zur Erreichung der Fehlerrate null: Sie müssen 1. von speziellen Qualitätsexperten, 2. unter Nutzung vorhandener sicherer Methoden und Maßnahmen, 3. nur eine beschränkte Zeit lang durchgeführt werden.

Diese Voraussetzungen sind identisch mit den Rahmenbedingungen des herkömmlichen Massenproduktionssystems und es ist selbstverständlich, dass unter solchen eingeschränkten Bedingungen die Vorbeugungs- und Beurteilungskosten ins Unermessliche steigen. Gleichzeitig ist das Erreichen von null Fehlern unmöglich.

Wie sehen nun die Qualitätsverbesserungsaktivitäten und die Vorbeugungs- und Beurteilungskosten bei fortschrittlichen Unternehmen aus, die den Zielkonflikt zwischen Qualität und Kosten durch das neue Modell der Qualitätskosten überwunden haben? Sie haben sich 1. als gesamtes Unternehmen – von der Unternehmensführung bis zum Werker – eingesetzt, 2. vor Ort sich wiederholt um Verbesserungen und kreative Lösungen für die Qualitätserzeugung im Prozess bemüht, und

3. haben sie viele Jahre Know-how über das Sichern von Gutteilbedingungen gesammelt und ohne Rücksicht auf Kosten kontinuierlich an der Reduktion der Qualitätsfehler gearbeitet.

Diese Art der Verbesserungsaktivitäten hat ein kundenorientiertes, flexibles Produktionssystem als Basis und die Vorbeugungs- und Beurteilungskosten werden für Aktivitäten zum Erzeugen von Qualität im Prozess aufgewendet.

Vergleicht man die oben genannten zwei unterschiedlichen Arten der Qualitätsverbesserungsaktivitäten, kann man erkennen, dass die organisatorische Sachkenntnis und das Nutzen von Know-how zum Erzeugen von Qualität im Prozess die Vorbeugungs- und Beurteilungskosten entscheidend senken.

Qualität im Prozess erzeugen ist sinnvoller, als Qualitätskosten zu berechnen

Die Bedeutung der Qualitätskosten liegt darin, dass für Aktivitäten zur Qualitätserzeugung im Prozess, wie das Sicherstellen der Bedingung für die Gutteilerzeugung, die Vorbeugungs- und Beurteilungskosten sinnvoll eingeteilt werden und dadurch das Entstehen von internen und externen Qualitätsfehlerkosten so gering wie möglich gehalten wird. Zu diesem Zweck müssen die aktuelle Qualitätssituation finanziell gemessen und die Problempunkte zum Erzeugen von Qualität verdeutlicht werden, um den Verbesserungen eine Richtung zu geben.

In anderen Worten liegt der Schwerpunkt darin, die Aktivitäten zur Erzeugung von Qualität im Prozess zu fördern und zu aktivieren, um Fehlerbekämpfungskosten in Schach zu halten und die gesamten Qualitätskosten zu reduzieren.

Die Berechnung sowie die Einteilung der Qualitätskosten sind oft nicht eindeutig und auch durch konsequentes Einführen von Regeln kann man keine hohe Genauigkeit erwarten.

Folglich ist es auch im Hinblick auf die oben genannten Gründe sinnvoller, anstatt die Qualitätskosten mit viel Aufwand zu berechnen und zu analysieren, eine Struktur zu schaffen, die eigenständige Aktivitäten zur QiP-Erzeugung vor Ort unterstützt und anregt.

	QiP im traditionellen Qualitätskosten-Modell	QiP im neuen Qualitätskosten-Modell
Wer?	Mitarbeiter der Qualitätssteuerung oder Ingenieure aus der Produktionstechnik	Alle Mitarbeiter (vom Geschäftsführer bis zum Werker)
Wie?	Schwerpunktorientierte Verbesserungen mithilfe von bestehenden Methoden	Sicherung der Gutteilbedingungen durch wiederholtes Ausprobieren von kreativen Lösungen vor Ort mit den tatsächlichen Teilen
Wie lange?	Erreichen des Ziels innerhalb eines eingeschränkten Zeitrahmens	Ansammlung von Know-how über die Gutteilbedingungen über Jahre hinweg
Das QiP-Niveau	Es wird zwar in den Vordergrund gestellt, aber tatsächlich ist man schwach darin	QiP wird konsequent angestrebt
Vorbeugungs- und Beurteilungskosten	Prognose ist nicht möglich (Vorausberechnung nicht möglich)	Durch die kumulierte Wirkung beim Sichern der Gutteilbedingungen reduzieren sich die Kosten immer weiter

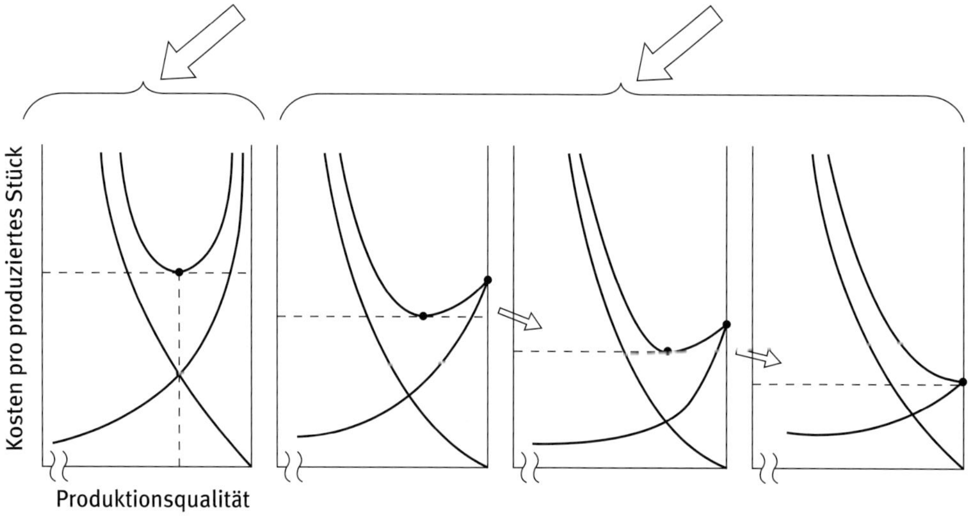

Abbildung 16: QiP-Erzeugung in Zusammenhang mit altem und neuem Qualitätskosten-Modell

2.7 QiP ist der Durchbruch zur Produktionsreform

Produktionsreform bedeutet die Wandlung des Systems

Als Antwort auf die Frage »Warum jetzt Qualitätserzeugung im Prozess?« lässt sich, wie am Anfang des Kapitels erwähnt, sagen, dass schlussendlich die Steigerung der Wettbewerbsfähigkeit der Grund ist. Die direkte Zielsetzung ist zwar die Verbesserung der Produktqualität, aber vor Erreichen des letztendlichen Ziels der Steigerung der Wettbewerbsfähigkeit sind mehrere wichtige Zwischenziele vorstellbar. Die auf den vorangehenden Seiten erläuterte Reduzierung der Qualitätskosten ist eines davon. Und zu erkennen, wie wichtig die Aktivitäten zur Erzeugung von Qualität im Prozess sind, um die Reform der Produktion voranzutreiben, ist ein weiteres Ziel.

Stellt man die Verkettung dieser Zwischenziele, die durch die QiP hervorgerufen werden, nebeneinander dar, sieht sie wie in Abbildung 17 aus. Viele Geschäftsführer produzierender Unternehmen appellieren an die Notwendigkeit der Produktionsreform und äußern gelegentlich ihre Besorgnis über die Stagnation der Reformbemühungen. Es ist eine geraume Zeit vergangen, seit der Kunde die Oberhand gewonnen hat und die Wettbewerbssituation sehr hart geworden ist, aber es gibt noch viele Unternehmen, die nach wie vor die Management- sowie die Produktionssysteme der Massenproduktion fortführen.

Auch im Rahmen eines herkömmlichen Systems lassen sich mit Aktivitäten für bessere Qualität und geringere Kosten bis zu einem gewissen Grad Ergebnisse erzielen. Was aber gefragt ist, ist die Beseitigung von viel größeren Verschwendungen, nämlich den »Verschwendungen durch das System«, die hervorgebracht werden durch die Inkompatibilität des aktuellen Systems mit dem äußeren Umfeld. Deshalb ist eine Restrukturierung oder eine Wandlung des aktuellen Systems, um sich der Außenwelt anzupassen, unerlässlich.

Produktionsreform bedeutet, das herkömmliche Massenproduktionssystem zu einem System mit dem Schwerpunkt Kundenorientierung zu wandeln. Bei Vorantreiben einer Produktionsreform ist das über Erfolg oder Misserfolg entscheidende Thema, an welchem Ende man auf welche Weise anfängt. Das gesamte Produktionssystem auf einen Schlag zu verändern birgt die Gefahr, zu viel Chaos und Widerstand zu erzeugen; eine erfolgreiche Veränderung ist hier unwahrscheinlich (Abbildung 18).

Für ein kontinuierliches Voranschreiten der Reformbemühungen ist die Unterstützung und Kooperation vieler Menschen unabdingbar. Dafür sollte ein sinnvoller Aktivitätsbereich als Anfang gewählt werden, bei dem die Ergebnisse konkret und gut verständlich sind.

QiP ist die Grundlage des Produktionssystems

Aus dieser Perspektive betrachtet ist das Thema Qualitätserzeugung im Prozess ein Aktivitätsbereich, der sich hervorragend als Einstieg zur Produktionsreform eignet.

Hierbei muss beachtet werden, dass die Qualitätserzeugung im Prozess auf den ersten Blick vor allem als Verbesserungsaktivität für die Produktqualität (Q) dient, aber die Aktivitäten sich nicht einfach eins zu eins in den Ergebnissen niederschlagen.

Vielmehr bedeutet QiP eine Neubetrachtung der strukturellen Faktoren und Prozesse, welche die Grundlagen des Produktionssystems bilden, und eine Veränderung im großen Stil, die eine Reform des Systems anstrebt.

Durch Restrukturierung des Produktionssystems werden die »Verschwendungen durch das System« eliminiert und eine Steigerung des gesamten Output (Q+C+D) erzielt.

Selbstverständlich kann das Produktionssystem allein mit dem Erzeugen von Qualität nicht umgewälzt werden, diese Aktivitäten müssen in Verbindung mit anderen Grundkonzepten zur Produktionsreform durchgeführt werden. Mithilfe von Konzepten wie dem Just-in-Time-Prinzip, das die Verbesserung des Materialflusses und kürzere Durchlaufzeiten anstrebt, oder dem Eliminieren von Verschwendungen, wobei es darum geht, unnötige Bewegungen der Mitarbeiter in wertschöpfende Tätigkeiten umzuwandeln, wird das System neu strukturiert.

Ein repräsentatives Beispiel, bei dem die Qualitätserzeugung im Prozess als Grundlage des Produktionssystems betrachtet wird und zu einer Produktionsreform geführt hat und sich zudem in stetiger Weiterentwicklung befindet, ist das Toyota-Produktionssystem. Dieses wird eindeutig gestützt von den zwei Grundpfeilern »Just in Time« und der »Autonomatisierung«. Genau diese Autonomatisierung bildet das Gerüst für die Qualitätserzeugung im Prozess.

QiP ist der Durchbruch zur Produktionsreform

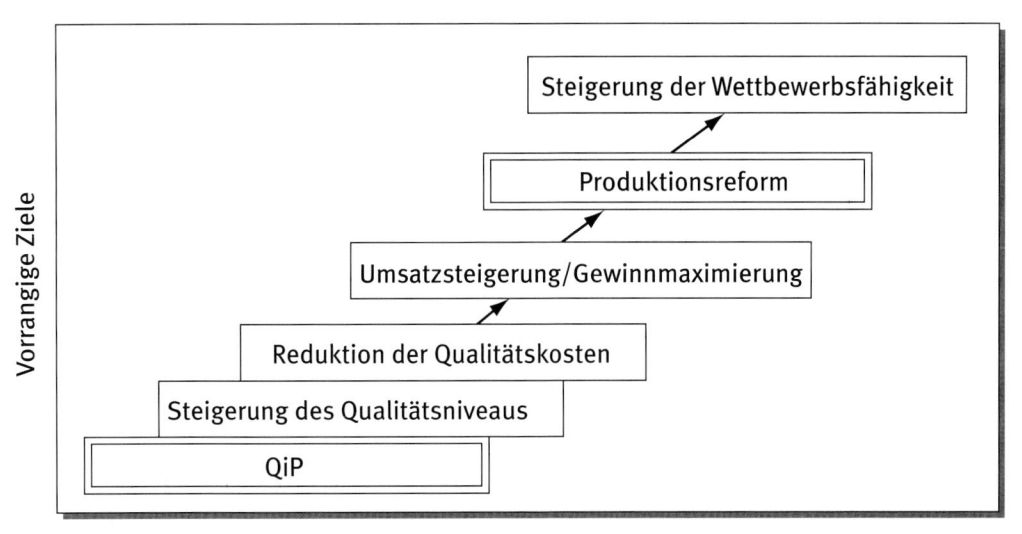

Abbildung 17: QiP führt zur Produktionsreform

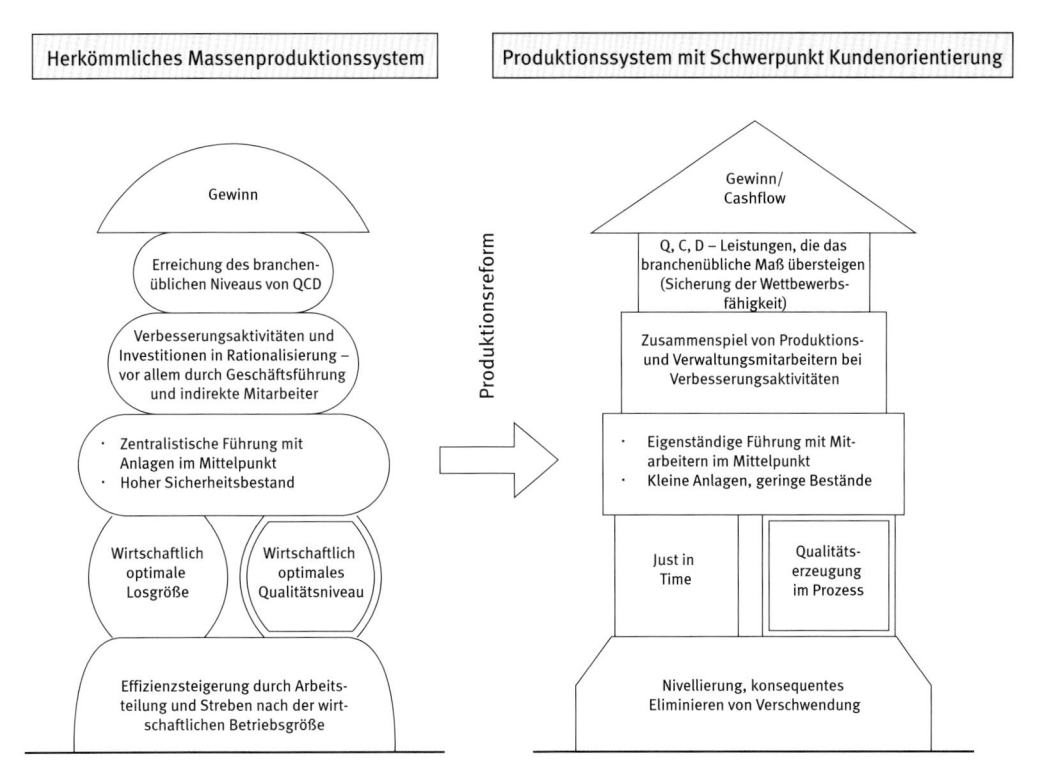

Abbildung 18: Produktionsreform führt zu Produktionssystem mit Schwerpunkt auf Kundenorientierung

3 Was ist QiP-Fähigkeit?

3.1 QiP ist ein Teil der Organisationsfähigkeit

Der Kernpunkt der QiP-Erzeugung ist die Sicherung der Gutteilbedingungen. Diese jedoch nicht nur als eine Frage von technischen Mitteln und Methoden, sondern als organisatorische und wettbewerbsstrategische Aktivitäten zu betrachten, ist Anliegen dieses Buches. Die Fähigkeit, die Qualitätserzeugung im Prozess auf diese Weise umzusetzen, wird hier als Qualitätserzeugungsfähigkeit (QiP-Fähigkeit) bezeichnet. Die umfassende Kraft innerhalb der Organisation, die solche Fähigkeiten hervorruft, nennt sich Organisationsfähigkeit.

Was ist Organisationsfähigkeit?

Im Allgemeinen stellt der Begriff Organisationsfähigkeit die Existenz einer innewohnenden organisatorischen Kraft in Unternehmen dar, die auf dem Markt eine starke Wettbewerbsfähigkeit oder Präsenz zeigen. Diese Fähigkeit hat folgende besonderen Merkmale (Abbildung 19).

1. Es handelt sich um den Verbund von Grundlagen des Geschäfts, wie Technologie und Fachkenntnis, Anpassungsfähigkeit an den Markt, Arbeitsprozesse und Organisationskultur, und bildet den Rahmen dieser Fähigkeit.
2. Sie wird durch kontinuierliche Bemühungen firmenintern geschaffen und ist reich an Originalität.
3. Es ist für Konkurrenten schwierig, diese Kompetenzen zu kopieren oder nachzuahmen.
4. Als Folge dieser genannten Aspekte ist es einem Unternehmen möglich, auf dem Markt mit einer starken Wettbewerbsfähigkeit zu bestehen.

Woraus sich Organisationsfähigkeit zusammensetzt

Wie schon im zweiten Abschnitt des Kapitels 2 erwähnt, kann man die Wettbewerbsfähigkeit eines Unternehmens als eine vierstufige Struktur auffassen. Nach dieser Vorstellung befindet sich die Organisationsfähigkeit an der Basis der vierten Schicht, das heißt, sie bildet das Fundament der Wettbewerbsfähigkeit.

Wenn man zum besseren Verständnis der Organisationsfähigkeit deren Inhalt unterteilt, können wie in Abbildung 20 vier Aspekte hervorgehoben werden, auf denen sie aufbaut, nämlich 1. Technologie und Fachkenntnis, 2. die Fähigkeit, den Anforderungen des Markts zu entsprechen, 3. Umsetzungskraft innerhalb des

Unternehmens und 4. Organisationskultur. Diese vier Aspekte tragen zur Entwicklung der QiP-Fähigkeit bei.

Der Aspekt Technologie und Fachkenntnis ist ein System von Sachkenntnis, wobei die firmenspezifische Technologie, welche die Produkte hervorbringt und ein Geschäft erst ermöglicht, den Kern bildet. Es beinhaltet ebenfalls Steuerungstechniken zum Ausbau eines Geschäfts und unterschiedliches Know-how zum Umfeld der Produktion und des Geschäfts. Die QiP-Fähigkeit beinhaltet Produktions- und Fertigungstechniken zum Festlegen der Bedingungen für die Gutteilerzeugung sowie unterschiedliche Methoden und Werkzeuge zur Qualitätsverbesserung.

Der zweite Aspekt, die Fähigkeit, den Anforderungen des Markts zu entsprechen, ist gleichzusetzen mit einem hohen Maß an Sensibilität und Verständnis gegenüber dem externen Umfeld wie Markt, Kunden und Wettbewerber.

Dazu ist es notwendig, stets seinen Blick nach außen zu wenden und das Informationsnetz aktuell zu halten. Das bedeutet, den Veränderungen des Markts schnell und flexibel entsprechen und den übergreifenden Trends mit vorausschauenden Strategien begegnen zu können. In puncto Qualität muss man ein die branchenübliche Qualität weit übertreffendes, hohes Qualitätsniveau anstreben.

Der dritte Aspekt, die Umsetzungskraft innerhalb des Unternehmens, beinhaltet, dass Prozesse zur Entscheidungsfindung transparent und zügig vonstatten gehen. Entscheidungen werden verlässlich weitervermittelt und die Informationen für alle transparent gehalten, sodass die Fähigkeit, Entscheidungen als gesamte Organisation umzusetzen, sehr stark ausgeprägt ist. Die Bearbeitungsschritte sind gut geordnet und der gesamte Prozess folgt einem effizienten Fluss. Im Zusammenhang mit der QiP-Fähigkeit bedeutet es, ein schlankes (verschwendungsfreies) Produktionssystem aufzubauen und eine Struktur zu schaffen, in der Verbesserungen als Teil des Alltagsgeschäfts stets voranschreiten.

Der vierte Aspekt, die Organisationskultur, bezeichnet die Wertvorstellungen, Verhaltensnormen, Gewohnheiten, Betrachtungs- und Denkweisen, die von den Mitarbeitern als selbstverständlich angenommen beziehungsweise unbewusst umgesetzt werden. Unter anderem zählen auch Grundgedanken und Grundprinzipien, die einzigartige Ergebnisse hervorrufen, dazu. In puncto Qualität ist der Gedanke der Qualitätserzeugung im Prozess an sich repräsentativ für eine solche außergewöhnliche Denkweise und stellt für sich ein eigenes System dar.

QiP ist ein Teil der Organisationsfähigkeit

① Organisationsfähigkeit ist der Zusammenschluss von unterschiedlichen Aspekten eines Unternehmens wie Technologie und Fachkenntnis, die Fähigkeit, den Anforderungen des Markts zu entsprechen, effiziente Arbeitsprozesse und eine Organisationskultur, die Herausforderungen annimmt.

② Diese werden durch kontinuierliche Bemühungen innerhalb eines Unternehmens aufgebaut und sind dementsprechend von starker Originalität geprägt.

③ Sie können nur schwer von konkurrierenden Unternehmen kopiert oder nachgeahmt werden.

④ Durch diese Organisationsfähigkeit werden gute Wettbewerbfähigkeit, hervorragende Ergebnisse und Präsenz hervorgebracht.

Abbildung 19: Was ist Organisationsfähigkeit?

① *Technologie, Fachkenntnis:*
Firmenspezifische Technologien, die Produkte hervorbringen und ein Geschäft erst ermöglichen; als System zusammengefasste Sachkenntnis und Steuerungstechniken zum Aufrechterhalten der Geschäfte

② *Fähigkeit, den Anforderungen des Markts zu entsprechen:*
Sensibilität und Verständnis gegenüber dem Markt und den Bedürfnissen des Kunden; die Fähigkeit, den Veränderungen des Markts zu entsprechen; Fähigkeit zu strategischer Voraussicht

③ *Umsetzungskraft innerhalb des Unternehmens:*
Schnelligkeit bei Entscheidungsfindung; transparente Informationen; effiziente Arbeitsprozesse; Umsetzungskraft als gesamtes Unternehmen

④ *Organisationskultur:*
Wertvorstellungen, Verhaltensnormen, Gewohnheiten, Eigenständigkeit, Akzeptanz der Notwendigkeit von stetigen Verbesserungen, Denkweise über die Produktfertigung, Umsetzung durch die Mitarbeiter

Die vierstufige Struktur der Wettbewerbsfähigkeit
- Wirtschaftliches Ergebnis
- Beurteilung auf dem Markt
- Ausbringung durch firmeninterne Prozesse
- Organisationsfähigkeit

② Fähigkeit, den Anforderungen des Markts zu entsprechen
Anstreben einer mit Abstand guten Qualität mit hoher Wettbewerbsfähigkeit

③ Umsetzungskraft innerhalb des Unternehmens
Produktionssystem, das Verbesserungen im Alltagsgeschäft ermöglicht

① Technologie, Fachkenntnis
Know-how zur Festlegung der Bedingungen für die Gutteilerzeugung

④ Organisationskultur
Denkweise der Qualitätserzeugung im Prozess

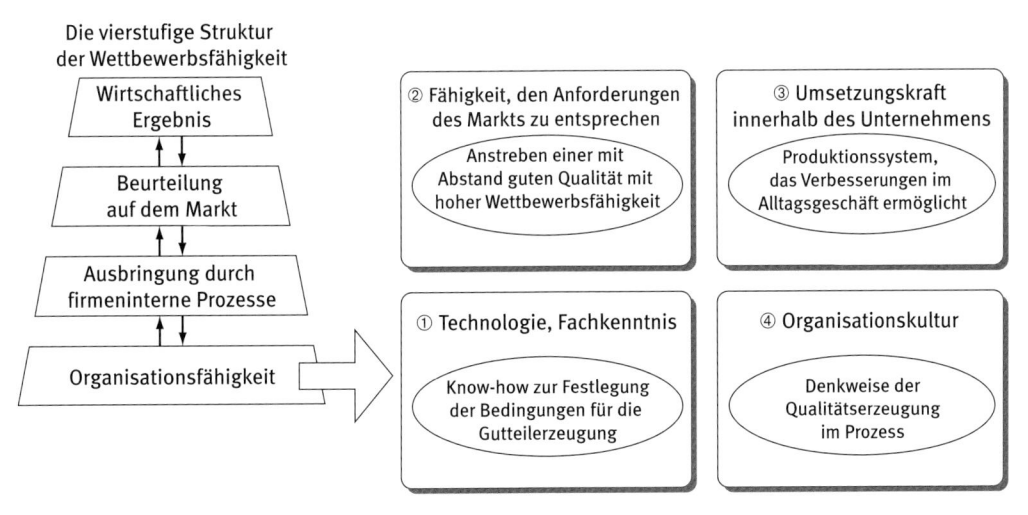

Abbildung 20: Woraus sich Organisationsfähigkeit zusammensetzt

3.2 QiP-Philosophie – Was ist QiP-Fähigkeit?

Im Folgenden soll in Gegenüberstellung zu den vier Hauptaspekten der Organisationsfähigkeit die Zusammensetzung der Fähigkeit, Qualität im Prozess zu erzeugen, behandelt werden.

QiP und Wirkungsbereich in der Organisation

Im letzten Abschnitt wurde erwähnt, dass die QiP-Fähigkeit einen Teil der Organisationsfähigkeit ausmacht. Hier soll nun der Zusammenhang zwischen der Qualitätserzeugung im Prozess und der Organisation an sich besprochen werden.

Den Kernpunkt der Qualitätserzeugung im Prozess bildet die Aufgabe, die Bedingungen für die Gutteilerzeugung im Fertigungsprozess zu sichern. Der einzelne Fertigungsprozess ist ein Teil der zugehörigen Produktionslinie und bildet mit dem vorangehenden und nachgelagerten Prozess einen Fluss. Diese Produktionslinie bildet bei der Fertigung eines Produkts als eine zusammenhängende Einheit ein kleines System.

Um die Produktionslinie herum befinden sich mehrere andere Produktionslinien, die andere Produkte herstellen, und die Ansammlung dieser Linien bildet einen Produktionsbereich oder ein Werk. Außerhalb des Werks ist die Produktion von allen anderen Bereichen des Unternehmens umgeben.

Wenn man die erwähnte Struktur wie in Abbildung 21 bildlich darstellt, wird verständlich, dass mit den einzelnen Fertigungsprozessen als Kern sich daraus Produktionslinien, Produktionsbereiche und das Unternehmen als Gesamtes als organisatorische Ausweitung ergeben.

Die direkte Sicherung der Gutteilbedingungen wird zwar durch die Fertigungsprozesse gewährleistet, aber auch die Produktionslinien und -bereiche tragen dazu bei, indem sie auf die Klärung und Beibehaltung der Gutteilbedingungen und ihre Festigung einen großen Einfluss ausüben.

Je weiter außen man sich im Wirkungsbereich der Organisation befindet, desto geringer wird der Einfluss auf die Sicherstellung der Gutteilbedingungen, aber umso gewichtiger werden die grundlegende Denkweise und die Regeln, welche die Grundlagen der Qualitätssteuerung darstellen.

Inhalt der QiP-Fähigkeit

Als Nächstes fassen wir den Zusammenhang zwischen den Bedingungen für die Gutteilerzeugung und den vier Hauptaspekten der Organisationsfähigkeit ins Auge. In Abbildung 21 wurde dieser Zusammenhang auch im Bezug auf den Wirkungsbereich innerhalb der Organisation geordnet und dargestellt.

Der Aspekt Technologie und Fachkenntnis ist zur Festlegung der Gutteilbedingungen im Fertigungsprozess direkt notwendig. Ein Großteil der Bedingungen für die Gutteilerzeugung wird zwar im Stadium der Arbeitsvorbereitung durch den Produktionstechnikbereich festlegt, jedoch wird auf die schlussendliche Ausarbeitung der Qualitätserzeugung im Prozess der Produktionsbereich Einfluss haben.

Um die Ursache von Qualitätsfehlern, die nur noch selten auftreten, zu klären, bedarf es der Analyse unterschiedlicher Einflussfaktoren und akribischer Beobachtung vor Ort, Versuche und Messungen, die Techniken und Know-how im Genba voraussetzen. Ebenfalls benötigt man zur Beibehaltung der definierten Gutteilbedingungen Standardisierungstools und Know-how über die Bedingungen zur Steuerung der 4M-Faktoren.

Bei dem Aspekt der Umsetzungskraft innerhalb des Unternehmens spielen Struktur und Rahmenbedingungen des Produktionssystems eine wichtige Rolle, um die Sicherstellung der Bedingungen für die Gutteilerzeugung zu fördern und zu stärken. Zum Beispiel ist das Festlegen und Aufrechterhalten von Arbeitsstandards vor Ort zum Stabilisieren der Gutteilbedingungen von entscheidender Wichtigkeit. Innerhalb des Produktionssystems Strukturen zu etablieren, durch die Verbesserungsaktivitäten als Teil des Alltagsgeschäfts gefördert werden, führt zuverlässig zur Verbesserung der Qualität.

Der Aspekt der Fähigkeit, den Anforderungen des Markts zu entsprechen, kommt zum Tragen, indem die Denkweise und Haltung des Produktionsmanagements die aktuell und zukünftig notwendige Sicherstellung der Gutteilbedingungen stark unterstützt. Um die Fähigkeit, den Kundenbedürfnissen gerecht zu werden, zu verbessern, ist es unerlässlich, die Organisation vor Ort in einfachen und beweglichen Teamstrukturen mit hoher Eigenständigkeit zu etablieren. Indem man bei Neuprodukten schon im Stadium der Entwicklung den Gedanken der Qualitätserzeugung im Prozess einbezieht, strebt man tatsächlich ein hervorragendes Qualitätsniveau an.

Bei dem Aspekt der Organisationskultur unterstützt die Produktionsphilosophie an sich den Gedanken der Qualitätserzeugung im Prozess als eindeutig und unbezweifelbar. Es gibt unterschiedliche Denkweisen und Grundsätze, wie zum Beispiel die Just-in-Time-Produktion, Genba-orientiertes Vorgehen und Verbesserungsaktivitäten, die dem Erzeugen von Qualität im Prozess nützlich sind.

Was ist QiP-Fähigkeit?

Die Bedeutung von QiP-Fähigkeit

→ Sie bedeutet die Organisationsfähigkeit, Qualität im Prozess zu erzeugen
→ Den Kern der Qualitätserzeugung im Prozess bildet die Sicherstellung der Gutteilbedingungen im Fertigungsprozess
⇨ Sie ist die Organisationsfähigkeit bezogen auf die Sicherstellung der Bedingungen für die Gutteilerzeugung

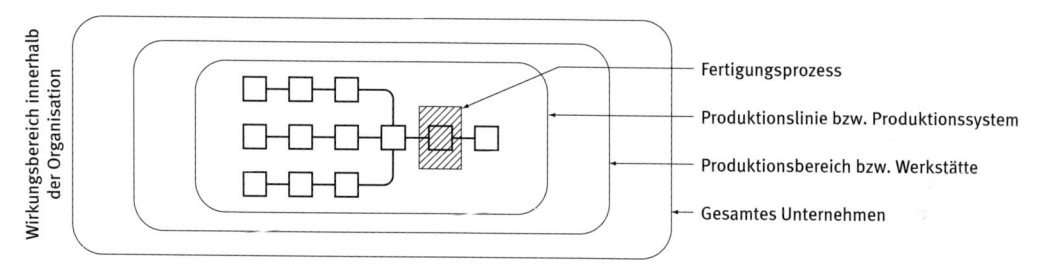

Wirkungsbereich innerhalb der Organisation:
- Fertigungsprozess
- Produktionslinie bzw. Produktionssystem
- Produktionsbereich bzw. Werkstätte
- Gesamtes Unternehmen

Zusammenhang zwischen Sicherstellung der Gutteilbedingungen und der Organisationsfähigkeit

		Wirkungsbereich innerhalb der Organisation			
		Fertigungsprozess	Produktionslinie	Werk	Gesamtes Unternehmen
Organisationsfähigkeit	Technologie, Fachkenntnis	Festlegung der Gutteilbedingungen ((Know-how zur Standardisierung))			
		Klärung und Aufrechterhaltung der Gutteilbedingungen ((Kompetenz in Ursachenanalyse, Steuerung von Abweichungen))			
	Umsetzungskraft innerhalb des Unternehmens	Produktionssystem, das die Sicherung der Gutteilbedingungen fördert und stärkt / Festlegen von Arbeitsstandards vor Ort / Standardisierung der 4M der Prozesse, Training der Mitarbeiter zum multiplen Einsatz / visuelles Management, Strukturen, die Verbesserungsaktivitäten fördern			
	Fähigkeit, den Anforderungen des Markts zu entsprechen	Produktionsmanagement zur Unterstützung der Sicherung von Gutteilbedingungen ((Eigenständigkeit vor Ort, Teamstruktur, Personalausbildung))			
		Strategische Planung zum Erreichen einer herausragenden Qualität ((Schnelles Reagieren auf Kundenbedürfnisse, Zusammenarbeit mit Entwicklung))			
	Organisationskultur	Produktionsphilosophie, Wertlegen auf tatsächliches Geschehen vor Ort ((QiP, Just in Time, konsequentes Eliminieren von Verschwendung))			
		Grundsatzideen, Mission, Visionen ((Kundenorientiertheit, Qualitätsorientiertheit, Wertlegen auf Verbesserungsaktivitäten, Herausforderungen annehmen))			

Abbildung 21: Bedeutung von QiP-Fähigkeit

3.3 Die vier Grundelemente der QiP-Fähigkeit

Im vorangegangenen Abschnitt wurde der Zusammenhang zwischen den vier Grundelementen der Organisationsfähigkeit und der Fähigkeit zur Qualitätserzeugung im Prozess erörtert. Diese Zusammenhänge werden nun geordnet. Zusammenfassend wird die Fähigkeit zur Qualitätserzeugung im Prozess erläutert.

Vier Grundelemente

Die vier Grundelemente der QiP-Fähigkeit sind 1. Produkterzeugungsphilosophie, 2. die Denkweise des Produktionsmanagements, 3. der Aufbau eines Produktionssystems und 4. Methoden und Werkzeuge. Diese finden jeweils auch zu den vier Hauptaspekten der Organisationsfähigkeit, nämlich der Organisationskultur, der Fähigkeit, die Anforderungen des Markts zu erfüllen, die Umsetzungskraft innerhalb des Unternehmens, Technologie und Fachkenntnis, eine Entsprechung.

Während die Organisationsfähigkeit ein übergreifendes Thema ist, das die Wettbewerbsfähigkeit des gesamten Unternehmens betrifft, beschränkt sich die auf die Produktionsqualität bezogene QiP-Fähigkeit auf den Produktionsbereich oder die Produktionswerkstätte, sodass die Grundelemente dieser Fähigkeit andere als die der obigen Hauptaspekte der Organisationsfähigkeit sind.

1. Bei der Produkterzeugungsphilosophie ist als Erstes die Qualitätserzeugung im Prozess zu nennen. Mancher mag sich fragen, warum dies eine Philosophie ist. Das Vorhandensein dieser Philosophie bedeutet, dass in der Praxis nicht mehr darüber diskutiert wird, ob man sich an diese Denkweise hält oder nicht oder welches die Vorteile dabei sind, sondern dass man bedingungslos diese Denkweise, die Qualitätserzeugung im Prozess, anwendet. Das bedeutet, dass ohne Rücksicht auf die Produktivität oder die Effektivität und Kosten der Linie vor allem die Qualitätsorientierung als Grundregel der Organisation gefordert wird. Diese vehemente Forderung rührt daher, dass auch heute noch in vielen Unternehmen Denkweisen aus der Massenproduktionszeit, wie das Erreichen der Qualität durch das Prüfen und das Erzielen einer definierten Fehlerrate bei minimalen Qualitätskosten, hartnäckig beibehalten werden.
2. Bei der Denkweise über das Produktionsmanagement besteht die Forderung darin, gegenüber dem herkömmlichen Management eine neue Denkweise über die Steuerung von Produktionsbereichen zu etablieren. Als Beispiel seien dabei folgende drei Punkte erwähnt: Der erste Punkt ist das Einführen einer Teamorganisation mit erhöhter Eigenständigkeit, um die alltägliche Steuerung vor Ort diesen Teams zu überlassen. Ein zweites Beispiel ist die Fokussierung nicht nur auf firmeninterne Prozesse, sondern stärker nach außen hin, auf die Bedürfnisse des Kunden und auf die Tendenzen bei den Konkurrenten. Der dritte Punkt fordert eine Verlagerung des Zeitaufwands von alltäglichen Problemlösungen und kurzfristigen Aufgaben weg – hin zu Visionen für die

Was ist QiP-Fähigkeit?

Zukunft und die Vorbereitung strategischer Planung. Diese neue Denkweise bringt in Bezug auf die Sicherstellung der Gutteilbedingungen kraftvolle und wesentliche Unterstützung hervor.

3. Der Aufbau eines Produktionssystems meint die tatsächliche Umsetzung der Produktionsphilosophien wie Just in Time oder die Qualitätserzeugung im Prozess und den Wandel des Systems zu einem kundenorientierten Produktionssystem, bei dem hohe Typenvielfalt in kleinen Losen gefertigt wird. Durch Einzelstückfluss und Kleinlosefertigung wird die Produktionsdurchlaufzeit reduziert und eine schnelle Rückmeldung ermöglicht, was zu einer weiteren Sicherstellung der Gutteilbedingungen führt. Ebenfalls ist eine Struktur, die fordert, bei Qualitätsfehlern die Linie anzuhalten, zur QiP-Erzeugung durch das Produktionssystem von großer Relevanz, und sie trägt zur Klärung der Gutteilbedingungen bei.

4. Die Faktoren Methoden und Werkzeuge sind als Mittel zur Qualitätssteuerung weitläufig bekannt und werden im Allgemeinen auch häufig angewandt. Wobei es zu beachten gilt, dass bei Betrachtung der Bedingungen für die Gutteilerzeugung die Anzahl der Fehlerfaktoren angestiegen und eine präzisere Steuerung erforderlich ist, sodass die Überarbeitung der Steuerungswerkzeuge oder das Hinzunehmen neuartiger Werkzeuge vonnöten ist. Bei abnehmender Fehlerrate und seltener auftretenden Fehlern gilt das Gleiche für die Ursachenanalyse, die komplexerer und präziserer Art sein muss.

Die vier Grundelemente der Qip-Fähigkeit, die wir gerade besprochen haben sind im vierschichtigen Aufbau der Abbildung 22 dargestellt.

Die oberste Schicht bilden die Methoden und Werkzeuge, die unmittelbar die Sicherstellung der Gutteilbedingungen betreffen. Diese sind recht konkret und der Kausalzusammenhang ist gut verständlich. Wenn man sich darauf beschränkt, diese konsequent anzuwenden, mag es einem so vorkommen, als hätte man die Qualitätserzeugung im Prozess schon umgesetzt, was nicht verwunderlich ist. Aber wirkliche Erfolge kann man mit den Methoden und Werkzeugen nur dann erreichen, wenn durch die unteren drei Schichten die grundsätzlichen Bedingungen geschaffen sind und die Sicherstellung der Gutteilbedingungen tatkräftig unterstützt wird.

Die vier Grundelemente der QiP-Fähigkeit

Herausragende hohe Qualität (Fehlerrate im ppm-Bereich)

QiP-Fähigkeit

④ Methoden und Werkzeuge
Technologie und Fachkenntnis, Know-how zur Sicherstellung der Gutteilbedingungen

③ Struktur des Produktionssystems
Strukturen zur Förderung und Stärkung der Sicherstellung von Gutteilbedingungen

② Denkweise des Produktionsmanagements
Denkweise, welche die Sicherstellung von Gutteilbedingungen unterstützt und garantiert

① Produkterzeugungsphilosophie
QiP als Grundlage der Produktion, Denkweise, Wertvorstellung, dass Qualität oberste Priorität hat

Beispiele

- Standardarbeitsanweisungen
- Gutteilbedingungen-Steuerungstafel
- Pokayoke
- Qualitäts-Pareto-Board

- Einzelstückfluss, Kleinlosefertigung
- Bei Qualitätsfehlern die Linie anhalten
- Strukturen zum Fördern von Verbesserungsaktivitäten

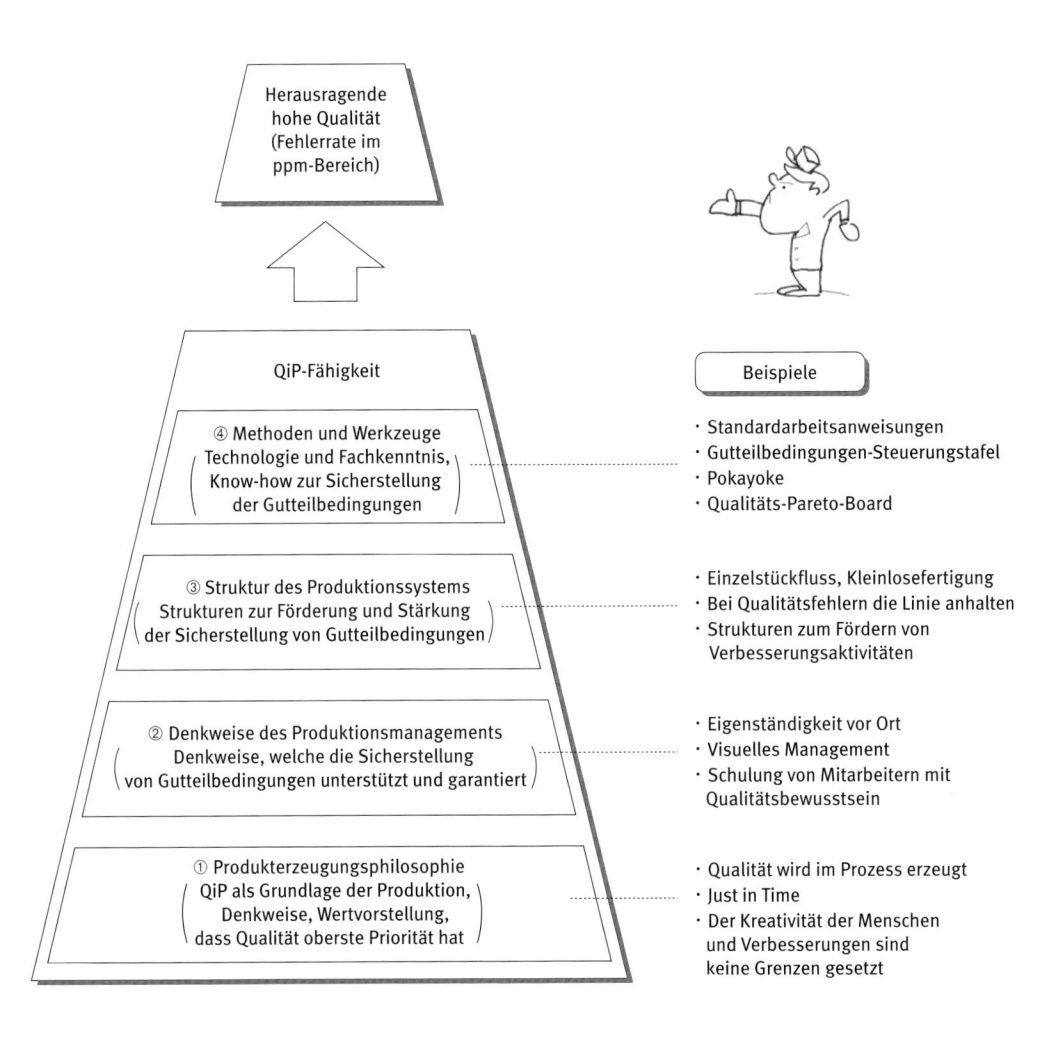

- Eigenständigkeit vor Ort
- Visuelles Management
- Schulung von Mitarbeitern mit Qualitätsbewusstsein

- Qualität wird im Prozess erzeugt
- Just in Time
- Der Kreativität der Menschen und Verbesserungen sind keine Grenzen gesetzt

Abbildung 22: Die vier Grundelemente der QiP-Fähigkeit

3.4 Maßstab zur Erfassung der Gesamtleistung einer Produktion

Die Verbesserung der QiP-Fähigkeit sollte als ganzheitliche Aktivität für den gesamten Produktionsbereich oder das gesamte Werk vorgenommen werden. Wenn man dabei die Punkte, die durch die Produktion vor Ort unternommen, beziehungsweise die Bedingungen, die geschaffen werden sollen, zusammenfasst, ergeben sich die vier folgenden Punkte. (Abbildung 23)

Bedingungen der Produktionsstätte zur Steigerung der QiP-Fähigkeit

Die erste Bedingung ist die Eigenständigkeit der Teams vor Ort. Bezüglich der 4M, aus denen sich ein Fertigungsprozess zusammensetzt (Mensch, Material, Maschine, Methode), muss eine konsequente Standardisierung erfolgen. Das Erstellen von Standards durch die Mitarbeiter vor Ort bedeutet, dass Arbeitsschrittvorgaben, die üblicherweise durch Ingenieure oder andere indirekte Mitarbeiter bestimmt werden, zum Teil den Produktionsmitarbeitern übertragen werden, wenn es zweckmäßig erscheint.

Der Zuständige für die Durchführung der Standardisierung und das Pflegen dieser Standards ist der Teamleiter. Um diesen Aufgabenbereich den Mitarbeitern vor Ort übertragen zu können, ist die Einführung der Teamstruktur und die Ausbildung von Teamleitern notwendig.

Bei der Übertragung der Aufgabe, Standardisierungen vorzunehmen, ist es erforderlich, dass die Schritte zur Erstellung der Standards überarbeitet werden, damit sie vor Ort einfach zu pflegen sind. Die Standards sollten stets erneuert und überarbeitet werden. Da diese Tätigkeit genau zu diesem Zweck den Mitarbeitern vor Ort übertragen werden soll, ist es notwendig, dass die Teamleiter zur alltäglichen Nutzung wiederholt praxisorientierte Schulungen erhalten.

Durch ordentlich geführte Standardisierung und die Klärung der Steuerungsgrößen der 4M und durch das Etablieren von Strukturen, die visuelles Management ermöglichen, schafft man die Möglichkeit für die Mitarbeiter vor Ort, die alltägliche Führung und Steuerung der Produktion eigenständig durchzuführen.

Die zweite Bedingung ist der Erwerb technologischen und fachlichen Wissens. Die Standardisierung der 4M vorzunehmen bedeutet, bei der Klärung, Festlegung und Aufrechterhaltung der Bedingungen für die Gutteilerzeugung direkt mitzuwirken. Einen großen Teil dessen übernimmt zwar der Produktionstechnikbereich, aber die Qualitätsverbesserungen in der alltäglichen Produktion sollten vor allem von den Mitarbeitern der Produktion durchgeführt werden. Dafür ist es notwendig, dass diese Mitarbeiter systematisch geschult werden in technischem Fachwissen wie Grundprinzipien der Fertigung, Anlagentechnik, Instandhaltungstechnik oder Fehlerursachenanalyse. Zur eigenständigen Steuerung des Alltagsgeschäfts in der Produktion ist auch das Erlernen von Fachwissen in Techniken wie zum Beispiel der Qualitätssteuerung erforderlich.

Maßstab zur Erfassung der Gesamtleistung einer Produktion

Als dritte Bedingung ist die Entwicklung praxisorientierter Produktionstechnik zu erwähnen. In Produktionsstätten, die in der Lage sind, ohne Qualitätsmängel ausschließlich Gutteile zu produzieren, sind unterschiedliche Techniken und viel Know-how praktisch umgesetzt. Die Basis bildet zwar die klassische Produktionstechnik, aber durch Spürsinn, Fingerspitzengefühl, Erfahrungswerte und kreative Ideen kommt außerdem erworbenes, schwer zu verbalisierendes oder zu normendes, unausgesprochenes Wissen zum Tragen.

Dieses Know-how zu konkretisieren und zu systematisieren, die von der Produktionstechnik vorgegebene Produktion derart weiterzuentwickeln, dass ein maximales QCD-Niveau erreicht wird, nennt man praxisorientierte Produktionstechnik.

In der Produktionsstätte der Zukunft ist es erforderlich, dass man sich das Konzept der praxisorientierten Produktionstechnik verstärkt ins Bewusstsein ruft und sich um die Entwicklung und Sammlung von Erfahrung bezüglich dieser Technik bemüht. Im Hinblick auf die Qualitätserzeugung im Prozess gibt es Techniken wie einfache, kostengünstige Automatisierungslösungen, Visualisierung der Qualitätssituation und Pokayoke.

Die vierte Bedingung ist die Ausbildung von Mitarbeitern, die leistungsstark in kontinuierlicher Verbesserung sind. Um die Qualitätsfehler weitestgehend gen null zu reduzieren, ist das stetige Weiterarbeiten an Verbesserungen unerlässlich. Zur Stabilisierung der Gutteilbedingungen und auch zu ihrer kostengünstigen Aufrechterhaltung sind kontinuierliche Verbesserungen notwendig.

Die Tätigkeit im Produktionsbereich besteht nicht nur im Fertigen von Ware, sondern darin, sie *besser* zu fertigen. Damit Verbesserungsaktivitäten im Alltagsgeschäft voranschreiten, ist eine dazu geeignete Struktur nötig. Es sollten zum Beispiel Kaizen-Teams (Personal), Kaizen-Plätze (Raum), Kaizen-Schulungszentren (Schulung), Kaizen-Tafeln (Informationsübermittlung) et cetera installiert werden, mit deren Hilfe die Verbesserungsaktivitäten vor Ort in das Alltagsgeschäft eingebunden und Mitarbeiter im Sinne der kontinuierlichen Verbesserung aus- und weitergebildet werden können.

Anhand dieser vier Punkte lässt sich zugleich die Leistungskraft der Produktion als Ganzes messen.

Was ist QiP-Fähigkeit?

Bedingungen der Produktionsstätte zur Steigerung der QiP-Fähigkeit

① Eigenständigkeit der Teams vor Ort
- Standardisierung der 4M wie Arbeitsstandards und Anlagenüberprüfung werden von den Teams vor Ort mithilfe von Erfahrung und Wissen erstellt und gepflegt
- Die alltägliche Produktionssteuerung wird durch die Teamstruktur und visuelles Management vor Ort vorgenommen

② Aneignung von technischem und Fachwissen
- Aneignung von Know-how zur Klärung und zum Festlegen der Gutteilbedingungen wie Fertigungsprinzipien, Anlageninstandhaltungstechnik, Fehlerursachenanalyse etc.
- Aneignung von Wissen und Fähigkeiten für das Produktionsmanagement im Alltagsgeschäft

③ Entwicklung praxisorientierter Produktionstechnik
- Vor Ort durch Spürsinn, Fingerspitzengefühl, Erfahrungswerte erworbenes Wissen konkretisieren, systematisieren und speichern
- Entwickeln von verbesserten Qualitätschecks, Pokayoke vor Ort

④ Ausbildung leistungsstarker Mitarbeiter in kontinuierlicher Verbesserung
- Spezielle Kaizen-Teams, Kaizen-Ecke, Kaizen-Schulungszentren installieren und Verbesserungsaktivitäten als Teil des Alltagsgeschäfts durchführen
- Ergebnisse der Optimierungen als praxisorientierte Produktionstechnik standardisieren

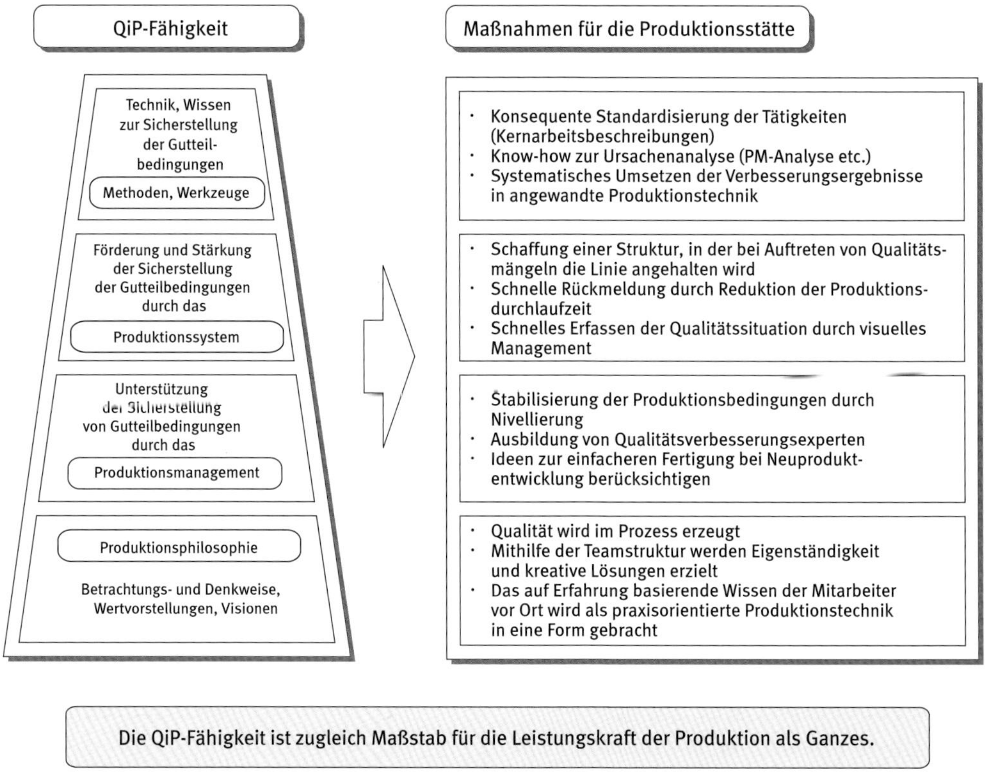

QiP-Fähigkeit

- Technik, Wissen zur Sicherstellung der Gutteilbedingungen
  - Methoden, Werkzeuge
- Förderung und Stärkung der Sicherstellung der Gutteilbedingungen durch das
  - Produktionssystem
- Unterstützung der Sicherstellung von Gutteilbedingungen durch das
  - Produktionsmanagement
- Produktionsphilosophie
  - Betrachtungs- und Denkweise, Wertvorstellungen, Visionen

Maßnahmen für die Produktionsstätte

- Konsequente Standardisierung der Tätigkeiten (Kernarbeitsbeschreibungen)
- Know-how zur Ursachenanalyse (PM-Analyse etc.)
- Systematisches Umsetzen der Verbesserungsergebnisse in angewandte Produktionstechnik

- Schaffung einer Struktur, in der bei Auftreten von Qualitätsmängeln die Linie angehalten wird
- Schnelle Rückmeldung durch Reduktion der Produktionsdurchlaufzeit
- Schnelles Erfassen der Qualitätssituation durch visuelles Management

- Stabilisierung der Produktionsbedingungen durch Nivellierung
- Ausbildung von Qualitätsverbesserungsexperten
- Ideen zur einfacheren Fertigung bei Neuproduktentwicklung berücksichtigen

- Qualität wird im Prozess erzeugt
- Mithilfe der Teamstruktur werden Eigenständigkeit und kreative Lösungen erzielt
- Das auf Erfahrung basierende Wissen der Mitarbeiter vor Ort wird als praxisorientierte Produktionstechnik in eine Form gebracht

Die QiP-Fähigkeit ist zugleich Maßstab für die Leistungskraft der Produktion als Ganzes.

Abbildung 23: Maßnahmen für die Produktionsstätte zur Steigerung der QiP-Fähigkeit

4 Wie die QiP-Fähigkeit gesteigert wird

4.1 Ansatz 1: Etablieren der Produkterzeugungsphilosophie

Wenn die Aktivitäten zur Steigerung der QiP-Fähigkeit systematisch entwickelt werden sollen, ist es sinnvoll, den Inhalt dieser Fähigkeit in die vier Grundelemente aufzuteilen, nämlich

1. die Philosophie und Grundsätze der Produkterzeugung,
2. die Denkweise des Produktionsmanagements,
3. den Aufbau eines Produktionssystems und
4. Methoden und Werkzeuge.

Jeder dieser Bereiche wird analysiert, um danach ihre wechselseitige Wirkung zu betrachten und als ganzheitliches Konzept anzuwenden.

Warum »Produkterzeugung« und nicht »Produktion«?

Bereits in Kapitel 1.7 wurde erwähnt, dass Qualitätserzeugung im Prozess keine Methode zur Qualitätsverbesserung, sondern eine Produkterzeugungsphilosophie ist. Hier kündigen sich bereits zwei entscheidende Aspekte der QiP-Fähigkeit an.

Als Erstes beachte man, dass nicht von »Produktionsphilosophie«, sondern von »Produkterzeugungsphilosophie« die Rede ist. Bei dem Begriff Produktion denkt man in erster Linie an den Produktionsbereich oder die Fertigungsprozesse des eigenen Unternehmens, was aber zu eng gefasst wäre.

Die Fähigkeit zur Qualitätserzeugung im Prozess wird im Zusammenhang mit unterschiedlichen Bereichen hervorgebracht, wie zum Beispiel das Bestreben in der Entwicklungs- und Konstruktionsabteilung, die Fertigungsweise eines Produkts zu vereinfachen, oder das Sicherstellen der Lieferung von Gutteilen durch den Lieferanten und weitere Unterstützung aus der Qualitätssicherung, der Personalabteilung und dem Einkauf. Daher wird bewusst der Ausdruck »Produkterzeugung« verwendet.

Ein weiterer wichtiger Punkt ist, dass es sich nicht um eine Methode, sondern um eine Philosophie handelt. Das heißt, dass die QiP-Fähigkeit keine Fähigkeit ist, die durch eine »Hardware« wie ein Instrument oder eine Technik zu erwerben ist, sondern dass »Software«-ähnliche Aspekte wie die Denkweise, die zu befolgenden Grundsätze oder die Wertvorstellungen weitaus relevanter sind.

Grundsätze und Vorstellungen der herkömmlichen Produktion

Der Ausdruck »Qualität im Prozess erzeugen« ist zwar allgemein gebräuchlich, aber was ein jeder für eine Vorstellung davon hat und darunter versteht ist, je nach Denkweise oder Philosophie von Produkterzeugung sehr unterschiedlich. Menschen, die mit dem herkömmlichen Produktionssystem der Massenfertigung vertraut sind, haben zwar keine eigene Produktionsphilosophie, aber ziemlich genaue Vorstellungen von den Betriebsabläufen einer Produktion. Sie decken sich in etwa mit dem Inhalt der Spalte unten links in Abbildung 24.

Wenn eine solche Person über Qualitätserzeugung im Prozess spricht, benutzt sie den Begriff im Sinne von Sollzustand der Qualitätssteuerung und Grundsätzen der Qualitätsverbesserung, weniger im Sinne des eindeutigen Bestrebens, der Qualität die höchste Priorität zu geben und die Gutteilbedingungen zu ermitteln, um eine Fehlerrate im ppm-Bereich zu erzielen.

Die Grundsätze und Vorstellungen des herkömmlichen Produktionssystems haben die starke Tendenz, Wirtschaftlichkeit und interne Effizienz zu erzielen, wobei gegenüber der Qualität den Kosten der Vorrang gegeben wird.

Die Produkterzeugungsphilosophie der Zukunft

Zählt man die Philosophie und Grundsätze der Produkterzeugung, die bei der Steigerung der QiP-Fähigkeit eindeutig vorausgesetzt werden sollten, auf, ergibt sich daraus die Spalte rechts unten in Abbildung 24. Diese unterscheiden sich jeweils stark von denen des herkömmlichen Produktionssystems. Der erste Punkt ist die Qualitätserzeugung im Prozess und dieser zeigt eindeutig, dass gegenüber der Wirtschaftlichkeit und der firmeninternen Effizienz der Qualität die höhere Priorität gegeben wird. Nachdem man von Philosophie spricht, sollte auch nicht mehr zur Debatte stehen, warum man Qualitätserzeugung im Prozess praktiziert. Der Gewinn und die Effizienz stellen sich auf jeden Fall als Folge ein.

Als nächste Punkte sind Produktionsweisen der Just-in-Time-Philosophie wie das Verbinden der Prozesse zu einer Fließfertigung und Produktion im Einzelstückfluss genannt. Diese bilden zusammen mit der Wertschätzung des tatsächlichen Geschehens vor Ort und des Einbindens der Verbesserungsaktivitäten als Teil des Alltagsgeschäfts eine wichtige Grundlage zur Klärung und Aufrechterhaltung der Gutteilbedingungen.

Diese Philosophien und Grundsätze stehen nicht einzeln oder zur Option da, sondern sollen als Teile eines Systems gleichzeitig angewandt werden.

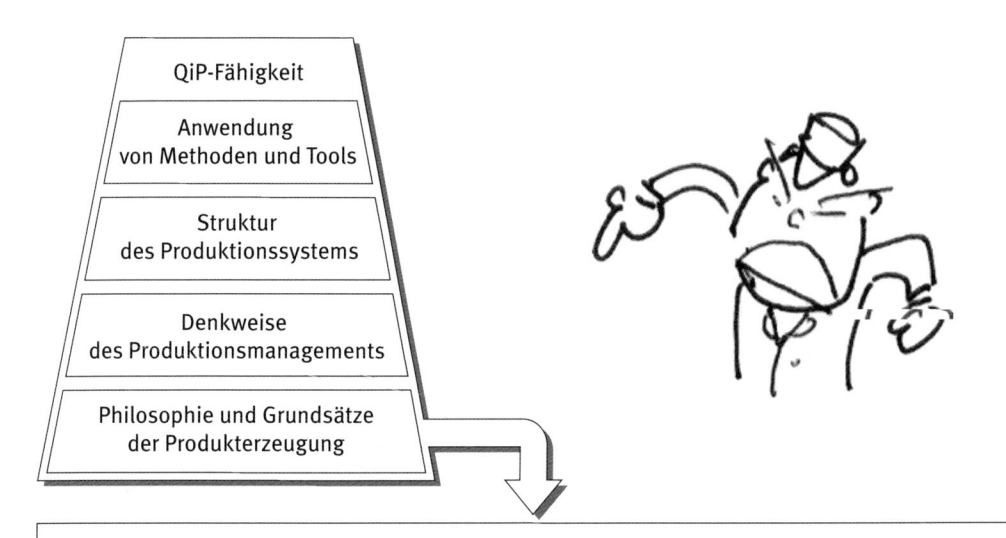

Ansatz 1: Etablieren der Produkterzeugungsphilosophie

Pyramide (von oben nach unten):
- QiP-Fähigkeit
- Anwendung von Methoden und Tools
- Struktur des Produktionssystems
- Denkweise des Produktionsmanagements
- Philosophie und Grundsätze der Produkterzeugung

Steigerung der QiP-Fähigkeit durch Etablieren der Produkterzeugungsphilosophie

Herkömmliche Vorstellungen (Grundsätze des Massenproduktionssystems)

① Qualität durch Prüfen gewährleisten

② Effizienzsteigerung durch Arbeitsteilung

③ Arbeitsauslastung erhöhen (so viel wie möglich fertigen)

④ Fertigung in wirtschaftlich optimalen Losen

⑤ Verbesserung (Rationalisierung) ist Tätigkeit des Managements, der indirekten Mitarbeiter

⑥ Kern der Produktion sind die Anlagen

Produkterzeugungsphilosophie der Zukunft

① Qualität erzeugen im Prozess

② Schwerpunkt auf Arbeitsfluss (Verbinden der Prozesse zum Arbeitsfluss)

③ Nur so viel produzieren, wie verkauft wird (Just-in-Time-Produktion)

④ Einzelstückfluss, Kleinlosefertigung

⑤ Alle Mitarbeiter sind täglich in Verbesserungsaktivitäten eingebunden

⑥ Kern der Produktion bildet der Mensch

⑦ Wert legen auf tatsächliche Objekte und tatsächliches Geschehen vor Ort

Abbildung 24: Etablieren der Produkterzeugungsphilosophie

4.2 Ansatz 2: Reform des Produktionsmanagements

Im Folgenden werden die Grundsätze des Produktionsmanagements, das eines der strukturellen Elemente der QiP-Fähigkeit bildet, ins Auge gefasst und der Ansatz zur Steigerung der QiP-Fähigkeit über die Reform des Produktionsmanagements erörtert.

Heutzutage ist nicht nur für die Produktion, sondern für jeden Bereich im Unternehmen eine Reform des Managements gefragt. Nennt man einige Hauptthemen, so sind es stärkere Kundenorientierung, schnellere Arbeitsabläufe, größere Flexibilität und Eigenständigkeit in der Organisation, stärkere Gewichtung auf Personalentwicklung und effektiverer Personaleinsatz. Diese Themen müssen bei einer Reform des Produktionsmanagements in irgendeiner Form mit berücksichtigt werden.

Herkömmliche Grundsätze des Produktionsmanagements

Fasst man die herkömmliche Vorstellung zusammen, ergeben sich die in Abbildung 25, Spalte links unten, dargestellten Punkte. Nun soll erörtert werden, wie diese die Qualitätserzeugung im Prozess beeinflussen.

Da die Tätigkeit der Produktionsmitarbeiter ausschließlich darin besteht, die von den indirekten Mitarbeitern vorgegebenen Arbeitsschritte auszuführen, ist die Standardisierung der 4M der Produktionsprozesse und der Bedingungen für die Gutteilerzeugung recht grob gehalten, da für die Mitarbeiter vom indirekten Bereich die Details der Produktionspraxis nicht zu erfassen sind.

Der Schwerpunkt liegt dabei auf kurzfristigen Ergebnissen und der Steigerung der Produktionseffizienz. Das hat zur Folge, dass Aktivitäten wie Mitarbeiterfortbildung oder autonome Instandhaltung, die keine kurzfristigen Ergebnisse zeigen, gemieden werden. Ebenso wird die Fähigkeit, Fehler schnell zu erkennen oder Ursachen zu analysieren, nicht verbessert. Die Steuerung ist ergebnisorientiert und die nachträgliche Analyse der vor Ort gesammelten Daten von indirekten Mitarbeitern macht die Suche nach den Ursachen der Qualitätsmängel schwierig. Um die Qualitätserzeugung im Prozess voranzutreiben, muss eine Struktur geschaffen werden, in der bei Auftreten eines Qualitätsfehlers umgehend die Produktion angehalten wird, um vor Ort die Fehler erzeugende Situation zu beobachten und die Ursache prompt zu erfassen. Diese Vorgehensweise ist aber im Rahmen des effizienzorientierten, herkömmlichen Managements nicht möglich.

Der Fokus liegt zu sehr auf den Ergebnissen und den aktuellen Aufgaben des eigenen Bereiches. Die Zusammenarbeit mit der Entwicklungsabteilung, um bei der Neuproduktentwicklung Ideen einfließen zu lassen, welche die Qualität fördern, wird vernachlässigt. Und so kann auch zukünftig keine Steigerung des Qualitätsniveaus erwartet werden.

Neue Grundsätze des Produktionsmanagements

Die Denkweise des neuen Produktionsmanagements entspricht der rechten Spalte der Abbildung 25. Im Hinblick auf die Steigerung der Fähigkeit zur Qualitätserzeugung im Prozess leisten wohl die Eigenständigkeit der Mitarbeiter vor Ort und die effektive Nutzung und Weiterbildung der Mitarbeiter den größten Beitrag.

Eigenständigkeit der Mitarbeiter bedeutet, dass sie durch Etablieren der Teamstruktur Arbeitsstandards festlegen und die Steuerung der alltäglichen Produktion selbstständig durchführen. Dadurch wird die Standardisierung der 4M der Produktion wesentlich detaillierter und das Niveau bei der Steuerung der Gutteilbedingungen angehoben.

Das Weiterbildungstraining der Mitarbeiter, autonome Instandhaltung und die Just-in-Time-Produktion stärken das Fundament der Produktion und gleichzeitig wird durch Verbesserungsaktivitäten die Fähigkeit verbessert, vor Ort Probleme zu lösen, sodass mit der Zeit die Grundstruktur zur Qualitätserzeugung im Prozess gefestigt wird.

Auf der anderen Seite werden die Führungskräfte und indirekten Mitarbeiter nicht von kurzfristig erforderlichen Problemlösungen abgelenkt, sondern können ihre Kräfte für Tätigkeiten nutzen, die aufgrund einer langfristigen Vision strategisch geplant worden sind. Sie unterstützen die Eigenständigkeit der Produktionsteams und treiben zur Verbesserung der Wettbewerbsfähigkeit die Steigerung der QiP-Fähigkeit voran.

Ebenso wird auf langfristige Planung und das Zusammenspiel von Produktion und Entwicklung Wert gelegt. Schon im Stadium der Neuproduktentwicklung werden Ideen zur besseren Erzeugung von Qualität aus Produktionssicht an die Entwicklungsabteilung herangetragen. So kann man auf lange Sicht eine Steigerung des Qualitätsniveaus erreichen.

Es wird ersichtlich, dass die alte und neue Denkweise von Produktionsmanagement sich grundlegend unterscheiden. Zur besseren Qualitätserzeugung im Prozess reicht es nicht, nur einige Aspekte der neuen Denkweise in die bestehende zu integrieren, sondern eine Wandlung der Rahmenbedingungen im Ganzen ist notwendig.

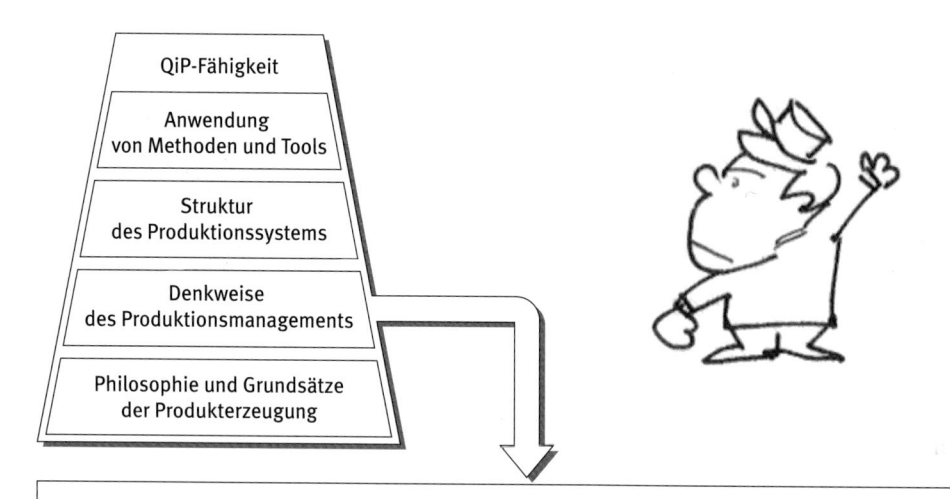

Wie die QiP-Fähigkeit gesteigert wird

Pyramide (von oben nach unten):
- QiP-Fähigkeit
- Anwendung von Methoden und Tools
- Struktur des Produktionssystems
- Denkweise des Produktionsmanagements
- Philosophie und Grundsätze der Produkterzeugung

Steigerung der QiP-Fähigkeit durch die Reform des Produktionsmanagements

Herkömmliche Denkweise des Produktionsmanagements

① Priorität liegt auf Effizienz und Ergebnissen innerhalb des eigenen Bereiches (nach innen gerichtet)

② Auf Grundlage der wirtschaftlichen Größe wird der Menge Vorrang gegeben

③ Gesamtes Unternehmen ist mit kurzfristigen Problemlösungen und Aufgaben beschäftigt

④ Die Steuerung der Produktion richtet sich nach ergebnisorientierten Zielvorgaben

⑤ Einseitige Top-down-Kommunikation

⑥ Produktionsmitarbeiter führen ausschließlich Vorgaben aus

Zukünftige Denkweise des Produktionsmanagements

① Zusammenspiel von Entwicklung und Vertrieb mit der Produktion aufgrund starker Kundenorientierung

② Schnelles Reagieren mit hoher Variantenvielfalt in jeweils kleinen Losen unabhängig von der Menge

③ Klare Vorstellung vom Sollzustand des eigenen Bereiches und strategische Umsetzung

④ Eigenständigkeit der Teams vor Ort (Übertragen von Verantwortung für die alltägliche Produktion)

⑤ Vorantreiben des visuellen Managements

⑥ Effektive Nutzung und Weiterentwicklung der Mitarbeiterqualifikationen (Erstellen und kontinuierliches Verbessern der Standardarbeiten durch die Mitarbeiter vor Ort)

Abbildung 25: Reform des Produktionsmanagements

4.3 Ansatz 3: Reform des Produktionssystems

Qualitätserzeugung im Prozess durch das Produktionssystem

In einem Produktionssystem werden die durch die 4M (Mensch, Material, Maschine, Methode) entstehenden Fertigungsprozesse in einer bestimmten Reihenfolge aneinandergereiht und bilden so eine Kombination von 4M, die Produkte mit einer bestimmten QCD-Anforderung hervorbringen.

Um den Aufbau eines Produktionssystems zu begreifen, ist es hilfreich, die zwei wesentlichen Faktoren zu betrachten. Der eine Hauptfaktor besteht in der Art und Weise, wie die einzelnen Fertigungsprozesse an sich beschaffen sind, und der zweite darin, wie diese Prozesse miteinander verbunden und aufgestellt sind. Aus der Perspektive der Qualitätserzeugung im Prozess betrachtet, ist es selbstverständlich erforderlich, sich auf den ersten Hauptfaktor, die einzelnen Prozesse, zu fokussieren.

Im Prozess die Qualität zu erzeugen bedeutet: In jedem einzelnen Fertigungsprozess müssen die in der Konstruktionszeichnung enthaltenen Informationen präzise auf das Material oder Teil übertragen und die Bedingungen der 4M, aus denen der Prozess zusammengesetzt wird, exakt gesteuert werden.

Aktuell sind zwei Arten von Produktionssystemen bekannt. Das eine ist das traditionelle Massenproduktionssystem und das zweite das System von Kleinstmengenproduktion bei hoher Typenvielfalt, wie es vom Toyota-Produktionssystem repräsentiert wird. Diese beiden Systeme unterscheiden sich grundsätzlich in der Denkweise über Mensch, Material und Maschinen, in der Art, wie Prozesse miteinander verbunden werden, und darin, wie die Produktion geführt wird. Dementsprechend zeigen sich erhebliche Unterschiede im QCD-Niveau der hervorgebrachten Produkte.

Schon allein bei der Qualität differieren diese zwischen einer Fehlerrate im Prozentbereich und einer im ppm-Bereich. Dabei handelt es sich nicht darum, dass eine solche Fehlerreduktion durch intensive Verbesserungsaktivitäten zu erreichen wäre. Vielmehr sollte man sich bewusst machen, dass diese Differenz durch die Struktur des Produktionssystems hervorgerufen wird.

Lernen vom Toyota-Produktionssystem

Beim Toyota-Produktionssystem werden der Sollzustand und die Grundsätze zum Verbinden der Prozesse miteinander als »Just in Time« bezeichnet – und Sollzustand und Grundsätze der einzelnen Fertigungsprozesse als »Autonomation«. In der Autonomation sind die Grundsätze der Qualitätserzeugung im Prozess enthalten. Just in Time und Autonomation gelten als die zwei stützenden Säulen des Produktionssystems. Auf Basis dieser zwei Hauptkonzepte ist das Sollbild von Mensch, Material und Maschinen aufgebaut.

Ein Produktionssystem braucht solche Rahmenbedingungen und eine Produkterzeugungsphilosophie. Jedoch hat das herkömmliche Massenproduktionssystem – ohne ausreichende Auseinandersetzung mit dem Aufbau des Systems und den Grundsätzen der Produkterzeugung – bis heute überdauert und den Konturen des Systems mangelt es ein wenig an Klarheit. Das lässt vermuten, dass die Etablierung von echter Qualitätserzeugung im Prozess innerhalb eines solchen Systems kaum möglich ist.

Reform des Produktionssystems

Was man vom Toyota-Produktionssystem lernen sollte, ist, dass ein System, das nur auf einen Weg wie die Qualitätserzeugung im Prozess setzt, kein gutes System ist. Erst mit einem Konzept wie Just in Time, bei dem es um die Verbindung der Prozesse miteinander geht, die sich gegenseitig unterstützen, kann man vom gesamten Produktionssystem hervorragende Ergebnisse erwarten.

Auch wenn man meint, allein durch ein entschiedenes Steuern der Fertigungsprozesse eine ständige Steigerung der Qualität erreichen zu können, ist dem nicht so. Wie im Abschnitt über die Klärung der Gutteilbedingungen schon erwähnt wurde, ist zum Auffinden des Fehlers im eigenen Prozess oder für eine schnelle Rückmeldung vom nachgelagerten Prozess Just-in-Time-Unterstützung notwendig, zum Beispiel die Anordnung der Prozesse im Fließprinzip, Einzelstückfluss oder eine Struktur, die es erlaubt, bei Problemen die Linie anzuhalten.

Wenn man aus der Perspektive des Produktionssystems eine verbesserte QiP-Fähigkeit erörtert, ist der Wandel von einem Produktionssystem mit unspezifischen Rahmenbedingungen hin zu einem System mit klaren Prinzipien, Grundsätzen und Methoden – wie Just in Time oder Autonomation – erforderlich. Ein solches Fallbeispiel wird in Abbildung 26 dargestellt.

Ansatz 3: Reform des Produktionssystems

Pyramide (von oben nach unten):
- QiP-Fähigkeit
- Anwendung von Methoden und Tools
- Struktur des Produktionssystems
- Denkweise des Produktionsmanagements
- Philosophie und Grundsätze der Produkterzeugung

Steigerung der QiP-Fähigkeit durch die Reform des Produktionssystems

Herkömmliches System
- Gewinn
- Branchendurchschnittliches QCD
- Verbesserungsaktivitäten sind Aufgabe von Führungskräften und indirekten Mitarbeitern
- Führung und Kontrolle des Produktionsbereichs
- Qualitätsfehler werden aussortiert und nachgearbeitet
- Sicherung der Qualität durch Prüfen
- Produktion in wirtschaftlich optimalen Losen
- Qualität auf wirtschaftlich optimalem Niveau
- Streben nach interner Effektivität durch Arbeitsteilung

Systemwandel

Neues System
- Gewinn / Cashflow
- Herausragendes QCD
- Visuelle Steuerung und Struktur zum Vorantreiben der kontinuierlichen Verbesserung
- Eigenständige Führung des Produktionsbereichs
- Struktur zum Anhalten der Linie bei Störungen
- Eigenes Prüfen und Sichern im jeweiligen Prozess
- Fließprinzip, Einzelstückfluss
- Qualitätserzeugung im Prozess
- Stabilisierung der Produktionsbedingungen durch Nivellierung

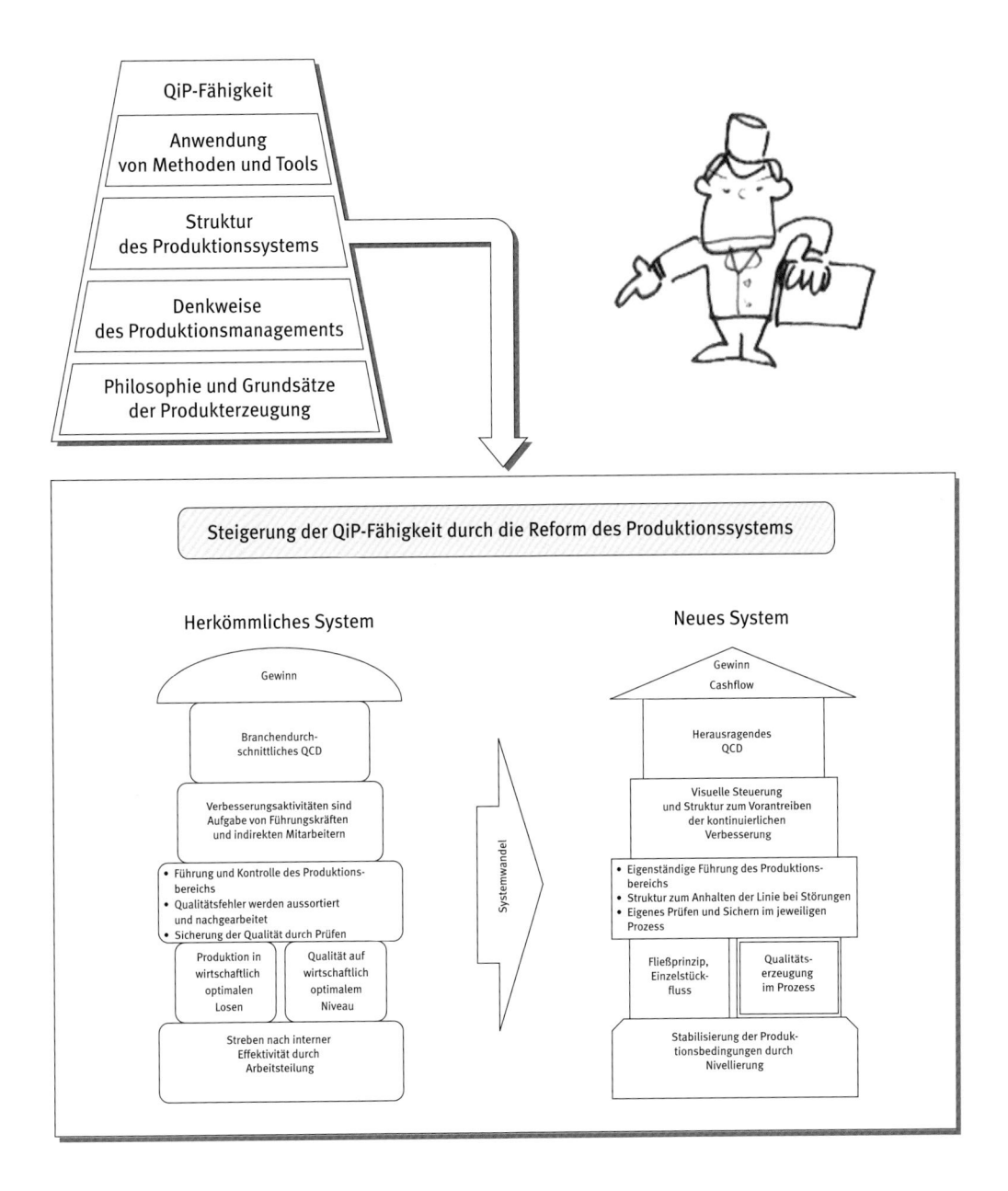

Abbildung 26: Reform des Produktionssystems

4.4 Ansatz 4: Anwendung von Methoden und Tools

Qualitätssteuerungsaktivitäten und die Anwendung von Methoden und Tools

Für Qualitätssteuerungsaktivitäten in der Produktionsstätte wurden auch in der Vergangenheit verschiedene Methoden und Tools angewandt. Repräsentativ für solche Methoden sind zum Beispiel die sieben Qualitätswerkzeuge, die wegen ihrer einfachen Handhabung in Produktionsbereichen weit verbreitet sind und in der Tat für die alltägliche Qualitätssicherung nützlich sind.

Auch bei der Qualitätserzeugung im Prozess sind selbstverständlich angemessene Methoden und Werkzeuge zur effektiven Lösung von Qualitätsproblemen erforderlich. Auf der anderen Seite führt dies gelegentlich zum Missverständnis, dass Qualitätsverbesserungen durch ausschließliche intensive Anwendung von Methoden und Werkzeugen erreicht werden und Qualitätsprobleme allein durch Methoden und Werkzeuge zu lösen sind.

Es gibt Werke, die sich sehr für Qualitätsverbesserungsaktivitäten engagieren und bei denen dennoch kaum eine Verbesserung des Qualitätsniveaus eintritt. Das liegt daran, dass man zu stark an die universale Wirkung von Methoden und Tools glaubt, die zwar oberflächlich nützlich sind, aber mangelnde Wirkung in der Tiefe zeigen. Bei jeglicher Art von Methode oder Werkzeug sind zur vollen Entfaltung ihrer Wirkung ein gewisses Umfeld und bestimmte Bedingungen notwendig und der Wirkungsbereich hat seine Grenzen.

Methoden und Tools zu nutzen bedeutet also, dass dieses Umfeld und die Bedingungen geschaffen und sie unter Eingrenzung eines definierten Wirkungsbereiches richtig angewandt werden müssen. Die Voraussetzungen, um zur Steigerung der QiP-Fähigkeit Methoden und Tools sinnvoll zu nutzen, sind das Etablieren der Grundelemente für diese Fähigkeit, nämlich die Produkterzeugungsphilosophie, die Denkweise des Produktionsmanagements und der Aufbau des Produktionssystems.

Notwendige Voraussetzungen für Methoden und Tools der Zukunft

Man kann davon ausgehen, dass die Anforderungen der Kunden an die Qualität weiter steigen und die Produkte multifunktioneller und komplexer werden. Bei der Anwendung von Methoden und Werkzeugen müssen aufgrund dieser Situation gewisse Anpassungen vorgenommen werden. Bei der neuen Art der Anwendung ist zu beachten, dass der Schwerpunkt von der ergebnisorientierten Steuerung zur prozess- beziehungsweise ursachenorientierten Steuerung verschoben wird. Ergebnisorientierte Steuerung bedeutet dabei das Sammeln von Daten und Analysen, um die Qualitätssituation zu erfassen. Prozess- beziehungsweise ursachenorientierte Steuerung beinhaltet hingegen, veränderliche Faktoren bezüglich der 4M (Mensch,

Material, Maschine und Methode) herauszufinden und zu erreichen, dass deren Werte sich im Normbereich befinden.

Die Notwendigkeit zu dieser Verschiebung des Schwerpunkts entsteht dadurch, dass bei der Qualitätserzeugung im Prozess die Sicherstellung der Gutteilbedingungen bezüglich der 4M eine wesentliche Aufgabe darstellt.

Ebenfalls ist erforderlich, dass der Schwerpunkt von der bisherigen Art von Maßnahmen, bei denen erst nach Auftreten des Fehlers gehandelt wird, auf vorbeugende Maßnahmen verlegt wird, für die im Vorfeld die Anzeichen von Anormalitäten erfasst werden. Ein Beispiel wäre die Nutzung einer Steuerungsgrafik, in der nicht nur die Qualitätsdaten, sondern auch die Daten über die Ursachenfaktoren chronologisch dargestellt werden, damit Anormalitäten präventiv erkannt und entsprechende Maßnahmen ergriffen werden können.

Methoden und Tools zur Steigerung der QiP-Fähigkeit

Eine geordnete Auflistung, welche Methoden und Tools welchem Ziel dienlich sind, finden Sie in der Abbildung 27.

Die zu verfolgenden Ziele werden unterteilt in drei Bereiche: 1. Erfassung der Qualitätssituation, 2. Sicherstellung der Bedingungen für die Gutteilerzeugung und 3. das Unnötigmachen der Steuerung von Bedingungen. Bei der Erfassung der Qualitätssituation handelt es sich um das Sammeln und Analysieren der Qualitätsdaten als Ergebnis der Produktion – eine Vorgehensweise, die bekannt ist und oft genutzt wird. Das Aufdecken der auftretenden Fehler in Echtzeit ermöglicht, dass beim Entstehen des Qualitätsfehlers während oder kurz nach der Fertigung die Produktion angehalten und der Fehler gemeldet wird.

Zur Sicherstellung der Gutteilbedingungen gibt es, wie oben schon erwähnt, prozess- und ursachenorientierte Methoden und Tools. Der dritte Punkt, Steuerung der Anormalitäten bei den Gutteilbedingungen, beinhaltet, dass durch eine schnelle Rückmeldung vom nachgelagerten Prozess die nicht ordnungsgemäßen Bedingungen im eigenen Prozess korrigiert werden.

Das Unnötigmachen der Steuerung von Bedingungen bedeutet, dass die Ursache eines Fehlers physisch oder grundlegend eliminiert wird. Dabei handelt es sich um Methoden, die dazu führen, dass Fehler nicht wieder auftreten können, zum Beispiel durch Pokayoke oder Konstruktionsänderungen.

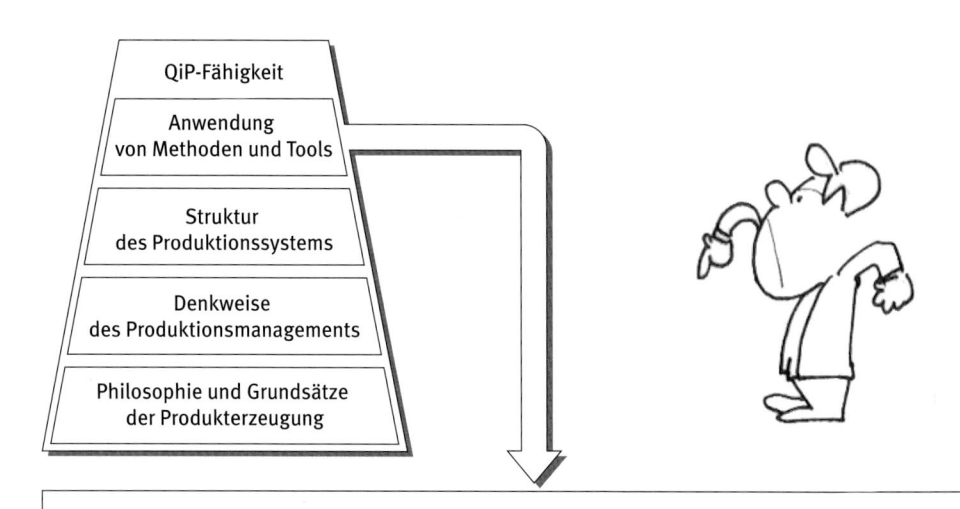

Wie die QiP-Fähigkeit gesteigert wird

Pyramide (von oben nach unten):
- QiP-Fähigkeit
- Anwendung von Methoden und Tools
- Struktur des Produktionssystems
- Denkweise des Produktionsmanagements
- Philosophie und Grundsätze der Produkterzeugung

Steigerung der QiP-Fähigkeit durch Anwendung von Methoden und Tools

- Ergebnisorientierte Steuerung
  (Sammeln und Analyse von Qualitätsdaten)
- Prozess- und ursachenorientierte Steuerung
  (Steuerung der veränderbaren Faktoren von Prozess, Mensch, Material und Maschine)
- Präventionsprinzip

Einteilung		Ziel		Methode bzw. Tool
I	Erfassen der Qualitätssituation	① Sammlung und Analyse der Qualitätsdaten		Steuerungsdiagramme, Cp-Wert, sieben Qualitätswerkzeuge
		② Aufdecken der auftretenden Fehler in Echtzeit		Struktur, die Linie bei Fehler anzuhalten, Andon (Anhalten bei festgelegter Position)
II	Sicherstellung der Gutteilbedingungen	① Klärung der Gutteilbedingungen		5x-Warum, PM-Analyse, statistische Versuchsplanung, multivariate Datenanalyse
		② Festlegen, Aufrechterhalten der Gutteilbedingungen	Mensch	① Arbeitsverteilungsblatt ② Standardarbeitsanweisungen ③ Einpunktschulungen
			Material	① Kennzeichnung im Supermarkt ② Best-Point-Prinzip ③ Kommissioniersystem
			Maschine	① Steuerungstafel für Gutteilbedingungen ② Anlageninspektionsliste
		③ Steuerung der Anormalitäten der Gutteilbedingungen		① Qualitäts-Pareto-Board (Rückmeldungssystem) ② Zwei-Stunden-Rückmeldung
III	Unnötigmachen der Steuerung von Bedingungen	① Pokayoke		① Verschiedene Pokayoke (acht Methoden) ② System zur regelmäßigen Inspektion der Pokayoke
		② Änderungen der Bedingungen		

Abbildung 27: Anwendung von Methoden und Tools zur Qualitätserzeugung im Prozess

5 Etablierung der Produkterzeugungsphilosophie zur Steigerung der QiP-Fähigkeit

5.1 Etablieren des QiP-Konzepts als Wertvorstellung der Organisation

Was bedeutet Etablieren einer Wertvorstellung?

Was die Wertvorstellung von der Qualitätserzeugung im Prozess bedeutet, erklären die folgenden vier Punkte:

1. Es ist zu klären, wie die alten Wertvorstellungen mit Schwerpunkt auf das Prüfen entstanden sind und welche Rolle sie gespielt haben und dass die Qualitätserzeugung im Prozess den alten Qualitätsbegriff ersetzt.
2. Die Qualitätserzeugung im Prozess soll als Grundsatz der eigenen Produktion fungieren und man sollte die Diskussion darüber, ob QiP praktiziert wird oder nicht, abschließen und sich auf die praktische Umsetzung konzentrieren. Alle Mitarbeiter müssen von dem Konzept überzeugt sein, es muss in Fleisch und Blut übergehen und in der Praxis als Überzeugung der Organisation und als selbstverständliche Regel gelebt werden.
3. Sämtliche Standards, zum Beispiel Standards der Produktionstechnik, der Qualitätssteuerung und der Steuerung der 4M in der Produktion, müssen mit den Wertvorstellungen der Qualitätserzeugung im Prozess übereinstimmen und entsprechend überarbeitet werden, damit keine Widersprüche entstehen.
4. Bei neuen Tätigkeiten oder Situationen, die zu Unentschiedenheit führen, sollten die Wertvorstellungen der QiP als Maßstab für die Entscheidung genutzt und Faktoren wie Kosten oder Produktionseffektivität abgestimmt werden.

Wenn die Qualität steigt, verbessern sich auch die Werte der Kosten oder der Produktionseffektivität.

Ziel beim Etablieren von Wertvorstellungen

Warum ist das Etablieren von Wertvorstellungen notwendig?

1. Eine Wertvorstellung zu haben bedeutet hinsichtlich der Stärkung der Produkterzeugung, dass ein Konsens über die anzustrebende Richtung und die Vorgehensweise zum Erreichen des Ziels besteht. So können die Kräfte aller Mitarbeiter auf ein Ziel und eine Richtung hin gebündelt werden.
2. In der Zukunft, die starken Veränderungen ausgesetzt ist, ist zum flexiblen Reagieren auf den Markt eine Struktur erforderlich, die der Produktionsstätte viel Entscheidungs- und Handlungsfreiheit gibt. Was dabei umso wichtiger wird, ist eine gemeinsame Basis, nämlich die Wertvorstellung. Wenn der Grundsatz der Qualitätserzeugung im Prozess befolgt wird, eröffnen sich größere Freiheiten und Raum für neue Verbesserungen und kreative Lösungen.
3. Eine Voraussetzung der Qualitätserzeugung im Prozess ist die eindeutige Kundenorientierung. Diese fordert eine Abkehr von der bisherigen nach innen gerichteten Sichtweise. So werden Machtkämpfe und gegensätzliche Interessen zwischen den Geschäftsbereichen beziehungsweise Abteilungen reduziert.
4. Persönliche Meinungen und Behauptungen treten zurück zugunsten von Kunden und Effizienz der gesamten Geschäftsprozesse.

Wie die Wertvorstellungen etabliert werden

Nun stellt sich die Frage, auf welchem Wege diese Wertvorstellungen etabliert werden können.

1. Zum einen sollte das Konzept in Form eines Leitfadens oder einer offiziellen Bekanntmachung klar formuliert und ausgehängt werden. Die Denkweise und Vorgehensweise bei der Qualitätserzeugung im Prozess sollte als Handbuch oder Broschüre zusammengefasst und den Mitarbeitern ausgehändigt werden.
2. Die Führungskräfte sollten jede Gelegenheit nutzen, um die Wertvorstellungen der Qualitätserzeugung im Prozess anhand des eigenen Vorbilds bei allen Mitarbeitern zu verbreiten. Es sollten auch strukturelle Formen wie regelmäßige Rundgänge des Topmanagements genutzt und am Genba die eigene Überzeugung mit Enthusiasmus kommuniziert werden.
3. Zur Gedächtnisstütze sollte es Hinweise in Geschäftsunterlagen oder Arbeitsüberprüfungsblättern geben, dass Entscheidungen im Alltagsgeschäft oder bei neuen Zielformulierungen auf den neuen Wertvorstellungen basieren sollen.
4. Bei der Beurteilung der Leistungen der Mitarbeiter sollten alle, die sich nach den qualitätsorientierten neuen Wertvorstellungen gerichtet und diese in die Praxis umgesetzt haben, eindeutig gut beurteilt werden und allen Mitarbeitern sollten diese Beurteilungskriterien bekannt gemacht werden.
5. Die Mitarbeiter sollten zu Experten in der Qualitätserzeugung aus- und weitergebildet werden.

Etablieren des QiP-Konzepts als Wertvorstellung der Organisation

Was bedeutet Etablieren einer Wertvorstellung?

① Die alte, prüfungsorientierte Wertvorstellung wird aufgelöst und ersetzt durch Qualitätserzeugung im Prozess.
② Das QiP-Konzept wird als Grundsatz der Produkterzeugung von allen Mitarbeitern angenommen, es ist das Herzstück der Organisation.
③ Sämtliche Standards, sowohl in der Produktionstechnik und der Steuerung der 4M in der Produktion, müssen mit der Qualitätserzeugung im Prozess Übereinstimmung finden, damit keine Widersprüche entstehen.
④ Bei neuen Tätigkeiten oder Situationen, die zu Unentschiedenheit führen, sollte die Qualitätserzeugung im Prozess Maßstab der Entscheidung oder des Handelns sein.

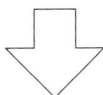

⇩

Das Ziel beim Etablieren von Wertvorstellungen

① Die Kräfte jedes einzelnen Mitarbeiters werden auf ein gemeinsames Ziel und eine Richtung hin gebündelt.
② Wenn erst die Denkweise als Basis gefestigt ist, eröffnen sich bei Befolgen der QiP-Grundsätze größere Freiheiten und Raum für neue Verbesserungen und kreative Lösungen.
③ Machtkämpfe und interne Interessen zwischen den Geschäftsbereichen beziehungsweise Abteilungen werden reduziert.
④ Persönliche Meinungen und Behauptungen treten in den Hintergrund, man ist mehr auf den Gewinn des Kunden und die Effizienz der gesamten Geschäftsprozesse bedacht.

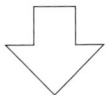

⇩

Wie die Wertvorstellungen etabliert werden

① Das Konzept sollte in Form eines Leitfadens oder einer offiziellen Bekanntmachung klar formuliert und ausgehängt werden. Die Denkweise und Vorgehensweise bei der Qualitätserzeugung im Prozess ist als Handbuch oder Broschüre zusammenzufassen.
② Die Führungskräfte sollten jede Gelegenheit nutzen, um die Wertvorstellungen der Qualitätserzeugung im Prozess anhand des eigenen Vorbilds zu verbreiten. Regelmäßige Rundgänge des Topmanagements sollten genutzt werden, um vor Ort mit eigenen Worten die Idee zu kommunizieren.
③ Es sollten Lösungen gefunden werden, damit Entscheidungen im Alltagsgeschäft oder bei neuen Zielformulierungen auf den neuen Wertvorstellungen basieren.
④ Mitarbeiterbeurteilungen sollten an den qualitätsorientierten neuen Wertvorstellungen ausgerichtet sein.
⑤ Aus- und Weiterbildung der Mitarbeiter zu QiP-Experten.

Abbildung 28: QiP als Wertvorstellung der Organisation etablieren

5.2 Vorbild Topmanagement

Bedeutung des Topmanagements als Vorbild

In der Zeit des ständigen wirtschaftlichen Wachstums wurde die Unternehmensführung vieler japanischer Unternehmen als »Omikoshi«-Management kritisiert. Es bedeutet, dass wie bei den Prozessionen auf traditionellen Festen, bei der eine Gottheit auf einer Sänfte, dem »Omikoshi«, hoch über den Köpfen der Beiwohnenden getragen wird, die Unternehmensführer sich weit weg vom Geschehen vor Ort erhoben und entfernt haben. Die Situation des heutigen Managements ist genau entgegengesetzt. Es ist nämlich erforderlich, dass die Führungskräfte auf praktischer Ebene die Führung übernehmen und vorbildliche Beispiele liefern, um den Fortbestand des Unternehmens zu sichern.

Im Unternehmensumfeld der Zukunft, das heftigen Veränderungen unterworfen und unberechenbar ist, ist es eine der wichtigsten Pflichten des Topmanagements, in der Produktionsstätte präsent zu sein und auf das Geschehen vor Ort direkt einzuwirken.

Denkt man darüber nach, kann man Folgendes feststellen: Die Einführung einer neuen Wertvorstellung wie die der Qualitätserzeugung im Prozess, das heißt also eine Wandlung weg von alten Wertvorstellungen, lässt sich ohne die tatkräftige Leitung durch die Topführungskräfte nicht vollbringen.

Die Qualitätserzeugung im Prozess ist ein Begriff, der auch die Reform des Managements und der Produktion versinnbildlicht. Derzeit befindet sich eine Reihe von japanischen produzierenden Unternehmen inmitten einer Reform des Managements. Die Themen, die in Angriff genommen werden müssen, sind vielseitig, und eines davon ist die Qualitätserzeugung im Prozess.

Das Umsetzen der Qualitätserzeugung im Prozess ist gleichbedeutend mit der Fragestellung, wie die Philosophie der Produktherstellung, das Produktionsmanagement und das Produktionssystem zu verändern sind, und betrifft das gesamte Managementsystem. Daher muss die Unternehmensführung eine neue Wertvorstellung etablieren, welche die Qualitätserzeugung im Prozess als einen Teil der Managementreform positioniert.

Als Nächstes ist von Bedeutung, dass das Topmanagement seine Wertschätzung für das tatsächliche Geschehen vor Ort zeigt und durch sein eigenes Handeln vorlebt.

Die Qualitätserzeugung im Prozess findet durch die dort tätigen Mitarbeiter statt. Daher sollten die Führungskräfte sich ins Genba begeben, die Prozesse tatsächlich beobachten und durch das Gespräch mit den Mitarbeitern sich vergewissern, inwieweit die Wertvorstellungen des Qualitätserzeugens durchgedrungen sind. In der Kommunikation vor Ort sollte das Topmanagement mit eigenen Worten die eindeutige Entschlossenheit und den starken Willen zur Umsetzung der neuen Wertvorstellung besprechen und den Grad seiner Ernsthaftigkeit spüren lassen.

Hier wird ersichtlich, dass die Durchdringung des Unternehmens mit einer neuen Herstellungsphilosophie keine Sache ist, die sich delegieren lässt, sondern jede Gelegenheit ergriffen werden sollte, um mit eigenen Worten diese Absicht zu bekunden. Das ist der Weg, in den Herzen der Menschen das Feuer zu entfachen.

Was das Topmanagement konkret zu leisten hat

Es gibt einige Aufgaben, welche die Topführungskräfte zum Etablieren und Festigen neuer Wertvorstellungen in der Organisation zu leisten haben, es seien hier im Folgenden die wichtigsten genannt.

1. *Vor Ort präsent sein:* So oft es geht, sollte das Topmanagement vor Ort erscheinen und durch die Beobachtung des tatsächlichen Geschehens den wahren Stand der Qualitätserzeugung im Prozess erfassen und sich um Kommunikation und Unterstützung der Mitarbeiter bemühen.
2. *Topmanagement-Rundgänge:* Dabei soll eruiert werden, wie stark die neuen Wertvorstellungen durchgedrungen sind, und gegebenenfalls auf die blinden Flecken und Schwachstellen hingewiesen werden. Dadurch werden die Mitarbeiter erneut aufgerüttelt und vorangetrieben und aufmerksam gemacht auf Mängel in der Betrachtung der aktuellen Situation, was verhindert, dass die entsprechenden Aktivitäten im negativen Sinne zur Routine verkommen.
3. *Anwendung bei der Beschlussfassung:* Entscheidungen fällen, Bilanzen erstellen und Genehmigungen erteilen sind Aufgaben des Topmanagements. Es sollte deutlich werden, dass diese Entscheidungen aufgrund der neuen Wertvorstellung gefällt werden.
4. *Die Wertvorstellung besprechen:* Gelegenheiten wie die Jahresplanung oder Versammlungen verschiedener Art sollten genutzt werden, um die Wichtigkeit der Qualitätserzeugung im Prozess und die Wertvorstellung der Organisation immer wieder zu betonen.
5. *Mitarbeiterbeurteilung:* Es sollte klar ausgesprochen werden, dass Leistungen danach beurteilt werden, inwieweit unter ernsthafter Berücksichtigung der Prinzipien und Wertvorstellungen des Unternehmens gearbeitet wird.

Etablierung der Produkterzeugungsphilosophie zur Steigerung der QiP-Fähigkeit

Die Bedeutung des Topmanagements als Vorbild

① Die Einführung einer neuen Wertvorstellung wie die der Qualitätserzeugung im Prozess, das heißt also eine Wandlung weg von alten Wertvorstellungen, ist ohne die tatkräftige Leitung durch die Topführungskräfte nicht zu vollbringen.
② Die Qualitätserzeugung im Prozess findet vor Ort durch die dort tätigen Mitarbeiter statt. Daher sollten die Führungskräfte vor Ort erscheinen, die tatsächliche Situation erfassen und klar und deutlich die Richtung weisen.
③ Die Durchdringung des Unternehmens mit der neuen Herstellungsphilosophie ist keine Sache, die sich delegieren lässt. Jede Gelegenheit sollte ergriffen werden, um mit eigenen Worten diese Absicht zu bekunden. Es ist notwendig, in den Herzen der Menschen das Feuer zu entfachen.
④ Die Mitarbeiter vor Ort richten sich nach dem, was das Topmanagement vorlebt. Konkrete Handlungen und Aussprachen, die den Schwerpunkt auf die tatsächlichen Begebenheiten vor Ort legen, lassen den Grad der Ernsthaftigkeit spüren.

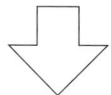

⇩

Was das Topmanagement konkret zu leisten hat

① *Präsent sein:* So oft es geht, vor Ort erscheinen und den tatsächlichen Stand der Qualitätserzeugung im Prozess erfassen und sich um Kommunikation mit den Mitarbeitern bemühen.

② *Topmanagement-Rundgänge:* Eruieren, wie stark die neuen Wertvorstellungen durchgedrungen sind, und gegebenenfalls auf die Schwachstellen hinweisen.

③ *Anwendung bei der Beschlussfassung:* Entscheidungen aufgrund der neuen Wertvorstellung fällen und diese Absicht deutlich bekannt geben.

④ *Die Wertvorstellung besprechen:* Gelegenheiten wie die Jahresplanung oder Versammlungen verschiedener Art nutzen, um die Wichtigkeit der Qualitätserzeugung im Prozess zu betonen.

⑤ *Beurteilung von Personal:* Die Personalbeurteilung ist Ausdruck der Wertvorstellungen und Prinzipien des Unternehmens. Das Gleiche gilt für die Leistungsbeurteilung.

Abbildung 29: Etablieren der Wertvorstellung durch das Topmanagement

5.3 Eine Unternehmenskultur schaffen, die ihre Priorität auf Qualität setzt

Qualität hat oberste Priorität

Welches Ziel steckt dahinter, der Qualität oberste Priorität einzuräumen? Um diese Frage zu klären, sollte man wissen, gegenüber welchen anderen Faktoren man der Qualität den Vorrang gibt: den Kosten, der Produktionskapazität, dem Umsatz oder dem Geschäftsergebnis. Kurzum: den Erfolgen der Arbeit.

Den Vorrang geben bedeutet nicht, dass Kosten und Ergebnisse keine Rolle spielen. Es geht darum, dass man sein Augenmerk zuerst auf die Qualität richtet, und indem man diese zuerst in Angriff nimmt, stellen sich die weiteren Erfolge von allein ein.

Die linke Grafik der Abbildung 30 zeigt den Fall, bei dem die Priorität auf die Qualität gesetzt wird und diese mit Aufwendung von Kosten verbessert wird. Wenn man die Kosten pro Stück betrachtet, steigen die Kosten vorübergehend im Vergleich zur Anfangsphase an, aber später sinken sie rapide. Wenn aber unter dem Aspekt des Kosten-Nutzen-Verhältnisses Qualitätsverbesserungen vorgenommen werden, wie in der Grafik rechts in der Abbildung 30, reduzieren sich die Kosten nur langsam.

Beim Vergleich dieser zwei Ansätze sollte beachtet werden, dass es nicht allein um die Höhe der Kosten für Qualitätsverbesserungen geht, sondern darum, wie konsequent die grundlegenden Maßnahmen zur Qualitätserzeugung im Prozess, nämlich das Einhalten der Gutteilbedingungen, umgesetzt wird. Priorität auf die Qualität zu setzen bedeutet, keine Kosten zu scheuen, um die grundlegenden Maßnahmen zu treffen und das Qualitätsniveau im eigentlichen Sinne zu steigern, sodass als Folge eine drastische Reduktion der Qualitätskosten eintritt.

Wenn man sich hingegen bei den Qualitätsmaßnahmen von kurzfristigen Kostenersparnissen leiten lässt, können nur gegen die direkten und gravierenden Fehlerursachen Maßnahmen getroffen werden, womit man zwar eine gewisse Wirkung erzielt, das Qualitätsniveau sich aber nur geringfügig verändert. Bei Qualitätsverbesserungen mit berechenbarem Kosten-Nutzen-Verhältnis handelt es sich um Ursachenbekämpfung in Anlehnung an Erfahrungen aus der Vergangenheit. Bei diesem Vorgehen ist es schwierig, bis zur eigentlichen Wurzel der Fehlerursache vorzudringen und entsprechende Maßnahmen zu ergreifen. Vergleicht man in der Abbildung 30 die schraffierte Fläche der beiden Grafiken miteinander, wird deutlich, dass eine vorrangig auf die Qualität fokussierte Vorgehensweise von den Gesamtkosten her gesehen vorteilhafter ist. Wenn von Anfang an eine deutliche Reduktion der Kosten voraussehbar wäre, würde man die notwendigen Kosten investieren, aber in der Realität ist das nicht prognostizierbar, was zu kurzsichtigen Verbesserungen führt. Hält diese Situation länger an, kann sich das Qualitätsniveau nicht verbessern und die Wettbewerbsfähigkeit bleibt ebenfalls auf der Strecke.

Es gibt in der Tat viele Fälle, bei denen die anfallenden Kosten nicht voraussehbar und der Effekt nicht auf rationale Weise zu belegen ist. Aber da mit ansteigender Qualität erfahrungsgemäß die Kosten drastisch sinken, ist es auf lange Sicht besser, der Qualität den Vorrang zu geben.

Priorität auf Qualität (Wertvorstellung) und Leistungsbeurteilung setzen

Beim Etablieren einer Unternehmenskultur, welche die Priorität auf Qualität setzt, ist es notwendig, klarzustellen und allen Mitarbeitern kundzutun, dass bei der Leistungsbeurteilung die qualitätsorientierte Wertvorstellung als wesentliches Kriterium aufgenommen wird.

In Abbildung 31 ist ein Fallbeispiel dargestellt, bei dem die Wertvorstellung, der Qualität den Vorrang zu geben, eine wichtige Rolle spielte. In diesem Fall wurde die Güte der Leistung und der Bezug auf die Wertvorstellung in eine Matrix gefasst und die Mitarbeiter durch ihre jeweils unterschiedlich geartete Leistung in Kategorien eingeordnet. Die Frage ist, welche Personal-Kategorie man als Organisation wie hoch bewerten sollte.

Dass die Mitarbeiter, welche die Wertvorstellung umgesetzt und zugleich gute Leistungen erbracht haben, am besten beurteilt werden, ist selbsterklärend. Dass diejenigen, welche die Wertvorstellungen gering schätzen und gleichzeitig schlechte Leistung erbracht haben, die schlechteste Beurteilung erhalten, ist ebenfalls klar. Fraglich wird es mit der Beurteilung derer, die in den mittleren zwei Kategorien verteilt sind. Um eine Unternehmenskultur zu schaffen, die ihre Priorität auf Qualität setzt, ist es wichtig, dass die Mitarbeiter, die zwar weniger gute Leistung erbracht, aber die Wertvorstellungen beherzigt haben, besser beurteilt werden als diejenigen, die bessere Ergebnisse erzielt haben, dabei aber die Wertvorstellungen außer Acht gelassen haben. In vielen Unternehmen, bei denen das Qualitätsniveau stagniert, handelt man genau anders herum, weil zu sehr kurzfristige Ergebnisse angestrebt werden.

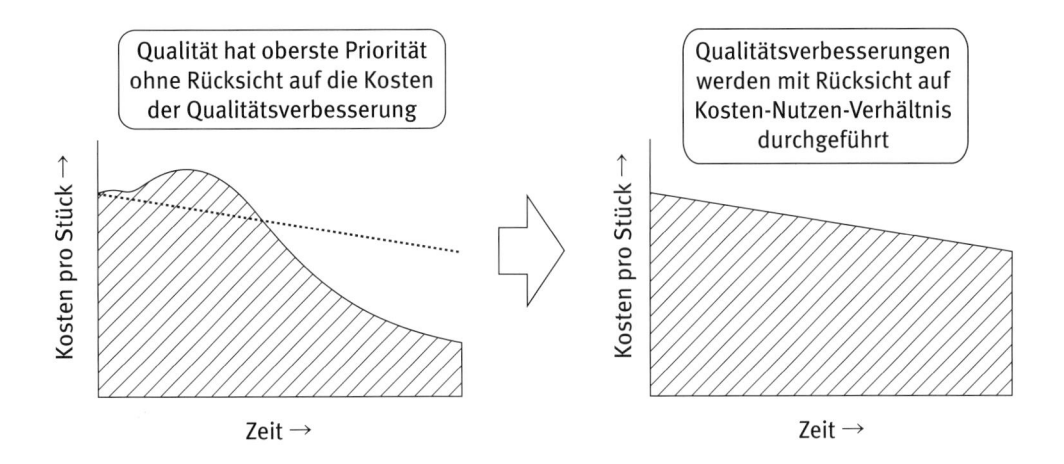

Eine Unternehmenskultur schaffen, die ihre Priorität auf Qualität setzt

Qualität hat oberste Priorität ohne Rücksicht auf die Kosten der Qualitätsverbesserung

[Diagramm: Kosten pro Stück → / Zeit →]

Qualitätsverbesserungen werden mit Rücksicht auf Kosten-Nutzen-Verhältnis durchgeführt

[Diagramm: Kosten pro Stück → / Zeit →]

- Konsequente Maßnahmen zur Qualitätsverbesserung erhöhen die Kosten zwar vorübergehend, sie sinken aber später rapide und der Gesamteffekt ist größer
- Bei Qualitätsmaßnahmen, die durch die Intention kurzfristiger Kostenersparnis eingeschränkt werden, ist die Reduzierung der Qualitätskosten insgesamt gering
- Die Vorgehensweise, der Qualität Vorrang zu geben, hat eine größere Kostenersparnis zur Folge

Abbildung 30: Bedeutung der Priorität, die auf Qualität setzt

Welche Art von Personal wie gut beurteilt wird (Fallbeispiel)

	schlecht ← Leistung bei der Tätigkeit → gut	
Wertvorstellung wichtig nehmen	② Wertvorstellung beherzigt, trotzdem schlechte Leistung	① Wertvorstellung beherzigt und gute Leistung
Wertvorstellung gering schätzen	④ Wertvorstellung gering geschätzt und schlechte Leistung	③ Wertvorstellung gering geschätzt und gute Leistung

Um eine Unternehmenskultur zu schaffen, die ihre Priorität auf Qualität setzt, ist von Bedeutung, dass Mitarbeiter, die zwar weniger gute Leistung erbracht, aber die Wertvorstellungen beherzigt haben, besser beurteilt werden als diejenigen, die bessere Ergebnisse erzielt haben, dabei aber die Wertvorstellungen außer Acht gelassen haben. Die Reihenfolge der guten Beurteilung ist ① → ② → ③ → ④

Abbildung 31: Priorität auf Qualität (Wertvorstellung) und Leistungsbeurteilung setzen

5.4 Hoher Qualitätsanspruch und Anstreben des Sollzustands

Dass man einen hohen Qualitätsanspruch an sich stellt, hat zweierlei Bedeutung. Die eine ist, dass man hinsichtlich des Qualitätsniveaus einen bestimmten Zielwert erreichen will, die andere beinhaltet, bei der Verbesserung der QCD-Werte im Produktionsprozess einen erhöhten Qualitätsanspruch zu verwirklichen.

Zielwerte bei der Verbesserung des Qualitätsniveaus

Der Anspruch an den Zielwert hinsichtlich des Qualitätsniveaus besteht nicht darin, eine relative Steigerung zu erreichen – zum Beispiel ein paar Prozent besser als das aktuelle Niveau oder einen Spitzenwert innerhalb der branchenüblichen Werte –, sondern darin, einen vom Sollzustand aus abgeleiteten hohen Zielwert oder im Vergleich zum branchenüblichen Zielwert ein mit Abstand herausragendes Niveau zu erreichen.

Bei der Festlegung der Zielwerte für Qualitätsverbesserungsaktivitäten gibt es im Allgemeinen zwei Vorgehensweisen. Wie in der oberen Grafik in Abbildung 32, besteht die eine Vorgehensweise darin, dass man in Anlehnung an bisherige Istwerte den Zielwert festlegt. Der andere Weg ist, das aktuelle Qualitätsniveau in der Branche zu recherchieren und sich innerhalb dessen auf einen Spitzenwert festzulegen.

Orientiert man sich an der Erweiterung des Vergangenen, bleiben Denkweise und Denkmuster nach innen gerichtet und es besteht das Risiko, lediglich den Status quo aufrechterhalten zu wollen. Es mangelt dabei nicht nur an Anpassung an die Veränderungen des Umfelds, sondern es ist zu befürchten, dass auf diesem Wege gar keine Verbesserung eintritt. Auch wenn Verbesserungsaktivitäten begonnen und weitergeführt werden, kann man sich nur schwer von der Vorgehensweise der Vergangenheit lösen. Indem man die traditionell angewandten Methoden weiter einsetzt, trifft man keine grundlegend neuen Maßnahmen gegen Qualitätsmängel.

Ebenso tritt in dem Fall, bei dem als Maßstab das aktuelle branchenübliche Qualitätsniveau genommen wird, selbst bei der Zielsetzung, sich an der Spitze zu orientieren, keine Steigerung der Wettbewerbsfähigkeit ein, da man im Wesentlichen die gleichen Dinge tut wie seine Mitstreiter, also keine große Differenzierung entsteht.

Bei der Qualitätserzeugung im Prozess wird der Anspruch erhoben, die Bedingungen für die Gutteilerzeugung derart umzusetzen, dass keine Fehler entstehen, und die Fehlerrate weitestgehend an null heranzuführen. Legt man das Ziel aufgrund dieses Sollzustands fest, wird es sich weit über das branchenübliche Niveau hinaus auf einem mit Abstand herausragenden Qualitätsniveau befinden.

Hoher Qualitätsanspruch bei der QCD-Optimierung

Von den Q, C, D der Ausbringung des Produktionssystems, wird auf das Q fokussiert und indem man einen besonderen Anspruch an die Qualität (Q) stellt und diese verfolgt, wird eine grundlegende Optimierung der Produktionsprozesse und des Produktionssystems vorgenommen. Auf diesem Wege erreicht man eine Steigerung des gesamten Niveaus von Q+C+D.

Q, C und D stehen in einem wechselseitigem Zusammenhang, und man macht gelegentlich die Erfahrung, dass bei der Verbesserung von Q sich C und D verschlechtern, und wenn man C (= Kosten) senken will, die Werte von Q und D darunter leiden. Diesen Zusammenhang nennt man auch einen Zielkonflikt, und es ist wichtig zu erkennen, dass ohne eine qualitative Veränderung im Inneren des Produktionssystems das Gesamtniveau der Ausbringung (Q+C+D) sich kaum verändert.

Das Durchführen von Qualitätserzeugung im Prozess bedeutet, dass die inneren Prozesse des Produktionssystems qualitativ verändert werden, um über einen solchen Zielkonflikt hinauszugehen und nicht nur die Verbesserung der Qualität, sondern des Gesamtniveaus von Q+C+D zu erzielen. Einen besonderen Anspruch an Q zu stellen darf nicht verwechselt werden damit, dass C und D beim aktuellen Stand belassen werden und nur Q optimiert werden soll.

Wichtig ist die Erkenntnis, dass die Qualitätserzeugung im Prozess eine Aktivität darstellt, die das gesamte Produktionssystem erfasst. Angefangen bei der Qualität der Produkte, wird der Blick erweitert auf die Qualität des Produktionssystems, das bedeutet auch, die Qualität der Produktionsprozesse zu überprüfen.

Der Kern der Qualitätserzeugung im Prozess, nämlich die Sicherstellung der Gutteilbedingungen, bedeutet nichts anderes als das Überprüfen der strukturellen Teile von Prozessen, Mensch, Material, Maschine und Arbeitsmethode, also die Überprüfung und Aufrechterhaltung des Sollzustands. Einen Qualitätsanspruch zu stellen bedeutet nicht, sich vor allem mit den Qualitätsdaten der Produkte zu beschäftigen, sondern in gleichem Maße, die Produktionsprozesse aufmerksam zu betrachten.

Etablierung der Produkterzeugungsphilosophie zur Steigerung der QiP-Fähigkeit

Es gibt zweierlei Vorgehensweisen, einen hohen Qualitätsanspruch durchzusetzen:
Die eine besteht darin, dass man anstrebt, hinsichtlich des Qualitätsniveaus einen bestimmten Zielwert zu erreichen, die andere beinhaltet, bei der Verbesserung der QCD-Werte im Produktionsprozess auf einem erhöhten Qualitätsanspruch zu beharren.

Zielwert beim Steigern des Qualitätsniveaus

Sollzustand: herausragendes Niveau
Spitzenklasse der Branche
Branchenübliches Niveau
Verbesserung um ein paar Prozente im Vergleich zum Aktuellen
Aktuelles Niveau
Niveau der Vergangenheit
Qualitätsniveau →
Zeit →

Der Anspruch beim Zielwert hinsichtlich des Qualitätsniveaus bedeutet ...
① ... nicht eine relative Steigerung zu erreichen, zum Beispiel ein paar Prozent besser als das aktuelle Niveau oder einen Spitzenwert innerhalb der branchenüblichen Werte,
② ... sondern einen vom Sollzustand abgeleiteten hohen Zielwert oder im Vergleich zum branchenüblichen Zielwert ein mit Abstand herausragendes Niveau zu erreichen.

Der Qualitätsanspruch bei der QCD-Optimierung

Input: Konstruktionsinformation, Material, Teile
Produktionssystem: Mensch, Maschine, Methode, Umfeld
Output: Produkt $Q+C+D$
Optimierung mit speziellem Anspruch auf Q

Von den Q, C, D, der Ausbringung des Produktionssystems, wird auf das Q fokussiert und, indem man den Sollzustand von Q verfolgt, eine grundlegende Optimierung der Produktionsprozesse und des Produktionssystems vorgenommen. Auf diesem Wege erreicht man eine Steigerung des gesamten Niveaus von $Q+C+D$.

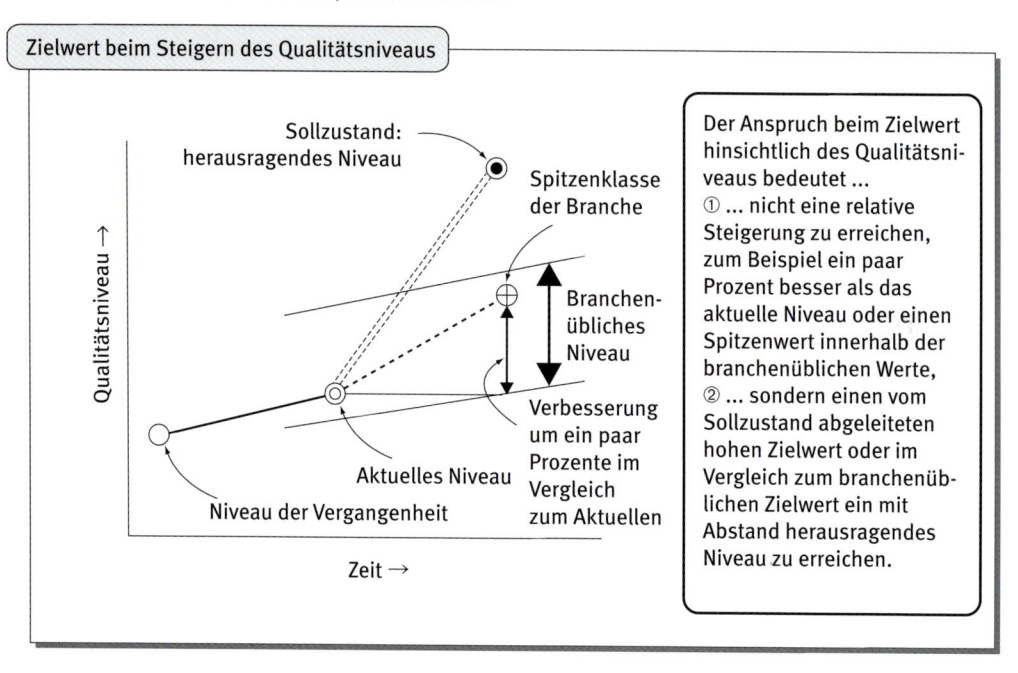

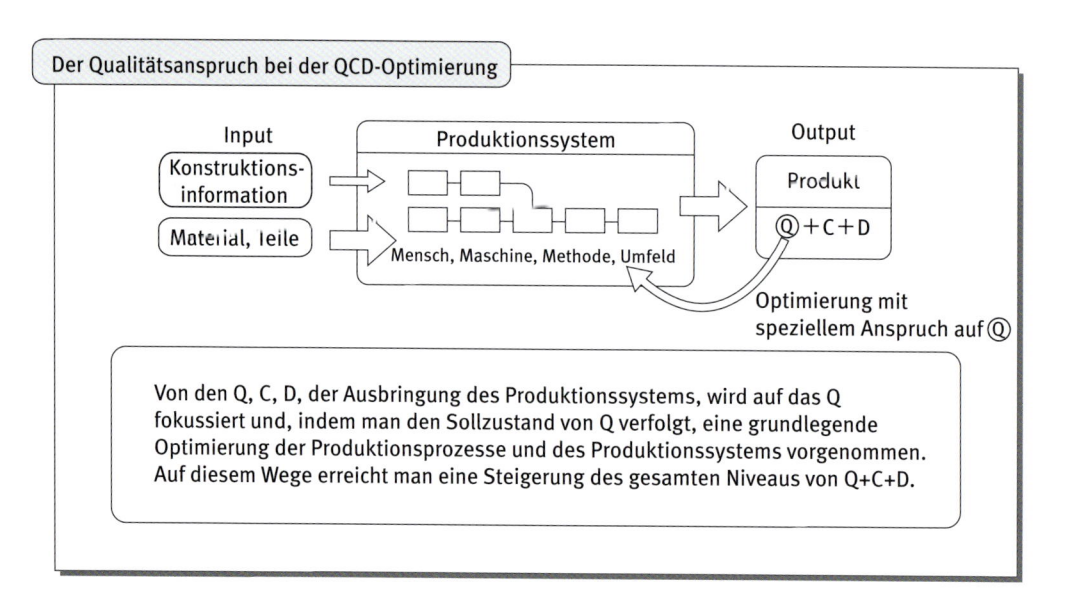

Abbildung 32: Qualitätsanspruch und Anstreben des Sollzustands

5.5 Qualifikation und Ausbildung von Experten

Qualifikation für die Qualitätserzeugung im Prozess

Die Techniken, das Wissen und die Fähigkeiten, die man zur Qualitätserzeugung im Prozess vor allen Dingen fördern sollte, unterscheiden sich je nach Position und Rolle des Mitarbeiters. Und auch die Methoden der Schulung und des Trainings sind unterschiedlich. Sortiert man die repräsentativen Punkte, kann man sie wie in Abbildung 33 darstellen.

1. Für die Führungskräfte ist von Bedeutung, das ganzheitliche Bild, die Hauptelemente der Grundstruktur und die zu beachtenden Punkte bei der Umsetzung innerhalb der Organisation zu verstehen und dieses Wissen zu formulieren, sodass sie andere Mitarbeiter anleiten können. Sie müssen für die Umsetzung der Teamstruktur lernen, wie ein Team zu führen ist und wie man die Schlüsselpersonen sowie die Teamleiter in puncto Eigenständigkeit schult.
2. Für die indirekten Mitarbeiter sind zur Klärung der Gutteilbedingungen Kenntnisse und Fähigkeiten in der Fertigungstechnik und Ursachenanalyse wesentlich. Vor allem müssen sie die Anwendung von Methoden der Statistik, wie die statistische Versuchsplanung oder die multivariate Datenanalyse, beherrschen, um der Produktionsstätte Unterstützung zu leisten. Weiterhin ist es erforderlich, dass sie die explizite Anwendung dieser Methoden bei Qualitätsverbesserungen beherrschen und die Einweisung der Mitarbeiter vor Ort vornehmen können.
3. Die Basis für die Teamleiter vor Ort bildet das Wissen darüber, wie man die Qualitätssituation erfasst, zum Beispiel welche Wege der Qualitätsdatenerfassung im Prozess vorhanden sind, und die Vorgehensweise bei der Sicherstellung der Gutteilbedingungen bezüglich der 4M. Vor allem das Standardisieren der 4M und die Schreib- und Nutzungsweise der verschiedenen Standardisierungsvorlagen, die Erstellung und regelmäßige Führung von Steuerungstafeln für die Gutteilbedingungen müssen gut beherrscht werden. Eine weitere wichtige Fähigkeit besteht darin, aufgrund der festgelegten Standards die Mitarbeiter einzuweisen und die konsequente Umsetzung zu überwachen. Ebenso müssen für eine schnelle Ursachenaufdeckung bei Auftreten von Anormalitäten Methoden der Ursachenanalyse erlernt werden.
4. Für die Mitarbeiter vor Ort ist es erforderlich, den Sinn und Zweck der verschiedenen vom Teamleiter erstellten Standards und Steuerungstafeln richtig zu verstehen und diese präzise auszuführen. Durch ein genaues Verständnis von Standards und Maßstäben können Anormalitäten umgehend festgestellt werden.

Ausbildung von QiP-Experten

Die Qualitätsexperten sind indirekte Mitarbeiter, die über profunde Kenntnisse in Bezug auf Qualitätserzeugung im Prozess verfügen und sich vor allem mit Qualitätsverbesserungsthemen befassen. Sie unterstützen die Mitarbeiter vor Ort in der Weiterbildung ihrer QiP-Fähigkeit.

Voraussetzung zur Qualifikation als Qualitätsexperte ist viel praktische Erfahrung in Qualitätsverbesserung im Sinne von Qualitätserzeugung im Prozess. Darüber hinaus muss der Qualitätsexperte über ein profundes Wissen bezüglich Produktionssystem, Produktionsmanagement sowie Philosophie und Grundsätze der Produkterzeugung verfügen und die Fähigkeit besitzen, sein Wissen weiterzugeben (siehe Abbildung 34).

In der Praxis besteht seine Tätigkeit darin, im Alltag hauptsächlich in seinem eigenen Bereich an Qualitätsverbesserungen zu arbeiten, und bei Bedarf in Zusammenarbeit mit Experten anderer Bereiche oder der Qualitätssicherung größere Qualitätsprobleme zu lösen sowie die Weiterbildung in Qualitätserzeugung im Prozess voranzutreiben.

Die Hauptaufgaben des Qualitätsexperten:

1. Er befasst sich mit den schwerwiegenden Qualitätsproblemen des eigenen Bereichs und erarbeitet Lösungen.
2. Er ist zuständig für die Weiterbildung der Teamleiter in Qualitätsverbesserung. Außerdem sorgt er in Workshops vor Ort für Verbesserungen tatsächlicher Qualitätsfehler.
3. Er ist für die firmeninternen Schulungen in Qualitätssteuerung der direkten und indirekten Mitarbeiter verantwortlich. Dabei geht es um die zur Einhaltung der Gutteilbedingungen unerlässliche Anwendung der verschiedenen Standardarbeitsblätter sowie um die Grundsätze der Qualitätserzeugung im Prozess.
4. Er überprüft und beurteilt regelmäßig die Fähigkeit zur Qualitätserzeugung im eigenen Bereich, klärt die Schwachpunkte und stellt für die anstehenden Verbesserungen einen Optimierungsplan auf.
5. Er erarbeitet mit anderen Experten Lösungen für bereichsübergreifende größere Qualitätsprobleme und befasst sich mit der Organisation und Durchführung verschiedener Aktionen zur Steigerung des Qualitätsbewusstseins und entsprechender Wertvorstellungen.

Qualifikation und Ausbildung von Experten

Position bzw. Ebene	Die für die Qualitätserzeugung im Prozess notwendige Kenntnis bzw. Fähigkeit	Art der Ausbildung bzw. Schulung
Oberste Führungsebene	• Verständnis von Qualitätserzeugung im Prozess als System und Fähigkeit zum Schulen der Mitarbeiter • Forcierung der Eigenständigkeit der Bereiche vor Ort und Ausbildung von eigenständig agierendem Personal • Schaffung der Struktur für visuelles Management der 4M	Firmeninterne Schulung oder Teilnahme an einem externen Seminar
Indirekte Mitarbeiter	• Anwendung von Ursachenanalyse und Fähigkeit, andere darin zu schulen (PM-Analyse, statistische Versuchsplanung, multivariate Datenanalyse) • Berechnung der Prozessfähigkeit (Cp-Wert) • Vorgehensweise bei Qualitätsverbesserungen	siehe oben
Mittlere Führungsebene, Teamleiter vor Ort	• Standardisierung der 4M, Anwendung der Standardisierungsvorlagen • Erstellung und regelmäßige Führung von Steuerungstafeln für die 4M der Gutteilbedingungen • Tendenzsteuerung der Qualitätssituation und wie man Anormalitäten aufdeckt • Anweisung der Arbeitsabläufe und Qualifikationssteuerung • Ursachenanalyse (PM-Analyse u. a.)	Firmeninterne Schulung, Praxistraining mithilfe von Workshops
Mitarbeiter vor Ort	• Verständnis und Anwendung der Standardisierungsvorlagen • Unterscheidung von IO und NIO und Vorgehen bei Anormalitäten • Kenntnis vom Aufbau der Anlagen und über autonome Instandhaltung • Fehleruntersuchung durch 5-W-Analyse	Firmeninterne Schulung Training am Arbeitsplatz

Abbildung 33: Qualifikationsentwicklung für die Qualitätserzeugung im Prozess

---

Etablieren der Qualitätsexperten-Position

① Qualitätsexperten verfügen über profunde Kenntnis zur Qualitätserzeugung im Prozess und befassen sich mit Qualitätsverbesserungsthemen. Sie unterstützen die Mitarbeiter vor Ort in der Weiterbildung ihrer QiP-Fähigkeit.
② Voraussetzungen zur Qualifikation als Qualitätsexperte:
Praktische Erfahrung vor Ort in Qualitätsverbesserungen im Sinne von Qualitätserzeugung im Prozess, Verständnis und Fähigkeit zum Schulen der Zusammenhänge im Produktionssystem und Produktionsmanagement.
③ Formaler Ablauf der Tätigkeit:
Im Alltag Qualitätsverbesserungen im eigenen Bereich sowie
Aktivitäten zur Steigerung der QiP-Fähigkeit, bei Bedarf in Zusammenarbeit mit Experten anderer Bereiche oder der Qualitätssicherung durchführen.

Die Rolle des Qualitätsexperten

① Er befasst sich mit den schwerwiegenden Qualitätsproblemen des eigenen Bereiches und erarbeitet Lösungen.
② Er übernimmt die Weiterbildung der Teamleiter in puncto Qualitätsverbesserung mithilfe von Workshops vor Ort.
③ Er führt in firmeninternen Schulungen die Qualitätssteuerungsausbildung der direkten und indirekten Mitarbeiter durch.
④ Er überprüft und beurteilt regelmäßig die Fähigkeit zur Qualitätserzeugung im eigenen Bereich und stellt einen Optimierungsplan auf.
⑤ Er befasst sich gemeinsam mit anderen Experten mit der Organisation und Durchführung verschiedener Aktionen zur Steigerung des Qualitätsbewusstseins.

Abbildung 34: Ausbildung von Experten der Qualitätserzeugung im Prozess

6 Das Management zur Steigerung der QiP-Fähigkeit

6.1 Die Organisierung der Produktionsstätte – Einführung der Teamstruktur

Was bedeutet Organisierung?

Befasst man sich mit der Steigerung der QiP-Fähigkeit in der Produktionsstätte vom Blickpunkt des Managements aus, ist als Erstes erforderlich, die Organisierung der Mitarbeiter vor Ort vorzunehmen. Diese Aussage mag merkwürdig erscheinen, da die meisten Leser entgegnen würden, dass der Produktionsbereich ihres Unternehmens sehr wohl organisiert sei und eine Vielzahl von Mitarbeitern geordnet ihrer Arbeit nachgehen. Allerdings sieht die Realität in vielen Unternehmen so aus, dass man mit der bestehenden Organisation nicht in der Lage ist, sich dem starken Wettbewerb und den Veränderungen des Marktes schnell anzupassen, und dass alte Formen aus Zeiten der Massenproduktion noch stark vorherrschen.

Welche Art von Organisierung in den Produktionsstätten angesichts des sich verändernden unternehmerischen Umfelds gefragt ist, wird im Vergleich mit der herkömmlichen Art der Organisation erläutert (Abbildung 35).

In der Organisation der Produktionsstätte des Massenproduktionszeitalters waren die Mitarbeiter, grob gesagt, in Organisationseinheiten von etwa 30 bis 50 Mitarbeitern eingeteilt, die von einem Vorgesetzten geleitet wurden, welcher für die Anweisung der Arbeit und die Arbeitsverwaltung verantwortlich war. Die Mitarbeiter arbeiteten unabhängig voneinander und waren dabei gleichgestellt, sodass die Befugnis zu Anweisungen und Entscheidungen gänzlich beim Vorgesetzten lag. Die Mitarbeiter wurden zwar aus Gründen der Vereinfachung, zum Beispiel für die bessere Kommunikation von Informationen, in kleinere Gruppen von etwa zehn Mitarbeitern unterteilt und mit einem Leiter dieser Untergruppe versehen, dieser jedoch hatte keine wesentlichen Befugnisse.

Aufgrund dieser Organisationsform war der Vorgesetzte nicht in der Lage, die einzelnen Mitarbeiter bis ins Detail zu schulen und deren Fähigkeiten zu erfassen. Jeder Mitarbeiter arbeitete also auf seine Art. Da zu Zeiten der Massenproduktion die Tätigkeiten nicht so komplex und die Anforderungen an die Qualität nicht so hoch waren, kam man mit dieser Organisation einigermaßen zurecht.

Einführung der Teamstruktur

Es gibt nicht mehr viele Unternehmen, die ihre Organisationsform genau wie oben beschrieben beibehalten haben, aber durchaus viele, welche die grundsätzlichen Rahmenbedingungen nicht verändert haben, was die Qualitätserzeugung im Prozess erschwert.

Mit Organisierung der Produktionsstätte ist eine Umwälzung der aktuellen Organisation zugunsten der Steigerung der QiP-Fähigkeit gemeint. Der wichtigste Punkt dabei ist die Einführung der Teamstruktur.

Bei der Teamstruktur werden die Mitarbeiter in Teams von 10 bis 15 Mitarbeitern aufgestellt, die unter der Leitung eines Teamleiters, welcher Entscheidungsbefugnis besitzt und die Verantwortung trägt, die Arbeitsaufgaben im jeweiligen Prozess erfüllen.

Die wichtigsten Aufgaben des Teamleiters: Er muss die Arbeitsstandards festlegen und stabilisieren sowie die Faktoren Q, C, D im Alltagsgeschäft steuern und verbessern. Im Produktionsbereich der herkömmlichen Organisation verhielt man sich passiv, indem man die von der Produktionstechnik erstellten Arbeitsstandards nach Anweisung ausführte. Da der Teamleiter in der neuen Organisationsstruktur befugt ist, Arbeitsstandards festzulegen, ist eine eigenständige Vor-Ort-Leitung durch die Teamorganisation gewährleistet.

Durch die Wiederholung von Qualitätsverbesserungen in Team-Workshops werden Wissen und Know-how zur Ursachenanalyse und zur Klärung der Gutteilbedingungen gesammelt. Das erweitert die Kompetenz in Sachen Qualitätserzeugung im Prozess.

Organisierung innerhalb der Teams

Damit die Teamstruktur gut funktioniert und die Teams gute Ergebnisse hervorbringen, ist es notwendig, dass nicht nur dem Teamleiter, sondern auch den Teammitarbeitern einige klare Aufgaben erteilt werden. Unter den Tätigkeiten des Produktionsbereichs gibt es solche, die sich wiederholen und leicht standardisieren lassen, zum Beispiel die eigentliche Fertigung, und andere, zum Beispiel die Teileversorgung oder der Rüstvorgang, die unregelmäßig sind und sich weniger einfach standardisieren lassen. Das Klassifizieren dieser verschiedenartigen Tätigkeiten und die Aufgabenteilung innerhalb der Teams festzulegen wird als Organisierung innerhalb der Teams bezeichnet.

Es findet eine Rollenverteilung statt: die Mitarbeiter, die nach der standardisierten Arbeitsabfolge Teile montieren, ein Mitarbeiter, der sie mit Material am optimalen Punkt des Zugriffs versorgt (»Mizusumashi«), und zum Beispiel der »Umrüster«, der spezialisiert ist auf die Umrüstvorgänge (Abbildung 36).

Die Organisierung der Produktionsstätte – Einführung der Teamstruktur

Herkömmliche Organisation

Manager
Technischer Mitarbeiter
Vorgesetzter (Supervisor)

Produktionsstätte / Werker

(Ein Vorgesetzter steuert eine Gruppe von 30 bis 50 Mitarbeitern)

Organisation der Teamstruktur

Manager
Technischer Mitarbeiter
Vorgesetzter (Supervisor)
Teamleiter
Teammitarbeiter (Werker)

Produktionsstätte

Team Team Team

(Teams von 10 bis 15 Mitarbeitern und einem Teamleiter mit Anweisungsbefugnis)

Abbildung 35: Einführung der Teamstruktur

Herkömmliche Organisation

Organisierung innerhalb des Teams

Teamleiter
Umrüster
Mizusumashi
Frei einzusetzende Mitarbeiter
Linienmitarbeiter
Zwei Mitarbeiter mal vier Linien

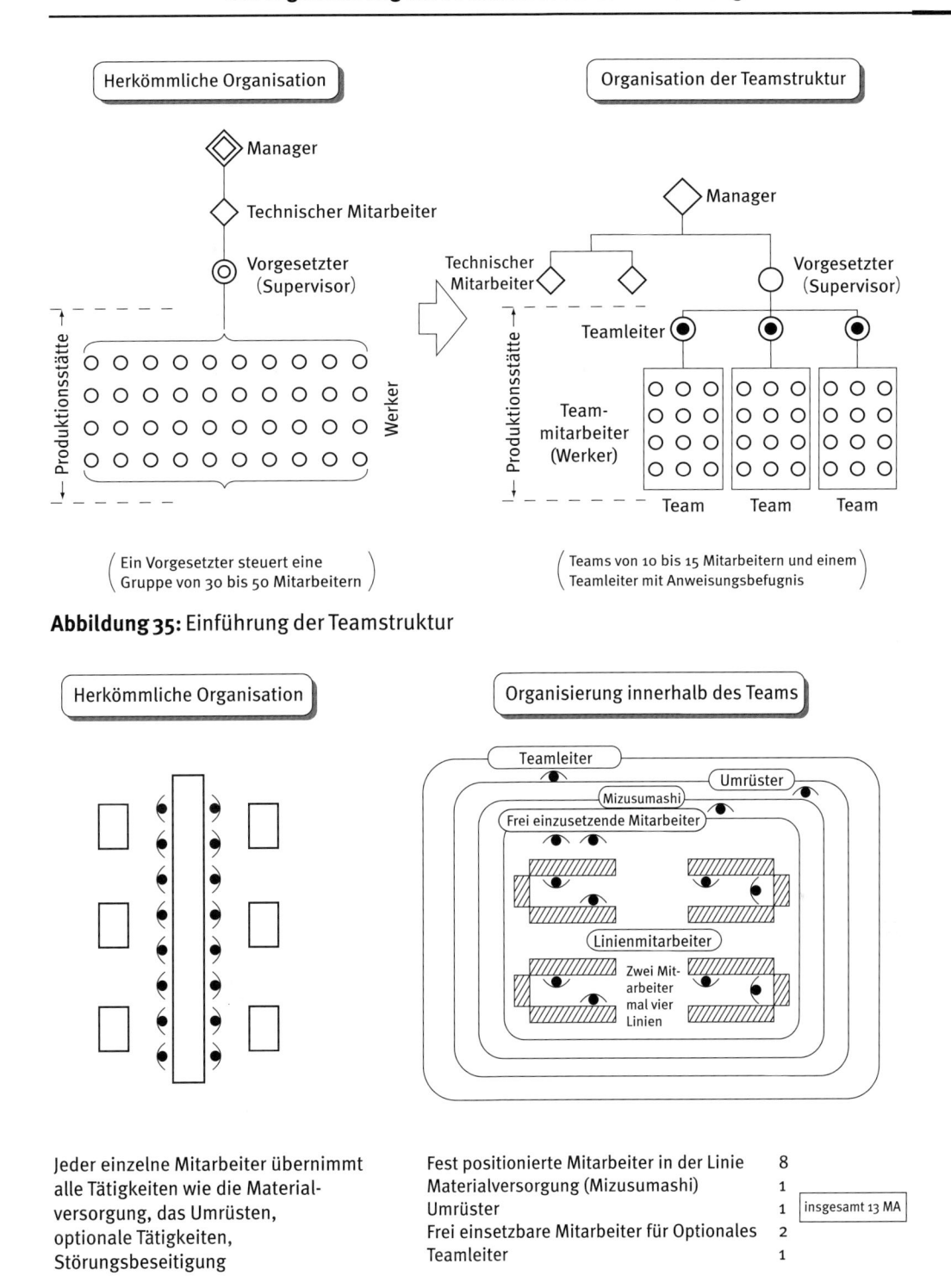

Jeder einzelne Mitarbeiter übernimmt alle Tätigkeiten wie die Materialversorgung, das Umrüsten, optionale Tätigkeiten, Störungsbeseitigung

Fest positionierte Mitarbeiter in der Linie	8
Materialversorgung (Mizusumashi)	1
Umrüster	1
Frei einsetzbare Mitarbeiter für Optionales	2
Teamleiter	1

insgesamt 13 MA

Abbildung 36: Organisierung innerhalb des Teams (Fallbeispiel)

6.2 Die Rolle des Teamleiters

Grundsätzlich besteht die Rolle des Teamleiters darin, die Fähigkeiten der Mitarbeiter vor Ort maximal zu nutzen. Zum besseren Verständnis ist es hilfreich, die Rolle des Teamleiters mit der des herkömmlichen Vorgesetzten zu vergleichen.

Positionierung in der Werksorganisation

Der herkömmliche Vorgesetzte ist die Person, die, wie der Name schon besagt, einer größeren Gruppe von (etwa 30 bis 50) Mitarbeitern vorgesetzt ist und von außen führt. Führen bedeutet in diesem Fall, die Mitarbeiter anzuweisen und zu kontrollieren, damit die Regeln und Richtlinien des Unternehmens, die durch die technischen Mitarbeiter festgelegten Standardarbeiten und die Anweisungen der höheren Führungsebene ordnungsgemäß ausgeführt werden.

Die Teamleiter sind Teil einer als Team bezeichneten kleinen Gruppe von Mitarbeitern (10 bis 15). Sie führen beziehungsweise verwalten die Tätigkeiten der Teams, indem sie stets vor Ort anwesend sind.

Umfang und Inhalt der Produktionssteuerung

Der äußeren Form nach sind die herkömmlichen Vorgesetzten sowie die Teamleiter diejenigen, welche die 4M (Mensch, Material, Maschine, Methode) und die Q, C, D (Qualität, Kosten, Lieferfähigkeit) des zuständigen Bereichs steuern, da jedoch die ihnen zugeordnete Anzahl von Mitarbeitern sowie Material, Anlagen und Arbeitsfläche sehr unterschiedlich sind, entstehen in Bezug auf Niveau und Inhalt der Steuerung krasse Unterschiede.

Da der herkömmliche Vorgesetzte nicht vor Ort präsent ist, erfolgt die auf den 4M basierende Prozesssteuerung außer der Kapazitätssteuerung eher mangelhaft. Der Schwerpunkt liegt auf einer ergebnisorientierten Steuerung von QCD.

Eine Hauptaufgabe des Teamleiters besteht darin, Arbeitsstandards und Anlagenüberprüfungsregelungen zu erstellen, um gute QCD-Werte zu erreichen. So kann er beide Faktoren ausbalancieren und steuern. Durch solch eine gute Balance zwischen der prozessorientierten und ergebnisorientierten Steuerung sowie durch eine sichere Umsetzung in der Praxis wird überhaupt erst eine Steigerung der QiP-Fähigkeit möglich.

Festlegung der Arbeitsstandards und Einweisung der Mitarbeiter

Bei der herkömmlichen Organisation ist die Erstellung der Arbeitsstandards Aufgabe der technischen Mitarbeiter. Das ist eine außerordentlich wichtige Aufgabe, da sie die Produktionsqualität und -kosten beeinflusst. Dennoch steht fest, dass die von technischen Mitarbeitern erarbeiteten Arbeitsstandards aufgrund der mangelnden praktischen Erfahrung sich nicht immer für die Erzeugung von Qualität und Kosten als optimal erweisen.

Die Aufgabe des herkömmlichen Vorgesetzten besteht darin, aufgrund solcher Arbeitsstandards die Arbeiten zu verteilen und ihre Durchführung zu überwachen.

Bei der Teamstruktur sind die Erfordernisse an QCD durch verschärfte Regelungen vorgeschrieben. Auf dieser Grundlage wird die Festlegung der Arbeitsstandards den Teams vor Ort überlassen. Dem Teamleiter wird die Verantwortung übertragen, und unter Berücksichtigung der eigenen Erfahrung und der Fähigkeiten des Teams erstellt er die Arbeitsstandards und weist die Mitarbeiter ein.

Die Fähigkeit des Teamleiters zur Festlegung von Standards hat großen Einfluss auf die QiP-Fähigkeit des Teams.

Aus- und Weiterbildung des Personals

Im herkömmlichen Produktionssystem ist ursprünglich die Idee, Mitarbeiter aus- und fortzubilden, nur schwach ausgeprägt. Man beschränkte sich in der Hauptsache auf die Verwaltung der Arbeitskräfte. Jedoch ist beim Aufbau des neuen Produktionssystems die Personalentwicklung ein wichtiges Thema.

Der herkömmliche Vorgesetzte hatte nicht die Möglichkeit, jeden einzelnen Mitarbeiter im Auge zu behalten, und sein Budget für Personalentwicklung war beschränkt.

Der Teamleiter hingegen ist verpflichtet, sich aktiv mit Personalentwicklung zu befassen, Schulungen und Trainings zu planen und durchzuführen, um die Mitarbeiter mit verschiedenen Fähigkeiten und Know-how auszustatten. Das reicht von der Ausbildung zu multifunktionalem Einsatz bis hin zur Qualitätserzeugung im Prozess.

Initiieren von Verbesserungsaktivitäten

Der herkömmliche Vorgesetzte befasste sich vor allem mit Rationalisierungsmaßnahmen mithilfe von Anlageninvestitionen, die von Managementzielen abgeleitet wurden, und nur nebensächlich mit kleineren Verbesserungen, die vor Ort in der Produktion umzusetzen waren.

Der Teamleiter nimmt zwar auch von Managementzielen abgeleitete Verbesserungsthemen in Angriff, jedoch besteht der größte Teil der Verbesserungen darin, die Erkenntnisse und Informationen, die bei Maßnahmen gegen wiederholtes Auftreten von Störungen gesammelt wurden, in die Überarbeitung der Arbeitsstandards einfließen zu lassen.

Das Management zur Steigerung der QiP-Fähigkeit

	Vorgesetzter (Supervisor) der herkömmlichen Organisation	Teamleiter in der Organisation mit Teamstruktur
① Positionierung in der Werksorganisation	Führung und Kontrolle einer größeren Gruppe von ca. 30 bis 50 Mitarbeitern mit dem Ziel, die Anweisungen der höheren Führungsebene ordnungsgemäß auszuführen.	Teamleiter sind Teil einer kleinen Gruppe von 10 bis 15 Mitarbeitern, sie führen bzw. verwalten die Tätigkeiten der Teams vor Ort.
② Umfang und Inhalt der Produktionssteuerung	Bestimmte Anzahl von Mitarbeitern, festgelegter Umfang von Material und Anlagen; Arbeitsfläche ist sehr groß und unübersichtlich; Schwerpunkt liegt auf ergebnisorientierter QCD-Steuerung.	Kann innerhalb des Teams Mitarbeiter, Material, Anlagen und Methoden sowie gleichzeitig die Faktoren QCD in guter Balance steuern.
③ Festlegen der Standardarbeit	Von technischen Mitarbeitern erstellte Arbeitsstandards werden nur zu einem gewissen Grad überprüft und ausgeführt.	Unter Beachtung des Geschehens vor Ort, eigenständige Erstellung aufgrund von Erfahrung.
④ Vorgehensweise bei Arbeitseinweisung	Keine direkte Einweisung durch den Vorgesetzten, wird erfahrenen Mitarbeitern überlassen.	Auf Basis der selbst erstellten Standards weist der Teamleiter die Mitarbeiter selbst ein, bis Tätigkeit vollends erlernt ist.
⑤ Personalentwicklung	Mitarbeiteraus- und -fortbildung wird eher als unnötiger Kostenaufwand aufgefasst.	Aktive Personalentwicklung, Planung von Ausbildung zu multifunktionalem Einsatz, Mitarbeiter werden mit verschiedenen Fähigkeiten und Know-how ausgestattet.
⑥ Initiieren von Verbesserungsaktivitäten	Schwerpunkt auf Rationalisierung und Investitionen, die von Managementzielen abgeleitet werden, in geringem Umfang kleinere Verbesserungen vor Ort.	Verbesserungsaktivitäten gehören zum Alltagsgeschäft, Maßnahmen, die gegen wiederholtes Auftreten von Störungen gesammelt wurden, fließen direkt in Verbesserungen ein.
⑦ Tatsächliches Vorgehen im Alltagsgeschäft	Häufiges Herumrennen wegen Sicherung von Kapazitäten, Anpassen an Änderungen in der Planung und wegen Störungen.	Befolgen und Überarbeiten von standardisierten Arbeitsabfolgen, Training und Schulung in den Tätigkeiten und Verbesserungsaktivitäten werden zuverlässig erledigt.

Abbildung 37: Rolle des Teamleiters

6.3 Die Systematik der Arbeitsstandards und standardisierte Arbeit

Herkömmliche Systematik der Arbeitsstandards

Beim herkömmlichen Produktionssystem werden die Arbeitsstandards durch die Mitarbeiter der Produktionstechnik erstellt, wobei auf Basis der Produktions- und Verfahrensanweisungen für die Produktionsstätte beschrieben wird, in welcher Abfolge das Produkt gefertigt und zusammengebaut werden soll.

Vom Arbeitsfluss her gesehen scheint dies eine Selbstverständlichkeit zu sein, da die Mitarbeiter der Produktionstechnik für die Arbeitsvorbereitung verantwortlich sind und mithilfe der Konstruktionszeichnung erarbeiten, auf welche Weise und in welcher Reihenfolge man das Produkt fertigen und montieren muss, damit die Qualität und die Kosten optimal sind. Sie planen auch die entsprechenden Anlagen.

Das nennt man Prozessplanung, deren Output ist die Verfahrensanweisung. In ihr sind die technischen Informationen darüber, wie ein Produkt gefertigt werden soll, theoretisch und systematisch aufgeführt. Das bedeutet: Wenn eine Tätigkeit genau wie darin beschrieben ausgeführt wird, kann mit Sicherheit ein Gutteil erzeugt werden.

In der Arbeitsanweisung werden aus der Verfahrensanweisung die Teile, welche die Abfolge der Fertigungstätigkeiten betreffen, extrahiert und zum besseren Verständnis für die Produktionsstätte sortiert. Den Großteil des Inhalts bilden die technischen Informationen zur Fertigung des Produkts.

Der Zweck des Arbeitsstandards besteht darin, dass die Mitarbeiter in der Produktion sicher und effizient präzise Arbeit leisten können. Das heißt: Es reicht nicht, ein oder zwei Gutteile zu produzieren, sondern es müssen Bedingungen gefunden werden, unter denen eine unbegrenzte Anzahl von Gutteilen produziert werden können, und sie müssen standardisiert werden.

Bei den Arbeitsstandards der Mitarbeiter bezeichnet »Arbeit« die Kette der einzelnen Bewegungen des Mitarbeiters. Standardisierung bedeutet, dass jemand festlegt, auf welche Weise Hände und Füße oder die Fingerspitzen bewegt werden.

So betrachtet erfüllen die durch die Produktionstechnik erstellten Arbeitsstandards zwar die grundsätzlich notwendigen Bedingungen, aber nicht alle Bedingungen sind voll erfüllt. Daher ist diese Art der Arbeitsstandards im Hinblick auf die Qualitätserzeugung im Prozess nur schwer hinnehmbar.

Systematik der Arbeitsstandards für die Qualitätserzeugung im Prozess

Wenn ein neues Produktionssystem und die Steigerung der QiP-Fähigkeit angestrebt werden, ist auch eine konsequente Neubetrachtung der Arbeitsstandards vonnöten. Dabei ist der springende Punkt die Erstellung der Arbeitsstandards vor Ort in der Produktionsstätte.

Auch bei Unternehmen mit herkömmlichem Produktionssystem sind es nur einige wenige, die allein mit den Arbeitsanweisungen, die von der Produktionstechnik erstellt wurden, arbeiten. Meist wird in irgendeiner Form von der Produktion eine Art Standard hinzugefügt, um Fehler zu vermeiden. Ohne diese Ergänzungen können keine wettbewerbsfähigen QCD-Werte erreicht werden, aber da dieses Vorgehen innerhalb der Organisation oder des Systems nicht eindeutig verankert ist, bietet es weder Stabilität noch Beständigkeit.

Die Systematik der Arbeitsstandards, die zur Qualitätserzeugung im Prozess erforderlich ist, besteht, wie bereits erwähnt, darin, vor Ort eine Teamstruktur aufzubauen und durch einen praxiserfahrenen Teamleiter verschiedene Standardarbeitspapiere zu erarbeiten (siehe Abbildung 38).

Der Teamleiter erstellt auf Basis der von der Produktionstechnik erarbeiteten Verfahrensanweisungen und Standardarbeitsanweisungen eine Reihe von Arbeitspapieren, zum Beispiel 1. Produktionskapazitätsblatt, 2. Arbeitsverteilungsblatt, 3. Standardarbeitsblatt, 4. Kernarbeitsbeschreibung und 5. Einpunktschulung.

Das Produktionskapazitätsblatt in Form einer Liste enthält Daten über die Produktionskapazitäten der einzelnen Prozesse und Anlagen.

Das Arbeitsverteilungsblatt und das Standardarbeitsblatt geben den Arbeitsinhalt pro Mitarbeiter in einem Zeitdiagramm und in einer schematischen Darstellung mit Bewegungslinien vor, sie sind also die Werkzeuge zum praktischen Ausführen der Standardarbeit und gleichzeitig ein Konzentrat des Konzepts.

Die Standardarbeit ist für den aktuellen Zeitpunkt der Festlegung vor Ort der effizienteste Arbeitsstandard. Dieser muss strikt eingehalten werden und gleichzeitig muss mit dem Ziel eines noch besseren Standards an kreativen Lösungen gearbeitet werden, um ihn kontinuierlich zu verbessern.

Die Kernarbeitsbeschreibung und Einpunktschulungen sind schriftliche oder bebilderte Darstellungen von kniffligen Punkten, in denen die Tricks und das Know-how der erfahreneren Mitarbeiter weitergegeben werden.

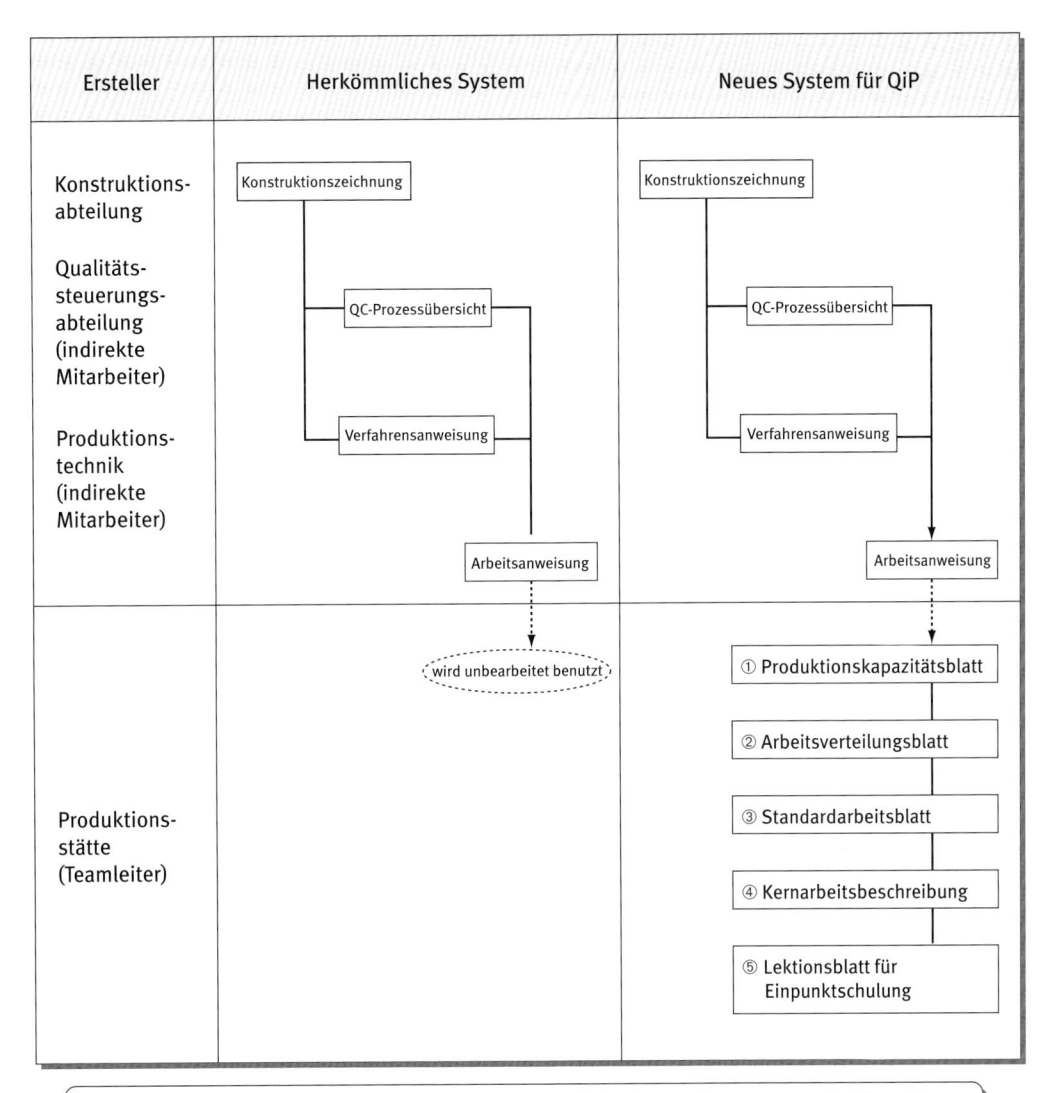

Die Systematik der Arbeitsstandards und standardisierte Arbeit

Ersteller	Herkömmliches System	Neues System für QiP
Konstruktions-abteilung	Konstruktionszeichnung	Konstruktionszeichnung
Qualitäts-steuerungs-abteilung (indirekte Mitarbeiter)	QC-Prozessübersicht	QC-Prozessübersicht
Produktions-technik (indirekte Mitarbeiter)	Verfahrensanweisung	Verfahrensanweisung
	Arbeitsanweisung	Arbeitsanweisung
Produktions-stätte (Teamleiter)	wird unbearbeitet benutzt	① Produktionskapazitätsblatt ② Arbeitsverteilungsblatt ③ Standardarbeitsblatt ④ Kernarbeitsbeschreibung ⑤ Lektionsblatt für Einpunktschulung

- Die durch die Produktionstechnik erstellte Standardarbeitsanweisung unterscheidet sich kaum beim alten und neuen System.
- Die Besonderheit des neuen Systems liegt darin, dass der Teamleiter vor Ort in einem offiziell vom Unternehmen festgelegten Format systematisch die Arbeitsstandards erstellt und diese durchsetzt.

Abbildung 38: Systematik der Arbeitsstandards (Fallbeispiel)

6.4 Die Rolle der Führungskräfte und der Büromitarbeiter

Wandel in der Rolle der Führungskräfte und der Büromitarbeiter

Die Reform des Managementsystems, wie zum Beispiel die Eigenständigkeit der Genba-Organisation, übt im Hinblick auf die Steigerung der QiP-Fähigkeit nicht nur ihren Einfluss auf den Produktionsbereich aus.

Es ist gut möglich, dass der größte Einfluss die Führungskräfte und die Büromitarbeiter trifft. Die Tätigkeit der Führungskräfte innerhalb einer herkömmlichen, pyramidenförmig gestalteten Werksorganisation besteht darin, Aufgaben, die von oberen Ebenen vorgegeben werden, mithilfe der Mitarbeiter effizient zu erledigen. Genauso wie die Vorgesetzten in der Produktion legen sie den Schwerpunkt auf einen reibungslosen Ablauf der alltäglichen Produktionstätigkeiten. Um Störungen in der Produktionsstätte zu beseitigen, werden von allen Ebenen die Kräfte gebündelt und eingesetzt. Das bedeutet, dass bei den Führungskräften und den Vorgesetzten in der Tätigkeit zwar Unterschiede in der Menge und im Umfang vorhanden sind, aber qualitativ die gleiche Tätigkeit ausgeführt wird.

Wenn die Produktionsstätte reorganisiert wird und an Eigenständigkeit zunimmt, wird die Führung des Alltagsgeschäfts von Vorgesetzten und Teamleitern übernommen und auch Störungen der Produktion werden mit eigener Kraft gelöst. Daher gibt es kaum mehr Gelegenheiten, bei denen die Führungskräfte und Büromitarbeiter Einfluss nehmen. Die Aufgaben, bei denen die Zuständigkeiten vorher unklar waren, verschwinden. Die Führungskräfte und Büromitarbeiter sind gezwungen, Veränderungen der Arbeitsinhalte und neue Arbeitsverteilungen vorzunehmen.

Die Eigenständigkeit der Produktionsteams und die Teamstruktur stellen eine Reform dar, um auf die starken Veränderungen des Markts und die Kundenanforderungen schnell reagieren zu können. Daher wäre es im Grunde genommen logisch, dass im Management und in den Bürobereichen ebenfalls eine Arbeitsreform durchgeführt und eine dem veränderten Umfeld angepasste neue Arbeitsweise etabliert wird – als Vorbild für den Produktionsbereich.

Nun gibt es aufgrund der Eigenständigkeit der Produktionsstätten Führungskräfte und Büromitarbeiter, die selbst auf die Veränderungen ihrer Tätigkeiten oder ihrer Rolle aufmerksam werden. In diesem Falle sollten im Bürobereich mindestens genauso große Veränderungen wie in der Produktion vorgenommen werden. Damit wird eine noch größere Autonomie erreicht als bei der Eigenständigkeit der Teams vor Ort.

Neue Rolle von Führungskräften und Büromitarbeitern

Es ist in jedem Fall unumgänglich, die Aufgaben von Führungskräften und Bürobereich sowie der Produktionsstätte eindeutig zu differenzieren. Die neue Rolle der Führungskräfte und Büromitarbeiter umfasst im Großen und Ganzen zweierlei. Zum einen müssen sie die Eigenständigkeit der Produktionsstätte stärken und unterstützen, zum anderen – ihre eigentliche Aufgabe – müssen sie Strategiepläne entwickeln und kommunizieren. Vergleicht man diese neue Rolle mit der herkömmlichen, lassen sich beide wie in Abbildung 39 darstellen.

Die Unterstützung der eigenständigen Tätigkeiten der Produktion besteht im Eingreifen bei größeren Störungen, die im Rahmen der alltäglichen eigenständigen Steuerung nicht zu klären sind, und bei äußeren Veränderungen wie zum Beispiel im Auftragsvolumen. Ferner zählen dazu die Personalentwicklung, wie Schulungen und Training zur Steigerung der Eigenständigkeit, und die technische Unterstützung bei den im Rahmen des Alltagsgeschäfts stattfindenden Verbesserungsaktivitäten.

Für die Stärkung der Eigenständigkeit der Produktionsstätte ist eine konsequente Weiterbildung der Vorgesetzten, der Teamleiter und exzellenter Mitarbeiter wesentlich. Diese Mitarbeiter müssen herausgefordert werden durch Aufgaben, die über den üblichen Horizont hinausgehen, und zu diesem Zweck müssen interne Workshops zu praxisbezogenen Themen installiert werden. Natürlich bieten diese Workshops auch ideale Bedingungen, Wissen und Know-how bezüglich der Qualitätserzeugung im Prozess zu erwerben.

Die Prämisse für die eigentlichen Tätigkeiten der Führungskräfte und Büromitarbeiter ist die Umstellung von nach innen gerichtetem, kurzfristigem Denken zu einem nach außen gerichteten langfristigen Denken.

Die Zukunftspläne, erstellt durch die Führungskräfte und Büromitarbeiter, beinhalten die strategische Planung der Produktionskapazitäten und der Produktionsstandorte sowie die Überlegungen, ob interne oder externe Herstellung günstiger ist. Ferner geht es um die Neuproduktentwicklung, wobei die Trends des Marktes und die Veränderungen der Kundenbedürfnisse einbezogen werden. Es ist ebenfalls erforderlich, Informationen über die Tendenzen der Konkurrenz und über technische Neuerungen zu sammeln und zu analysieren, die Differenz zwischen dem eigenen und konkurrierenden Unternehmen zu klären, um die Steigerung der Wettbewerbsfähigkeit gezielt zu planen.

Das Management zur Steigerung der QiP-Fähigkeit

	Herkömmliches System	Zukünftiges System
Struktur der Werksorganisation	(Pyramide) Produktionsstätte	(flache Struktur) Produktionsstätte
Besonderheit und Hintergrund der organisatorischen Struktur	• Pyramidenförmige Organisation (hierarchische Organisation) • Unter einem stabilen Unternehmensumfeld eignet sie sich zur Steigerung der internen Effizienz	• Durch eigenständig handelnde Vor-Ort-Organisation einfache und flache Managementstruktur • Durch eigenständige Produktionsstätte anpassungsfähig an Veränderungen des Umfelds
Besonderheiten der Tätigkeiten von Führungskräften und Büromitarbeitern	• Steuern der alltäglichen Produktionstätigkeiten • Vorantreiben von Rationalisierungsplänen aufgrund vorgegebener Ziele • Störungsbehebung wird unabhängig von der Ebene gemeinsam durchgeführt	• Verlagerung der Schwerpunkte vom Alltagsgeschäft auf Zukunftsthemen und von internen auf externe Tätigkeiten • Alltägliche Produktionssteuerung wird den Teams vor Ort überlassen, dafür Unterstützung bei Stärkung der Eigenständigkeit der Teams
Rolle der Führungskräfte	• Von oben vorgegebene Aufgaben und Ziele werden für eigene Abteilung bearbeitet und mithilfe der Mitarbeiter effizient umgesetzt • Alltägliche Steuerungstätigkeiten werden ordentlich erledigt	• Erledigen zukunftsorientierter Tätigkeiten und Aufgaben wie Neuproduktentwicklung und Zusammenarbeit mit anderen Abteilungen • Vorantreiben von Personalentwicklung zur Stärkung der Eigenständigkeit der Teams vor Ort und Gestalten der richtigen Bedingungen im Umfeld
Rolle der Büromitarbeiter	• Ausführung der alltäglichen Produktionssteuerung nach Anweisung der Führungskräfte • Assistieren der Führungskraft und Erfüllung der von oben vorgegebenen Aufgaben • Verbesserungen und Störungsbeseitigung vor Ort	• Strategische Planung und Vorbereitung für zukünftige Projekte als Hauptaufgabe • Technische Unterstützung bei Verbesserungen oder Störungsbehebung nach Erfordernissen der Produktionsstätte

Abbildung 39: Rolle der Führungskräfte und Büromitarbeiter

6.5 Die Aufgaben der Produktionsstätte im Stadium der Produktionsvorbereitung

Prozess der Produktionsvorbereitung und die Produktionsstätte

Die Tätigkeiten der Produktionsvorbereitung werden hauptsächlich von der Produktionsplanung vorangetrieben und sie gelangen in fünf großen Prozessschritten bis zum Serienproduktionsstart (Abbildung 40).

Die Zusammenarbeit mit der Produktionsstätte ist am Anfang der fünf Prozessschritte noch schwach, sie wird allerdings kontinuierlich stärker.

1. *Prozessplanung:* Teilnahme an Prozessentstehungsgesprächen, Auswahl der für die Qualität wesentlichen Prozesse, Erarbeitung von Pokayoke, Planung des Layouts der Produktionslinie
2. *Anlagenplanung:* Bei Fragen der Ergonomie beim Einsetzen und Entnehmen, der Bedienbarkeit der Anlage, der Instandhaltung der Anlage und des Anlagenlayouts
3. *Anlagenbeschaffung:* Sichtung mit Anlagenhersteller, Überprüfung der Bedienbarkeit und Ergonomie, Ausarbeitung des Anlagenlayouts
4. *Prozessvorbereitung:* Erstellen der Standardarbeitsunterlagen, Funktionssicherheit der Anlage, QC-Prozessübersichten, Ermittlung des Prozesskapazitätsindex
5. *Prototypenfertigung:* Erfassung und Lösung der Probleme von Konstruktion und Prozess, Sicherstellen der Standardarbeit, Schulung der Arbeitsschritte, Qualitätsbewusstsein entwickeln

Vom Standpunkt der Qualitätserzeugung im Prozess bildet der erste Schritt, die Prozessplanung, die Basis für Produktionsqualität, wobei die Produktionsplanung die führende Rolle übernimmt und aufgrund des eigenen Know-hows und der Erfahrung ein Produktionssystem entwickelt, dessen Technik und Logik der erforderlichen Konstruktionsqualität gerecht wird. Die Qualität in diesem Schritt nimmt großen Einfluss auf das QCD-Niveau bei der Serienproduktion.

Bei den Prozessentstehungsgesprächen besteht der Beitrag der Produktionsabteilung darin, unter Annahme einer Serienfertigung Möglichkeiten zur besseren Sicherung der Gutteilbedingungen mithilfe von Know-how und Ideen einzubringen. Diese Informationen und Gesprächsergebnisse werden zum späteren Zeitpunkt bei der Verbesserung der QCD-Werte sehr dienlich sein.

Für die Steigerung der QiP-Fähigkeit ist es wichtig, dass zu einem möglichst frühen Zeitpunkt der Produktionsvorbereitung das Know-how und die Informationen der Produktionsabteilung in die Planung einfließen, da weder die Konstrukteure die Details der Produktionsprozesse kennen, noch den Produktionstechnikern der wahre Stand der Dinge in der Produktion bei Serienfertigung bekannt ist.

Vorbereitung der Prozesse, Prototypenfertigung und rapider Serienanlauf

Die Produktionsabteilung steigt im Stadium von Prozessvorbereitung und Prototypenfertigung intensiver in die Produktionsvorbereitung ein, also wenn die Anlagen positioniert, Standards der Arbeitsschritte erarbeitet und deren Schulung vorgenommen sowie Wege zur Sicherstellung der Qualität festgelegt werden. In diesem Stadium werden die in der Produktionsabteilung gewonnenen, die Qualitätserzeugung im Prozess betreffenden Fertigungstechniken und das praktisch erworbene Know-how eingeflochten.

Man kann zwar davon ausgehen, dass die Produktionsqualität im Prozess zum Großteil im Stadium der Produktionsvorbereitung bestimmt wird, jedoch liegt die Fehlerrate bestenfalls im Prozentbereich und kann das Ziel, nämlich Qualitätserzeugung im Prozess mit einer Fehlerrate im ppm-Bereich, nicht erreichen. Zur Erzielung einer Fehlerrate im ppm-Bereich ist es unerlässlich, die Entstehungsmechanismen von Fehlern und die Bedingungen für die Gutteilerzeugung zu klären und das in der Produktionspraxis gesammelte Genba-Know-how sowie die Erfahrungswerte anzuwenden. Diese werden im Stadium der Prozessvorbereitung und der Prototypenfertigung in die Praxis umgesetzt.

In den Produktionsprozess fließen verschiedene Mängel aus den vorangegangenen Prozessen ein und sammeln sich. Das konsequente Erfassen und Beseitigen dieser Mängel vor Serienstart und das schnelle Heranziehen der QCD auf ein wettbewerbsfähiges Niveau nach Serienstart bezeichnet man als senkrechten Anlauf bei Serienstart.

Um einen senkrechten Anlauf zu realisieren ist es notwendig, die Maßnahmen gegen Qualitätsfehler, die üblicherweise nach Serienstart getroffen werden, vor dem Serienanlauf vollends zu erledigen und die Prozesse der Prozessvorbereitung und der Prototypenfertigung dazu zu nutzen.

Dazu ist eine Struktur notwendig, die das Einbringen des Genba-Know-hows im Produktionsvorbereitungsstadium und die gründliche Serienanlaufvorbereitung während der Prozessvorbereitung und der Prototypfertigung fest etabliert.

Die Aufgaben der Produktionsstätte im Stadium der Produktionsvorbereitung

Aufgaben der Produktionsstätte

Prozessplanung
- Teilnahme an Prozessentstehungsgesprächen
- Auswahl der für die Qualität wesentlichen Prozesse, Suche nach Steuerungsmethoden
- Erarbeitung von Pokayoke
- Erarbeitung des Anlagenlayouts der Produktionslinie

Anlagenplanung
- Erarbeiten der Ergonomie und Bedienbarkeit der Anlagen
- Überprüfen der Ergonomie beim Umrüsten
- Überprüfen der Instandhaltungsmöglichkeiten
- Erarbeiten eines Layouts für das Umfeld

Anlagenbeschaffung
- Persönliche Beratung durch Anlagenhersteller
- Überprüfung der guten Ergonomie und Bedienbarkeit
- Anlagenlayout

Prozessvorbereitung
- Erstellen der Basisteile der Standardarbeitsunterlagen
- Planung der Prozesssteuerung
- Sicherstellen der Funktionssicherheit der Anlage, Festlegen der Gutteilbedingungen
- Überprüfung der QC-Prozessübersichten und des Prozesskapazitätsindex
- Vorbereitung der Prototypenfertigung

Prototypenfertigung
- Festlegen der Methoden zur Sicherstellung der Qualität
- Fertigstellen der Details der Standardarbeitsunterlagen
- Schulung der Arbeitsschritte und des Qualitätsbewusstseins
- Herausarbeiten und Beseitigen der Problempunkte der Konstruktion und der bisherigen Prozessplanung

(Seitliche Spalte: Konstruktion/Modellbau → Produktionsvorbereitung → Serienfertigung)

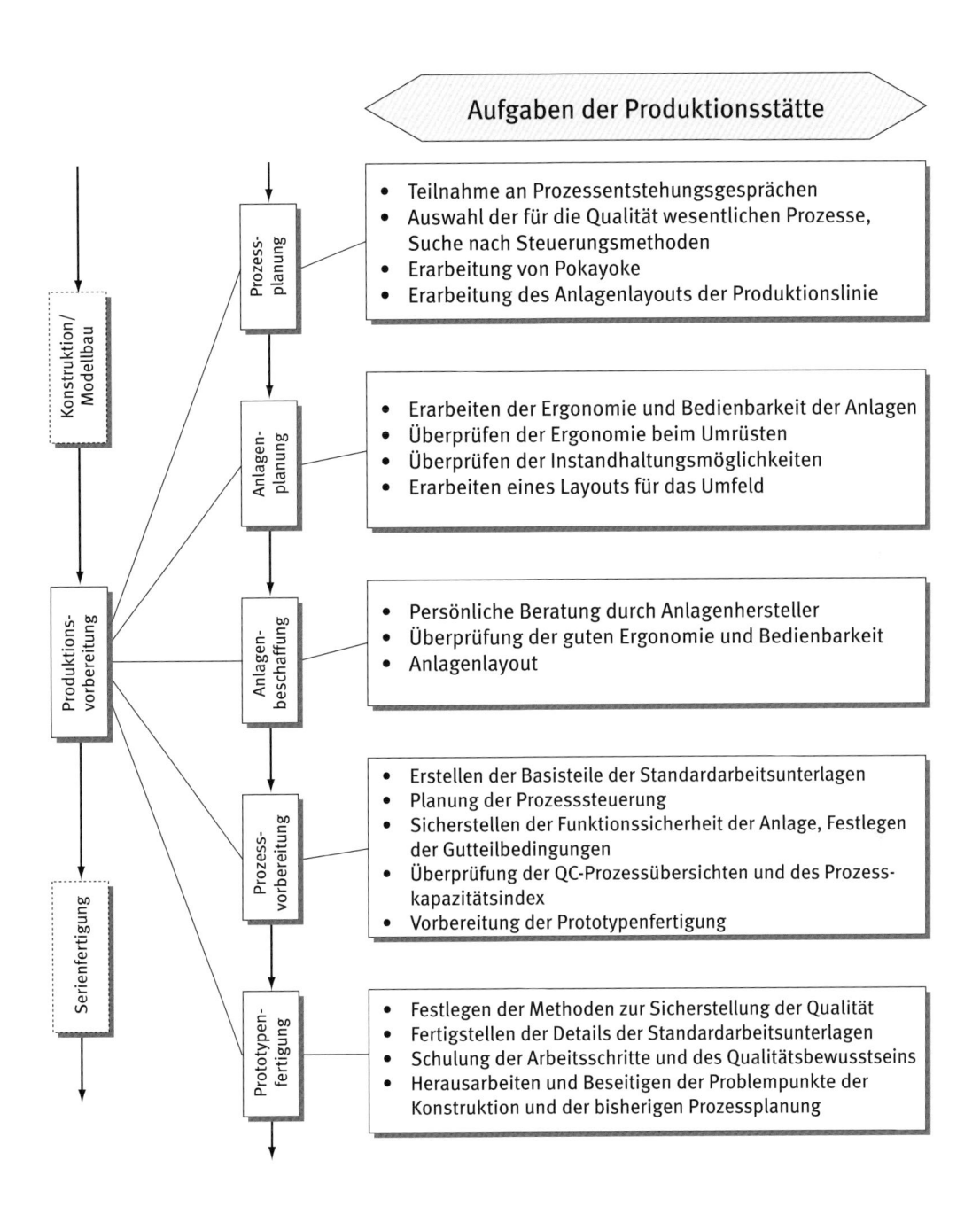

Abbildung 40: Prozessschritte der Produktionsvorbereitung und die Aufgaben der Produktionsstätte

6.6 Begleitende Unterstützung der Lieferanten

Warum begleitende Unterstützung erforderlich ist

Wenn man mit der Qualitätserzeugung im Prozess fortfährt, stößt man unvermeidlich auf das Problem der Qualitätsmängel bei Zukaufteilen von Lieferanten. Wenn es aber fehlerhafte Zukaufteile gibt, kann die Qualitätserzeugung im Prozess nicht aufrechterhalten werden. Selbstverständlich wird man sich um eine eingehende Wareneingangsprüfung bemühen, um den Eingang fehlerhafter Teile auszuschließen, und eine Qualitätsüberwachung und Unterweisung der Lieferanten vornehmen, aber dies reicht nicht aus, um als Gegenmaßnahme wirklich zu greifen.

Das Modell der Qualitätserzeugung im Prozess beinhaltet nämlich, dass selbst durch striktes Prüfen die Qualität nicht besser wird, sondern diese sich erst durch die Sicherstellung der Gutteilbedingungen verbessert. Und dazu ist die Veränderung des gesamten Produktionssystems erforderlich. Das bedeutet: Um das Qualitätsniveau der Zukaufteile wesentlich zu verbessern, bedarf es firmeninterner Aktivitäten zur Qualitätserzeugung im Prozess auch beim Lieferanten.

Dabei sollten im Gegensatz zur bisherigen Qualitätsüberwachung oder Verbesserungsunterweisung die grundlegende Denkweise, Vorgehensweise und die umzusetzenden Punkte klar und systematisiert vermittelt werden. Das Geschick bei der begleitenden Lieferantenunterstützung ist ein Faktor der Fähigkeit zur Qualitätserzeugung im Prozess.

Aspekte der begleitenden Unterstützung

Dazu sind folgende vier Punkte zu erwähnen:

1. Bevor man an die Unterstützung der Lieferanten geht, sollte man sich vergewissern, dass die interne Fähigkeit zur Qualitätserzeugung im Prozess auch wirklich ausgeprägt ist. Es sollten konkrete Ergebnisse von QiP-Aktivitäten vorhanden sein und das dabei gewonnene Know-how und die Werkzeuge zur Umsetzung sollten visuell erfassbar gemacht werden. Das ist erforderlich, um bei den Lieferanten Verständnis für die Notwendigkeit und Bedeutung dieser Aktivitäten zu wecken, sodass eine Kooperation möglich wird. Was firmenintern nicht gut umgesetzt ist, wird bei einem Lieferanten ebenfalls nicht fortzuführen sein.
2. Die Vorstellung von Qualität sollte firmenintern in allen Bereichen einheitlich sein. Vor allem im Einkauf gibt es die Tendenz, bei der Auswahl von Lieferanten gegenüber der Qualität den Kosten den Vorrang zu geben. Auch die Lieferanten neigen dazu, sich mit einem gerade ausreichenden Qualitätsniveau zu begnügen und eher der Kostenreduktion die höhere Priorität zu geben.
In Zukunft ist es wichtig, der Qualität die höhere Priorität einzuräumen und entsprechende Vereinbarungen zur Qualitätssicherung einzufordern.

3. Da das eigene Unternehmen und der Lieferant durch die Prozesse zur Herstellung eines gemeinsamen Produkts verbunden sind, sollte man ein partnerschaftliches Verhältnis anstreben und bei der Umsetzung des gemeinsamen Ziels zusammenarbeiten.
4. Die Ergebnisse, die durch die begleitende Unterstützung hervorgebracht worden sind, sollten als gemeinsam erarbeiteter Erfolg betrachtet und die Vorteile auf beide Parteien gleichermaßen verteilt werden.

Vorgehensweise bei der begleitenden Unterstützung

Die wesentlichen Punkte bei der Vorgehensweise sind die vier folgenden:

1. Bei der Auswahl des Lieferanten sollte man sich den Hersteller jenes Zukaufteils vornehmen, das bei der Qualitätserzeugung im Prozess ein großes Hindernis darstellt.
2. Für die Unterstützungsaktivitäten wird firmenintern ein Team von Mitarbeitern aus unterschiedlichen Bereichen gebildet. Die Aktivitäten zur Qualitätserzeugung im Prozess sind im Wesentlichen gleichbedeutend mit einer Reform des Produktionssystems. Sie erfordern Know-how aus unterschiedlichen Bereichen, die mit der Produktion in Zusammenhang stehen. Daher werden aus allen Bereichen, die zur Unterstützung der Lieferanten einen Bezug haben – die Qualitätssteuerung, der Einkauf, die Arbeitsvorbereitung und die Produktion –, Experten zu einem Team zusammengeführt.
3. Aus dem Unterstützungsteam des eigenen Unternehmens und den Mitarbeitern des Lieferanten sollte sich ein übergreifendes Team zusammentun und gemeinsam Ergebnisse hervorbringen. Bei Bedarf werden auch Lieferanten der zweiten oder dritten Ebene einbezogen.
4. Bei den begleitenden Unterstützungsaktivitäten sollten beim Lieferanten schwerpunktmäßig zu bearbeitende Modelllinien festgelegt und im Hinblick auf die Qualitätserzeugung im Prozess konzentriert bearbeitet werden.

Das Management zur Steigerung der QiP-Fähigkeit

Konzept der begleitenden Unterstützung

① Interne Fähigkeit zur Qualitätserzeugung im Prozess bis zu einem vorbildlichen Niveau verbessern.
② Angefangen beim Einkauf sollen alle firmeninternen Bereiche der Qualität gegenüber den Kosten den Vorrang geben.
③ Der Lieferant soll als Partner betrachtet werden.
④ Die Ergebnisse der unterstützenden Aktivitäten sollten als gemeinsam erarbeiteter Erfolg betrachtet und die Vorteile auf beide Parteien gleichermaßen verteilt werden.

Vorgehensweise bei der begleitenden Unterstützung

① Die Auswahl des Lieferanten sollte nach dem Grad der Hinderlichkeit bei der internen Qualitätserzeugung getroffen werden.
② Firmenintern sollte ein Unterstützungsteam von Mitarbeitern aus unterschiedlichen Bereichen gebildet werden.
③ Für die unterstützenden Aktivitäten beim Lieferanten sollte ein gemeinsames Team aus Mitarbeitern beider Unternehmen gebildet werden.
④ Beim Lieferanten soll eine Modelllinie festgelegt und schwerpunktmäßig daran gearbeitet werden.

Repräsentative Umsetzungspunkte

① Überprüfen und Ordnen der Arbeitsstandards und Etablieren von Standardarbeit
② Kategorisierung der Prozesse in Hinblick auf die Qualität, Schulung und Training entsprechend notwendiger Fähigkeiten
③ Schaffen einer Struktur zur Steuerung der Gutteilbedingungen der Anlagen und Durchführen der regelmäßigen Anlagenüberprüfung
④ Verwaltung und Optimierung von Mess- und Prüfinstrumenten
⑤ Verbesserung und Erarbeitung von Pokayoke, Werkzeuge und Hilfsmittel
⑥ Aktivitäten zur Umsetzung von Linien mit hundertprozentig guter Qualität

Abbildung 41: Denk- und Vorgehensweise bei der begleitenden Unterstützung der Lieferanten

6.7 Produktionsqualität beginnt im Stadium der Neuproduktentwicklung

Was bedeutet simultane Entwicklung?

Da das Thema dieses Buches die Erzeugung der Produktionsqualität ist, wird die Konstruktionsqualität nicht direkt angesprochen. Jedoch ist es für die Steigerung der QiP-Fähigkeit wichtig, für die Neuproduktentwicklung Strukturen zu schaffen, die Maßnahmen zur besseren »Erzeugbarkeit« der Produktionsqualität bereits im Vorfeld, zum Beispiel im Stadium der Produktkonstruktion, ermöglichen.

Die der Produktionsvorbereitung vorangehenden Prozesse wie Produktentwicklung, Konzeptentwicklung, Detailkonstruktion und Modellbau sind verantwortlich für die Konstruktionsqualität, sie üben jedoch auch einen großen Einfluss auf die Produktionsqualität aus. Selbstverständlich hat die Konstruktionsqualität oberste Priorität. Wenn jedoch im Nachhinein festgestellt wird, dass die Produktionsqualität aufgrund der Konstruktion nur schlecht herstellbar ist, ist am Ende eine Konstruktionsänderung unumgänglich und führt zu großer Verwirrung. Es ist also wünschenswert, dass im Stadium der Konstruktion die gute Produzierbarkeit der Produktionsqualität bereits berücksichtigt wird.

Daher besteht die Notwendigkeit, in den Ursprungsphasen der Konstruktion ein »Forum« zu schaffen, bei dem die Zuständigen der Produktionstechnik und der Produktion die gute Produzierbarkeit der Q, C, D gemeinsam besprechen können, und eine Struktur, die das Teilen der Informationen und das Hervorbringen neuer Ideen ermöglicht.

Bei der Neuproduktentwicklung bezeichnet man das gleichzeitige und parallele Erarbeiten und Planen mit den Zuständigen der später folgenden Prozesse als simultane Entwicklung (auch Concurrent Engineering). Diese Vorgehensweise ist nicht nur hilfreich, um die QiP-Fähigkeit zu steigern, sondern sie reduziert auch die Durchlaufzeit der Entwicklungsphase und steigert die Produktivität. Es ist absehbar, dass der Wettbewerb der Organisationsfähigkeit in dieser Phase in Zukunft noch heftiger werden wird.

Produktionsqualität durch simultane Entwicklung

Das konkrete »Forum«, in dem die simultane Entwicklung umgesetzt wird, ist zum Beispiel die Besprechung erster Testmodelle oder die Konstruktionsüberprüfung. Dabei ist es wichtig, dass die Absicht und Zielsetzung des Konstrukteurs von den Zuständigen der Produktionstechnik und der Produktion, die sich eine leichte Produzierbarkeit wünschen, richtig verstanden wird. Gleichzeitig müssen diese Mitarbeiter in der Lage sein, konkrete Vorschläge zur guten Produzierbarkeit auch verständlich zu vermitteln.

Es gibt zwar mittlerweile einige Unternehmen, die simultane Entwicklung eingeführt haben und anwenden, jedoch wird aufgrund mangelhafter Informationsvermittlung und Überlegungen seitens derer, die eine gute Produzierbarkeit wünschen und vorschlagen, nur in wenigen Fällen das eigentliche Ziel erreicht, nämlich die Mängel, die in den Anfangsstadien auftreten, im Vorfeld schon zu vermeiden.

Simultane Entwicklung bedeutet nicht einfach eine gleichzeitige, parallele Arbeitsweise von herkömmlicherweise früher oder später durchgeführten Arbeitsabläufen. Das Wesentliche dabei ist, dass die jeweiligen Arbeitsbereiche ihre technischen Informationen und ihr fachspezifisches Wissen zusammentragen und sich intensiv damit auseinandersetzen, um bisher nicht erkannte Methoden oder Ideen zu finden.

Wenn gute Erzeugbarkeit in die Produktkonstruktion einfließen soll, müssen die einzubringenden Vorschläge und Optimierungsideen eindeutig und gut sortiert sein. Das setzt voraus, dass die Produktionstechniken und das Genba-Know-how kontinuierlich gesammelt und systematisiert werden.

In den alltäglichen Aktivitäten zur Qualitätserzeugung im Prozess muss der Blick dafür geschärft werden, ob gewisse Qualitätsfehler bereits im Konstruktionsstadium vermieden oder durch Konstruktionsveränderungen grundlegend gelöst werden können. Beim Anstreben einer Fehlerrate im ppm-Bereich und bei der Klärung der Bedingungen für die Gutteilerzeugung ist ebenfalls erforderlich, sich Know-how über die Verifikation der Konstruktion anzueignen. Nur so kann man beurteilen, ob zum Beispiel die Mangelhaftigkeit der Konstruktion zu unnötig vielen zu steuernden Parametern führt oder die Toleranzen möglicherweise unnötig eng gesetzt sind.

Es ist wesentlich, dass in der Produktionsstätte eine Struktur geschaffen wird, in der als Teil des Alltagsgeschäfts das Sammeln und Ordnen von Ideen und Verbesserungsvorschlägen für die nächste Neuproduktentwicklung beziehungsweise Konstruktionsbesprechung eingebunden ist.

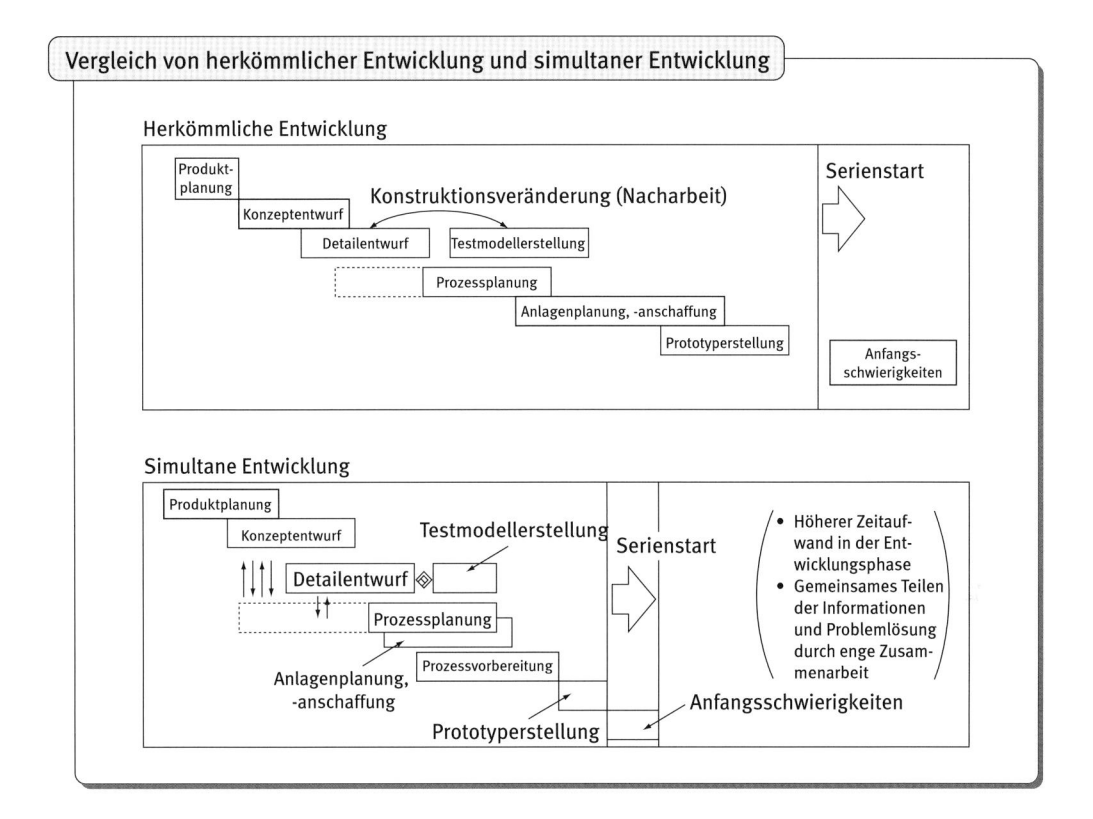

Produktionsqualität beginnt im Stadium der Neuproduktentwicklung

Vergleich von herkömmlicher Entwicklung und simultaner Entwicklung

Herkömmliche Entwicklung

- Produktplanung
- Konzeptentwurf
- Konstruktionsveränderung (Nacharbeit)
- Detailentwurf
- Testmodellerstellung
- Prozessplanung
- Anlagenplanung, -anschaffung
- Prototyperstellung
- Serienstart
- Anfangsschwierigkeiten

Simultane Entwicklung

- Produktplanung
- Konzeptentwurf
- Detailentwurf
- Testmodellerstellung
- Prozessplanung
- Anlagenplanung, -anschaffung
- Prozessvorbereitung
- Prototyperstellung
- Serienstart
- Anfangsschwierigkeiten

- Höherer Zeitaufwand in der Entwicklungsphase
- Gemeinsames Teilen der Informationen und Problemlösung durch enge Zusammenarbeit

Gute Produktionsqualität durch simultane Entwicklung

- In den Anfangsstadien der Konstruktion nutzen Mitarbeiter der Produktionstechnik und der Produktion Gelegenheiten wie die Konstruktionsbesprechung, um Vorschläge zur besseren Produzierbarkeit einzubringen und Informationen auszutauschen.
- Produktionstechnik und Produktion sammeln und ordnen im Alltag verschiedene Ansätze zur besseren Produzierbarkeit.

Abbildung 42: Produktionsqualität beginnt in der Neuproduktentwicklung

7 Ansätze zur Steigerung der QiP-Fähigkeit durch das Produktionssystem

7.1 Stabilisierung der Produktionsbedingungen durch Glättung der Produktion

Bedeutung der Glättung

Eine der wichtigsten Hauptvoraussetzungen für die Qualitätserzeugung im Prozess ist die Stabilisierung der Produktionsbedingungen, um die Festlegung und Aufrechterhaltung der Standards von 4M in den Prozessen zu erleichtern. Vor allem die Vorgehensweise und der Inhalt der Produktionsplanung, die der Produktion vorgegeben werden, nehmen großen Einfluss auf die Effizienz der Produktionstätigkeiten und das muss beim Vorantreiben der Qualitätserzeugung im Prozess selbstverständlich ebenfalls mit bedacht werden.

Die Denk- und Vorgehensweise in der Produktionsplanung, welche die Schwankungen von Produktionsvolumen und die Typenvielfalt möglichst reduziert und zur Stabilisierung der Produktion dient, wird als Glättung der Produktion bezeichnet.

Im Toyota-Produktionssystem wird die Glättung als ein grundlegendes und wichtiges Konzept angesehen, das für Just in Time und Autonomatisierung die notwendige Voraussetzung schafft.

Nach diesem Konzept werden durch das Glätten die Schwankungen nicht direkt in die Produktion übernommen, sondern es werden Vorkehrungen getroffen, die Schwankungen zu reduzieren, um bei der Produktion mit möglichst wenig betrieblichen Ressourcen wie Menschen, Material und Maschinen auszukommen. Die Schwankungen direkt zu übernehmen bedeutet nämlich, die Ressourcen den Spitzen anzupassen und über den tatsächlichen Bedarf hinaus zu beanspruchen.

Dieses Konzept war ursprünglich ein Thema von großem Format. Zur Stabilisierung der Produktionsbedingungen auch im Sinne der Qualitätserzeugung im Prozess ist es wichtig, die Schwankungen bei den Kundenaufträgen nicht unmittelbar in die Produktion einfließen zu lassen.

Schwankungen nicht an die vorgelagerten Prozesse weitergeben

Das Konzept der geglätteten Produktion beinhaltet nicht nur, dass Schwankungen des Marktes nicht direkt in die Produktion einfließen, sondern dass man sich darum bemüht, auch bei den vorgelagerten Prozessen keine Schwankungen in den Bedarfsmengen entstehen zu lassen.

Ansätze zur Steigerung der QiP-Fähigkeit durch das Produktionssystem

Wie die Auftragsschwankungen jeweils bei geglätteter und nicht geglätteter Produktion die vorgelagerten Prozesse beeinflussen, ist in Abbildung 43 dargestellt. Im Fall ohne Glättung betreffen die Schwankungen des Marktes direkt die Produktion; die Endmontagelinie ist tagtäglich mit der Anpassung an die Schwankungen von Produktionsmenge und Typen beschäftigt. Begibt man sich weiter an den Ursprung der Prozesskette, wirken sich die Schwankungen in noch verstärkter Form aus.

Demgegenüber wird im geglätteten Fall nach der Endmontagelinie ein kleiner Fertigwarenbestand genutzt, um die Bedarfsschwankungen aufzufangen. Er dient ähnlich einer Mole im Hafen dazu, die Wellen der Schwankungen zu verkleinern. Auch den vorgelagerten Prozessen gegenüber wird vorgesorgt, damit die Schwankungen nicht an diese weitergegeben werden. In den jeweiligen Prozessen werden innerhalb einer kontrollierten Schwankungsbreite die Standardisierungen der 4M aufrechterhalten und diese Standards weiterhin verbessert.

Hierbei sind die Einflüsse auf die Lieferanten zu beachten. Bei der nicht geglätteten Variante sind die Lieferanten großen Schwankungen ausgesetzt und haben Schwierigkeiten mit der Qualitätserzeugung im Prozess, da sie unter recht instabilen Produktionsbedingungen herstellen müssen.

Im geglätteten Fall profitieren auch die Lieferanten davon, wodurch eine stabile Qualität bei den Zukaufteilen gewährleistet werden kann.

Das außergewöhnlich hohe Qualitätsniveau der Toyota-Gruppe beruht darauf, dass die Glättung der Produktion ganz konsequent durchgeführt wird.

Produktionsplanung in Mustern

Weshalb sich bei Reduktion der Schwankungen durch die Glättung die Produktionsbedingungen stabilisieren und die Standardisierung besser gelingt, erklärt das Schaffen von Mustern in der Produktionsplanung, wie in Abbildung 43 beschrieben. Bei einer Einplanung ohne Glättung verändern sich täglich und willkürlich die verschiedenen zu produzierenden Produkttypen sowie ihre jeweilige Menge und Reihenfolge. Die Produktionsstätte ist genötigt, sich jeglicher Situation anzupassen. Dies sieht auf den ersten Blick wie eine gute Leistung aus, ist aber in Wirklichkeit eine extreme Verschwendung der betrieblichen Ressourcen.

Wird – basierend auf der Idee der Glättung – die Produktionsplanung in Mustern durchgeführt, stabilisiert sich die tägliche Menge und Reihenfolge so, dass die Standardisierung der 4M leicht vorzunehmen ist.

Stabilisierung der Produktionsbedingungen durch Glättung der Produktion

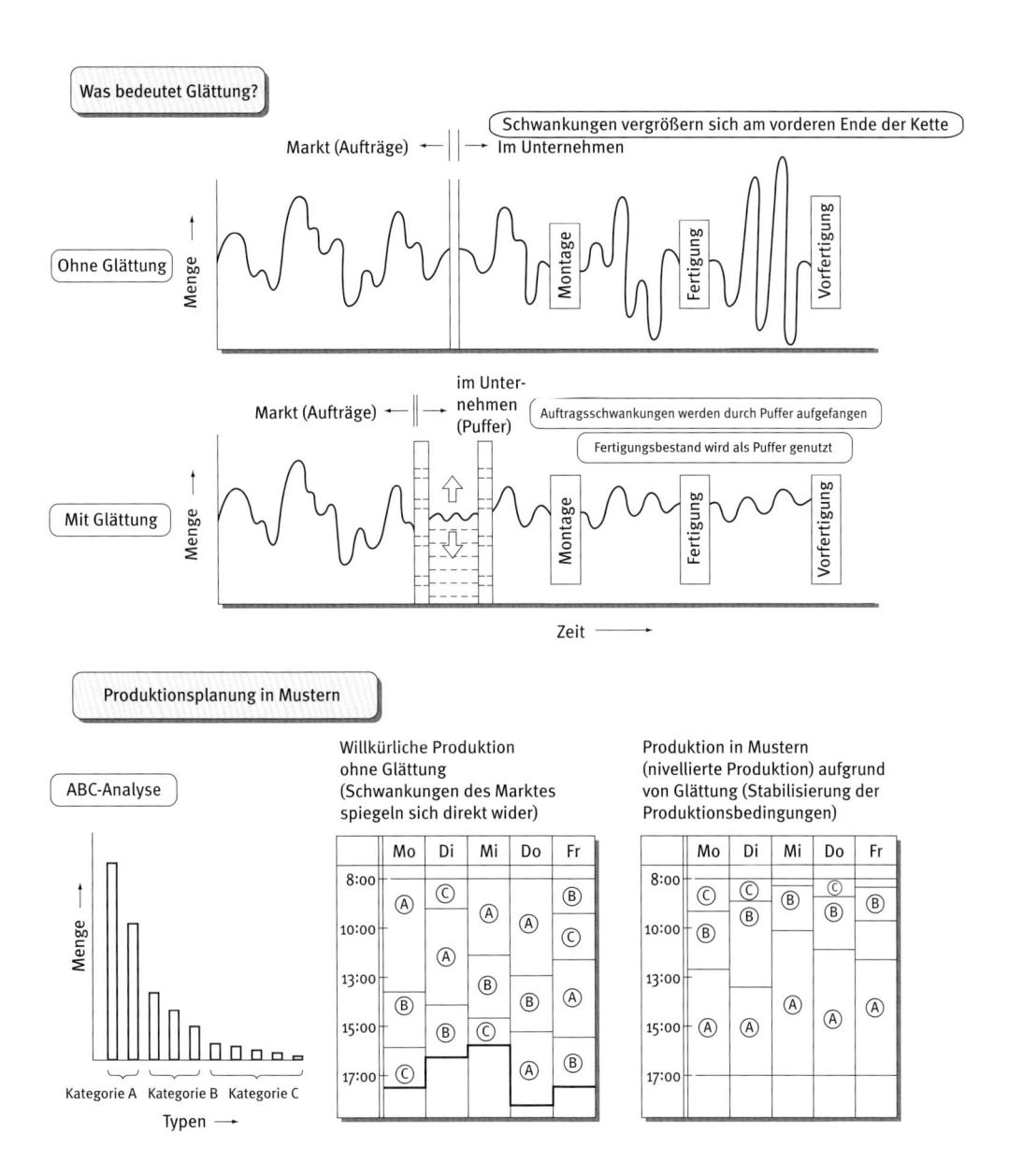

Abbildung 43: Glättung und Produktionsplanung in Mustern

7.2 Schaffen von Strukturen, die Verbesserungen fördern

Was bedeutet visuelles Management (»Sichtbarmachen«)?

Bei der Formung und Planung eines Produktionssystems für die Zukunft ist einer der wichtigsten Punkte, dass eine visuelle Steuerung möglich ist und dass damit verbundene Verbesserungen als Teil der Struktur in das Produktionssystem mit eingebunden sein müssen.

Wenn das Produktionssystem der Steigerung der QiP-Fähigkeit dienlich sein soll, muss der Prozess grundlegend verändert werden.

Ein stellvertretendes Element dafür ist das visuelle Management. Dieser Begriff sowie seine Konzeption und die verschiedenen Hilfsmittel stammen alle von Toyota. Sie sind vor Ort in der Produktionsstätte bei der Entwicklung des neuen Produktionssystems und aus Qualitätsverbesserungsaktivitäten entstanden. Ein recht bekanntes und repräsentatives Hilfsmittel ist das Andon.

Da der Ausdruck visuelles Management weniger umgangssprachlich erscheint, wird mittlerweile auch häufig der Ausdruck »Sichtbarmachen« gebraucht.

Visuelles Management (Sichtbarmachen) bedeutet, dass Vorkehrungen getroffen oder Hilfsmittel eingesetzt werden, um auf einen Blick zu erkennen, ob ein Zustand ordnungsgemäß oder nicht ordnungsgemäß ist, und im Fall einer Anormalität sofort eine Gegenmaßnahme zu treffen und den Zustand zu normalisieren (Abbildung 44).

Damit beurteilt werden kann, ob ein Zustand ordnungsgemäß ist oder nicht, sind eine solide Standardisierung und ein eindeutiger Beurteilungsmaßstab notwendig. Und zur Beurteilung auf einen Blick müssen diese Standards und Maßstäbe für die Menschen sichtbar sein, damit sie visuell wahrgenommen werden können.

Das Wort Management bedeutet, dass im Fall einer Abweichung von den Steuerungsmaßstäben sofort eine Korrekturmaßnahme getroffen und der ordnungsgemäß gesteuerte Zustand wiederhergestellt wird.

Betrachtet man die oben genannten Punkte, so wird deutlich, dass visuelles Management nicht nur auf die 4M und Q, C, D der Produktion anzuwenden sind, sondern in allen Bereichen des Unternehmens zur Steuerung aller Art von Tätigkeiten angewandt werden kann.

Visuelles Management ist eine neue Denkweise über Management

Das visuelle Management sollte nicht bloß als eine praktische Methode aufgefasst werden. Vielmehr enthält es zahlreiche neue Denkansätze, welche die herkömmliche Denkweise über Management umwälzen.

Zunächst ist die Vorstellung, aktiv die Problempunkte offensichtlich und für jeden sichtbar zu machen, genau gegenläufig zur herkömmlichen Auffassung von

Steuerung. Zum Vorantreiben der Qualitätserzeugung im Prozess ist es wichtig, dass Qualitätsfehler und Anormalitäten bei den Gutteilbedingungen sofort zu erkennen sind, ihr Sichtbarmachen ist eine unerlässliche Voraussetzung.

Dass Anormalitäten für jeden sichtbar sind, bedeutet für den betroffenen Mitarbeiter, dass es ihm möglich ist, selbst die Störung wahrzunehmen und einzugreifen – das ist die Voraussetzung für autonome Steuerung und Eigenständigkeit.

Hinzu kommt, dass durch den offenen Umgang mit Steuerungsangelegenheiten die bisherige Intransparenz – nur Zuständige hatten einen Überblick – aufgelöst wird. So werden das gemeinsame Wissen über Problemlösungen und Verbesserungen im Allgemeinen gefördert.

Visuelles Management zur Qualitätserzeugung im Prozess

Die Integration des visuellen Managements ins Produktionssystem bedeutet, dass die Standardisierung der 4M und Q, C, D der Prozesse exakter erfolgt und die Sensibilität gegenüber Anormalitäten sich beträchtlich erhöht.

Es werden unterschiedliche Methoden und Hilfsmittel für das visuelle Management genutzt, zum Beispiel Standardarbeitsblätter und die Qualifikationsmatrix für die Mitarbeiter, Andon für die Anlagen, Werkzeuge zur autonomen Instandhaltung, Kanban und Stellplatzkennzeichnungen für das Material. Sie alle fungieren gleichzeitig als Hilfen zur Verbesserung im Hinblick auf die Qualitätserzeugung im Prozess.

Als besonders nützliches Hilfsmittel für die Qualitätserzeugung im Prozess erweisen sich, wie in Abbildung 44 erwähnt, das Qualitäts-Pareto-Board und die Pokayoke-Inspektionstafel, die als machtvolle Instrumente zur Qualitätsverbesserung eingesetzt werden sollten.

Ansätze zur Steigerung der QiP-Fähigkeit durch das Produktionssystem

Was bedeutet »Visuelles Management« (Sichtbarmachen)?

Es werden Vorkehrungen getroffen oder Hilfsmittel eingesetzt, um auf einen Blick zu erkennen, ob ein Zustand ordnungsgemäß oder nicht ordnungsgemäß ist, und im Fall einer Anormalität sofort eine Gegenmaßnahme zu treffen, um den Zustand zu normalisieren.

⇨ Diese Denk- und Vorgehensweise kann in allen Bereichen des Unternehmens zur Steuerung aller Tätigkeiten angewandt werden.

Das »visuelle Management« beinhaltet Steuerung
① Eigenständigkeit der Teams vor Ort
② Aktives Sichtbarmachen der Probleme
③ Offener Umgang mit Steuerungsangelegenheiten

⇩

»Visuelles Management« als Teil des Produktionssystems

Anwendung auf die Grundelemente des Produktionssystems, die 4M und QCD

4M
- Mensch: Standardarbeitsblätter, Qualifikationsmatrix
- Material: Kanban, Stellplatzkennzeichnung
- Maschinen: Andon
- Fertigungslinie insgesamt: Andon

QCD
- Steuerungsdiagramme und -übersichten, die pro Abteilung, Unterabteilung oder Team an der Aktivitäten- und Steuerungstafel ausgehängt werden

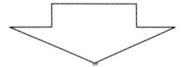

⇩

»Visuelles Management« zur Qualitätserzeugung im Prozess

① Eigenständiges Prüfen anhand der Arbeitsverteilungsblätter
② Anzeige von »Qualitätsanormalitäten« auf der Linien-Andon-Tafel
③ Qualitäts-Pareto-Board
④ Infotafel zu Qualitätsverbesserungsaktivitäten
⑤ Pokayoke-Inspektionstafel
⑥ Anlagenüberprüfungspunkte (z. B. Toleranzbereich auf dem Messanzeiger)

Abbildung 44: Visuelles Management und Qualitätserzeugung im Prozess

7.3 Im-Fluss-Halten der Prozesse bringt Gutteile hervor

Im-Fluss-Halten ist die Basis von Fertigung und Qualität

Im-Fluss-Halten bedeutet, dass sich weder im Prozess noch zwischen den Prozessen Teile stauen und jeweils ein Stück beziehungsweise ein Satz auf einmal gefertigt wird. Es handelt sich um eine Struktur, die zur Qualitätserzeugung im Prozess unerlässlich ist.

Wenn der Teile-Stau entfällt, wird das Auftreten eines Qualitätsfehlers sofort offensichtlich und eine schnellere Rückmeldung wird möglich. Daraus ergibt sich auch der Effekt, dass die Produktionsfläche kleiner wird und an Übersichtlichkeit gewinnt, sodass gleich erkannt werden kann, an welcher Stelle ein Problem auftritt. Ebenso wird es für den Mitarbeiter möglich, in einem regelmäßigen Rhythmus zu arbeiten und innerhalb dieses rhythmischen Bewegungsablaufs Qualität zu erzeugen.

Nur so viel im Fluss zu produzieren, wie auch verkauft wird, bedeutet, Just in Time zu produzieren. Just in Time bedeutet, dass die »richtigen Teile in der richtigen Menge, zum richtigen Zeitpunkt, in der richtigen Form, in der richtigen Reihenfolge gefertigt und an den richtigen Platz transportiert werden.«

»Richtig« heißt dabei »für den Kunden notwendig«. Und die richtige Menge ist ebenfalls die, die der Kunde bestellt hat, also so viel, wie verkauft wurde. All das bedeutet weniger Materialstau, kleinere Lager und kürzere Umrüstzeiten. Dafür ist es erforderlich, mit kreativen Ideen viele günstige Anlagen zu erstellen.

Die Prozesse im Fluss zu halten heißt, die Prozesse so zu gestalten, dass Qualitätsprobleme direkt spürbar und für jeden sichtbar werden und sofort Gegenmaßnahmen ergriffen werden.

Als Schrittfolge zum Im-Fluss-Halten einer Linie sei genannt:

1. Eine Situation schaffen, die auf einen Blick die Prozessreihenfolge erkennen lässt.
2. Die Anlagen in der Reihenfolge der Fertigungsprozesse anordnen.
3. Komplizierte Materialflüsse einfach und geradlinig gestalten.
4. Die zu fertigenden Teile stückweise fließen lassen.
5. Die Prozesse synchronisieren.
6. In der Linie sollen die Mitarbeiter mehr als eine Station bedienen.
7. Mitarbeiter müssen so geschult werden, dass sie verschiedene Prozesse bedienen können.
8. Die Tätigkeiten sollen im Stehen ausgeführt werden.

Den Fluss von den Anlagen her zu ordnen, bedeutet, das Layout mit der Prozessreihenfolge abzustimmen. Die Anordnung der Anlagen in der Reihenfolge der Prozesse ist eine Selbstverständlichkeit. Zusätzlich bedarf es verschiedener kreativer Änderungen an den Anlagen. Mit einfachen, kostengünstigen Lösungen

Ansätze zur Steigerung der QiP-Fähigkeit durch das Produktionssystem

können intern Anlagen hergestellt werden, die der Ergonomie entsprechen, eine schmale Frontseite haben und bei Bedarf einfach umzustellen sind.

Als Nächstes werden die Anlagen so positioniert, dass der Materialfluss geordnet ist. Wenn aufgrund einer mangelnden Anzahl von Anlagen der Fluss der Prozesse durcheinander gerät, nennt man das einen ungeordneten Fluss. Hier müssen ohne erheblichen Kostenaufwand zusätzliche Anlagen eingerichtet werden, um einen geradlinigen Fluss zu ermöglichen. Dies wird als das Ordnen des Flusses bezeichnet. Darüber hinaus kann man einen gemischten Fluss erzeugen. Es sind kreative Lösungen und Ideen zur Umgestaltung der Anlagen gefragt, damit die Übersichtlichkeit im Fluss erhalten bleibt.

Da Pressen, Gieß- und Schmiedeanlagen lange Rüstzeiten benötigen, sind Verbesserungen in Richtung Kleinloseproduktion sowie einfache, kostengünstige Anlagen und Ansätze zum Integrieren von Arbeitsschritten in die Linie notwendig. Bei Reinigungsanlagen, Oberflächenbearbeitung, Härtung und Lackierungsanlagen ist meistens Massenbearbeitung angedacht, sodass hier nicht nur die Umgestaltung in Kleinmengenbearbeitung, sondern auch Einzelstückfluss und Integration in die Linie beziehungsweise gemischte Fertigung in der Linie konsequent angestrebt werden müssen.

Von den Teilen oder vom Material her betrachtet lautet der Grundsatz Einzelstückfluss (Ein-Satz-Fluss). Um den Gedanken von »nur die notwendige Menge produzieren« auf alle Prozesse konsequent anzuwenden, müssen die Anlagen in der Reihenfolge der Fertigung oder der Montage der Teile angeordnet sein (den Fluss des Materials erzeugen) und die Teile ein-Stück-weise (ein-Satz-weise) alle Prozesse ohne Stau in der Taktzeit durchfließen. Das Fließen des einzelnen Stücks (Satzes) bedeutet das Etablieren einer Struktur, die es ermöglicht, Probleme schnell zu erkennen, Gegenmaßnahmen zu treffen und Optimierungen zu fördern.

Was die Mitarbeiter anbetrifft, ist beim Im-Fluss-Halten zu beachten, dass sie nicht durch eine nach Funktion sortierte Anlagepositionierung mehrere gleichartige Maschinen bedienen (Querbedienung), sondern bei einer Anlagenanordnung nach Prozessreihenfolge an verschiedenen unterschiedlichen Anlagen arbeiten (Längsbedienung). Dafür ist eine Schulung in multiplen Fähigkeiten unerlässlich. Ein Sichtbarmachen der Qualifikationen der Mitarbeiter durch einen ausgehängten Schulungsplan verfolgt gleichzeitig den Zweck, das Bewusstsein der Mitarbeiter zu verändern. Dass dabei die Tätigkeiten grundsätzlich im Stehen ausgeführt werden, sollte selbstverständlich sein.

Im-Fluss-Halten der Prozesse bringt Gutteile hervor

1. Das Im-Fluss-Halten bildet die Basis der Herstellungsweise und der Qualität

① Einfaches Auffinden von Qualitätsmängeln
- Kein Stau von Teilen → geringe Arbeitsfläche
- Wenig unnötige Bewegungen, einfacher Bewegungsablauf → Standardisierung
- Engpass wird gut sichtbar

② Reduktion der Durchlaufzeit
- Anstreben von Just in Time
- Materialstau in Angriff nehmen → den Fluss ordnen
- Kostengünstige Anlagen mit kreativen Lösungen verwirklichen

2. Im-Fluss-Halten der Prozesse → Prozessgestaltung, die Qualitätsprobleme erkennbar macht und Verbesserungen fördert

① Im-Fluss-Halten und Anlagen
- Vereinfachung des Flusses
  - Ordnen des Flusses → Spezialisierter Fluss → Gemischter Fluss
- Anlagen in Reihenfolge der Prozesse anordnen
- Eigenfertigung (kostengünstig)
- Verschmälerung der Frontseite

② Im-Fluss-Halten und Material/Teile
- Ungeordneter Fluss → Geordneter Fluss (Spezialisierter Fluss / Gemischter Fluss)
- Ein-Stück-Fluss (Ein-Satz-Fluss)
- Synchronisieren

③ Im-Fluss-Halten und Mitarbeiter
- Bedienen mehrerer Prozesse in der Linie
  - Bedienung mehrerer Maschinen (Querbedienung)
  - Bedienung mehrerer Prozesse (Längsbedienung)
- Mehrfachqualifizierung der Mitarbeiter
- Arbeit im Stehen

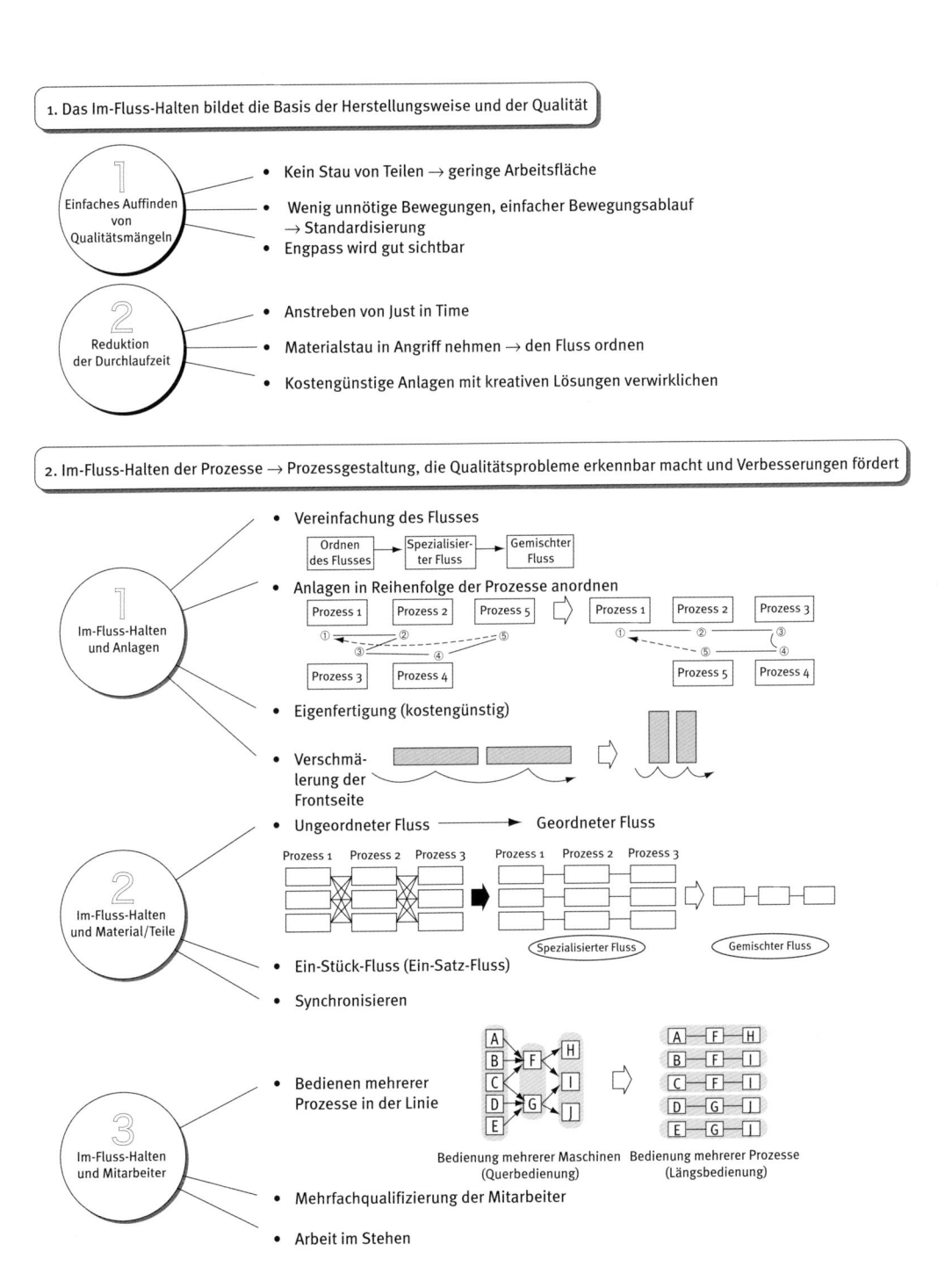

Abbildung 45: Im-Fluss-Halten und Prozessgestaltung

7.4 Kleinlosefertigung und Einzelstückfluss ermöglichen eine schnelle Rückmeldung

Von den zahlreichen Verschwendungen in der Produktionsstätte ist die schlimmste die Verschwendung durch Überproduktion. Die Verschwendung durch Überproduktion führt zu einer erhöhten Belastung vor allem im Vorfertigungsbereich, verdeckt die Probleme und verursacht eine verzögerte Rückmeldung bei Auftreten eines Qualitätsmangels. Bei einer Produktion in großen Losen ist es nicht möglich, die Bedingungen für die Gutteilerzeugung zu schaffen, und demnach kann Qualität nicht erzeugt werden. Da jeder einzelne Kunde einzelne Produkte kauft, sind auch im Werk die Einzelstückfertigung (Einzelsatzfertigung) und der Transport maßgebend.

Bei einer Einzelstückfertigung (Einzelsatzfertigung) ist es möglich, Qualität im Prozess zu erzeugen und bei Problemen in kürzester Zeit dem Verursacherprozess die Rückmeldung zu geben. Um im »Fluss« und alle Teile im jeweiligen Prozess ordnungsgemäß und mit dem richtigen Timing zu produzieren, ist der Einzelstückfluss (Einzelsatzfluss) erforderlich.

Kleinlosefertigung

Es gibt bislang Fertigungsprozesse oder -linien, die eine Losfertigung erforderlich machen. Es handelt sich um unflexible Großanlagen für Gieß- und Schmiedeprozesse, Pressen und Transfermaschinen, die oftmals in der Prozessindustrie eingesetzt werden. Hier herrscht oft das Missverständnis vor, dass große Lose wegen der Ausbringung pro Stunde oder wegen langer Rüstzeiten zur Produktivitätssteigerung beitragen.

Zur Reduktion der Durchlaufzeit und zur Fertigung der notwendigen Teile in der richtigen Menge zum richtigen Zeitpunkt ist es erforderlich, mit den Vorurteilen gegenüber Rüstzeitreduktion und Rüstvorgang zu brechen und Reformen einzuleiten. Kleinlosefertigung ist nämlich schlussendlich gleichbedeutend mit der Reduzierung der Rüstzeiten.

1. *Herstellungsweise:* Bei der Montage sollte Ein-Griff-Rüsten und in der Fertigung eine einstellige Rüstzeit das Ziel sein. Optimal ist eine dem Verkauf angepasste Herstellungsweise. Die Umrüsttechnik hat auf den Wettbewerb mit Konkurrenten der Branche und auf die Investitionseffizienz der Anlagen einen großen Einfluss. Daher ist die Reduktion der Rüstzeiten eine dringende Aufgabe und eine starke Waffe im Wettbewerb.
2. *Transport:* Der Transport zwischen den Linien muss ebenfalls in Kleinlosen beziehungsweise ein-Stück-weise (ein-Satz-weise) erfolgen. Diese Tätigkeit wird durch den »Mizusumashi« ausgeführt. Die für den Aufbau eines Produkts benötigten Teile werden durch häufige Rundfahrten zwischen den Linien und den Prozessen abgeholt und der eigenen Linie zugeführt. Um Bedarfsschwan-

kungen gegenüber dem vorgelagerten Prozess zu minimieren, ist es erforderlich, dass beim Transport aufgrund von festgelegten Informationen ganz ordentlich Stück (Satz) für Stück (Satz) vom nachgelagerten Prozess gezogen wird.

Einzelstückfluss (Einzelsatzfluss)

Ein Produkt wird zusammengesetzt aus mehreren hundert oder gar mehreren tausend Teilen; wenn auch nur ein Teil fehlt, kann es nicht fertiggestellt werden. Herrscht keine vollkommene Kontrolle über die Teile, kann selbst aus einer Fülle von Teilen kein einziges Produkt hergestellt werden. Die Steuerung des Unternehmens erfolgt durch die bestmögliche Vereinfachung dieser komplexen Struktur. Dabei ist es erforderlich, mit Blick auf die Zukunft Mut zur Umwälzung der eigenen Prinzipien zu fassen und keine Bemühungen auszulassen. Auf dieser Vorstellung beruht der Einzelstückfluss (Einzelsatzfluss).

Zum konsequenten Ausführen des »Fertigens der richtigen Menge« in allen Prozessen müssen die Anlagen in Reihenfolge der Fertigung der Teile oder der Montagereihenfolge angeordnet werden, sodass die Teile ein-Stück-weise (ein-Satz-weise) alle Prozesse ohne Stau im Takt durchfließen. Dieses Bild ist gleichzusetzen mit einem Orchester, das nach dem vom Dirigenten vorgegebenen Takt zusammen musiziert, oder mit einem im Gleichtakt rudernden Team im Achter.

Zur Umsetzung des Einzelstückflusses ist es notwendig, den standardisierten Umlaufbestand festzulegen. Wenn ein Teil als Umlaufbestand vorhanden ist, verbinden sich damit die Prozesse. Die Bewegungen des Mitarbeiters werden als Basis genommen und in der Konsequenz bei der Gestaltung der sich wiederholenden Tätigkeiten spiegelt sich das Niveau der Linie, indem Verschwendungen offensichtlich werden. Es ist vor allem wichtig, die standardisierte Stückzahl des Umlaufbestands für alle Mitarbeiter ersichtlich zu machen, was dazu führt, dass der Teamleiter stets möglichen Forderungen in Bezug auf Verbesserung ausgesetzt ist. Das stetige Beobachten und Verbessern der Linie zu fördern ist ein Ziel der Reform von Produktionslinien.

Ansätze zur Steigerung der QiP-Fähigkeit durch das Produktionssystem

Von der Großlose- zur Kleinlosefertigung

- Bei der Großlosefertigung wird an
  ① Produktivität pro Stunde
  ② Umrüstzeiten etc.
  festgehalten

Gemischte Produktion

Die notwendigen Teile in der richtigen Menge zur richtigen Zeit } fertigen bzw. transportieren ← Geglättete Fertigung Einzelstückfluss (Einzelsatzfluss) ← Kleinlosefertigung ← Großlosefertigung

Effizienz einzelner Aspekte

Günstige Kosten = Effizienz des Ganzen

Reduktion der Durchlaufzeit

- Durcheinander von vor- und nachgelagerten Prozessen, Verschwendung durch Überproduktion
- Überproduktion ist die übelste aller Verschwendungen
- Bestände sind die Quelle allen Übels

Von der Großlose- zur Kleinlosefertigung

Herstellungsweise

① Rüstzeitreform – einstellige Rüstzeit (SMED) – Ein-Griff-Rüsten
Der Sollzustand ist null Rüsten, die Fertigung der jeweiligen Produkte ist angepasst an die Verkaufszahlen. Die Rüsttechnik entscheidet über Wettbewerbfähigkeit und Investitionseffizienz der Anlagen.

② Signalkanban (Notwendigkeit zur Rüstzeitreduktion)

(Dreieckskanban) und (Materialanforderungskanban) Fertigungsanweisung und Materialanforderungsanweisung

Transport

③ Mizusumashi (lädt verschiedene Teile auf einem Rundweg):
Durch häufige, zyklisch erfolgende Rundfahrten zwischen den Linien und Prozessen werden Teile abgeholt und zugeführt.

④ Transportsystem in der synchronen Produktion:
Der Transport wird in den gesamten Fluss integriert, um die Gesamteffizienz zu steigern.
{ Transport einer definierten Menge (zu nicht definierten Zeiten)
Transport zu definierten Zeiten (in nicht definierten Mengen) }

Bei nivellierter/geglätteter Einplanung wird von der Fertigware bis zum Rohmaterial grundsätzlich pro einzelnes am letzten Montageprozess ausgebrachtes Produkt nur jeweils ein Teil (Satz) transportiert, montiert und an Rohmaterial angefordert.

Anpassung an geforderte Typenvielfalt

In der Produktion wird jeweils ein Stück weitergegeben und vom nachgelagerten Prozess wird jeweils ein Teil gezogen.

(um die richtigen Teile zum richtigen Zeitpunkt in der richtigen Menge zu fertigen und anzufordern)

{ Reduzierung der Durchlaufzeit (den Fluss der Teile verengen und beschleunigen)
Minimierung des Umlaufbestands
Visuell gesteuerte Situation (Standardisierung)
Aktivierung der Linie }

Schlüsselsätze
- Mit einem Teil schafft man es, die Prozesse im Fluss zu halten und zu verbinden (wirklich notwendig ist nur das eine Teil!)
- Wenn ein Teil die Kette verlässt, gib ein Teil hinein (U-förmige Linien mit nebeneinander liegendem Ein- und Ausgang): Entsprechung von eins zu eins
- Auch Informationen und Verbesserungen einzeln handhaben

Wichtige Punkte
- Durch Einzelstückfluss kann man den Fokus auf »Verschwendung im Umlaufbestand« verschieben
- In die Tätigkeiten soll ein Fluss gebracht werden → einzelne Flüsse miteinander verbinden
- Gerade der Einzelstückfluss stellt eine Strömung ohne Turbulenzen dar

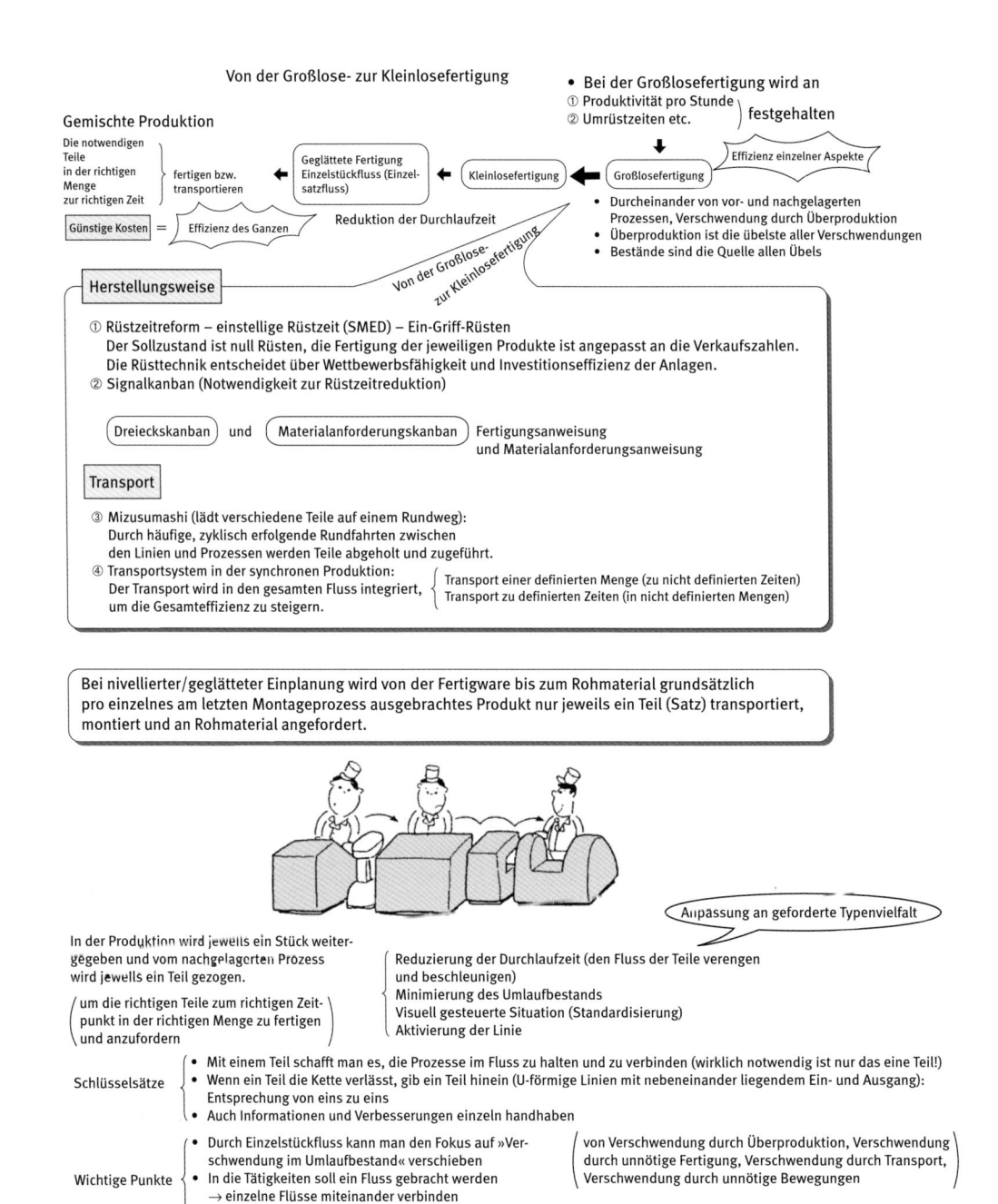

(von Verschwendung durch Überproduktion, Verschwendung durch unnötige Fertigung, Verschwendung durch Transport, Verschwendung durch unnötige Bewegungen)

Abbildung 46: Kleinlosefertigung und Einzelstückfluss (Einzelsatzfluss)

7.5 Prüfung und Qualitätssicherung in allen Prozessen

100-Prozent-Prüfung als Basis

Dass der Mitarbeiter die in seinem Prozess gefertigten oder montierten Teile auf Qualität überprüft, ist seine Pflicht und betrifft alle Teile. Er muss sich bewusst machen, dass der nachgelagerte Prozess sein wichtigster Kunde ist und dass er an diesen kein Teil mit Qualitätsfehlern weitergeben darf. Die verschiedenen Ideen und Lösungen, um diese 100-Prozent-Prüfung möglichst effizient zu gestalten, bilden den Schlüssel zum Erreichen des Null- Fehler-Ziels.

Wie gut nun die angewandte Prüfmethode sein mag und wie hervorragend die Prüfinstrumente sein mögen: Ob die Qualität gut oder schlecht ist, entscheidet sich im Fertigungsprozess. Allein durch Anwendung von Prüfmethoden und -geräten werden sich Qualitätsmängel nicht eliminieren lassen.

Grundsätzlich ist das Prüfen an sich eine Verschwendung. Wichtiger ist zunächst, den Qualitätsfehler zu entdecken und ihn auf der Stelle zu berichtigen. Hat man die Möglichkeit, die Linie anzuhalten, gibt es jede Menge Wege zur Korrektur. Ist bekannt, wann und wo der Fehler entstanden ist, ist es nicht schwierig, von dem direkten Anlass ausgehend die wahre Fehlerursache herauszufinden.

Wird die wahre Ursache erkannt, ergibt sich daraus von allein die Maßnahme, damit dieser Fehler sich nicht wiederholt. Diese muss in die Arbeitsabfolge als Qualitätserzeugungsschritt integriert werden und es ist die Pflicht des Vorgesetzten, zu überprüfen, ob der standardisierte Arbeitsablauf wie vorgeschrieben ausgeführt wird.

Wichtig ist, dass stets an der Stelle, wo gefertigt oder montiert wird, unverzüglich die Prüfung vorgenommen wird. Dort ist die Quelle, an der Maßnahmen gegen wiederholtes Auftreten von Fehlern getroffen und effizient geprüft werden können. Der Prüfvorgang muss in Einzelschritten erfolgen und für alle Mitarbeiter verbindlich sein. Um höchste Effizienz anzustreben, ist es erforderlich, dass nach jedem Fertigungsschritt gleich geprüft und nach jedem Montageschritt sofort das Erarbeitete betrachtet wird.

Ein-Griff-Lehren als Prüfgerät

Als Prüfinstrument für die 100-Prozent-Prüfung sollten ergonomische Ein-Griff-Lehren genutzt werden (Abbildung 47). Es sollen keinesfalls Messwerkzeuge (Lineale, Mikrometerschrauben, Schieblehren, Messuhren et cetera) und Prüfinstrumente (Oszilloskope, Luftmikrometer, Druckmessgeräte et cetera) in üblicher Form genutzt werden.

Wenn der Mitarbeiter das Maß ablesen oder über die Messung erst nachdenken muss, bringt ihn das aus dem Rhythmus; es versteht sich von selbst, dass diese Art der Prüfung ineffizient ist. Er muss mit einer NO-GO-Lehre ausgestattet sein, die »anhalten« oder »weitergeben« besagt; denn nur so kann er mit einem Handgriff beurteilen, ob das Teil nicht in Ordnung (NO) oder in Ordnung (GO) ist. Um unterschiedliche Typen prüfen zu können, müssen die Lehren in verschiedenen Farben oder mit großen Nummern gekennzeichnet werden. Es ist ebenfalls vorstellbar, dass in bestimmten Fällen anhand eines Barcodes automatisch der Typ erfasst und die passende Lehre durch einen Zylinder an die erforderliche Stelle angesetzt wird.

Auf welche Weise auch immer – mithilfe von einfach zu handhabenden Ein-Griff-Lehren aus eigener Herstellung müssen alle Teile geprüft werden und diese Lehren auf der Bewegungslinie des Mitarbeiters aufgehängt werden. Bei der Erstellung der Ein-Griff-Lehre ist zu beachten, dass die Entscheidungsmöglichkeit »anhalten« oder »weitergeben« in Form einer NO-GO-Lehre gegeben ist. Im ersten Schritt ist »anhalten« wichtiger. Es sollte vorrangig behandelt werden, um die Qualitätsfehler auf ein Minimum zu reduzieren.

Qualitätsmängel sind nicht in Ordnung, und es ist in jedem Fall erforderlich, dafür zu sorgen, dass ein Fehler nicht wiederholt wird. In diesem Sinne sollen die Lehren als Werkzeug dienen, das einfach zu handhaben ist.

Abbildung 47: Beispiele von Ein-Griff-Lehren

Prüfung und Qualitätssicherung in allen Prozessen

> Bei allen Produktionen bildet die 100-Prozent-Prüfung die Basis,
> die Prüfung soll immer an der Quelle erfolgen
>
> ⇩
>
> Der Prüfvorgang ist nicht wertschöpfend (er ist notwendig, erhöht aber die Kosten).
> Es sind Lösungen erforderlich, damit keine zusätzlichen Arbeitsstunden entstehen

Zur 100-Prozent-Prüfung sollen einfach zu handhabende **Ein-Griff-Lehren** eingesetzt werden.

Am besten NO-GO-Lehren aus Eigenfertigung (Grenzlehrdorne, Gewindelehren, Abstandslehren etc.)

Verlasse dich nicht auf Messwerkzeuge! (Schieblehren, Mikrometerschrauben, Messuhren)

Das Ablesen des Maßes oder Nachdenken bringt den Mitarbeiter aus dem Rhythmus.

Es ist ideal, wenn man mit einem Handgriff entscheiden kann: »in Ordnung (IO/GO)« oder »nicht in Ordnung (NIO/NO)«.

Für unterschiedliche Typen: Ein-Griff-Lehren mit verschiedenen Farben oder mit großen Nummern kennzeichnen!

Diese Lehren auf der Bewegungslinie des Mitarbeiters aufhängen.
Bei einfacher Handhabung und in einem Handgriff kann eine 100-Prozent-Prüfung erfolgen.

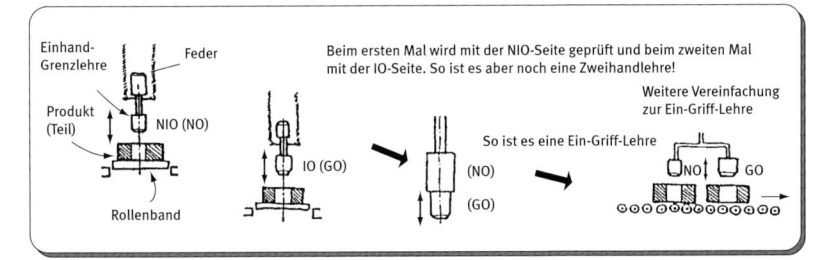

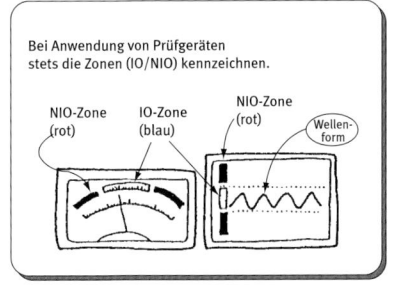

Abbildung 48: Ein-Griff-Lehren

7.6 Schaffen einer Struktur, die bei Auftreten eines Fehlers die Linie anhält

Qualität im Prozess zu erzeugen bedeutet, dass bei einer Störung die Anlage stehen bleibt oder der Mitarbeiter die Anlage beziehungsweise die Linie anhält, um auf diesem Wege eine 100-prozentige Qualität zu gewährleisten. Das beinhaltet, dass

1. keine fehlerhaften (außerhalb der Norm liegenden) Teile produziert werden,
2. die Schlechtteile nicht an den nachgelagerten Prozess weitergegeben werden (prüfen und das Weitergeben verhindern),
3. dass Anormalitäten (Zustände außerhalb der Steuerungsmaßstäbe) der Prozesse sichtbar gemacht sowie Maßnahmen gegen das wiederholte Auftreten des Fehlers (Steuerung des Prozesses, das heißt vorbeugende Maßnahmen) getroffen werden.

Drei Arten der Feststellung von Fehlern

Bei der ersten Art handelt es sich um den Einbau eines Mechanismus in die Anlage, damit diese einen auftretenden Fehler erkennt und automatisch anhält. Dazu gehören automatische Prüfeinrichtungen und Pokayoke-Vorrichtungen. Pokayoke ist ein vor Ort in der Produktionsstätte entstandener Begriff, der »Poka«, nämlich Flüchtigkeitsfehler aus Zerstreutheit, mangelnder Konzentration und voreiligem Handeln, automatisch »yoke-ru« = abwehren soll. Dabei werden in Vorrichtungen und Werkzeuge, Anlagen und Informationen Strukturen oder Mechanismen eingebracht, die der Entstehung von Fehlern vorbeugend entgegenwirken. Diese werden nicht nur für Qualitätsfehler, sondern auch für Anlagenstörungen angewandt. Erforderlich dazu sind kostengünstige, zuverlässige Gerätschaften und einfache Automatisierung.

Eine weitere Möglichkeit besteht darin, dass der Mitarbeiter bei Auftreten eines Qualitätsfehlers den Prozess anhält. Ein Beispiel dafür ist die Überprüfung des ersten und letzten Teils. Wird ein Faktor, der die Prozesskapazität beeinflusst, verändert, wird durch die Sicherstellung der Qualität des ersten und letzten Teils die Qualität gewährleistet. Bei einem Werkzeug- oder Chipwechsel, bei Neustart nach einer längeren Stillstandzeit der Anlage oder beim Wechsel des Mitarbeiters geht man auf diese Weise vor.

Überprüfen bei definierter Menge ist ein Weg, bei dem je nach Prozesskapazität der Anlage oder Einflussgrad auf die Besonderheiten der Qualität eine bestimmte Stückzahl festgelegt und in diesem Abstand die Anlage angehalten wird. Sie wird dann vom Mitarbeiter wieder gestartet, wenn die Qualität in Ordnung ist.

Überprüfen nach bestimmter Zeit ist eine weitere Vorgehensweise, bei der zum Beispiel jede Stunde ein Alarmzeichen ertönt, das die Mitarbeiter auffordert, die Ausbringung des laufenden Produkts und dessen Qualitätsniveau in die Ausbringungstabelle und die Prüfdokumentationsvorlage einzutragen, um das Qualitätsbe-

Schaffen einer Struktur, die bei Auftreten eines Fehlers die Linie anhält

wusstsein aufrechtzuerhalten. Der Prozess wird selbstverständlich zusätzlich bei Störungen angehalten, jedoch ist das stündliche Anhalten geeignet, die Qualitätstendenz festzustellen und seine eigenen Leistungen zu deklarieren.

Am wichtigsten sind das Arbeitsverteilungsblatt und das Standardarbeitsblatt. Diese zwei Vorlagen, welche die Information über Mensch, Material und Maschine effizient auf zwei Blättern dokumentieren, dienen als Steuerungsblätter, um eine sichere Arbeitsschrittfolge ohne Flüchtigkeitsfehler bei Erzeugung guter Qualität darzustellen. Diese Schrittfolge wird innerhalb des Arbeitsflusses eingehalten und die folgerichtigen Bewegungsabläufe jedes einzelnen Mitarbeiters greifen als Ganzes ineinander. Die Mitarbeiter gehen erst mal ihrer Tätigkeit nach, bei Anormalitäten jedoch überprüfen und justieren sie gegebenenfalls und sind Teil der Struktur, die bei Bedarf die Linie oder den Prozess anhält.

Als Drittes gibt es die Struktur, bei Auftreten von Fehlern die Produktionslinie anzuhalten. Dabei sind verschiedene Vorgehensweisen möglich, die erste ist ein Anhaltmechanismus mit definierten Positionen. Tritt bei einer zwangsangetriebenen Linie (Fließband) eine Anormalität auf, kann an einer Reißleine gezogen werden (die Reißleine ist gekoppelt mit der Andon-Tafel), die bewirkt, dass die Linie an einer definierten Position anhält. Der Gedanke, bei Auftreten einer Anormalität die Anlage anzuhalten, wurde hier auf eine Produktionslinie mit manueller Arbeit übertragen. Es wird dabei der Zweck verfolgt, die jeweiligen Tätigkeitsbereiche klar voneinander zu trennen und Abweichungen von der Standardarbeit vorzubeugen.

Des Weiteren gibt es die AB-Steuerung. Hierbei handelt es sich um einen Mechanismus, der den standardisierten Umlaufbestand zwischen zwei Prozessen oder innerhalb eines Prozesses stets in einer definierten Menge beibehält. Das bedeutet, dass die Bedingung, bei der das jeweilige Transportmittel (zum Beispiel das Fließband) sich fortbewegen darf, durch das Vorhandensein von Produkten an zwei definierten Punkten A und B gesteuert wird. Wenn diese AB-Steuerung richtig eingestellt ist, transportiert das Fließband bei Entnahme eines Produkts vom nachgelagerten Prozess die weiteren Produkte (Teile) nach einem definierten Zeitabstand weiter, und indem man diesen Zeitabstand mit der Taktzeit abstimmt, wird eine Überproduktion vermieden. Diese Transportinformation wird gekoppelt mit der Andon-Tafel, sodass die notwendigen Informationen für die zuständigen Personen sichtbar werden. So funktioniert auch das Kanban-Prinzip. Wenn die Kanban-Karte nicht zurückgeführt wird, wird ebenfalls die Produktionslinie angehalten.

Ansätze zur Steigerung der QiP-Fähigkeit durch das Produktionssystem

Bei Anormalitäten hält die Anlage an/hält der Mitarbeiter den Prozess an/ wird die Produktionslinie angehalten, um so eine 100-prozentige Qualität zu gewährleisten

Andon — Grenzschalter, Feder

Überprüfen des ersten und letzten Teils, bei definierter Menge — Letztes Teil, Erstes Teil, M/C, Rutsche, Palette, 50 Stück, Schaltsperre

Pokayoke — Pokayoke, Hauptachse, Werkstück, Möglichkeit des Herunterfallens

Anlagen und Maschinen / Mensch / Linie

Überprüfen nach definierter Zeit

Anhaltmechanismus mit definierten Positionen — Tätigkeitsbereich

Stündliches Alarmsignal

Vielen Dank für Ihre Bemühungen bei der Standardarbeit. Es ist Zeit für die Dokumentation. Bitte tragen Sie die Ausbringung des laufenden Produkts in die Ausbringungstabelle ein und füllen Sie die Prüfdokumentationsvorlage aus.

AB-Steuerung

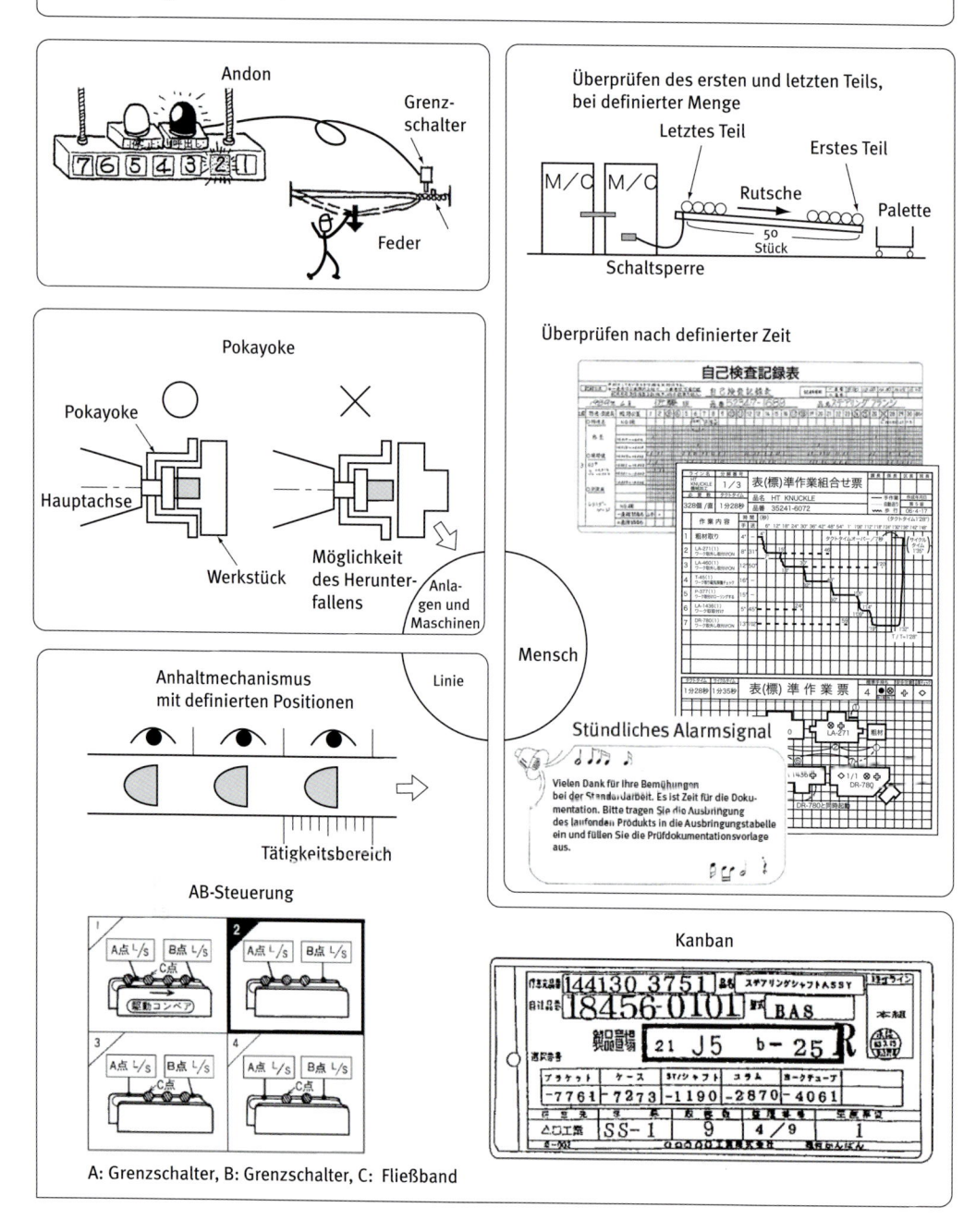

A: Grenzschalter, B: Grenzschalter, C: Fließband

Kanban

Abbildung 49: Strukturen und Mechanismen, die bei Fehlern die Linie anhalten

8 Ansätze zur Steigerung der QiP-Fähigkeit über die Anwendung von Methoden und Tools

8.1 Bedingungen für die Gutteilerzeugung: Waren und Informationen

6S bilden die Grundlage der Produkterzeugung und den Ausgangspunkt aller Tätigkeiten

Seiri:	Aussortieren der nicht benötigten Dinge
Seiton:	Aufräumen beziehungsweise Ordnen der benötigten Dinge
Seiso:	Reinigen
Seiketsu:	Erhalten des geordneten, sauberen Zustands
Shitsuke:	Disziplin
Shukan:	Gewöhnung

Diese 6S bilden die Grundlage aller Tätigkeiten. Die Ordnung und Pflege des Arbeitsumfelds führt zur Steigerung der Sicherheit, der Qualität (Eliminierung der Fehler) und der Produktivität.

Zugleich ist es der erste Schritt des visuellen Managements: Befinden sich in der Produktionsstätte viele nicht mehr brauchbare oder nicht dringend benötigte Dinge, so verursachen diese nur unnötige Mehrarbeit (zum Beispiel suchen und aufräumen) und Gefahren (zum Beispiel stolpern und stoßen). Es ist nicht zu unterscheiden, was ordnungsgemäß oder nicht ordnungsgemäß ist, und die Flüchtigkeitsfehler häufen sich.

In der Elektronik- und der Hochpräzisionsindustrie ist durch Kontrolle von Staub, statischer Auflading, Luftdruck und Luftfeuchtigkeit eine extreme Sauberkeit gefordert. Angefangen bei der Reinigung und Überprüfung der Anlagen, sind in manchen dieser Unternehmen Tätigkeiten wie das Aufräumen und Sortieren der Regale, die Dinge so anzuordnen, dass sie gut zu entnehmen sind, als Eliminierung von Verschwendung definiert.

Bei der Einführung der 6S als ersten Schritt zur Steigerung der QiP-Fähigkeit sind folgende zwei Punkte zu entwickeln und konsequent zu erarbeiten.

1. Die Führungskräfte und Vorgesetzten sollten die Aktion anführen und konsequent umsetzen. Erst einmal sollte überhaupt etwas umgesetzt werden.
2. Von da aus sollte rasch ein Niveau erreicht werden, dass sich die 6S zu einem Teil der Struktur etablieren. Mangelhafte Konsequenz macht die ganze Sache nichtig.

Auf Basis dieser zwei Punkte ist ein aktives Umsetzen erforderlich. Manchmal ergeben sich Fehlschläge oder Unpässlichkeiten und es ist wichtig, diese zu überwinden und bei der Praxis zu bleiben. Je mehr Fehler begangen werden, desto wichtiger ist die Etablierung der 6S. Es lässt sich uneingeschränkt sagen, dass sie die Grundlage zur Steigerung der Fähigkeit zur Qualitätserzeugung im Prozess sind.

Verkaufsaktivitäten finden im Werk statt

Wenn Kunden mit einem Unternehmen eine Geschäftsbeziehung eingehen, schauen sie sich in jedem Fall das Werk an. Es ist keine Übertreibung zu behaupten, dass der erste Eindruck beim Betreten des Werks über alles entscheidet. Die aktuelle Situation in Bezug auf Ordnung und Sauberkeit, wird in einem Augenblick mit den bisher besuchten Werken verglichen und bewertet: »Na, das ist wohl dann das Niveau dieses Werks!«

Sehen die Kunden hingegen ausgezeichnet aufgeräumte und bestückte Regale, Anlagen und Linien, in denen die Mitarbeiter rhythmisch ihre Tätigkeiten wiederholen, denken sie in jedem Fall: »In einem solchen Werk hergestellte Produkte sind hochwertig und kostengünstig und werden in hoher Qualität termingerecht geliefert«.

Die wahren Verkaufsaktivitäten finden letztendlich nicht durch den Vertrieb, sondern durch das Werk statt, das überzeugt die Kunden stärker. Auch das Werk und die Produktionslinien sind nämlich Produkte.

6S beginnen mit einer Bewusstseinsreform

Bewusstseinsreform bedeutet, dass man seine bisherigen Wertvorstellungen über Bord wirft und damit beginnt, die aktuelle Situation zu negieren. Wenn man das aktuelle Umfeld des Werkes (Büroarbeitsplatzes) beibehalten will, ist eine Bewusstseinsreform, nämlich das Beseitigen alter Wertvorstellungen, nur sehr schwer möglich.

Die 6S-Aktivitäten, von denen hier die Rede ist, haben zum Ziel, ohne an den bisherigen Maßstäben, der Unternehmenskultur und den Regeln festzuhalten, frei und beherzt eine Welle von Umfeldveränderungen hervorzurufen und eine Umwälzung des Bewusstseins jedes Einzelnen auszulösen. Die neuen Maßstäbe dürfen nicht auf dem bestehenden Verständnis und Format beruhen. Sobald 6S konsequent ausgeführt wird, verringert sich die Anzahl von Aushängen mit Sprüchen wie »Qualität soll in den Prozessen erzeugt werden«, »Beachte die Arbeitssicherheit« und »Wir arbeiten an der Reduzierung von Anlagenstörungen«.

Neben der Eliminierung von Flüchtigkeitsfehlern nehmen Verletzungen, Qualitätsfehler und Störungen ab und gleichzeitig beginnt man, Feinheiten wie leichte Undichtigkeiten der Druckluft oder Öllecke, die man vorher nicht beachtet hat, bewusst wahrzunehmen.

Wie hier beschrieben bilden die 6S den Ausgangspunkt jeglicher Tätigkeiten. Je konsequenter man sie anwendet, desto offensichtlicher werden die nächsten Aufgaben. Es kann nicht genug betont werden, dass zunächst neue Maßstäbe festgelegt werden müssen und dass die Konsequenz, mit der man diese Maßstäbe umsetzt, ein wesentlicher Schlüssel zur Steigerung der QiP-Fähigkeit ist.

Bedingungen für die Gutteilerzeugung: Waren und Informationen

Die 6S sind die Grundlage aller Arbeit

Durch die verbesserte Gestaltung des Arbeitsumfeldes wird das Niveau der Arbeitssicherheit, der Qualität und der Produktivität angehoben.

(SEIRI)

Sieht aus, als könnte man's noch gebrauchen...

Schritt 3 der Umsetzung
Schritt 2 der Umsetzung
Schritt 1 der Umsetzung

Die Definition von »nicht benötigt« ist zeitabhängig

SEIRI bedeutet benötigte und nicht benötigte Dinge voneinander zu trennen und die nicht benötigten Dinge sofort zu entfernen.

SEITON bedeutet die benötigten Dinge für jeden verständlich so an definierten Plätzen anzuordnen, dass man einen guten Zugriff darauf hat.

SEISO bedeutet gründliche Reinigung.

Konsequente farbliche Absetzung, Regale und Behälter aneinander anpassen, Nutzung von Transportwagen und Spezialwerkzeugen

Eine Struktur schaffen, bei der die Dinge nicht verschmutzt werden und nicht verschmutzen können

(SEITON)

(SEISO)

SEIKETSU bedeutet den durch SEIRI, SEITON, SEISO geschaffenen Zustand aufrechtzuerhalten.

Die Gewohnheit, die Aufgaben, die man als Teil des Unternehmens und der Gesellschaft hat, korrekt auszuführen.

SHITSUKE bedeutet die vorgegebene Arbeit korrekt auszuführen. Mit allen Mitarbeitern des Teams wird eine Struktur geschaffen, um sich gegenseitig zu bestärken.

SHUKAN bedeutet das Erlernte und Angeordnete zu befolgen und zur Gewohnheit zu machen. Es bedeutet für den Einzelnen sowie für alle Schaffung von Gemeinsamkeit und Transparenz.

(SEIKETSU)

6S bildet die Basis zur Steigerung der QiP-Fähigkeit

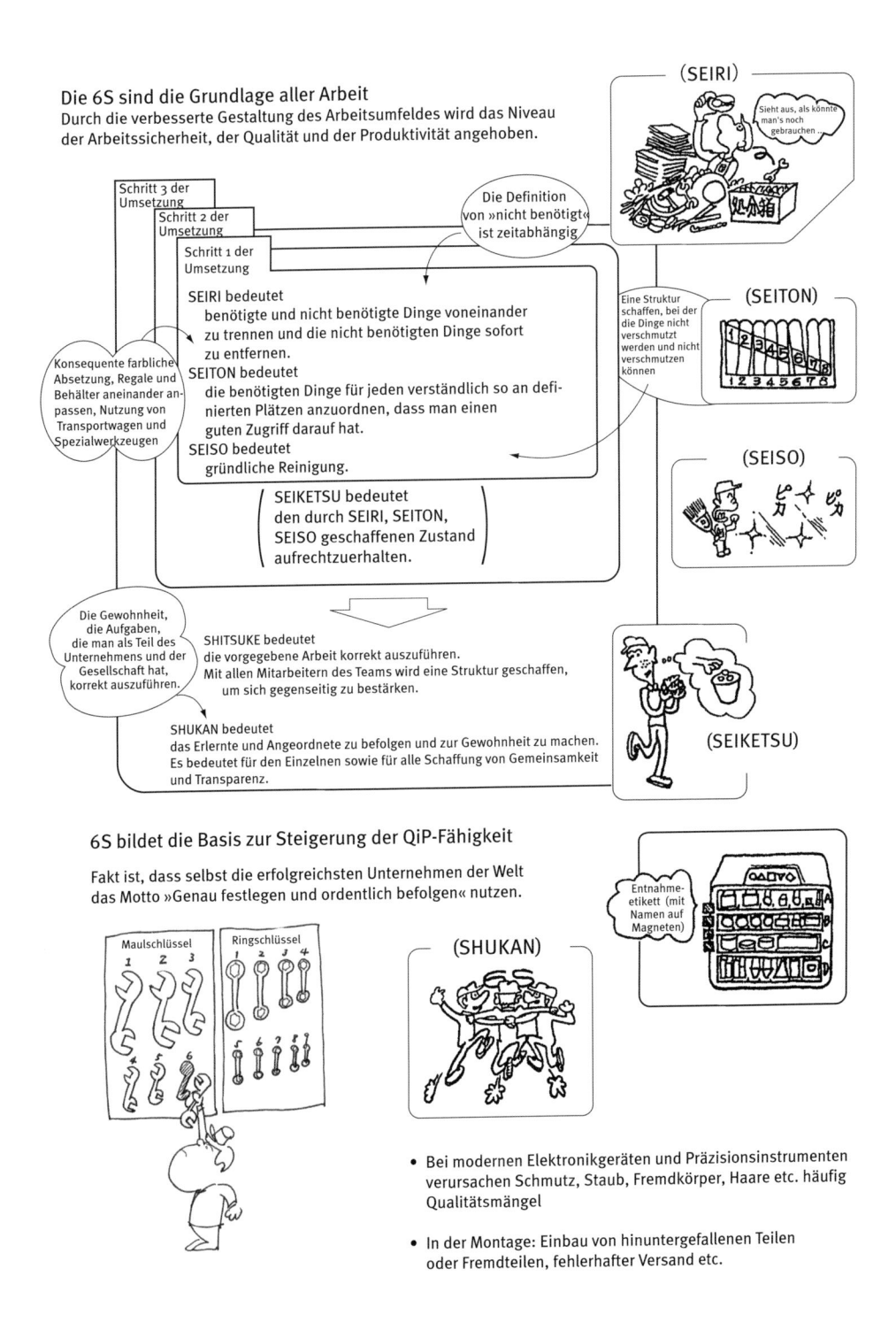

Fakt ist, dass selbst die erfolgreichsten Unternehmen der Welt das Motto »Genau festlegen und ordentlich befolgen« nutzen.

Entnahme-etikett (mit Namen auf Magneten)

(SHUKAN)

- Bei modernen Elektronikgeräten und Präzisionsinstrumenten verursachen Schmutz, Staub, Fremdkörper, Haare etc. häufig Qualitätsmängel

- In der Montage: Einbau von hinuntergefallenen Teilen oder Fremdteilen, fehlerhafter Versand etc.

Abbildung 50: 6S und Qualitätserzeugung im Prozess

Wirkungsvoller Weg der Supermarkt-Kennzeichnung

Ein Supermarkt ist ein geordneter Stellplatz für alle Teile, die aufgrund eines Signals des ziehenden, nachgelagerten Prozesses gefertigt (angeliefert) werden. Die Teile sind mit Stellplatzbezeichnung, Artikelnummer, Artikelbezeichnung, Maximum- und Minimummenge gekennzeichnet. Demgegenüber bezeichnet man einen Platz, auf dem unabhängig vom nachgelagerten Prozess gefertigte (gelieferte) Waren abgestellt sind, als Lagerplatz, der weder Informationen bereitstellt noch Verbesserungen mit sich bringt.

Visuelles Management mit den Teilen als Informationsträger

Die gesamten Teile in gesteuertem Zustand zu halten bedeutet, dass jede Person unter allen Umständen ohne Vorabinformation verstehen und erfassen kann, wie sich was verhält. Die Führungskraft muss vor Ort anhand der Teile, die sie dort vorfindet, die aktuelle Situation (den Fortschritt oder Rückstand) der Produktion genau überprüfen, die Problempunkte erkennen und unverzüglich mit entsprechenden Maßnahmen und Aktionen reagieren.

Das visuelle Management muss stets im gesamten Unternehmen durchgeführt werden, es ist zusammen mit den 6S ein wesentlicher Maßstab der Steuerung. Dementsprechend führt nur ein konsequentes Vorantreiben zum gewünschten Effekt, denn wenn Ziel und Zweck nicht eindeutig klargestellt sind, bleiben diese Strukturen nur äußere Form. Es zählt am Ende vor allem, ob durch die klare Regelung der Stellplatzbezeichnungen und Supermärkte eine Kostenreduktion beziehungsweise die Qualitätserzeugung im Prozess erreicht worden ist oder nicht.

Konsequentes Definieren von Plätzen und Mengen

Die Kennzeichnung der Stellplätze stellt eine Struktur dar, die auch ganz neuen Mitarbeitern ermöglicht, Produkte und Teile fehlerfrei und reibungslos in kurzer Zeit zum Zielort zu transportieren. Wo Teile vorhanden sind, gibt es auch stets eine Stellplatzbezeichnung. Der Grundsatz lautet: Eine Artikelnummer entspricht einem Stellplatz. Bei den Hauptartikeln werden konsequent Stellplatz und Menge festgelegt, seltener genutzte Teile werden auf sogenannte freie Plätze positioniert und der Bereich der freien Plätze wird ebenfalls mit einer gewissen Flexibilität gekennzeichnet. Wird einmal eine Festlegung getroffen, ist oberstes Gebot, diese einzuhalten.

Als Hilfe zur Eliminierung von Qualitätsfehlern gilt bei sich ähnelnden Teilen, dass solche, die schlecht auseinandergehalten werden können, auf keinen Fall nebeneinander platziert werden dürfen. Farbliche Trennung oder andere Maßnahmen zur Unterscheidung der Teile sind erforderlich. Die Behältnisse im Supermarkt können direkt mit den tatsächlichen Teilen oder mit Abbildungen oder Fotos versehen werden.

Kennzeichnung reguliert den Fluss

Wichtig bei der Art der Lagerung ist, auf den ersten Blick erkennen zu können, wovon wie viel Stück vorhanden sind und für wie viele Produkte oder für wie viele Stunden Reichweite diese Menge bestimmt ist. Vor allem die Führungskräfte sollten sich alarmiert fühlen, wenn die Linie im Voraus produziert. Es gibt viele Führungskräfte und Vorgesetzte, die das Im-Voraus-Produzieren für die richtige Vorgehensweise halten. Jedoch sollten sich in diesem Fall die Führungskräfte und Vorgesetzten besser darauf konzentrieren, die Bestände im Supermarkt zu reduzieren. Alle Bestandsinformationen befinden sich im Supermarkt. Die Anwendung des First-In-First-Out-Prinzips sollte selbstverständlich sein. Pro Artikelnummer muss die maximale/minimale Bestandsmenge angegeben sein. Diese Kennzeichnung reguliert den Fluss und für jeden ist die aktuelle Bestandssituation nachzuvollziehen.

Ansätze zur Steigerung der QiP-Fähigkeit über die Anwendung von Methoden und Tools

Adressenvergabeanleitung

Bei der Festlegung der Adressen soll nach folgenden Regeln vorgegangen werden. Sie werden der Verwaltung zur Registrierung weitergeleitet.

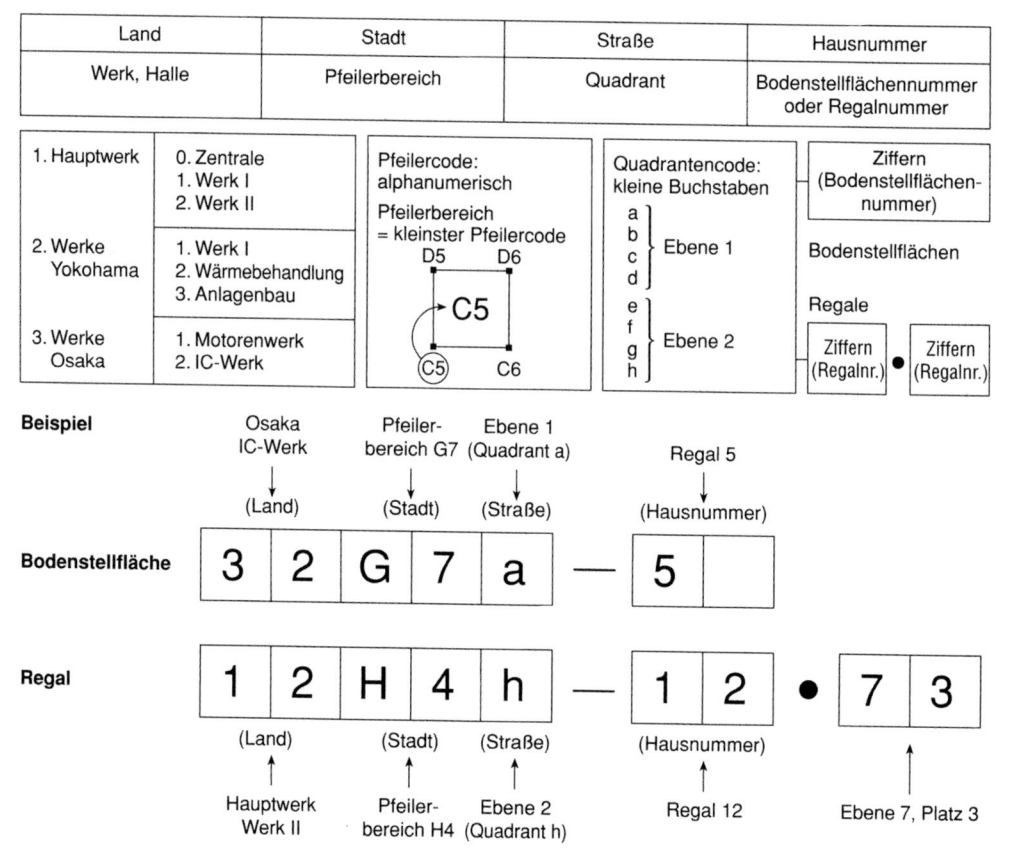

Land	Stadt	Straße	Hausnummer
Werk, Halle	Pfeilerbereich	Quadrant	Bodenstellflächennummer oder Regalnummer

- 1. Hauptwerk
  - 0. Zentrale
  - 1. Werk I
  - 2. Werk II
- 2. Werke Yokohama
  - 1. Werk I
  - 2. Wärmebehandlung
  - 3. Anlagenbau
- 3. Werke Osaka
  - 1. Motorenwerk
  - 2. IC-Werk

Pfeilercode: alphanumerisch

Pfeilerbereich = kleinster Pfeilercode

D5   D6
  C5
 C5   C6

Quadrantencode: kleine Buchstaben

a, b, c, d } Ebene 1
e, f, g, h } Ebene 2

Ziffern (Bodenstellflächennummer)

Bodenstellflächen

Regale

Ziffern (Regalnr.) • Ziffern (Regalnr.)

Beispiel

Osaka IC-Werk (Land) → Pfeilerbereich G7 (Stadt) → Ebene 1 (Quadrant a) (Straße) → Regal 5 (Hausnummer)

Bodenstellfläche: | 3 | 2 | G | 7 | a | — | 5 | |

Regal: | 1 | 2 | H | 4 | h | — | 1 | 2 | • | 7 | 3 |

(Land) Hauptwerk Werk II
(Stadt) Pfeilerbereich H4
(Straße) Ebene 2 (Quadrant h)
(Hausnummer) Regal 12
Ebene 7, Platz 3

Abbildung 51: Beispiel für eine Stellplatzbezeichnung

Bedingungen für die Gutteilerzeugung: Waren und Informationen

Bestände sind die Quelle allen Übels

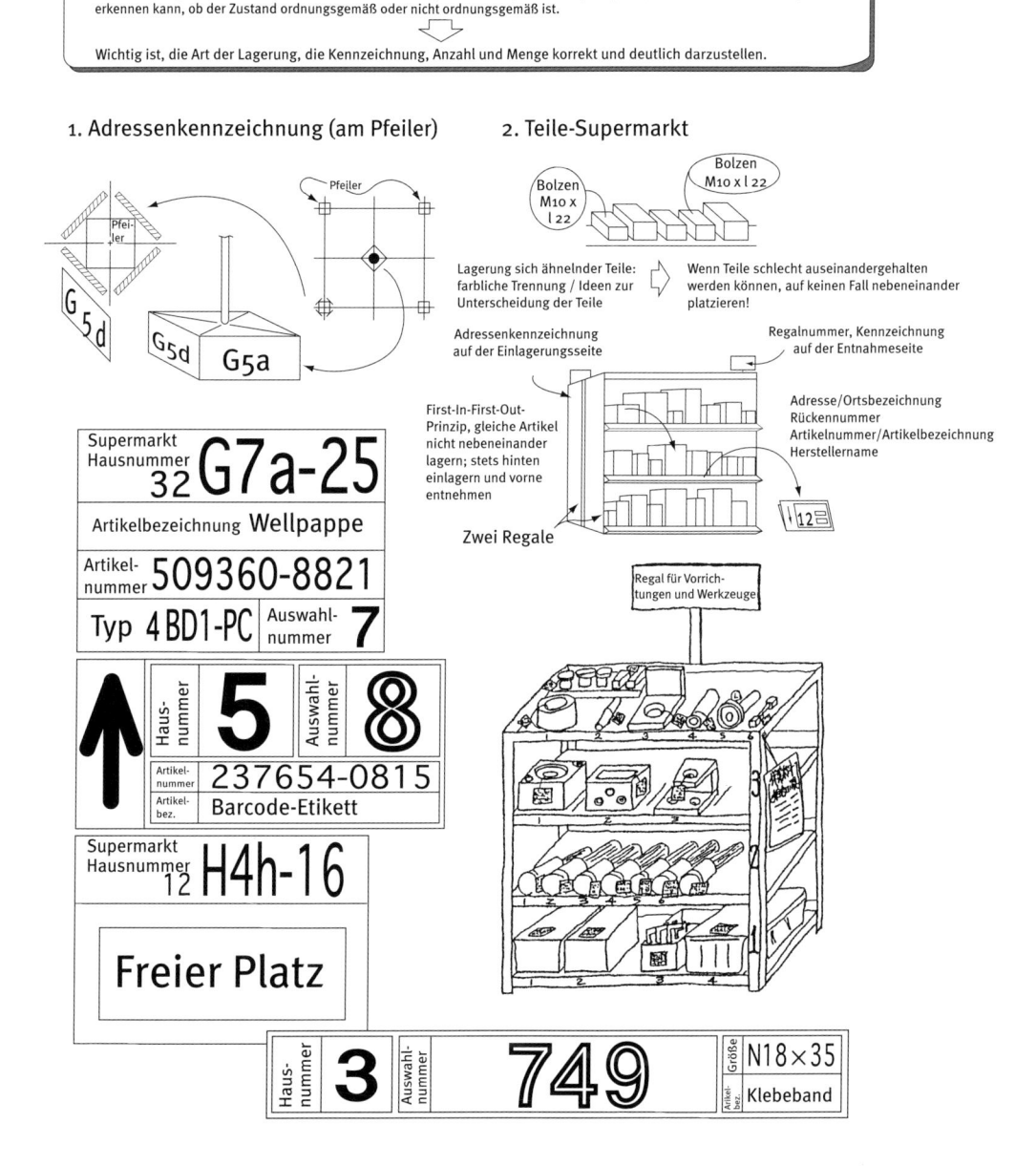

Als Maßnahme zur Steuerung der Bestände (Produkte, Teile, Rohmaterial, Halbfertigteile, Hilfsmittel, Werkzeug) soll eine Struktur geschaffen werden, die es ermöglicht, die Situation auf einen Blick zu erkennen (Kennzeichnung von Supermarkt und Waren, Minimal-/Maximalmenge).
Sämtliche Dinge in der Produktionsstätte sollen derart angeordnet sein, dass man (dass jeder, wann immer er hinschaut) erkennen kann, ob der Zustand ordnungsgemäß oder nicht ordnungsgemäß ist.

Wichtig ist, die Art der Lagerung, die Kennzeichnung, Anzahl und Menge korrekt und deutlich darzustellen.

1. Adressenkennzeichnung (am Pfeiler)
2. Teile-Supermarkt

Abbildung 52: Grundlagen und Beispiele der Supermarktkennzeichnung

Vereinigung von Material und Information durch vereinfachte Unterscheidung

Damit Anweisungen, Kanban, Stellplätze auf einen Blick erfasst werden und Produkte, gelieferte Ware, Vorrichtungen und Werkzeuge, unterstützende Einheiten und Geräte ohne Erkennung der Artikel- oder Identifikationsnummern entnommen und eingesetzt werden können, ist das Vereinfachen von spezifischen Sachnummern erforderlich. Es dient der Eliminierung von Qualitätsfehlern und ist für die Einarbeitung neuer Mitarbeiter und die schnelle Ausbildung multipel einsetzbarer Mitarbeiter (verständiger Mitarbeiter) von großem Nutzen.

Auswahlnummern zur sofortigen Erfassung

Hierbei sind die Rückennummern, wie man sie vom Fußball oder Baseball kennt, gemeint. Diese ermöglichen – ohne das Auswendiglernen der einzelnen Bezeichnungen, zehnstelligen Artikelnummern oder Artikelbezeichnungen mit der dazugehörigen Form – ein sofortiges Erfassen der Artikel. Man kann die Tätigkeiten ausführen, ohne auf sein Gedächtnis oder seine vage Erinnerung angewiesen zu sein, und hat eine Hilfe zur Eliminierung der Qualitätsfehler. Diese vereinfachten Nummern werden ausschließlich lokal und nicht landesweit gültig durch Regeln festgelegt, sodass durch wenige Informationen eine Effizienzsteigerung erzielt werden kann.

Je kürzer die Information, desto besser. Daher sind bei den Auswahlnummern einstellige Zahlen am besten, man sollte sich auf maximal drei Stellen beschränken, da man sich vierstellige Zahlen in zwei Etappen merken muss. Man denke an die Aussprache vierstelliger Jahreszahlen! Bis drei Stellen können sicher in einem Zug gelernt werden. Häufig werden von zehnstelligen Artikelnummern die letzten drei Ziffern genutzt (wenn sie in Vergangenheit als Teil der Artikelnummern genutzt worden sind, sind sie bei der Umstellung auf Auswahlnummern praktisch zu benutzen), jedoch können dabei Flüchtigkeitsfehler entstehen, wenn es bisher bei den ersten Ziffern der Artikelnummern Unterschiede gab. In diesem Fall ist eine Übertragung der bisherigen Abkürzungen zwar gut zu merken, aber man sollte auf der Hut sein vor möglichen Fehlern.

Erfassung beim Verlassen des Prozesses mit »Fertig«-/»Unfertig«-Karten

Es sind Regeln dafür notwendig, um zu erfassen, wann ein Mitarbeiter die Linie verlässt. Beträgt die Zykluszeit ein bis zwei Minuten, verlässt er die Linie nach Beendigung des Fertigungsabschnitts, bei einer Zykluszeit von länger als drei Minuten sollte in jedem Fall eine »Fertig«-Karte (blaue Karte mit weißen Buchstaben) beziehungsweise eine »Unfertig«-Karte (rote Karte mit weißen Buchstaben) an dem Produkt angebracht werden.

Beim Wiedereinstieg kann so augenblicklich erkannt werden, in welchem Bearbeitungszustand sich das Produkt befindet. Jeder Mitarbeiter erhält zwei Karten (»Fertig« und »Unfertig«), die Größe sollte je nach Produkt festgelegt werden (üblicherweise in Format B5, B4, A5). Bei einer fließenden Linie mit gleichzeitigem Start bei definierten Startpositionen (man nennt diese Art im

Allgemeinen Anpfiffmethode) braucht man solche Karten nicht, da erst nach Beendigung der Tätigkeit die Linie angehalten wird. Für neue Mitarbeiter sind sie ein gutes Hilfsmittel.

Bei einer U-förmigen Fertigungszelle, bei der die Fertigungszeit 20 bis 30 Stunden beträgt, kann man den Fortschrittsgrad mit nummerierten Karten verdeutlichen oder diesen an einer weißen Tafel vermerken, um Fehlern vorzubeugen.

Besser sichtbar machen durch vergrößerte Papiere

Erst einmal handelt es sich um die Vergrößerung der aktuell vorhandenen Arbeitsanweisungen. Wenn sie auf A4-Format sind, druckt man sie auf A3 oder A2, aber nur die Informationen, die für den jeweiligen Prozess erforderlich sind, werden vergrößert. Auch eine farbliche Unterscheidung ist sinnvoll. Wenn bei der Vergrößerung an einer leeren Stelle die Auswahlnummern oder eine Steuerung farblich hervorgehoben werden, führt die Vergrößerung zu noch mehr Vereinfachung. Die Frage ist, wie die minimale Anzahl an festgelegten Informationen sicher kommuniziert wird. Dieses Vorgehen wird zum Know-how zur Eliminierung der Qualitätsfehler. Mit Auswahlnummern sind zum Beispiel Rückennummern gemeint, wie man sie vom Fußball oder Baseball kennt. Mit ihrer Hilfe kann man, ohne sich Detailinformationen oder leicht zu verwechselnde Formen merken zu müssen, auch von fern sofort Anweisungen oder Material erkennen. Damit sie gut vergrößert werden können, sollte die Auswahlnummer aus maximal drei Ziffern bestehen.

Die zweite Möglichkeit ist die Steuerung über Identifikationszeichen. Man sollte Buchstaben aus dem Alphabet, Symbole (○×△□+−↑↓¥\$£♪∞) oder Hieroglyphen sinnvoll anwenden, um Informationen zu komprimieren. Dabei ist zu beachten, dass für denjenigen, der das Richtige auswählen muss, eine regelmäßige Struktur wichtig ist. Des Weiteren kann man mit Farben unterscheiden. Heutzutage sind Farbdrucke schnell und leicht zu erstellen; sie bilden visuelle Hilfestellung. Um Fehler zu vermeiden, ist es sinnvoll, benachbarte Farben kontrastreich zu halten. Wenn zusätzlich einfache Abbildungen oder Zeichnungen das Ganze unterstreichen, ist die Wahrscheinlichkeit der Fehlervermeidung umso größer.

Ansätze zur Steigerung der QiP-Fähigkeit über die Anwendung von Methoden und Tools

> Es gilt, mithilfe farblicher Unterscheidung und der Vereinfachung der Sachnummern von Produkten, Teilen, Werkzeugen, Spannvorrichtungen und sonstigen Vorrichtungen, Arbeitsanweisungen, Kanban und Supermarkt derart zu gestalten, dass auf einen Blick eine Entscheidung möglich ist und Fehler ausgemerzt werden.

Ortsbezeichnung	Auswahlnr.		Artikelbez.	Größe
3	749		テープ	N18×35

1. Auswahlnummer

Für die Hauptartikel sollte als Vereinfachung der Artikelbezeichnung und -nummer eine entsprechende Rückennummer (Auswahlnummer) festgelegt und angebracht werden.

1) Rückennummer bis maximal drei Ziffern:
   Drei Ziffern kann man sich in einem Zug merken.
   Vier Ziffern muss man sich in zwei Etappen merken.

2) ABC oder Symbole sind ebenfalls nützlich.

3) Bei Zahlen gibt es ebenfalls Variationsmöglichkeiten.

```
1  2  3
I  II III
-  =  ≡
·  :  ∴
```

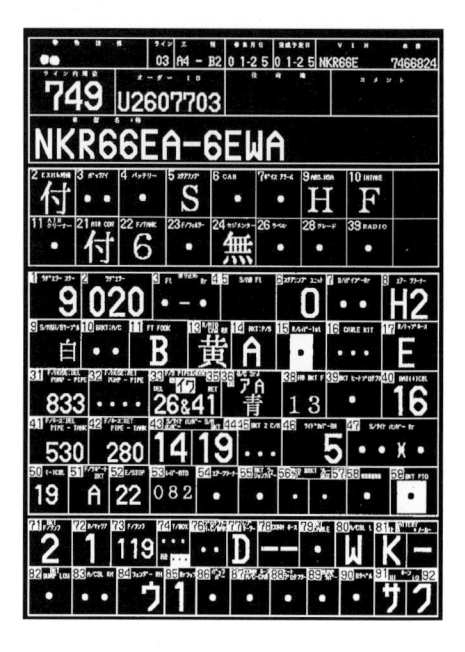

2. Farbliche Kennzeichnung (»Fertig«-Karte, »Unfertig«-Karte)

Bei einer Zykluszeit von ein bis zwei Minuten kann der Mitarbeiter die Linie nach Beendigung des Fertigungsabschnitts verlassen (als Regel festlegen!).
Bei einer Zykluszeit von länger als drei Minuten sollten in jedem Fall unten beschriebene Karten am Produkt angebracht werden.

Fertig — Blaue Karte mit weißen Buchstaben
Nach Beendigung des Fertigungsabschnitts anbringen

Unfertig — Rote Karte mit weißen Buchstaben
Bei Verlassen der Linie während des Fertigungsabschnittes anbringen

① Jeder Mitarbeiter erhält zwei Karten (»Fertig« und »Unfertig«)
② Die Größe sollte je nach Produkt festgelegt werden (meist im B5-, B4-, A5-Format)

Abbildung 53: Auswahlnummern und Steuerung durch farbliche Kennzeichnung

Definierte Teilestellplätze auf der Frontseite und Anwendung des Best-Point-Prinzips

Unterbricht der Mitarbeiter seine Tätigkeit, um von weiter her ein Teil zu holen (unnötige Bewegung), oder muss er sich umdrehen, um Teile aus dem Regal zu entnehmen, kommt es häufig vor, dass Flüchtigkeitsfehler begangen werden, Teile vergessen oder verkehrt montiert werden. Daher ist es wichtig, dass Teile und Werkzeuge stets am Ort des besten Zugriffs für den Mitarbeiter angeordnet sind. Wünschenswert sind definierte Plätze auf der Frontseite und direkt über den jeweiligen Montagepunkten.

Hände wie die eines Chirurgen während der Operation

Da Montageprozesse zum Großteil aus manuellen Tätigkeiten bestehen, ist die Standardisierung der Tätigkeiten, des Werkzeugs, der Teile und der Arbeitsmethoden notwendig. Je mehr die Tätigkeiten eines Prozesses oder einer Linie aus manuellen Tätigkeiten bestehen, desto häufiger werden Flüchtigkeitsfehler begangen und die Qualität bleibt instabil.

Denken Sie nicht, es handelt sich doch »nur« um eine einzelne Bewegung im Montageprozess – entscheidend ist, dass die Bewegungsabläufe der Hände wie die eines Chirurgen während einer Operation sind. Da vom Vorgehen eines Arztes während der Operation das Leben des Patienten abhängen kann, wird eine möglichst kurze Durchlaufzeit der Operation angestrebt. Der Chirurg empfängt immer an derselben Position Mittel wie das Skalpell oder den Mull vom assistierenden Personal, seine Augen sind immer auf die Stelle des Eingriffs konzentriert und die Bewegungsabstände sind stets minimal. Kann dieses Bild auf die Abläufe des Montagemitarbeiters übertragen werden, ließe sich sagen, dass 80 Prozent der kostengünstigen Autonomation erfüllt sind.

Einzelstückfluss (Einzelsatzfluss) der Teile

Hier dreht es sich um die Anwendung des Best-Point-Prinzips. Teilezufuhr in Kassettenform bedeutet nicht nur, die benötigten Teile einfach in Behältern zu lagern und an die Montagelinie zu bringen, sondern dass im vorgelagerten Prozess direkt bei der Fertigung die Teile in Behältnisse ähnlich Kassetten oder Magazinen gelegt und der Montagelinie zugeführt werden. Im Montageprozess ist auch ohne den Gebrauch von kostspieligen Teilezufuhrapparaten ein Einzelstückfluss möglich. Ebenfalls kann das Umrüsten mithilfe von satzweisem Rüsten in einem Handgriff erledigt werden. Dieses Vorgehen wird – entsprechend der Anwendung des Best-Point-Prinzips bei den Montagetätigkeiten – auch bei der Teilezufuhr angewandt.

Raum nutzen mit Raumschiffen und Piratenschiffen

Als Raumschiff wird ein über dem jeweiligen Montageplatz »schwebender« Wagen bezeichnet, von dem die für das Produkt notwendigen Teile, Werkzeuge, Geräte und Lehren an die jeweils richtige Position gebracht werden. Dadurch wird vermieden,

Ansätze zur Steigerung der QiP-Fähigkeit über die Anwendung von Methoden und Tools

dass der Mitarbeiter sich umdrehen und hin und her gehen muss, um Teile, Werkzeuge und Druckluftwerkzeuge aus dem Regal zu nehmen und durch das Positionieren direkt über der Montagestelle ist das Best-Point-Prinzip gewährleistet.

Das Piratenschiff ist ein spezieller Teilewagen, auf dem die zur Montage des Produkts notwendigen Montagewerkzeuge, Teile, Druckluftwerkzeuge und Zeichnungen angeordnet sind. Er läuft synchron mit der Montagelinie.

Normaler Arbeitsbereich der von der Hand beschriebene Kreisbogen mit dem Ellenbogen als Zentrum bei leicht an den Körper angelegtem Oberarm.

Maximaler Arbeitsbereich der von der Hand beschriebene Kreisbogen mit der Schulter als Zentrum bei ausgestrecktem Arm.

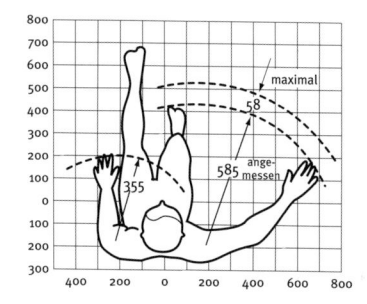

Das Material angepasst an die Bewegungsabläufe der Hand so anordnen, dass beide Hände effizient eingesetzt werden können.

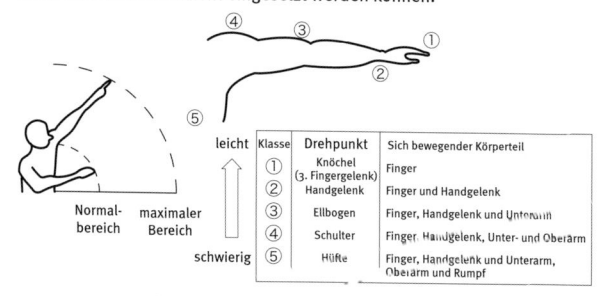

Klasse	Drehpunkt	Sich bewegender Körperteil
①	Knöchel (3. Fingergelenk)	Finger
②	Handgelenk	Finger und Handgelenk
③	Ellbogen	Finger, Handgelenk und Unterarm
④	Schulter	Finger, Handgelenk, Unter- und Oberarm
⑤	Hüfte	Finger, Handgelenk und Unterarm, Oberarm und Rumpf

❑ Bewegungsabläufe mit möglichst wenigen Grundelementen sind die beste Arbeitsmethode.
❑ Je weniger Körperteile eingesetzt werden, desto höher ist die Produktivität und desto geringer die Ermüdung.

Abbildung 54: Verschwendungsarme Bewegungsabläufe

Bedingungen für die Gutteilerzeugung: Waren und Informationen

> Werden von weiter her Teile geholt (unnötige Bewegung), kommen häufiger Flüchtigkeitsfehler vor. Daher ist es wichtig, dass Teile und Werkzeuge stets am Ort des besten Zugriffs für den Mitarbeiter angeordnet sind. Das sind definierte Plätze auf der Frontseite bei der Tätigkeit und direkt über den jeweiligen Montagepunkten.

Teilebehälter

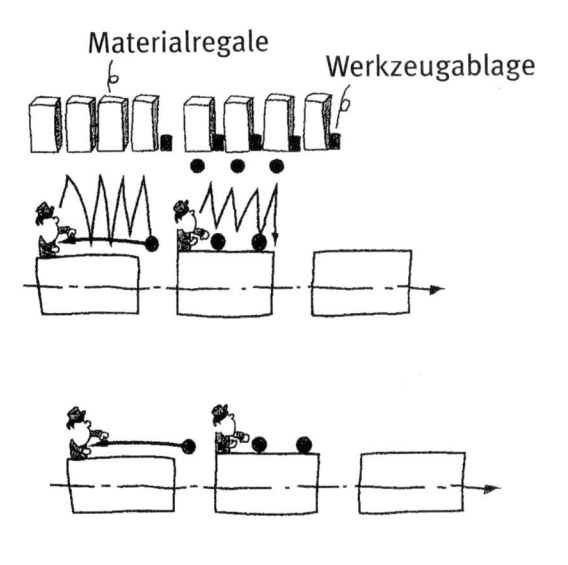

Materialregale   Werkzeugablage

Raumschiff

Abbildung 55: Definierte Teilestellplätze auf der Frontseite

Kommissionierung und satzweise Anlieferung

Anhand der Information über die Montagereihenfolge, die in der Kommissionierstation im Bereich neben der Montagelinie vorhanden ist, werden unmittelbar vor Montagestart die für ein Produkt erforderlichen Teile, Werkzeuge und Geräte, Lehren und Montageanweisungen zu einem Satz kommissioniert und im richtigen Behältnis an den definierten Stellplatz gebracht. Dieses Fließenlassen des Materials an die Hauptmontagelinie bezeichnet man als satzweise Anlieferung.

Dabei wird nur ein einzelner Satz von Gegenständen der Linie zugeführt. Diese Methode ist sehr wirkungsvoll für die Qualitätserzeugung im Prozess. Der Bewegungsablauf des Auswählens entfällt.

Zwecks Freisetzung von Mitarbeitern aus der Linie haben viele Unternehmen mithilfe der satzweisen Anlieferung eine Reduktion der Montagemannstunden um 30 Prozent erreichen können. Allerdings ist der Qualitätsaspekt noch wesentlicher, denn die satzweise Anlieferung initiiert weitere Verbesserungen. Durch deren Umsetzung kann die Fehlerrate bis auf weniger als 0,1 Prozent eingedämmt werden. Durch die deutliche Positionierung der Produkte und der notwendigen Teile findet eine schrittweise Optimierung statt. Mit der satzweisen Anlieferung an die Montage kann jeder Satz für unterschiedliche Varianten kommissioniert werden (gemischte Produktion).

Einzelsatzkommissionierer und Montagemitarbeiter

Der Einzelsatzkommissionierer (Mitarbeiter in der Kommissionierstation) stellt anhand der Kommissionierliste, die mit dem Produkt mitfließt, alle Teile, Werkzeuge, Geräte und Arbeitsanweisungen für den Montageprozess zusammen, für den er zuständig ist; und zwar in der Reihenfolge, wie sie eingebaut werden.

Grundsätzlich hat die satzweise Anlieferung den Nachteil, dass die notwendigen Teile zweimal in die Hand genommen werden, nämlich erst vom Kommissionierer und dann vom Montagemitarbeiter. Daher ist es erforderlich, die Mannstunden des Kommissionierens auf ein Minimum zu reduzieren, was durch eine beidhändige, in einem Handgriff auszuführende Form der Kommissionierung erreicht wird.

In Abbildung 56 ist dargestellt, wie mit einer Halterung das Einzelsatztablett an einer Schiene befestigt ist, der Mitarbeiter diese mit dem Körper voranschiebt, während er der Reihe nach die Teile kommissioniert. Der Einzelsatzbehälter ist mit Nummern der Montagereihenfolge versehen und die Kanten sind abgerundet, sodass die Handhabung der Teile und Werkzeuge einfach ist.

Für den Montagemitarbeiter bedeutet es, dass im Einzelsatzbehälter alle aktuell benötigten Gegenstände wie Teile, Werkzeuge, Geräte, Lehren und Anweisungen in unmittelbarer Nähe zum Produkt vorhanden sind und er stets von der gleichen Stelle der Reihenfolge nach alles entnehmen und montieren, also in einem gleichmäßigen Rhythmus arbeiten kann. Wenn bei der satzweisen Kommissionierung teilweise Vormontagen integriert werden können, werden einheitliche Montagemannstunden und eine Steuerung über Taktzeit sowie eine gemischte Produktion möglich. Für den Montagemitarbeiter entfallen Tätigkeiten wie Suchen, Auswählen und Entscheiden, was zu weiteren Verbesserungen im Sekundenbereich führt. Des Weiteren wird die Umverteilung der Tätigkeiten einfacher.

Qualität und Kommissioniertablett

Arbeitet man in sich rhythmisch wiederholenden Abläufen, kann die Qualität gewährleistet werden. Und das Bereitstellen von Lehren und Montageanweisungen auf dem Einzelsatztablett trägt dazu bei, dass die Qualitätsprüfungen nicht vergessen werden. Selbst wenn der Mitarbeiter vergisst, ein Teil zu montieren, verbleibt dieses Teil auf dem Tablett und bewirkt eine sofortige Rückmeldung – ein großer Vorteil für die Qualitätserzeugung. Das bedeutet, dass die satzweise Kommissionierung mit die Qualität bestimmt. Daher wird größter Wert darauf gelegt, Kommissionierfehler zu vermeiden.

Zu Beginn werden per Hand die zu beachtenden Punkte und das Know-how in die Kommissionierliste geschrieben, ab einer gewissen Informationsmenge werden diese in den Computer eingegeben. Es ist gut, wenn eine Vorkehrung geschaffen wird, bei der in der Reihenfolge der Montage diese Hinweise mit ausgedruckt werden.

Kommissionierregal

Die Ortsbezeichnung im Teileregal erfolgt durch das Rückennummernprinzip. Es muss möglich sein, dass ohne Kenntnis der Artikelnummern anhand der Rückennummern kommissioniert werden kann. Dazu sind stets jeweils zwei Behälter erforderlich. Wenn der Inhalt des ersten Behälters verbraucht ist, wird der nächste Behälter bestellt, sodass bis zum Aufbrauchen des zweiten Behälters der erste wieder befüllt ist. Verschiedene Ideen wie Ortsbezeichnung, Unterscheidung durch Formen und Farben sowie die Rückennummern sollten aktiv genutzt werden, um Kommissionierstation und -liste so zu strukturieren, dass jeweils mit einem Handgriff einfach kommissioniert werden kann.

Ansätze zur Steigerung der QiP-Fähigkeit über die Anwendung von Methoden und Tools

> Satzweise Anlieferung bedeutet das Kommissionieren anhand der Montageinformationen von der Linie unmittelbar vor Montagestart (definierte Mengen zu nicht definierter Zeit). Dabei werden alle für ein Produkt erforderlichen Teile, Werkzeuge und Geräte, Lehren, Montageanweisungen und Qualitätsinformationen vom jeweiligen Teileregal kommissioniert und im festgelegten Behältnis bzw. Wagen an den definierten Stellplatz gebracht. Diese Methode ist sehr wirkungsvoll für die Qualitätserzeugung im Prozess.

1. Da ein Teil zweimal in die Hand genommen wird, erhöhen sich die Mannstunden
   → jedoch kann der Mitarbeiter der Linie in sich rhythmisch wiederholenden Abläufen arbeiten (keine Bewegung des Auswählens)
   → Qualitätsverbesserungs- und Produktivitätssteigerungsaktivitäten verschieben sich auf den Kommissionierprozess
2. Bei Bedarf wird teilweise vormontiert.
3. In Reih und Glied wie in einem Setzkasten ist für den Montagemitarbeiter das Vorhandensein der Teile auf einen Blick erkennbar.
4. Das heißt, nur das, was jetzt benötigt wird, befindet sich an der Linie!

Kommissionierstation

Einzelsatzbehälter

- In der Reihenfolge der Montage werden Teile, Werkzeuge, Lehren, Anweisungen der Nummerierung nach eingelegt
- Wenn ein Teil bei der Montage vergessen wird, ist es gleich zu erkennen!
- Doppelte Überprüfbarkeit von Flüchtigkeitsfehlern

zur Hauptmontagelinie

Kommissionierliste

Nummer der Ablage der Kommissionierliste (pro Produkttyp von 1 bis 5)

Aufkleber je nach Produkttyp

Eintragen nach Montagereihenfolge
‹Beispiel nach aktuellem Kommissionierplatz›

Kennzeichnung der Arbeitsverteilung

Bsp.
☐ 1. MA (Vormontage)   ☐ 2. MA (Kommissionierer)

Kästchen mit Edding farblich kennzeichnen (mit Klebeband bekleben)

Bei Veränderung der Arbeitsverteilung farbliche Kennzeichnung ändern

Comic-ähnliche Zeichnungen zur Erläuterung

Beispiel im Fall des Abbaus der bisherigen Vormontage- und Kommissionierregale bei neuem, nach Montagereihenfolge angeordnetem Layout

Bei Regalnummern fortlaufende Nummern

1. Zu beachtende Kennzeichnungen u. ä. Kommentare eintragen.
Grundsätzlich gilt, dass auf der Vorderseite die Punkte vermerkt werden, welche die Vormontage- oder Kommissioniertätigkeiten der Teile auf der Vorderseite betreffen. Kommentare zu Teilen auf der Rückseite gehören auf die Rückseite.

In eine Reihe werden nur miteinander zusammenhängende Teile eingetragen
z. B. • Fußteil bzw. Schraube, Mutter zur Montage von Fußteil
• ACG-BKT bzw. Schraube zur Montage von ACG-BKT bei einzelnen Teilen: ein Teil pro Zeile

☐ Innerhalb der Kästchen werden die Hauptbauteile eingetragen
• Bauteile, die der Reihenfolge nach angeliefert werden, mit alphabetischer Regalkennzeichnung versehen.

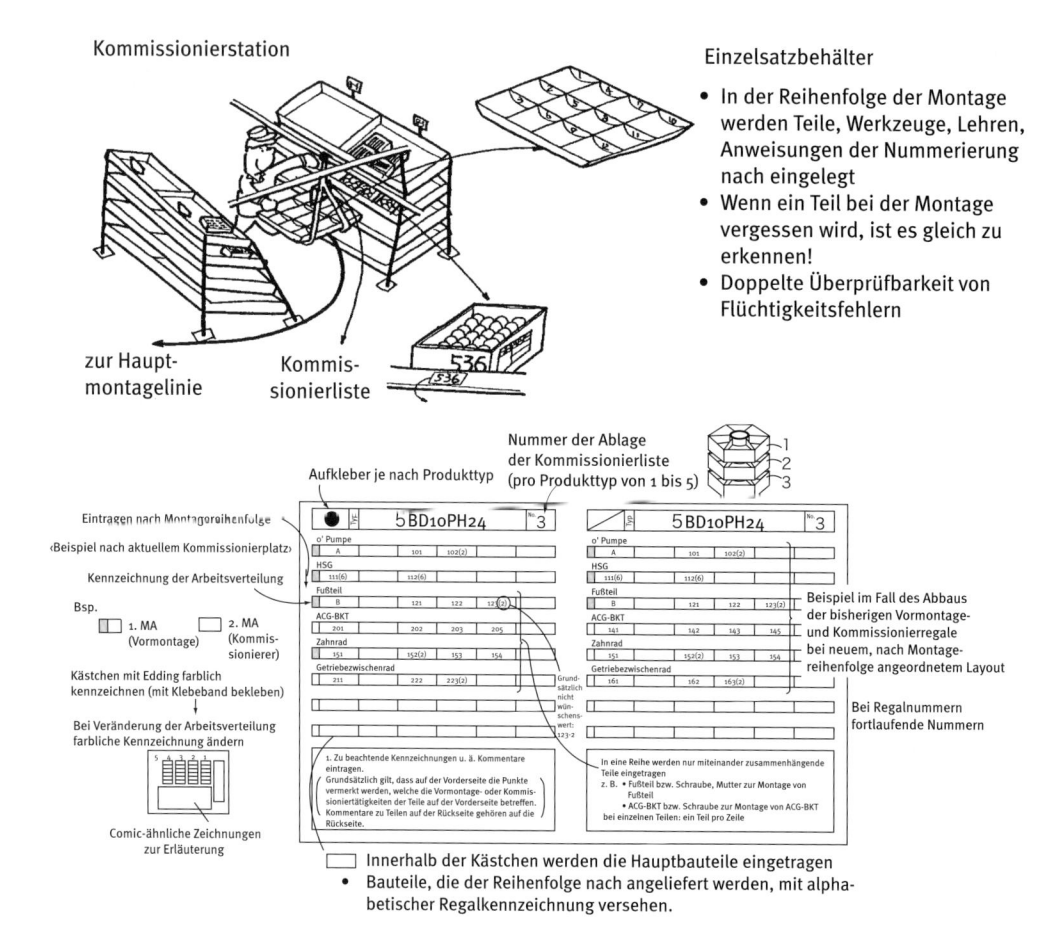

Abbildung 56: Satzweise Anlieferung

8.2 Bedingungen für die Gutteilerzeugung: Standardisierung der Arbeit

Rhythmische Tätigkeit bringt Gutteile hervor

Bei jeder Tätigkeit ist ein auch für neue Mitarbeiter leicht erlernbarer, sich rhythmisch wiederholender Ablauf gut. Eine ordentliche Darstellung und das Einhalten von Standards ist der anzustrebende Zustand. Ein sich rhythmisch wiederholender Ablauf fördert die Qualitätserzeugung im Prozess und ermöglicht, kleine Prüfschritte von ein paar Sekunden einzubauen. Zu diesem Zweck ist allerdings das Eliminieren der drei MU und die Festlegung und Umsetzung der standardisierten Arbeit notwendig.

Eliminierung der drei MU

Als Erstes der drei MU sollte MURI, die Überanstrengung, abgeschafft werden. Hier geht es vor allem um belastende Körperhaltungen des Mitarbeiters und zu schwere Lasten. Auch Tätigkeiten im Sitzen sind gesundheitlich problematisch, deshalb muss ein effizientes Arbeitsumfeld geschaffen werden, das Arbeit im Stehen ermöglicht. Für männliche Mitarbeiter gilt als Obergrenze für Lasten 8 kg, bei allem, was darüber hinausgeht, sollte mit Hilfsmitteln gearbeitet werden. Effektiv ist auch das Gleitenlassen von Schwergewichten auf Rohren.

Die nächste Eliminierung gilt MURA, den Unregelmäßigkeiten. Solange keine Regelmäßigkeit herrscht, kann man auch keine gleichmäßige Arbeitsverteilung in der Linie vornehmen. Schwankungen bei einer Tätigkeit sollten weniger als 10 Prozent betragen. Der entscheidende Punkt zur Erschaffung von Arbeitssicherheit, Qualität und guter Arbeit ist ein gleichmäßiger Rhythmus.

Der dritte Schritt ist die Eliminierung von MUDA, der Verschwendung. Alle Verschwendungen, die nicht sein dürften, müssen konsequent beseitigt werden. Dabei ist wesentlich, dass nicht nur Symptome bekämpft werden, sondern dass MURI (Überanstrengung), MURA (Unregelmäßigkeiten) und MUDA (Verschwendung) mit einer solchen Konsequenz eliminiert werden, dass sie nicht wieder auftreten können.

Standardarbeit bildet den Ausgangspunkt aller Arbeiten

Standardisierte Arbeit, in der Mensch, Material und Anlagen effizient miteinander kombiniert sind, ist die Vorgehensweise, mit der man ohne menschliche Fehler in einem sicheren Arbeitsumfeld qualitativ gute Ware kostengünstig produzieren kann.

Standardarbeit bedeutet stets, die Bewegungen des Mitarbeiters in den Mittelpunkt zu stellen und einen sich rhythmisch wiederholenden Ablauf mit Integration von Pokayoke-Vorrichtungen zu erzeugen. Sämtliche Bewegungen des Mitarbeiters müssen beherrschbar sein. Es handelt sich um die Steuerung von Bewegungen und diese sind im einzelnen Prozess nicht gut einzuhalten. Jedoch werden sie innerhalb eines Flusses zwingender und durch die straffe Koppelung der geregelten, korrekten Bewegungen aller Mitarbeiter wird das Einhalten der Abläufe und deren Steuerung ermöglicht.

Qualitätserzeugung im Prozess bedeutet, dass die Tätigkeiten des Menschen und der Maschinen eindeutig getrennt werden. In die menschliche Tätigkeit werden die wertschöpfenden Tätigkeiten und Zeit zur Qualitätsprüfung bei jedem Ablauf integriert (100-Prozent-Prüfung). Dadurch wird, unabhängig davon, ob man es als altmodisch oder primitiv et cetera empfindet, jedes einzelne Stück als »ein Stück in Ordnung, ein Stück in Ordnung, …« abgesegnet. Standardisierte Arbeit ist gleich rhythmische Arbeit und beinhaltet, dass vorerst auch die Verschwendungen mit standardisiert werden.

Zwischen Vorgesetztem, Führungskraft und Mitarbeitern müssen kontinuierlich die Arbeitszeit der Qualitätsprüfung oder der manuellen Tätigkeiten und die Abweichungen bei Arbeitsschritten besprochen werden. Auf diese Weise werden Fragen laut: »Wie verändert sich die Maschinenlaufzeit, wenn die eine Verschwendung beseitigt wird und ein neuer Qualitätsprüfpunkt integriert wird?« Oder: »Welche Tätigkeit können wir auf Verteilungsblatt Nr.1/3 noch integrieren, wenn wir die manuelle Arbeit um 10 Sekunden reduzieren?« Daraus können konkrete Verbesserungsschritte entstehen.

Anhand der Standardarbeitsblätter artikuliert der Vorgesetzte seinen Willen. Standardarbeitsblatt und Arbeitsverteilungsblatt ermöglichen das Erfassen der Situation und ein Vorantreiben der Optimierungen mit dem Verbesserungsteam.

Zur Besprechung konkreter Fälle werden meistens die Arbeitsverteilungsblätter benötigt, da bei Gesprächen über Arbeitsreihenfolge und Arbeitszeiten so gut wie immer die Frage der zeitlichen Abfolge aufkommt. Wenn man einen Schritt weitergeht, kann man erkennen, dass die Arbeitsverteilungsblätter der einzelnen Mitarbeiter die gleiche Rolle spielen wie bei der Sammlung und Überarbeitung der Arbeitsblätter der ganzen Linie. Die Verbesserungen, die dabei entstehen, sind übertragbar auf die Arbeitsverteilungsblätter der einzelnen Mitarbeiter.

Bei der standardisierten Arbeit sind die Art der Fertigung und die Philosophie der Qualitätserzeugung wesentlich. Den Ausgangspunkt bildet dabei das Standardarbeitsblatt und das Niveau der Umsetzung wird an D (Lieferfähigkeit) und Q (Qualität) sichtbar. Das Ergebnis daraus entscheidet schließlich über C, die Kosten. Daher sollte man sich gut einprägen, dass die Standardarbeit ein wesentlicher Baustein ist und den Kern der Qualitätserzeugung im Prozess bildet.

Bedingungen für die Gutteilerzeugung: Standardisierung der Arbeit

> Bei jeder Tätigkeit ist ein auch für neue Mitarbeiter leicht erlernbarer, sich rhythmisch wiederholender Ablauf der anzustrebende Zustand. Ist ein sich rhythmisch wiederholender Ablauf vorhanden, kann man in den Haupttätigkeiten die Qualitätserzeugung im Prozess fördern. Zu diesem Zweck ist allerdings das Eliminieren der drei MU und die Festlegung und Umsetzung der standardisierten Arbeit (Standardarbeitsblatt und Arbeitsverteilungsblatt) notwendig.

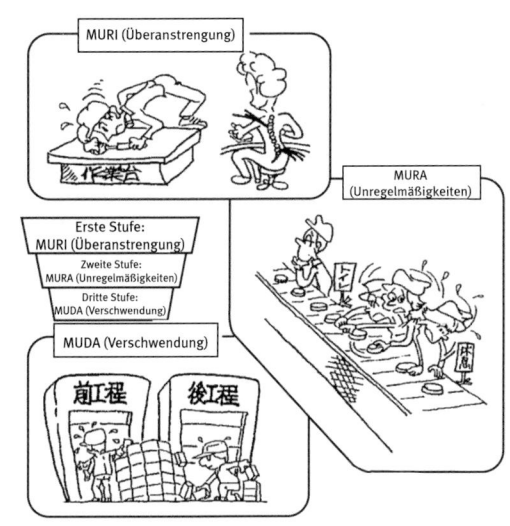

1. Eliminierung der drei MU
Arbeitssicherheit, Qualität und gute Arbeit erreicht man durch gleichmäßigen Rhythmus

1) Erste Stufe = Eliminierung von MURI (Überanstrengung)
   - Belastende Körperhaltungen
   - Zu schwere Lasten
     (Obergrenze des gut handhabbaren Gewichts: 8 kg)
2) Zweite Stufe = Eliminierung von MURA (Unregelmäßigkeiten)
   - Anpassungstätigkeiten
   - Schwankungen sollen weniger als 10 % betragen
3) Dritte Stufe = Eliminierung von MUDA (Verschwendung)

Standardarbeitsblatt

2. Standardarbeitsblatt (Abb. rechts)
Das Standardarbeitsblatt ist die Darstellung der Arbeitsweise, in der Mensch, Material und Anlagen effizient miteinander kombiniert sind und bei der in sicherem Arbeitsumfeld qualitativ gute Ware kostengünstig produziert werden kann. Standardarbeit bedeutet stets, die Bewegungen des Mitarbeiters in den Mittelpunkt zu stellen und dass der sich rhythmisch wiederholende Ablauf zur Qualitätserzeugung im Prozess führt.

Rhythmisch zu arbeiten bedeutet, vorerst auch die Verschwendung zu standardisieren.

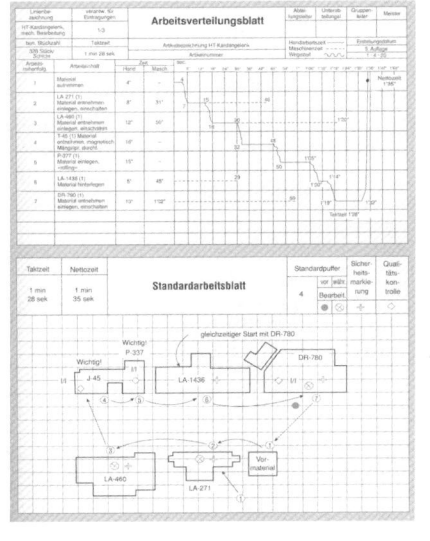

Abbildung 57: Rhythmische Tätigkeit

Basis ist die Standardarbeit

Standardarbeit bedeutet, alle Verschwendungen, die aktuell erkennbar sind, zu eliminieren (auf eine Weise, dass sie nicht wieder auftreten können), den Fluss der Güter schlank zu halten und zu beschleunigen, die richtigen Teile in der richtigen Menge zum richtigen Zeitpunkt und mit richtigem Timing zu fertigen und zu liefern, Mensch, Material und Güter effizient zu kombinieren, die Tätigkeiten zu standardisieren und auf dieser Basis zu produzieren.

Standardarbeit ist die Basis der Qualitätserzeugung im Prozess. Sie bildet die Grundlage der Produkterzeugung, der Vorgehensweise bei Verbesserungen und bei der Steuerung. Damit jeder Mitarbeiter die jeweilige Tätigkeit in gleicher Weise und Abfolge ausführen kann, werden alle Tätigkeiten standardisiert. In der Produktionsstätte, im Bürobereich und in der Hauptverwaltung wird die aktuelle Situation über visuelles Management (vom Fluss der Waren, von den Bewegungen der Mitarbeiter und der Geschwindigkeit des Arbeitsfortschritts) sichtbar gemacht.

Von den Faktoren Mensch, Maschine und Waren ist der Mensch (Büromitarbeiter, Werker) der Einzige, der sich frei bewegen kann. Daher ist zur Steuerung und zur Qualitätserzeugung im Prozess eine Standardisierung (Festlegung auf Regeln) notwendig. Unabhängig von der Güte des Standards müssen die Mitarbeiter in den Standards geschult werden, um sie einhalten und umsetzen zu können.

Die Standardarbeit ist in Werken und Produktionsstätten Selbstverständlichkeit, sie sollte jedoch auch in der Hauptverwaltung und im Bürobereich genutzt werden. Man kann zum Beispiel im Vertrieb ein Handbuch für Kundenbesuche erstellen und Arbeitsabläufe sowie Kundengespräche standardisieren oder Abläufe von der Fertigungstechnik bis hin zur Serienfertigung definieren. Wenn auch nicht für alle, so ist doch für viele Tätigkeiten in der Hauptverwaltung und im indirekten Bereich eine Standardisierung unerlässlich für die schnelle Schulung von Mitarbeitern aus anderen Bereichen oder von neuen Mitarbeitern.

Beim Standardisierungsprozess ist visuelles Management notwendig, sodass für jeden die aktuelle Situation sichtbar ist. Die Bewegungen der Mitarbeiter sollten im Mittelpunkt stehen. Und man sollte dort beginnen, wo die Tätigkeiten einen sich zyklisch wiederholenden Charakter haben. Die Erstellung der Standards erfolgt selbstverständlich durch den verantwortlichen Teamleiter des jeweiligen Arbeitsplatzes, da sie zum einen seine Willensbekundung beinhalten und er zum anderen in der Lage sein muss, gemeinsam mit dem Qualifikationstrainer seine Mitarbeiter in die Tätigkeiten einzuweisen. Außerdem ist er dafür verantwortlich, dass die Standards eingehalten werden. Ändert sich zum Beispiel die Arbeitsabfolge bei jedem Mal, können Qualität und Arbeitsgeschwindigkeit nicht gewährleistet werden, geschweige denn kann eine Verbesserung oder Reform durchgeführt werden.

Bedingungen für die Gutteilerzeugung: Standardisierung der Arbeit

Drei Elemente der Standardarbeit

Es gibt drei Elemente der Standardarbeit. Das erste ist die Taktzeit, welche die Basis für alle Aktivitäten im Unternehmen ist. Sie bestimmt den Zeitrahmen für den Materialstrom und alle damit zusammenhängenden Aktionen.

Das zweite Element ist die Reihenfolge der Bewegungsabläufe innerhalb einer bestimmten Zeit. Ob Fingerspitzengefühl entwickelt und die richtigen Kniffe beherrscht werden, hängt zum Großteil von den Schrittfolgebeschreibungen für die Tätigkeitsschulung ab. Die Bewegungen der rechten Hand, das Timing der linken Hand, rechtes und linkes Bein, bis hin zu den Bewegungen der Augen, Ausrichtung des Körpers, die Verschiebung des Schwerpunktes: Es ist erforderlich, selbst diese kleinsten Bewegungen genau zu bestimmen und die Mitarbeiter zu überzeugen, dass sie in der Lage sind, diese Bewegungsschrittfolgen schnell, korrekt und dabei sicher und bequem auszuführen.

Zuletzt sollte der für den Einzelstückfluss (Einzelsatzfluss) unbedingt im Prozess oder Arbeitsschritt notwendige minimale Zwischenbestand festgelegt werden. Diesen definierten Bestand bezeichnet man als den standardisierten Umlaufbestand. Er dient gleichzeitig als Mittel, um einem Dritten als Teil des visuellen Managements die Situation sichtbar zu machen. Indem man diesen über die Standardarbeit definierten Umlaufbestand überprüft, wird deutlich, ob der Zustand in Ordnung ist oder nicht.

Die Standardarbeit sollte das Ergebnis von unterschiedlichen Verbesserungen sein, da im Lauf der Zeit der Blick für Verschwendung geschärft wird. Die Standardarbeit ähnelt einem lebendigen Wesen mit Verbesserungspotenzial, das erkannt und mit kreativen Lösungen umgesetzt werden muss.

Die Leistung der Mitarbeiter besteht darin, sicher und schnell diese Standardarbeit zu erlernen (in der Produktion bedeutet es die Schulung der Mitarbeiter zu multiplen Fähigkeiten). Wenn auf dieser Basis das Produktionsniveau steigt (zunächst durch Verbesserungen und später durch Reformen), ist Qualitätserzeugung im Prozess gewährleistet.

Ansätze zur Steigerung der QiP-Fähigkeit über die Anwendung von Methoden und Tools

Standardarbeit bedeutet, alle Verschwendungen zu eliminieren, den Fluss der Güter schlank zu halten und zu beschleunigen, um die richtigen Teile in der richtigen Menge zum richtigen Zeitpunkt und mit dem richtigen Timing zu liefern, Mensch, Material und Güter effizient zu kombinieren, die Tätigkeiten zu standardisieren und auf dieser Basis zu produzieren.

Gefragt ist eine sichere und schnelle Einweisung der Mitarbeiter in die Standardarbeit und die Vermittlung von Fähigkeiten, damit diese zur Steigerung des Produktionsniveaus (Verbesserungen) beitragen können.

Die drei Voraussetzungen der Standardarbeit

1. Die Bewegungen des Menschen stehen im Mittelpunkt.
2. In erster Linie sich zyklisch wiederholende Tätigkeiten vornehmen.

Teamleiter und Qualifikationstrainer

Schrittfolgebeschreibungen für Tätigkeitsschulung (Übersichten zum Gespür entwickeln und Kniffe beherrschen)

- QC-Prozessübersichten
- Arbeitsnormblatt
- Kernarbeitsbeschreibung

Die drei Elemente der Standardarbeit

① Taktzeit
Definierte Zeit, wie viele Minuten und Sekunden die Fertigung eines Produkts (eines Teils) benötigen darf

② Reihenfolge der Bewegungsabläufe
Die Reihenfolge der Bewegungen während der Montage/Fertigung eines Produkts/Teils durch den Werker

③ Standardumlaufbestand
Der für die zyklisch sich wiederholende Tätigkeit unbedingt im Prozess notwendige minimale Zwischenbestand

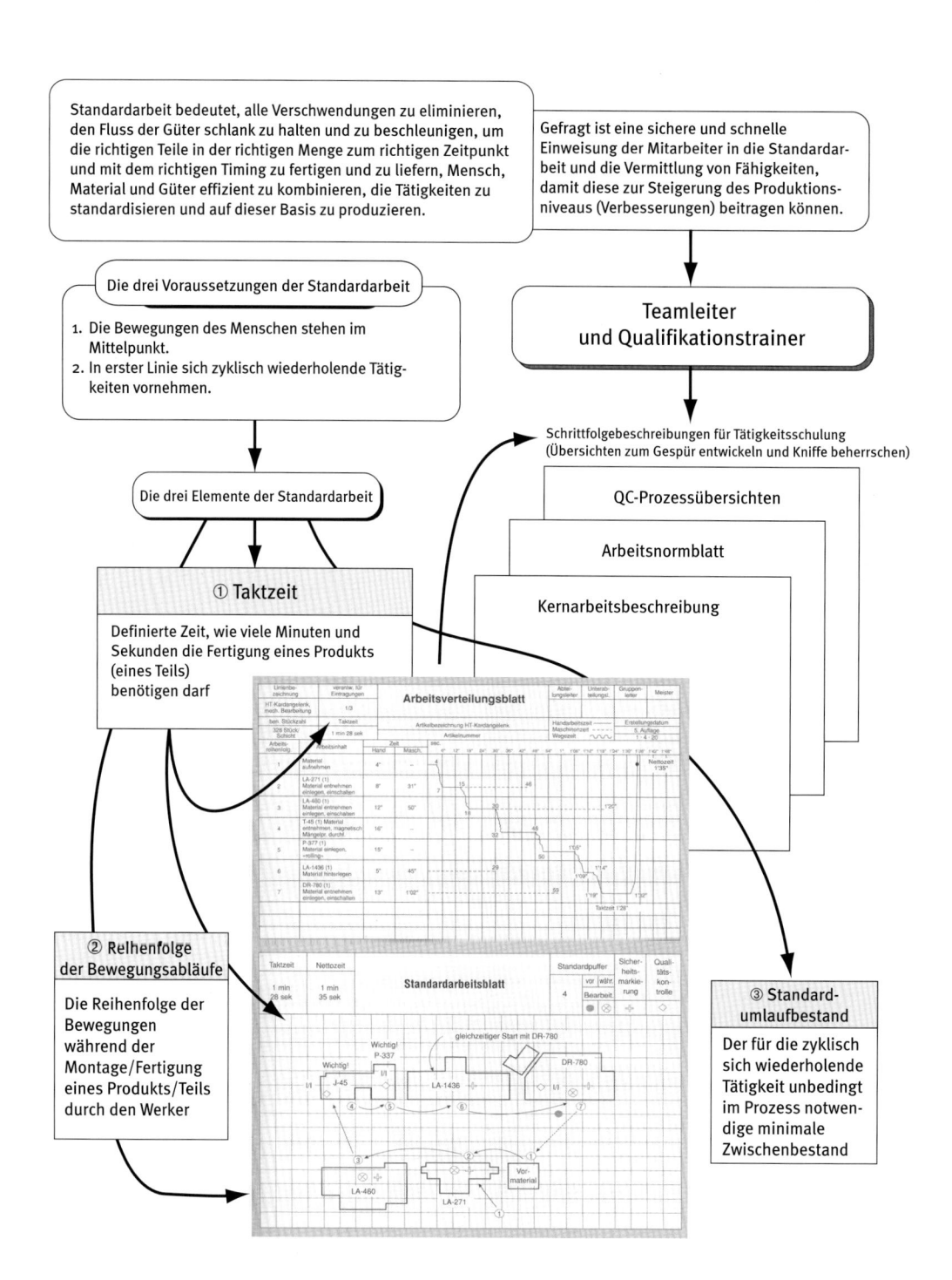

Abbildung 58: Grundsätze der Standardarbeit

Erstellung und Anwendung der Standardarbeitsblätter und Arbeitsverteilungsblätter

Es gibt ein sogenanntes Dreier-Set an Arbeitsblättern für Standardarbeit. Es besteht aus Produktionskapazitätsblatt, Arbeitsverteilungsblatt und Standardarbeitsblatt.

Schrittfolge bei der Erstellung der Standardarbeitsblätter

Als Erstes wird das Produktionskapazitätsblatt erarbeitet. Es stellt für die Fertigung oder Montage in den jeweiligen Prozessen die Produktionskapazität der einzelnen Prozesse dar. Diese Vorlage dient dazu, Prozesszeiten wie Zykluszeit (manuelle Tätigkeiten), Maschinenlaufzeit und Werkzeugwechselzeit einzutragen und innerhalb der einzelnen Prozesse genau zu erkennen, welche Anlage beziehungsweise welcher Roboter oder welche manuelle Tätigkeit einen Engpass bildet und wo sich Anhaltspunkte für die nächsten Verbesserungsschritte anbieten. Es ist zu beachten, dass Umrüstzeiten nicht eingetragen werden, und die Tätigkeiten des Menschen (Zeiten der manuellen Tätigkeiten; Qualitätsprüfungen werden eindeutig dargestellt) und die maschinellen Tätigkeiten (Fertigungszeiten) voneinander getrennt werden.

Als Nächstes wird das Arbeitsverteilungsblatt erstellt. Dies ist ein Werkzeug, mit dem auf Basis der Taktzeit die Verteilung und Reihenfolge der Arbeitsschritte festgelegt wird. Man untersucht aufgrund der Summe der manuellen Arbeitszeiten und der Wegezeiten pro Arbeitsschritt (Zykluszeit), welchen Umfang an Prozessen der einzelne Mitarbeiter bearbeiten kann. Indem man die Maschinenlaufzeiten einträgt, kann man überprüfen, ob diese Kombination der Arbeitsschritte möglich ist oder nicht. Mit dem Menschen im Mittelpunkt wird der Arbeitsablauf von Mensch und Maschine im zeitlichen Verlauf dargestellt und visuell erfassbar. Die Arbeitssituation wird der realen Praxis entsprechend visualisiert und für jeden ist die aktuelle Situation am Arbeitsplatz verständlich. Für jeden Mitarbeiter wird jeweils ein Arbeitsverteilungsblatt erstellt. Die Taktzeit wird als rote Linie dargestellt und die Maschinenlaufzeiten, falls sie überhängen, werden an der Taktzeit in den Beginn des nächsten Zyklus eingezeichnet. Für den Teamleiter ist es ein Steuerungsinstrument, mit dem er bekundet: »Ich habe die Standardarbeit auf diese Weise festgelegt und arbeite gemeinsam mit dem Team danach.«

Der dritte Schritt ist die Erstellung des Standardarbeitsblatts. Der Arbeitsbereich pro Mitarbeiter wird als einfaches Layout schematisch dargestellt, mit der Taktzeit, Zykluszeit, standardisiertem Umlaufbestand und Symbolen für Arbeitssicherheit und Qualitätsprüfung versehen und in unmittelbarer Nähe des betreffenden Prozesses, sichtbar für Dritte, ausgehängt.

Besonders wichtig hierbei ist die Qualitätsprüfung. In Hinblick darauf bedeutet der Sollzustand, dass das Team und andere sich vergewissern können, dass innerhalb jedes Zyklus sich wiederholender Tätigkeit eine Qualitätsprüfung vorgenommen und so die Qualität gewährleistet wird. Gelegentliche Prüfungen – wie jedes fünfte Mal oder jedes zehnte Mal – sollten vermieden werden. Wenn auch nur eine kurze Prüfung von einer halben Sekunde möglich ist: In jedem Zyklus sollte geprüft oder der Prozess so verändert werden, dass gar keine Prüfung erforderlich ist. Das Sicherheitssymbol wird bei den Maschinen stets auf die rechte Seite eingetragen. Wenn im Ablauf der gesamten Linie die Anlage den Engpass bildet, wird sie in Rot schraffiert, ist es die manuelle Tätigkeit, wird die Zykluszeit rot umrandet, sodass für Betroffene sowie für Außenstehende der Engpass sichtbar wird.

Vor allem bei der Standardarbeit sind die Art der Fertigung, die Denkweise und die Philosophie bezüglich Qualität wesentlich; Ausgangspunkt ist die Tätigkeit des Standardisierens. Dass das Niveau der Umsetzung sich an D (Lieferfähigkeit) und Q (Qualität) zeigt und das Ergebnis dessen schließlich über C, die Kosten, entscheidet, und daher die Standardarbeit bei der Unternehmensführung als Kern der Qualitätserzeugung im Prozess von enormer Wichtigkeit ist, wurde bereits weiter oben erwähnt.

Die Herausforderung besteht darin, wie die Standardarbeit angewandt und sinnvoll genutzt wird. Damit jeder zu jedem Zeitpunkt im bestimmten Rhythmus seine Tätigkeit verrichten kann, sollten die gesamten Tätigkeiten standardisiert werden und visuell nachvollziehbar sein. Die Erstellung erfolgt durch den Teamleiter. Er ist gefordert, die Abläufe so festzulegen, dass sie für alle Mitarbeiter einsichtig und gut umsetzbar sind. Die Einhaltung der Standardarbeit ist die Gewähr für die Qualität und entscheidet über Menge und Kosten. Es genügt jedoch nicht, einmal den Standard festzulegen und sich damit zu begnügen. Es ist sehr wichtig, dass stets Problempunkte und Verschwendungen erkannt und Gegenmaßnahmen getroffen werden. Ein standardisierter Ablauf sollte spätestens innerhalb von drei Monaten überarbeitet werden.

Bedingungen für die Gutteilerzeugung: Standardisierung der Arbeit

1. Das Arbeitsverteilungsblatt ist ein Werkzeug, mit dem auf der Grundlage der Taktzeit die Verteilung und Reihenfolge der Arbeit festgelegt wird.
   Hierbei steht der **Mensch im Mittelpunkt**; die von Menschen und von den Maschinen durchgeführte Arbeit wird im Zeitablauf **sichtbar gemacht**.
2. Eintragungen

Nr.	Rubrik	Inhalt
1		Bezeichnung der Linie, Bezeichnung des Artikels, Artikelnummer
2	Verantwortung für die Eintragung	gibt an, wer an der Linie für die Eintragungen verantwortlich ist. 1/1 1 Person an der Linie (trägt auch ein) 2/3 3 Personen an der Linie, die zweite trägt ein
3	benötigte Stückzahl	benötigte Stückzahl pro Schicht
4	Taktzeit	Arbeitszeit pro Schicht / benötigte Stückzahl pro Schicht; wird auf der Zeitachse der Arbeit mit einer roten Linie eingetragen
5	Erstellungsdatum	auch eintragen, wie oft auf Grund von Kaizen revidiert wurde (z.B. 5. Auflage)
6	Zuständigkeitsbereich eines Werkers	Auf der Grundlage der Maschinenanordnung wird mit Hilfe des Arbeitsverteilungshauptplanes die Summe aus Handarbeit und Wegezeit ermittelt. Sie wird etwas höher angesetzt als die Taktzeit (bis zu 10 %) und die Bearbeitungsstation, für die jeweils ein Werker zuständig ist, wird festgelegt.
7	Arbeitsinhalte	Maschinennummer, Inhalte der Handarbeit, Anzahl der gleichzeitig zugeführten Teile werden in ( ) eingetragen, Bezeichnung der Bearbeitungsstation darf nicht eingetragen werden. Bei den Eintragungen Verben im Präsens verwenden.
8	Zeiten	Handarbeitszeit: in Sekunden angeben; Berührungs-Start-Schalter wird durch ein Kreissymbol auf der geschlängelten Linie kenntlich gemacht. Automatenzeit ist die Zeit der maschinellen Bearbeitung, die Zeit vom Betätigen des Startschalters bis zur Rückkehr aller Maschinenelemente in die Ausgangsposition nach Beendigung der Bearbeitung. Wenn es keine Automatenzeit gibt, wird —— eingetragen. Nettozeit: Summe aus Handarbeitszeit und Wegezeit, wird als letzte Position in die Skizze eingetragen (Nettozeit 1'35"), Wartezeiten werden ggfs. eingetragen
9	Verteilungsskizze	durchgehende Linie: Handarbeitszeit ——— gestrichelte Linie: Maschinenzeit - - - - geschlängelte Linie: Wegezeit ～～
10	Reihenfolge der Arbeitsabläufe	bezieht sich auf die Reihenfolge der Arbeitsschritte, nicht des Materialflusses
11	Reihenfolge der Verteilung	In der Verteilungsskizze werden auf der Zeitachse die Handarbeitszeit und die Maschinenzeit eingetragen. Wenn beim Wechsel von einer Station zur nächsten Wegezeiten notwendig sind, werden diese mit geschlängelten Linien eingetragen. Der 2. und 3. Arbeitsabschnitt wird auf diese Weise verbunden.
12	richtige oder falsche Verteilung	Wenn die Zeit bis zur Rückkehr des Werkers von der letzten Maschine an den Anfang der Bearbeitung mit der Taktzeit übereinstimmt, ist die Verteilung richtig gewählt. Wenn die Arbeit bereits vor Ende der Taktzeit fertig ist, ist das Arbeitsvolumen zu gering. Wenn die Taktzeit um mehr als 10 % überschritten wird, führt dies zu Überstunden oder Störungen im nachgelagerten Prozeß. Die Arbeitsverteilung muß dann überprüft werden. Wenn die Maschinenzeit die Taktzeit (bzw. die Nettozeit) überschreitet, wird die darüber hinausgehende Zeit vom Standpunkt an neu eingezeichnet; wenn diese sich aber mit der Handarbeitszeit überschneidet, ist die Kombination nicht möglich.

(1) Bei langer Handarbeitszeit und vielen Arbeitselementen
   ❑ Arbeitsfolge aufbrechen und numerieren
   ❑ Arbeitsbezeichnung gibt die Arbeitsinhalte für den Werker an
   ❑ Wegezeiten am Ende der Arbeitszeit eintragen

   3
   (3 – 1 ○○○)
   (3 – 2 △△△)
   (3 – 3 ☐☐☐)
   (3 – 4 ◇◇◇)

(2) Bei kooperativer Arbeit
   ❑ wird der Inhalt der Handarbeit in ( ) eingetragen und mit der Bemerkung (in Kooperation mit …) versehen

(3) Wenn wie z.B. beim Punktschweißen oder Zusammenpressen mehrere Stellen bearbeitet werden,
   ❑ muß die Anzahl der bearbeiteten Stellen eingetragen werden.

   (5)

Die Arbeitssituation wird so, wie sie ist, eingetragen und dadurch auf einen Blick erkennbar gemacht

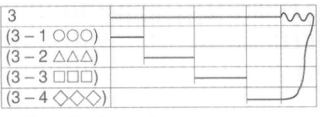

Abbildung 59: Vorgehensweise beim Eintragen in das Arbeitsverteilungsblatt

Ansätze zur Steigerung der QiP-Fähigkeit über die Anwendung von Methoden und Tools

Nr.	Rubrik	Inhalte	Nr.	Rubrik	Inhalte
1	Anbringungsort	Der Ort der Anbringung wird festgelegt und das Layout der Maschinen eingetragen (mit dickem Strich kenntlich machen).	7	Sicherheitshinweise	Sind an einer Maschine Sicherheitshinweise notwendig, werden diese an der rechten Seite der Maschine mit ⊹ gekennzeichnet. Automaten werden alle gekennzeichnet.
2	Layout	Die Größe der Maschinen muß nicht unbedingt maßstäblich wiedergegeben werden. Es kommt darauf an, daß die Situation deutlich wird.	8	Taktzeit	Die auf Grund des Arbeitsverteilungsblattes errechnete Taktzeit wird in Minuten und Sekunden angegeben.
3	Maschinennummer	In den Umriß für die einzelnen Maschinen Maschinennummer eintragen (einheitliche Ausrichtung).			
4	Arbeitsreihenfolge	In die Layoutskizze wird die Reihenfolge der Arbeitsschritte entsprechend der im Arbeitsverteilungsblatt festgelegten Reihenfolge eingetragen und mit Pfeilen verbunden. ④→⑤→⑥→⑦ ③→②→① Der Weg von der letzten Bearbeitungsstation zur ersten wird durch eine gestrichelte Linie kenntlich gemacht.	9	Nettozeit	Es wird die für das Durcharbeiten eines Zyklus mindestens benötigte Zeit eingetragen. Nettozeit = Handarbeitszeit + Wegezeit (+ Wartezeit) ❑ Die Messung wird mehrmals wiederholt, Werkzeugwechsel und andere Arbeiten werden nicht einbezogen. ❑ Bei unterschiedlichen Nettozeiten werden diese für jedes Produkt gesondert aufgeführt. ❑ Wenn zwei oder mehr Werker an einer Linie tätig sind und sich ihre Nettoarbeitszeiten unterscheiden, werden diese entsprechend eingetragen. ❑ Bei gemeinsamer Bearbeitung durch zwei Werker oder der gleichzeitigen Bearbeitung von zwei Teilen erfolgt die Eintragung in der Form 1,56 min/2 Pers. oder 1,56 min/2 Stück.
5	Standardisierter Puffer	Mit dem standardisierten Puffer ist der Pufferbestand gemeint, der für die Arbeit in der festgelegten Reihenfolge unbedingt notwendig ist. Es wird der Zustand der Linie nach Beendigung des letzten Arbeitsschrittes eingetragen (die Markierung soll die tatsächliche Position möglichst genau wiedergeben). ● vor der Bearbeitung — wenn das Teil auf einer Ablage zwischen den Maschinen abgelegt ist ⊗ bei der Bearbeitung — in einer automatischen Maschine			
			10	Flaschenhalsanzeige	Der jeweilige Flaschenhals wird rot kenntlich gemacht. ❑ Wenn eine Maschine der Flaschenhals ist, wird die Maschine rot gekennzeichnet. ❑ Wenn eine Person der Flaschenhals ist, wird die Nettozeit dieser Person rot umrandet.
6	Qualitätskontrolle	Maschinen, Bearbeitungsstationen, bei denen eine Qualitätskontrolle durchgeführt werden muß, werden mit ◇ gekennzeichnet (an der linken Seite der Maschine). Auf der Grundlage der QC-Tabelle wird auch die Häufigkeit eingetragen.			

Abbildung 60: Vorgehensweise beim Eintragen in das Standardarbeitsblatt

Erstellung und Anwendung der Kernarbeitsbeschreibung (Arbeitsschrittfolgeblatt)

Der Teamleiter ist gefordert, die Mitarbeiter gemäß den Standardarbeitsblättern möglichst schnell und in den Details exakt zu schulen. Die Basis dieser Schulung ist die Kernarbeitsbeschreibung (man nennt sie auch Arbeitsschrittfolgeblatt). Die Einpunktschulungen und Arbeitsnormblätter sind Schulungspapiere und zugleich technische Unterlagen, welche die Kernarbeitsbeschreibung ergänzen und vervollständigen.

Der Teamleiter muss in der Lage sein, nicht nur richtige und falsche Ausführung und Arbeitssicherheit, sondern auch Know-how wie Kernpunkte, richtiges Gespür und Kniffe effektiv und gut verständlich in kurzer Zeit zu vermitteln und zu trainieren. Die Erstellung der Kernarbeitsbeschreibung ist nicht einfach und man kann sie auch als ein Steuerungsinstrument mit viel integriertem Know-how ansehen.

Zum Arbeitsinhalt wird die Schrittfolge festgelegt und beschrieben

Die Arbeitsschrittfolge festzulegen bedeutet für den Teamleiter oder Qualifikationstrainer, im eigenen Kopf noch einmal Ordnung zu schaffen. Vor allem bei

Bedingungen für die Gutteilerzeugung: Standardisierung der Arbeit

Inhalten, welche die Qualität oder die Arbeitssicherheit betreffen, muss, selbst wenn es sich nur um minimale Schritte von einer zehntel oder einer halben Sekunde handelt, deutlich vermittelt werden, was genau zu tun ist. Zu diesem Zweck werden im Folgenden die Kernpunkte beim Vermitteln und deren Wirkung dargelegt.

1. Zu jedem einzelnen Schritt sollte der Teamleiter für sich schriftlich ausarbeiten, wo die zu beachtenden Punkte sind. Durch das Niederschreiben und Überarbeiten des Geschriebenen verbessert sich seine Fertigkeit im Erklären.
2. Der Teamleiter sollte in der Lage sein, die Kernpunkte auf Basis seines gesammelten Know-hows souverän zu erläutern.
3. Er sollte Schritt für Schritt feststellen, ob die Lernenden wirklich alles verstanden haben.
4. Er sollte konkret darstellen, welches die Kernpunkte (wo richtiges Gespür und Kniffe erforderlich) sind. Es wird gelegentlich notwendig sein, eine Bewegung mehrfach vorzumachen, bis sie verinnerlicht wird. Wenn Prüfvorgänge, kurze Überprüfungen, Messungen oder Justierungen notwendig sind, sollten für diese Stellen spezielle Einpunktschulungen oder Kernarbeitsbeschreibungen erstellt werden, damit die Einweisung lückenlos erfolgt. Dieses Vorgehen verkürzt die Schulungszeit für Mitarbeiter mit multipler Qualifikation und fördert die Qualitätserzeugung im Prozess.

Was bedeutet Kernpunkt (richtiges Gespür und Kniffe)?

Richtiges Gespür und Kniffe sind an den Stellen notwendig, die für die Ausführung der Tätigkeiten entscheidend sind. Im Folgenden wird konkret auf die Punkte hingewiesen, die bei der Erstellung der Kernpunkt-Liste zu beachten sind.

1. Zu erwähnen sind die Punkte, die darüber entscheiden, ob eine Tätigkeit erfolgreich ist oder misslingt, und wo am meisten Geschick und Gespür gefragt ist (richtige beziehungsweise falsche Ausführung).
2. Die Stellen, an denen für die Mitarbeiter die Gefahr von Verletzungen besteht (Arbeitssicherheit).
3. Hinweise darauf, wie eine Tätigkeit leichter und besser auszuführen ist (mit dem richtigen Gespür, mit Tipps und Kniffen, mit der notwendigen Fertigkeit, dem richtigen Atem und Timing et cetera) (Hinweise zur besseren Ausführung).

Diese drei Punkte (richtige/falsche Ausführung, Arbeitssicherheit, Hinweise zur besseren Ausführung) sollten restlos verstanden werden. Gegenüber dem »was zu tun ist« bei den einzelnen Arbeitsschritten wird nun das »wie es zu tun ist« in die Spalte der Kernpunkte eingetragen. Diese Kernpunkte sollten auf jeden Fall durch das tatsächliche Ausführen der Bewegungsabläufe jedes einzelnen Arbeitsschrittes herausgearbeitet werden.

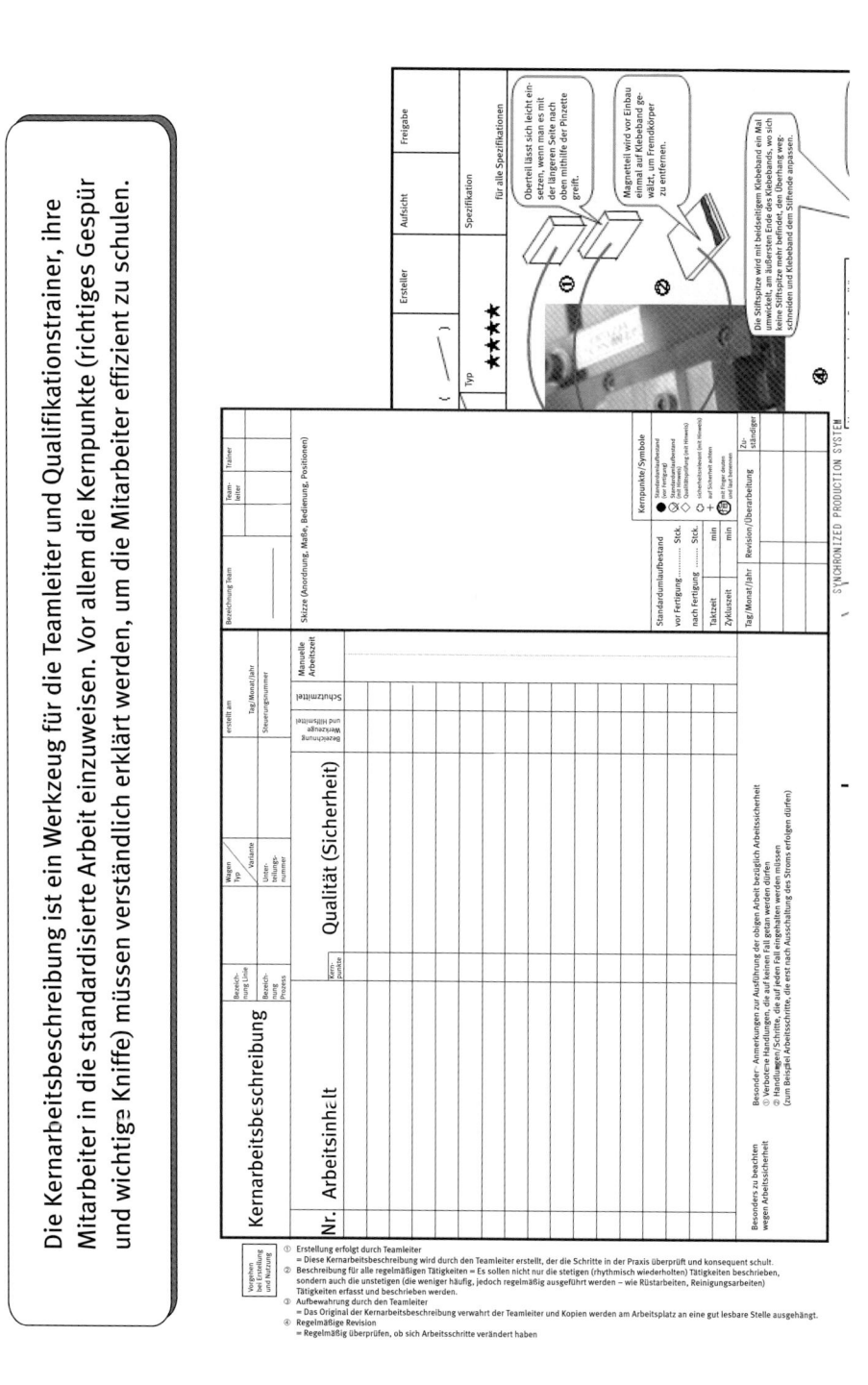

Ansätze zur Steigerung der QiP-Fähigkeit über die Anwendung von Methoden und Tools

Die Kernarbeitsbeschreibung ist ein Werkzeug für die Teamleiter und Qualifikationstrainer, ihre Mitarbeiter in die standardisierte Arbeit einzuweisen. Vor allem die Kernpunkte (richtiges Gespür und wichtige Kniffe) müssen verständlich erklärt werden, um die Mitarbeiter effizient zu schulen.

Vorgehen bei Erstellung und Nutzung

① Erstellung erfolgt durch Teamleiter
= Diese Kernarbeitsbeschreibung wird durch den Teamleiter erstellt, der die Schritte in der Praxis überprüft und konsequent schult.
② Beschreibung für alle regelmäßigen Tätigkeiten = Es sollen nicht nur die stetigen (rhythmisch wiederholten) Tätigkeiten beschrieben, sondern auch die unstetigen (die weniger häufig, jedoch regelmäßig ausgeführt werden – wie Rüstarbeiten, Reinigungsarbeiten) Tätigkeiten erfasst und beschrieben werden.
③ Aufbewahrung durch den Teamleiter
= Das Original der Kernarbeitsbeschreibung verwahrt der Teamleiter und Kopien werden am Arbeitsplatz an eine gut lesbare Stelle ausgehängt.
④ Regelmäßige Revision
= Regelmäßig überprüfen, ob sich Arbeitsschritte verändert haben

Prozess-bezeichnung	Schrittfolge zur Vorbereitung der Umsetzung von Anlagen und Schrittfolge bei Notfällen bei der Anlagenumsetzung	**Kernarbeitsbeschreibung**	erstellt am
Nr.	Arbeitsinhalt	Kernpunkte	Skizze
1	Vorbereitungen des Umbaus der betreffenden Position		
	1) Anhand der Inspektionsliste des Umbauwagens die einzelnen genannten Punkte überprüfen	Anhand der Anweisung der Inspektionsliste dokumentieren	
	2) Die Position der Regenwasserabflussrinne überprüfen	Inspektionsliste ist separat beigefügt	
	④	Bei Vorbeilaufen an der Regenwasserabflussrinne vorsorglich	
	3) Vor Umsetzung der Anlage das Öl entnehmen	Ölsperre aufstellen.	
		②	
2	Schrittfolge bei Austritt von Öl, falls beim Umsetzen der Anlage durch einen Unfall oder eine ungeschickte Handlung die Anlage umfallen sollte!		
		Tel: 3521 Instandhaltungsstation	
	Im Fall, dass in die Regenwasserabflussrinne Öl oder andere Flüssigkeiten fließen!	Tel: 3701 IMM Gr Kaizen-Station	
	1) Das nächste Vorgesetzten-/Führungskraftbüro auf-	Falls bei obigen zwei Nummern niemand zu erreichen ist	
	suchen und Instandhaltungsabteilung kontaktieren.	① beim Pförtner anrufen und ausrufen lassen	
	2) Mit Wischlappen und Ölsperre eine Mauer bilden	② Tel: 2280, 2281, 2282	
	und die Menge des Öls, das in die Rinne fließt, minimal halten.	Bei Erreichen der Instandhaltung Ort des Ölaustritts konkret mitteilen	
	3) Mit Wischlappen o. Ä. die Austrittsstelle des Öls		
	stopfen und den Ölaustritt verhindern.		
	4) Ölbindemittel verteilen und ausgetretenes Öl aufsaugen.	Benutztes Ölbindemittel sammeln und entsorgen.	
	5) Umgefallene Anlage aufrichten und Umgebung reinigen.		

Besondere Anmerkungen zur Ausführung der obigen Arbeit bezüglich Arbeitssicherheit und Qualität
① verbotene Handlungen, die auf keinen Fall vorgenommen werden dürfen
② Handlungen/Schritte, die auf jeden Fall eingehalten werden müssen

Symbol	Datum	Inhalt der Korrektur	Freigabe	Zuständiger
①				
②				
③				
④				

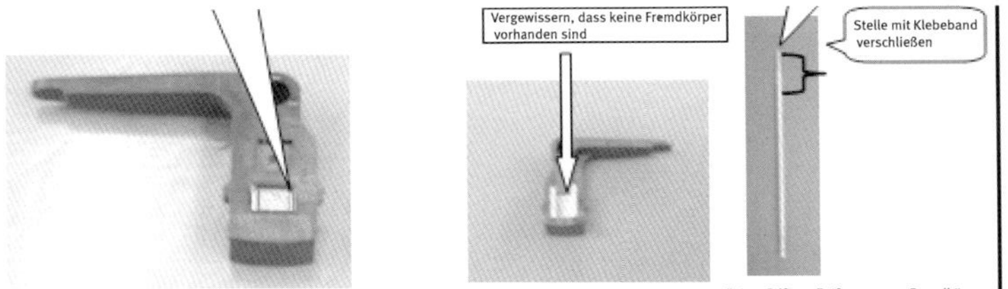

Foto 3 Hebel (Rückseite)

Foto 4 Stift zur Entfernung von Fremdkörpern

Schrittfolge	Kernarbeitsschritte	Benutzte Werkzeuge/Hilfsmittel	Kernpunkte/zu beachtende Punkte
1	Oberteil in Vorrichtung einsetzen		
2	Mithilfe von Klebeband Magnetteil von Fremdkörpern befreien und mit Markierung nach vorn in Vorrichtung einsetzen	Klebeband	Keine Teile mit Rissen oder Abbruchstellen benutzen. Richtung des Magnetteils beachten
4	Am Hebel Stelle für Magnetteil und Seite des Oberteils mithilfe des Vergrößerungsglases überprüfen, es dürfen keine Fremdkörper vorhanden sein	Stift zur Entfernung von Fremdkörpern, Vergrößerungsglas	Vorhandensein von Fremdkörpern wird zur Ursache von Störungen beim Rücklauf des Hebels. Falls Fremdkörper vorhanden, mit dafür vorgesehenem Stift entfernen. Den Entfernungsstift einmal pro halben Tag wechseln. Wenn Bruchstücke des Magnetteils vorhanden sind, wird dies zur Ursache von Fehlern in der Hebelbewegung.
5	Klebstoff aufbringen und lufttrocknen. (Sekundenkleber: Threebond 1733)		Acht geben darauf, dass an der Innenseite des Oberteils der Klebstoff nicht übertritt.

Na.	Hauptpunkte zur Steuerung der Qualität: Qualitätssteuerungspunkte	Normwerte/Maßstäbe und Methode und Häufigkeit der Überprüfung
4	eingesetzter Zustand des Oberteils	keine Locker- oder Schrägheit; an Vorrichtung sichtbar; alle prüfen
4	Vorhandensein von Fremdkörpern	Es dürfen keine Fremdkörper am Magnetteil sein; visuelle Prüfung: alle
4	eingesetzter Zustand des Magnetteils	keine Locker- oder Schrägheit; Hebel muss fest sitzen; an Vorrichtung sichtbar; alle prüfen
4	Höhe des Magnetteils im eingesetzten Zustand	2,02 bis 2,10mm; mit Messuhr; erste drei Stück zu Arbeitsanfang
5	Klebstoffauftrag	Klebstoffmenge und Auftragsposition müssen korrekt sein. An der Innenseite des Oberteils darf Klebstoff nicht übertreten; alle visuell prüfen.

Vorrichtungen, Geräte, Messinstrumente, Prüfgeräte
Eindrückpresse
Teilespender

Symbol	Datum	Inhalt der Korrektur	Freigabe	Zuständiger

① Erstellung erfolgt durch den Gruppenleiter
= Diese Kernarbeitsbeschreibung wird durch den Gruppenleiter erstellt, die Schritte werden in der Praxis überprüft und konsequent geschult.
② Beschreibung für alle regelmäßigen Tätigkeiten
= Es sollen nicht nur die stetigen (rhythmisch wiederholten) Tätigkeiten beschrieben, sondern auch die unstetigen (die weniger häufig, jedoch regelmäßig ausgeführt werden, wie Rüstarbeiten, Reinigungsarbeiten) Tätigkeiten erfasst und beschrieben werden.

Abbildung 61: Grundlagen und Beispiele für eine Kernarbeitsbeschreibung

Bei der Erläuterung des richtigen Gespürs und der Tipps und Kniffe sollte die Fähigkeit des lernenden Mitarbeiters sorgfältig bedacht und die Unterteilung der einzelnen Schritte variiert werden, das heißt, die Erläuterungen können bis zu den einzelnen Bewegungen heruntergebrochen oder in größeren Arbeitsschritten erklärt werden. Nachdem das Werkzeug zur Kernarbeitsbeschreibung erklärt wird, sollte gut bedacht werden, dass die Nutzungsweise variiert werden kann.

Beim Eintragen des notwendigen Gespürs und der wichtiger Kniffe sollten keine abstrakten Begriffe (wie zum Beispiel sicher, korrekt oder ausreichend) benutzt werden. Vielmehr soll, wie in folgenden Beispielen, erläutert werden, was denn nun sicher macht oder wie viel ausreichend ist, ob es sich um zwei oder drei Sekunden handelt oder um 30 Grad oder 45 Grad; eine solche quantitative Darstellung ist notwendig.

Diese Kernarbeitsbeschreibungen verwahrt der Teamleiter bei sich und überarbeitet sie gemeinsam mit erfahrenen Mitarbeitern oder dem Qualifikationstrainer. Diese Überarbeitung sollte parallel zur Erneuerung des Standardarbeitsblatts und des Arbeitsverteilungsblatts spätestens alle drei Monate ebenfalls zu den Verpflichtungen des Teamleiters gehören.

Erstellung und Anwendung des Lektionsblatts für Einpunktschulungen

Bei der Verwirklichung der Qualitätserzeugung im Prozess mithilfe der Standardarbeit ist es wichtig, dass alle Mitarbeiter einbezogen werden, damit die Idee sich verbreiten kann. Der erste Schritt zur Qualitätserzeugung im Prozess besteht darin, zu besprechen, »was jetzt von uns getan werden muss und welches die nächsten Aufgaben sind«. Das ist auch die erste Bedingung zur Steigerung der QiP-Fähigkeit (Abbildung 62).

Die Mitarbeiter müssen zunächst mit der Kernarbeitsbeschreibung als Grundlage konsequent in der Standardarbeit geschult werden. Dabei wird man feststellen, dass es bei den Mitarbeitern Unterschiede in den Fähigkeiten gibt. Indem man sich bewusst macht, worin genau die Unterschiede bestehen, kann man unterschiedliche Schulungsmethoden anwenden. Diese Varianz setzt man auf Basis der Lektionsblätter für Einpunktschulungen um. Von den einzelnen zu lehrenden Inhalten ist das Wesentliche auf den Punkt gebracht und auf einem Formblatt wie in Abbildung 63 dargestellt.

Bei der Erstellung nimmt man einen großen Bogen Papier im Format A1 oder A2 und trägt das Thema, die durchlaufende Nummer und die Prozess(Anlagen-)bezeichnung ein, beschreibt die Zielsetzung oder die Funktion und erklärt anhand von Zeichnungen oder schematischen Darstellungen den Mechanismus oder das Know-how derart, dass der Sachverhalt selbst für einen ganz neuen Mitarbeiter gut nachzuvollziehen ist. Es ist ebenso wichtig, dass die Schulungen dokumentiert werden, um zu beweisen, dass allen Mitarbeitern diese Lektionen tatsächlich erteilt wurden. Diese Lektionsblätter lassen sich in vier Gruppen unterteilen.

Die erste Gruppe sind die Lektionsblätter mit Basiswissen. Sie sind Inhalt der Basisschulung und erläutern mithilfe von Skizzen die Grundlagen der Tätigkeiten, die allen Mitarbeitern bekannt sein sollten.

Die nächste Gruppe bilden die Know-how-Blätter, die anhand von Zeichnungen das notwendige Geschick und die wichtigen Kniffe, den richtigen Krafteinsatz oder die Arbeitsrichtung und andere Tätigkeitskernpunkte verständlich machen und zum anschließenden Training nützlich sind.

Als Drittes gibt es die Störungsbeispielblätter, die dazu dienen, Fehler bei manuellen Tätigkeiten und Störungen aus der Vergangenheit nicht zu wiederholen. Hier werden die Inhalte der Alltagstätigkeiten nochmals sortiert und anhand des Ergebnisses die Ursachen der aufgetretenen Fehler und Störungen analysiert. Auf diese Art wird die Steuerung von Gutteilbedingungen aufgrund der zu beachtenden Faktoren durch alle Mitarbeiter unterstützt.

Als Letztes gibt es das Verbesserungsblatt. Mit diesem werden eigenständig Qualitäts- und Arbeitsverbesserungen durchgeführt; es sollte unbedingt alle drei Monate überarbeitet werden. Selbstverständlich werden hier die Ideen und die Effekte der Verbesserungen beschrieben.

Diese vier Gruppen von Arbeitsblättern dienen zur praktischen Umsetzung der Fortbildung aller Mitarbeiter und werden für die Einpunktschulungen genutzt.

Wenn immer wieder kurze Schulungen mithilfe der Lektionsblätter für Einpunktschulungen stattfinden, wobei in etwa fünf Minuten erklärt und in weiteren fünf Minuten Fragen und Antworten abgehandelt werden, sind die Mitarbeiter bald in der Lage, die Lektionen in eigenen Worten zu erklären. Jedoch ist langwieriges Erläutern ineffizient und stößt bald auf Ablehnung. Der Trick dabei: nicht zu viel auf einmal den Mitarbeitern eintrichtern zu wollen, sondern kontinuierlich und unermüdlich Tag für Tag einzelne Einpunktschulungen durchzuführen. Die Aufgabe des Trainers sollte in diesem Fall im Wechsel von allen Mitarbeitern übernommen werden. Die Tätigkeit der Mitarbeiter beschränkt sich nicht auf das Produzieren, sondern die Erweiterung der Fähigkeiten, das Aufdecken von Problemen, Verbesserung und Schulungen vorzunehmen gehören ebenfalls dazu. Für die Steigerung des gesamten Niveaus und der Selbstständigkeit ist es notwendig, dass alle Mitarbeiter nicht nur »lernen«, sondern auch selbst »schulen«.

Der Teamleiter kann anhand der Einpunktschulungen Überlegungen zum besseren Verständnis anstellen, sich in seiner führenden Rolle bestätigen und selbst zu tieferen Einsichten gelangen, indem er das Know-how seiner Mitarbeiter nutzt.

Da die Qualitätserzeugung im Prozess von allen Mitarbeitern unter Führung des Teamleiters erreicht wird, sind Schulung und gegenseitig ergänzende Unterstützung von allen gefordert. Zur praktischen Umsetzung sind die Einpunktschulungen ein wirkungsvolles Werkzeug, das es sinnvoll einzusetzen gilt.

Literaturempfehlung: Shirose, Kunio; TPM for Gemba leaders, Japan Institute of Plant Maintenance, 1984.

Ansätze zur Steigerung der QiP-Fähigkeit über die Anwendung von Methoden und Tools

```
Schulung aller Mitarbeiter in Standardarbeit ── Kernarbeitsbeschreibung
                    │                            Arbeitsschrittfolgeblatt
                    ▼
    Bewusstmachen der Unterschiede
    in den Fähigkeiten der Mitarbeiter
                    │
                    ▼
    Lektionsblätter für Einpunktschulungen ── Von den zu lehrenden Inhalten ist das Wesentliche auf den Punkt
                                              gebracht und auf einem Formblatt mit Abbildungen dargestellt
         ┌──────────┼──────────┬──────────┐
         ▼          ▼          ▼          ▼
```

Basiswissensblatt	Know-how-Blatt	Störungs-beispielblatt	Verbesserungsblatt
Die Grundlagen, die jeder kennen sollte	Stellt zu bestimmten Tätigkeiten konkret notwendiges Geschick, wichtige Kniffe und Kernpunkte dar	Zu beachtende Punkte, um Störungen aus der Vergangenheit nicht zu wiederholen	Zu beachtende Punkte bei der Denkweise und Vorgehensweise für wirkungsvolle Verbesserungen

Schulungen in kurzer Zeit — Erklärung 5 min, Fragen und Antworten 5 min

Wichtig ist, nicht zu viel auf einmal eintrichtern zu wollen, sondern kontinuierlich und unermüdlich Tag für Tag einzelne Lektionen zu erteilen.

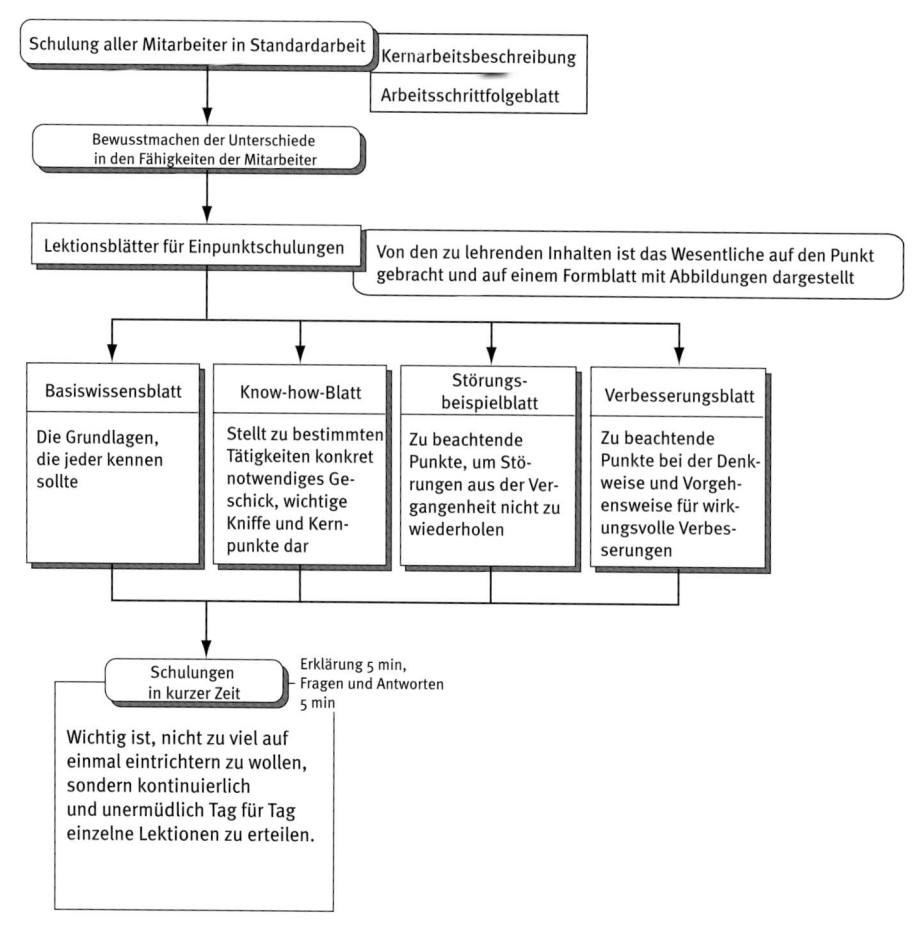

Abbildung 62: Erstellung und Anwendung der Lektionsblätter für Einpunktschulungen

Bedingungen für die Gutteilerzeugung: Standardisierung der Arbeit

Lektionsblätter für Einpunktschulungen	Abteilung	Gießerei	Erstellung	25.01.06
	Linie	Aluminiumguss	Ersteller	Walter Zimmermann

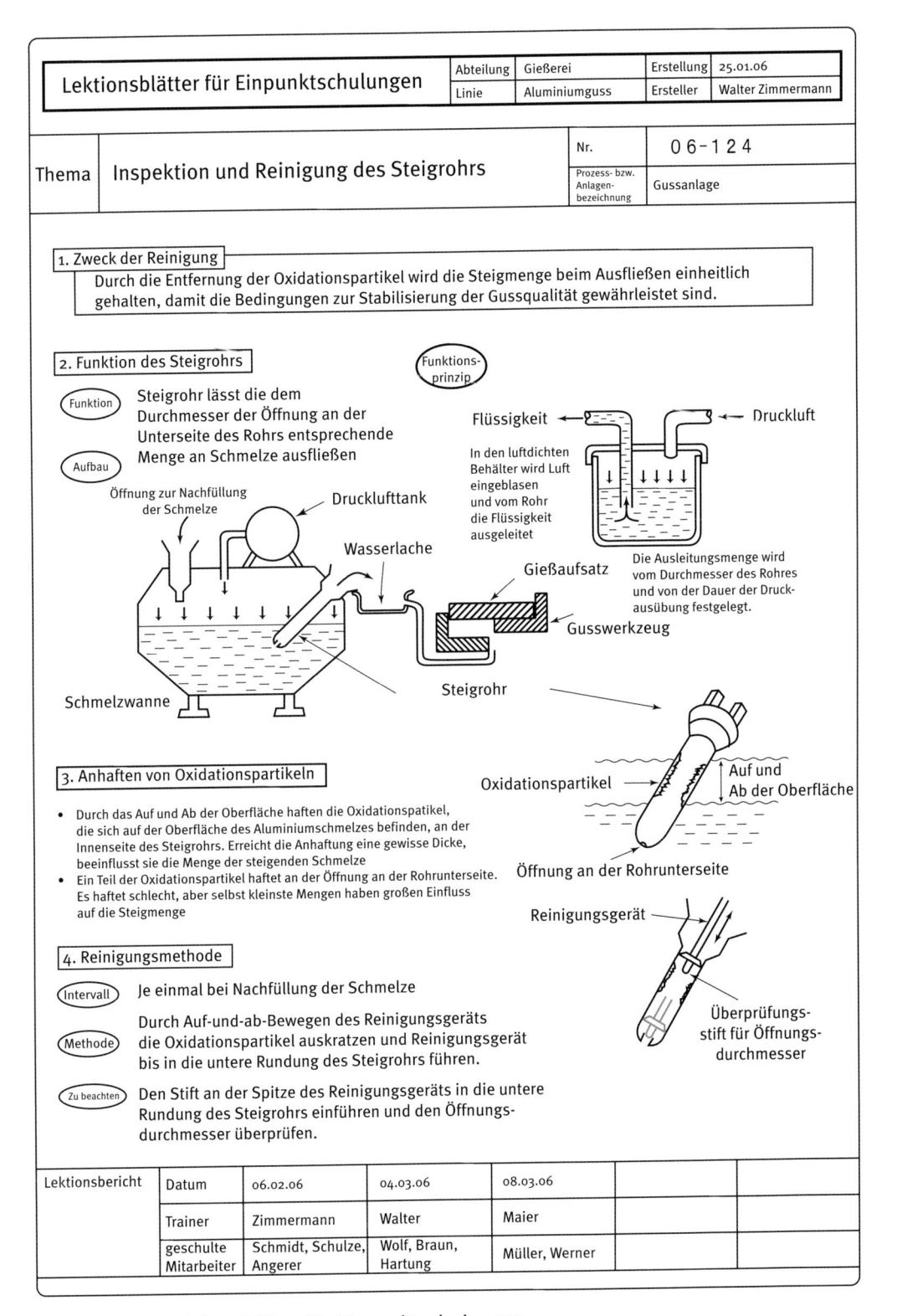

Thema	Inspektion und Reinigung des Steigrohrs	Nr.	0 6 - 1 2 4
		Prozess- bzw. Anlagenbezeichnung	Gussanlage

1. Zweck der Reinigung

Durch die Entfernung der Oxidationspartikel wird die Steigmenge beim Ausfließen einheitlich gehalten, damit die Bedingungen zur Stabilisierung der Gussqualität gewährleistet sind.

2. Funktion des Steigrohrs

(Funktion) Steigrohr lässt die dem Durchmesser der Öffnung an der Unterseite des Rohrs entsprechende Menge an Schmelze ausfließen

(Aufbau)

Öffnung zur Nachfüllung der Schmelze — Drucklufttank — Wasserlache — Gießaufsatz — Gusswerkzeug — Steigrohr — Schmelzwanne

(Funktionsprinzip) Flüssigkeit ← Druckluft

In den luftdichten Behälter wird Luft eingeblasen und vom Rohr die Flüssigkeit ausgeleitet

Die Ausleitungsmenge wird vom Durchmesser des Rohres und von der Dauer der Druckausübung festgelegt.

3. Anhaften von Oxidationspartikeln

- Durch das Auf und Ab der Oberfläche haften die Oxidationspatikel, die sich auf der Oberfläche des Aluminiumschmelzes befinden, an der Innenseite des Steigrohrs. Erreicht die Anhaftung eine gewisse Dicke, beeinflusst sie die Menge der steigenden Schmelze
- Ein Teil der Oxidationspartikel haftet an der Öffnung an der Rohrunterseite. Es haftet schlecht, aber selbst kleinste Mengen haben großen Einfluss auf die Steigmenge

Oxidationspartikel — Auf und Ab der Oberfläche

Öffnung an der Rohrunterseite

Reinigungsgerät

Überprüfungsstift für Öffnungsdurchmesser

4. Reinigungsmethode

(Intervall) Je einmal bei Nachfüllung der Schmelze

(Methode) Durch Auf-und-ab-Bewegen des Reinigungsgeräts die Oxidationspartikel auskratzen und Reinigungsgerät bis in die untere Rundung des Steigrohrs führen.

(Zu beachten) Den Stift an der Spitze des Reinigungsgeräts in die untere Rundung des Steigrohrs einführen und den Öffnungsdurchmesser überprüfen.

Lektionsbericht	Datum	06.02.06	04.03.06	08.03.06		
	Trainer	Zimmermann	Walter	Maier		
	geschulte Mitarbeiter	Schmidt, Schulze, Angerer	Wolf, Braun, Hartung	Müller, Werner		

Abbildung 63: Lektionsblätter für Einpunktschulungen

8.3 Bedingungen für die Gutteilerzeugung: Personalqualifikation

Was bedeutet Management der Qualifikationssteigerung?

Die Personalqualifizierung in einem Unternehmen ist breit gefächert, angefangen von der Einarbeitung neuer Mitarbeiter bis hin zur Schulung zum multifunktionalen Einsatz, Schulung in Industrial Engineering und Qualitätsschulungen an der Produktionslinie. Bislang war das Fortbildungsniveau zum multifunktionalen Einsatz innerhalb einer Abteilung oder eines Geschäftsbereichs ausreichend. In den letzten zehn Jahren lassen sich jedoch starke Schwankungen in der Produktionsmenge beobachten und das Bestreben, mehr Neuprodukte mit erhöhter Wertschöpfung zu entwickeln – ausgelöst durch einen rapiden Anstieg der Typenvielfalt. Diese Voraussetzungen erzwingen Veränderungen der firmeninternen Fortbildung, vor allem für die Qualitätserzeugung im Prozess.

Als Erstes ist der bereichsübergreifende, multifunktionale Personaleinsatz (Tendenz zu multiplen Fähigkeiten) gefragt. Das bedeutet, dass die Reihenfolge der stufenweisen Fortbildung, die zu schulenden Mitarbeiter und der Schulungsumfang festgelegt und die Fortbildung in kurzer Zeit vorangetrieben werden muss. Dies ist das derzeit erforderliche Management der Qualifikationssteigerung.

Dabei sind das Verständnis und die Umsetzung der folgenden Themen unerlässlich:

1. *Der Zusammenhang zwischen Qualifikationssteigerung und dem synchronen Produktionssystem.* Ein Unternehmen bedarf eines grundlegenden Konzepts der Produkterzeugung. Auf Basis des SPS (synchronen Produktionssystems) sollten ein noch kurzfristigerer Neuproduktzyklus und der Wandel der Fixkosten in variable Kosten angestrebt werden.
2. *Reihenfolge bei der Einführung der Qualifikationssteigerung.* Eine klare Reihenfolge in der Schulung wie folgt ist wichtig:
   - einfach qualifizierte Mitarbeiter (ebenso im Bürobereich), Stufe A, B, C, dann
   - mehrfach qualifizierte Mitarbeiter (ebenso im Bürobereich), Stufe A, B, C, dann
   - multifunktionale Mitarbeiter, einsetzbar in direktem und indirektem Bereich, ebenfalls Stufe A, B, C,
   - Multimaster.
3. *Zu schulende Mitarbeiter und Umfang.* Hierbei wird das Gesetz der 30 % angewandt. In der Produktion sollten bei stetiger Produktivitätssteigerung 30 % der Prozesse mit neuen Mitarbeitern aufgebaut werden, im indirekten Bereich beziehungsweise in der Verwaltung ist ein Anteil von 30 % Unterstützern notwendig.

4. *Bewusstseinsreform durch einen Qualifikationssteigerungsplan.* Durch das »Sichtbarmachen« der Fähigkeiten der Werker beziehungsweise der Büromitarbeiter soll das Bewusstsein der Mitarbeiter verändert werden. Durch eine klare Kommunikation der Strategie von Vorgesetzten und Führungskräften werden die Kräfte aller Mitarbeiter in eine Richtung gebündelt.
5. *Errichten eines Schulungszentrums.* Um die Mitarbeiter schnell und verlässlich zu leistungsstarken Arbeitskräften für das Werk und das Unternehmen aus- und fortzubilden, soll innerhalb des Werkes ein fachspezifisches Schulungszentrum eingerichtet werden, dem die Qualitätserzeugung im Prozess und das notwendige Geschick sowie die richtigen Kniffe für die Tätigkeiten in den Prozessen vermittelt werden.
6. *Grundlage ist die Standardarbeit.* Es soll eine Situation geschaffen werden, bei der die Bewegungen der Mitarbeiter und das Qualitätsniveau für jeden ersichtlich und visuell steuerbar sind. Dies ist ein Werkzeug, das zur Steigerung der Fähigkeiten unverzichtbar ist.
7. *Den Trainingsraum nutzen.* Es handelt sich um eine Art Dojo innerhalb des Schulungszentrums, in dem theoretischer und praktischer Unterricht stattfindet. Der Nutzungsgrad des Trainingsraums entscheidet über die Zukunft des Unternehmens.
8. *Schulen mit dem Arbeitsschrittfolgeblatt (notwendiges Geschick und wichtige Kniffe).* Richtige/falsche Ausführung und Arbeitssicherheit zu lehren ist selbstverständlich. Zusätzlich müssen praktisches Know-how sowie das notwendige Geschick und Gespür und die wichtigen Kniffe effizient gelehrt werden.
9. *Ausbildung der Qualifikationstrainer.* Da die Trainer eine sehr bedeutende Position einnehmen und die Stabilität und Flexibilität der Linie in Zukunft maßgeblich beeinflussen, sollten sie mit großer Sorgfalt ausgewählt werden.
10. *Den Schwierigkeitsgrad der Qualifikationsanforderung an der Produktionslinie überprüfen.* Der Qualifikationsschulungsplan sollte eine Übersicht über den Schwierigkeitsgrad der Prozesse enthalten. Die Anzahl der Anfängerthemen, die sich für neue Mitarbeiter eignen, muss erhöht werden.
11. *Die Verbindung von Senkrechtanlauf der Neuprodukte und Qualifikationssteigerung.* Der Mehrwert der Produkte der Zukunft wird hervorgerufen durch die Güte der Produktideen, die den Bedarf der Kunden antizipieren, und durch die Qualitätserzeugung im Prozess. Es sind also Produktionslinien gefragt, die spezifisch auf diese Art von Produkten zugeschnitten sind und einen schnellen Neuanlauf ermöglichen.
12. *Der Sollzustand des Verhältnisses Teilzeit- und Leiharbeiter zu fest angestellten Mitarbeitern.* Bei steigendem Produktionsvolumen sollten Mitarbeiter aus dem indirekten Bereich die Produktion unterstützen und bei sinkendem Volumen die Bereiche Vertrieb, Entwicklung und Konstruktion verstärkt werden.
13. *Personalentwicklung ist eine Investition.* Der Entwicklungsplan, »zu welchem Zweck«, »wer bis zu welcher Qualifikation« und »in welcher Abfolge« geschult werden soll, um den Gewinn zu steigern, ist nichts anderes als eine »Investition«, das heißt eine strategische Entscheidung der Unternehmensführung.

Ansätze zur Steigerung der QiP-Fähigkeit über die Anwendung von Methoden und Tools

Das Bestreben des Einzelnen, erstklassig zu sein, ist die stärkste Kraft auf dem Markt.

1. Zusammenhang zwischen Qualifikationssteigerung und dem synchronen Produktionssystem
2. Reihenfolge bei der Einführung der Qualifikationssteigerung
3. Zu schulende Mitarbeiter und Umfang
4. Bewusstseinsreform durch einen Qualifikationssteigerungsplan

Um sich den Schwankungen des Produktionsvolumens anpassen zu können, das Qualitätsniveau zu steigern und kontinuierlich neue Produkte mit Mehrwert auf den Markt zu bringen, müssen zügig die Fortbildungsstufen erklommen werden – von einfach ausgebildeten zu mehrfach ausgebildeten, diese weiterhin zu multifunktionalen Mitarbeitern. Durch kontinuierliche Verbesserungen ist nicht nur innerhalb einer Abteilung, sondern auch abteilungsübergreifend Integration und Schulung anzustreben.
Die Umsetzung dieser Reihe von Aus- und Fortbildungsstufen bezeichnet man als Management der Qualifikationssteigerung.
Gefordert ist nicht nur die Reduktion der Durchlaufzeiten der Produkte und die Steigerung der QiP-Fähigkeit, sondern die Verbesserung und Umgestaltung von Struktur und Organisation und nicht zuletzt die Bewusstseinsreform aller Mitarbeiter.

5. Schulungszentrum
6. Grundlage ist Standardarbeit
7. Den Trainingsraum nutzen
8. Arbeitsschrittfolgeblatt (notwendiges Geschick und wichtige Kniffe)
9. Ausbildung der Qualifikationstrainer
   1) theoretische Schulung Teil 1
   2) praktische Schulung Teil 1
   3) theoretische Schulung Teil 2
   4) praktische Schulung Teil 2
   5) Abschlussprüfung
   Vorbereitungen im Vorfeld
10. Überprüfen des Schwierigkeitsgrads und der Qualifikationsanforderung an der Produktionslinie
11. Verbindung von Senkrechtanlauf der Neuprodukte und Qualifikationssteigerung
12. Sollzustand des Verhältnisses Teilzeit- und Leiharbeiter zu fest angestellten Mitarbeitern
13. Personalentwicklung ist eine Investition

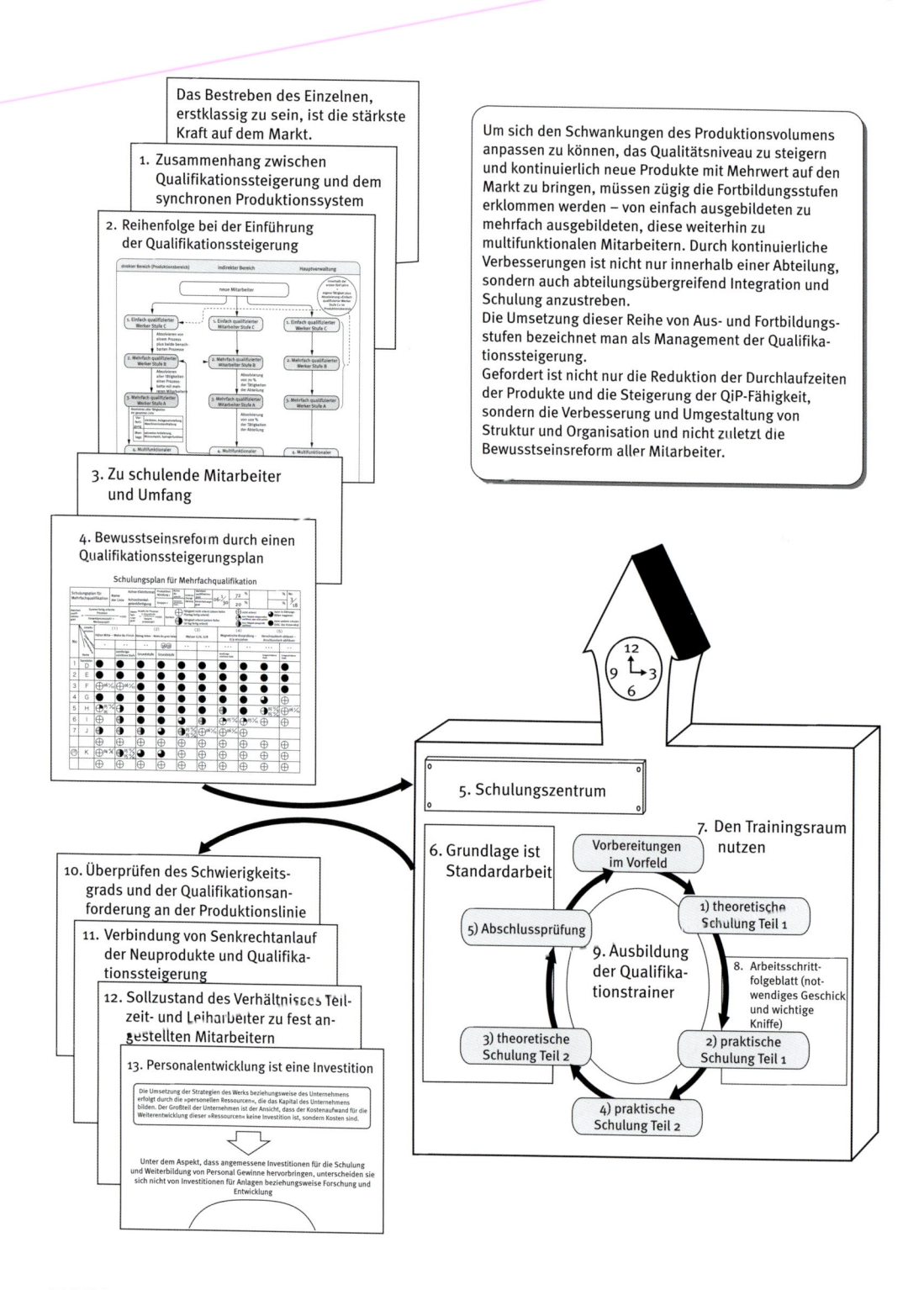

Abbildung 64: Wichtige Themen und Einführungsschritte für das Management der Qualifikationssteigerung

Roadmap zur Einführung eines Weiterbildungsprogramms

Innerhalb des firmeninternen Schulungssystems nennt man die Qualifikationsstufen an der Produktionslinie einfach qualifizierte Werker, mehrfach qualifizierte Werker, multifunktionale Angestellte (sachverständige Werker). Diese Bezeichnungen beziehen sich auf die bereichsinterne Qualifikationssteigerung und gelten ebenfalls für den indirekten Bereich und die Hauptverwaltung. Sie werden dann nicht mehrfach qualifizierte Werker, sondern mehrfach qualifizierte Mitarbeiter genannt. Wenn diese dann noch Verbesserungstätigkeiten und Qualifikationen aus anderen Bereichen beherrschen, werden sie zu multifunktionalen Angestellten. Für jede Qualifikation gibt es die Stufen C, B und A, in denen stufenweise fortgebildet wird. Die gesamte Fortbildung bis hin zur bereichsübergreifenden Schulung zum multifunktionalen Angestellten bezeichnet man als Qualifikationssteigerung, dessen höchste Stufe der Multimaster ist (siehe Abbildung 65).

1. *Einfach qualifizierte Werker beziehungsweise Mitarbeiter.* So werden Werker beziehungsweise Mitarbeiter bezeichnet, die nur einen bestimmten Prozess oder ein bestimmte Tätigkeit ausführen können. Für funktional voneinander getrennte Prozesse oder Arbeitsabläufe sind sie zwar geeignet, aber bei flexiblem Personaleinsatz zum Zwecke der Qualitätserzeugung im Prozess, der Fließfertigung oder der Anpassung an Volumenänderungen bei Neuproduktanläufen werden sie zu Engpässen (man nennt sie auch bedienende Werker).
2. *Mehrfach qualifizierte Werker beziehungsweise Mitarbeiter.* Damit Qualitätserzeugung im Prozess bei einem Einzel(stück)fluss und mit Mehrmaschinenbedienung möglich ist, bedienen diese Mitarbeiter verschiedene Arten von Anlagen und führen Tätigkeiten außerhalb ihres Zuständigkeitsbereichs aus. Im Schulungsplan sollte die kontinuierliche Weiterbildung dieser Mitarbeiter zur mehrfachen Qualifizierung dokumentiert sein. Durch diese Schulung lernen die Mitarbeiter, das Anpassen der Taktzeit je nach Veränderung des Produktionsvolumens und entsprechend auch das Verschieben der Arbeitsinhalte pro Mitarbeiter einfach umzusetzen.
3. *Der sachverständige Werker* bildet die nächste Stufe in der Hierarchie der Qualifikationssteigerung. Er ist in der Lage, Verbesserungstätigkeiten und Umgestaltungen, auch bei der Qualität, vorzunehmen, mithilfe der Instandhaltung (und bei Bedarf mit dem Einkauf) bei den Lieferanten Maßnahmen zur Leistungssteigerung zu treffen und andere Produktionslinien zu unterstützen.
4. *Multifunktionale Angestellte.* Mitarbeiter, die nicht nur fähig sind, Tätigkeiten anderer Bereiche auszuführen, sondern diese auch zu verbessern und umzugestalten, nennt man multifunktionale Angestellte. Für einen Mitarbeiter aus der Produktion würde es zum Beispiel bedeuten, dass er auch in der Produktionssteuerung oder im Einkauf beteiligt ist. Für einen Produktionstechniker mag es heißen, dass er mit Aufgaben des Vertriebs oder der Entwicklung und Konstruktion vertraut ist, bei einem Mitarbeiter aus der Personalabteilung, der Planung oder Hauptverwaltung die aktive Mitarbeit im Vertrieb.

5. *Multimaster.* Steigt die Anzahl der multifunktionalen Angestellten im Unternehmen, ist die Planung der Unternehmensstrategie einfacher. Sie erleichtern nicht nur die Anpassung an veränderte Produktionsvolumina, sondern auch die Durchlaufzeitreduzierung der Neuproduktentwicklung und den zügigen Serienanlauf oder eine kurzzeitige Verstärkung der Vertriebsaktivitäten. Multifunktionale Angestellte, die mehr als drei Arbeitsbereiche beherrschen, bezeichnet man als Multimaster.

Neue Mitarbeiter im direkten Bereich (Produktionsbereich) oder in einem Prozess absolvieren als Erstes »1. Einfach qualifizierter Werker Stufe C«. Das nächste Ziel ist, die zwei benachbarten Prozesse, also insgesamt drei Prozesse, zu erlernen. Der Produktionsmitarbeiter strebt die dritte Stufe, nämlich »mehrfach qualifizierter Werker Stufe A« an. Den Absolventen dieser Stufe erwartet ein größerer Umfang an Tätigkeiten wie Umrüstvorgänge und Anlageneinstellung, Maschineninstandhaltung, Mizusumashi-Tätigkeiten und die Aufgabe des Springers. Ab der vierten Stufe erreicht er den Rang des multifunktionalen Angestellten. Auch der »verständige Werker« ist auf der vierten Stufe angesiedelt; er muss Verbesserungen und Umgestaltungen durchführen und andere Linien als Springer unterstützen können. »5. Multifunktionaler Angestellter Stufe B« kann auch im indirekten Bereich eingesetzt werden und »6. Multifunktionaler Angestellter Stufe A« ist die Ebene, wo auch Tätigkeiten in der Hauptverwaltung erledigt werden können.

6. *Die Stufen im indirekten Bereich (Büromitarbeiter des Produktionsbereichs, Produktionssteuerung, Einkauf, Produktionstechnik und Qualitätssteuerung).* Grundsätzlich werden die Stufen 1 bis 3 als »mehrfach qualifizierte Mitarbeiter« bezeichnet, sie stellen Qualifikationssteigerungen innerhalb eines Arbeitsbereichs dar.

Ab Stufe 4 wird die Ebene mit Fähigkeiten zu Verbesserungen und Springerfunktionen in anderen Bereichen erreicht. Vor allem als »6. Multifunktionaler Angestellter Stufe A« kann ein Mitarbeiter mit Kompetenz in Prozesstechnik oder Produkttechnik in einer Vertriebsunterstützungstruppe eingesetzt werden, um neue Kunden zu gewinnen, oder zur Durchlaufzeitverkürzung bei der Neuproduktentwicklung in Entwicklung und Konstruktion dienlich sein.

7. *Die Stufen in der Hauptverwaltung (Personal-/Verwaltungswesen, Planung, Buchhaltung, Vertrieb, Entwicklung, Konstruktion, Qualitätssteuerung).* Innerhalb der ersten fünf Jahre sollte der neue Mitarbeiter neben seiner eigenen Tätigkeit die »1. Einfach qualifizierter Werker Stufe C« im Produktionsbereich absolvieren und wird bei Bedarf im direkten Bereich als Unterstützung eingesetzt. Das Gleiche gilt selbstverständlich auch für die ersten fünf Jahre eines neuen Mitarbeiter im indirekten Bereich. Als multifunktionaler Angestellter kann er dann auch im Vertrieb und in der Entwicklung und Konstruktion eingesetzt werden.

Bedingungen für die Gutteilerzeugung: Personalqualifikation

Direkter Bereich (Produktionsbereich) | **Indirekter Bereich** | **Hauptverwaltung**

Neue Mitarbeiter

Innerhalb der ersten fünf Jahre + Eigene Tätigkeit plus Absolvierung »Einfach qualifizierter Werker Stufe C« im Produktionsbereich

Direkter Bereich (Produktionsbereich):

1. Einfach qualifizierter Werker Stufe C
   - Absolvieren von einem Prozess plus beide benachbarten Prozesse
2. Mehrfach qualifizierter Werker Stufe B
   - Absolvieren aller Tätigkeiten einer Prozesskette mit mehreren Mitarbeitern
3. Mehrfach qualifizierter Werker Stufe A
   - Absolvieren aller Tätigkeiten der gesamten Linie
     - Vorfertigung: Umrüsten, Anlageneinstellung, Maschineninstandhaltung
     - Montage: satzweise Anlieferung, Mizusumashi, Springerfunktion
4. Multifunktionaler Angestellter Stufe C
   - *Verständiger Werker* — Führt Verbesserungsmaßnahmen im Synchro-Team durch und kann als Springer in anderen Linien unterstützen.
5. Multifunktionaler Angestellter Stufe B
   - Beherrscht nicht nur den Produktionsbereich, sondern auch Produktionssteuerung, Einkauf, Instandhaltung
6. Multifunktionaler Angestellter Stufe A
   - Beherrscht auch Teile des Vertriebs und die Produktionstechnik

Indirekter Bereich:

1. Einfach qualifizierter Mitarbeiter Stufe C
2. Mehrfach qualifizierter Mitarbeiter Stufe B
   - Absolvierung von 70 % der Tätigkeiten der Abteilung
3. Mehrfach qualifizierter Mitarbeiter Stufe A
   - Absolvierung von 100 % der Tätigkeiten der Abteilung
4. Multifunktionaler Angestellter Stufe C
   - Beherrscht Verbesserungstätigkeiten plus Teil der Aufgaben einer weiteren Abteilung
5. Multifunktionaler Angestellter Stufe B
   - Beherrscht außerhalb der eigenen Abteilung alle Tätigkeiten einer weiteren Abteilung
6. Multifunktionaler Angestellter Stufe A
   - Wird aufgrund seiner Kompetenz in Prozesstechnik oder Produkttechnik in Vertriebsunterstützungstruppe oder in Entwicklung und Konstruktion eingesetzt

Hauptverwaltung:

1. Einfach qualifizierter Werker Stufe C
2. Mehrfach qualifizierter Werker Stufe B
3. Mehrfach qualifizierter Werker Stufe A
4. Multifunktionaler Angestellter Stufe C
   - Beherrscht Verbesserungstätigkeiten plus Teil der Aufgaben einer weiteren Abteilung
5. Multifunktionaler Angestellter Stufe B
   - Vertriebsmitarbeiter beherrschen Teil von Entwicklungstätigkeiten. Andere Mitarbeiter beherrschen Teil von Vertriebstätigkeiten
6. Multifunktionaler Angestellter Stufe A
   - Beherrscht alle Tätigkeiten aller Bereiche der Hauptverwaltung

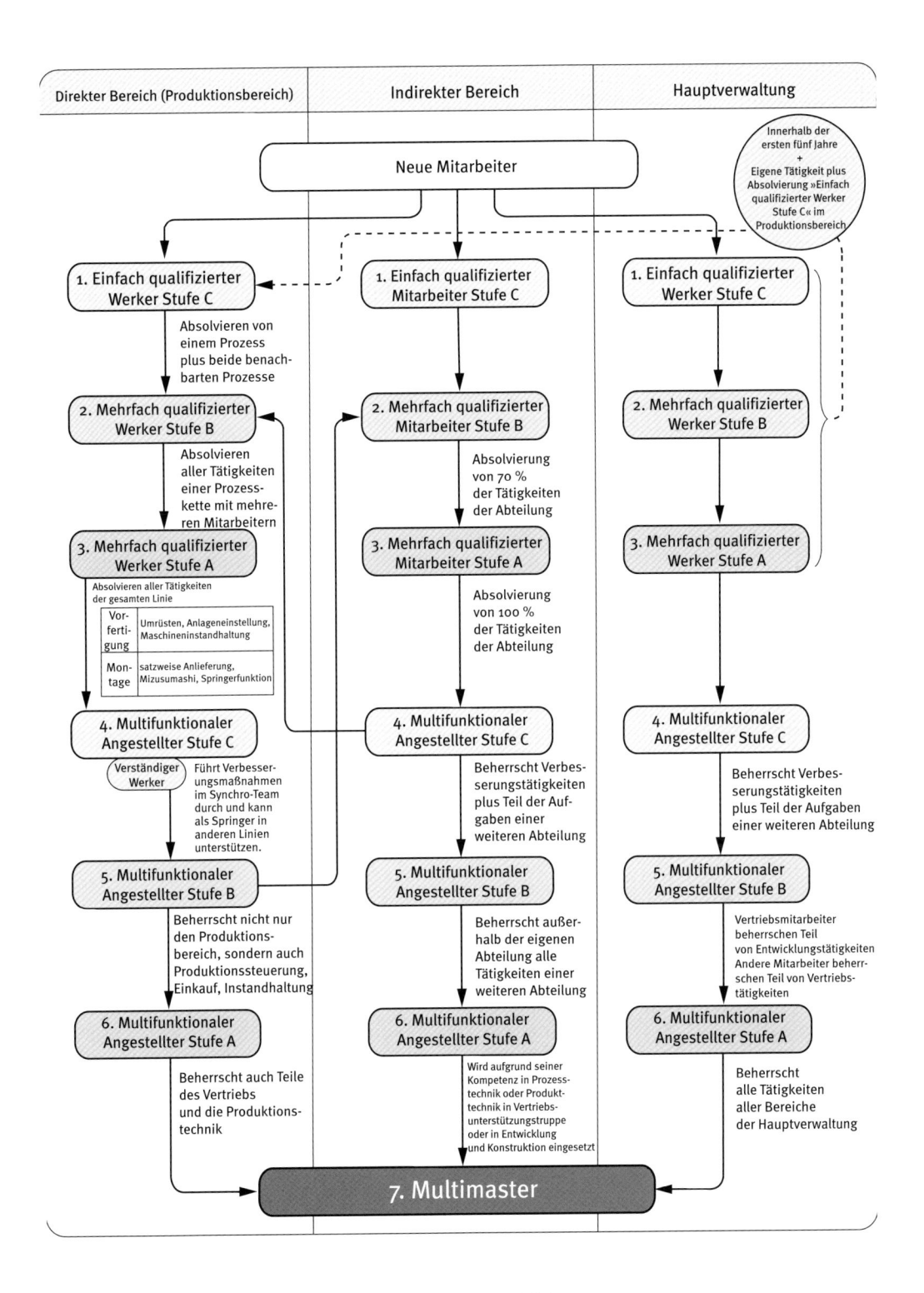

7. Multimaster

Abbildung 65: Roadmap zur Einführung eines Weiterbildungsprogramms

Erstellung und Nutzung des Qualifikationssteigerungsplans

In der Produktionsstätte sollte sich ein Plan über die Mehrfachqualifikationsschulung befinden, der die Mehrfachqualifizierung und die erzeugte Qualität aller Werker der Linie, inklusive des Vorgesetzten, sowie Schulungs- und Trainingsplanung mit dem tatsächlichen Umsetzungsgrad darstellt. Ebenso gibt es in der Hauptverwaltung und im indirekten Bereich einen Schulungsplan, der die Fähigkeiten von Abteilungsleitern und Büromitarbeitern und deren Qualifizierungsplanung mit dem tatsächlichen Umsetzungsgrad aufzeigt. Mit dem Veröffentlichen und Aushängen dieses Plans sowie dem »Sichtbarmachen« des Kompetenzniveaus und der Qualifikationssituation des Einzelnen wird der Zweck verfolgt, den Ehrgeiz der Angestellten zu wecken. Während unter den Angestellten im positiven Sinne der Wettbewerbsgeist geweckt wird, beinhaltet der Plan gleichzeitig eine Willensbekundung der Vorgesetzten, der Teamleiter, Abteilungs- und Bereichsleiter.

Besonderheiten des Schulungsplans für die Mehrfachqualifikation

1. *Die Hälfte eines Arbeitsprozesses wird als ein Abschnitt festgelegt.* Die Hälfte des aktuell bearbeiteten Prozesses (der Arbeitsinhalte des Standardarbeitsblatts für einen Werker) wird als ein Abschnitt definiert. Bei Berücksichtigung des gegenseitigen Aushelfens oder dem Einsatz eines Springers ist dies die minimale Arbeitseinheit. Zwei Arbeitsabschnitte ergeben also die Arbeitsmenge eines Werkers.
2. *Schwierigkeitsgrad der Tätigkeit beschreiben.* Der Schwierigkeitsgrad der Arbeitsinhalte wird in vier Stufen (Grundstufe, Mittelstufe, semifortgeschrittene Stufe, fortgeschrittene Stufe) festgelegt und dargestellt. Die Grundstufe sind gut ausführbare, einfache Arbeitsinhalte und Prozesse, die für neue Mitarbeiter geeignet sind. Die fortgeschrittene Stufe bezeichnet Arbeitsinhalte, die zum Beispiel in Bezug auf Bauweise, Anlagenbedienung oder Justierung gewisse Techniken oder in Bezug auf eine Tätigkeit gewisse Fähigkeiten erfordern.
3. *Den geplanten Abschlusstag des zu erlernenden Prozesses ankündigen und steuern.* Die Planung und tatsächliche Umsetzung, zu welchen Tagen bestimmte Stufen erreicht sein sollen, werden auf der Steuerungstafel dargestellt. Die Unterteilung der Fortbildung in vier Stufen ist eine Besonderheit, üblicherweise reicht zunächst eine Schulung, die das planmäßige Ausführen der Tätigkeit ermöglicht.
4. *Anstreben eines erhöhten Mehrfachqualifikationsgrads.* Dies ist eine Sache der Vorgesetzten und Leitenden und eine wichtige Aufgabe. Alle drei Monate wird die Niveausteigerung überprüft und dokumentiert. Der Grad der Mehrfachqualifikation besitzt großen Einfluss auf die Produktivität und Flexibilität einer Linie.
5. *Erfassen des Schwierigkeitsgrads der Linie durch Vereinfachungsgrad.* Der Vereinfachungsgrad zeigt auf, wie hoch der Anteil an Grundstufenprozessen in der Linie ist. In der Hauptsache liegt es in der Verantwortung der Produktionstechnik und

der Verbesserungsteams, diesen Anteil zu erhöhen, er sollte 30 % betragen. Vereinfachungen eignen sich besonders für mittlere Prozesse innerhalb der Linie. Die Qualitätserzeugung im Prozess, die Anordnung nach dem Best-Point-Prinzip und Einzelstückfluss der Teile tragen dazu bei, unter gleichzeitigem Vorantreiben der Mehrfachqualifizierung und der Erhöhung des Vereinfachungsgrads eine bessere Wettbewerbsfähigkeit zu erzielen.

Besonderheiten des Schulungsplans für die Mehrfachqualifikation im Bürobereich

1. *Unterteilung in stetige und kreative Tätigkeiten.* Die Tätigkeiten des indirekten und Bürobereichs werden unterteilt in stetige und kreative Tätigkeiten. Diese werden jeweils gruppiert in abteilungsübergreifende allgemeine Tätigkeiten, abteilungsspezifische Tätigkeiten, firmeninterne Verbesserungsmaßnahmen und Aufgaben sowie extern zu bearbeitende Maßnahmen und mit Qualifikationsstufen versehen.
2. *Herausarbeiten der Qualifikationspunkte (Arbeitsinhalte).* Qualifikationspunkte herauszuarbeiten und recht konkret darzustellen scheint einfach und ist dennoch schwierig. Zunächst erstellt jeder Mitarbeiter eine Übersicht der Arbeitsinhalte, ergänzt durch Wichtigkeitsgrad, Häufigkeit des Auftretens, benötigte Zeit et cetera. Dabei brauchen nicht von Anfang an alle Tätigkeiten auf einmal erfasst zu werden.
3. *Qualifikationsschwierigkeitsgrad, Planung und Umsetzung der Schulung, Mehrfachqualifikationsgrad, Vereinfachungsgrad.* Grundsätzlich gilt hierbei das gleiche Vorgehen wie beim Schulungsplan für die Mehrfachqualifikation. Beim Schwierigkeitsgrad sollte die Richtlinie zur Absolvierung der Grundstufe etwa einen Monat, der Mittelstufe etwa einen bis drei Monate, der semifortgeschrittenen Stufe drei bis sechs Monate und der fortgeschrittenen Stufe über sechs Monate vorsehen.

Erstellung von Schulungskarten für die mehrfach qualifizierten Werker und Mitarbeiter sowie für die multifunktionalen Angestellten

Um die Möglichkeiten zur Unterstützung in den jeweiligen Linien beziehungsweise Abteilungen zu erfassen, werden ab »4. Multifunktionaler Angestellter Stufe C« der Qualifikationssteigerung (siehe Abbildung 65) Schulungskarten angelegt und in der Personalabteilung registriert. Die Einteilung des Personals bei Reduktion oder Steigerung des Auftragsvolumens, bei Unterstützungsbedarf in Entwicklung und Konstruktion sowie im Vertrieb kann dadurch schneller vonstatten gehen. Zudem wird durch das »Sichtbarmachen« der Fähigkeiten und Qualifikationen eine Bewusstseinsreform bei allen Mitarbeitern angeregt.

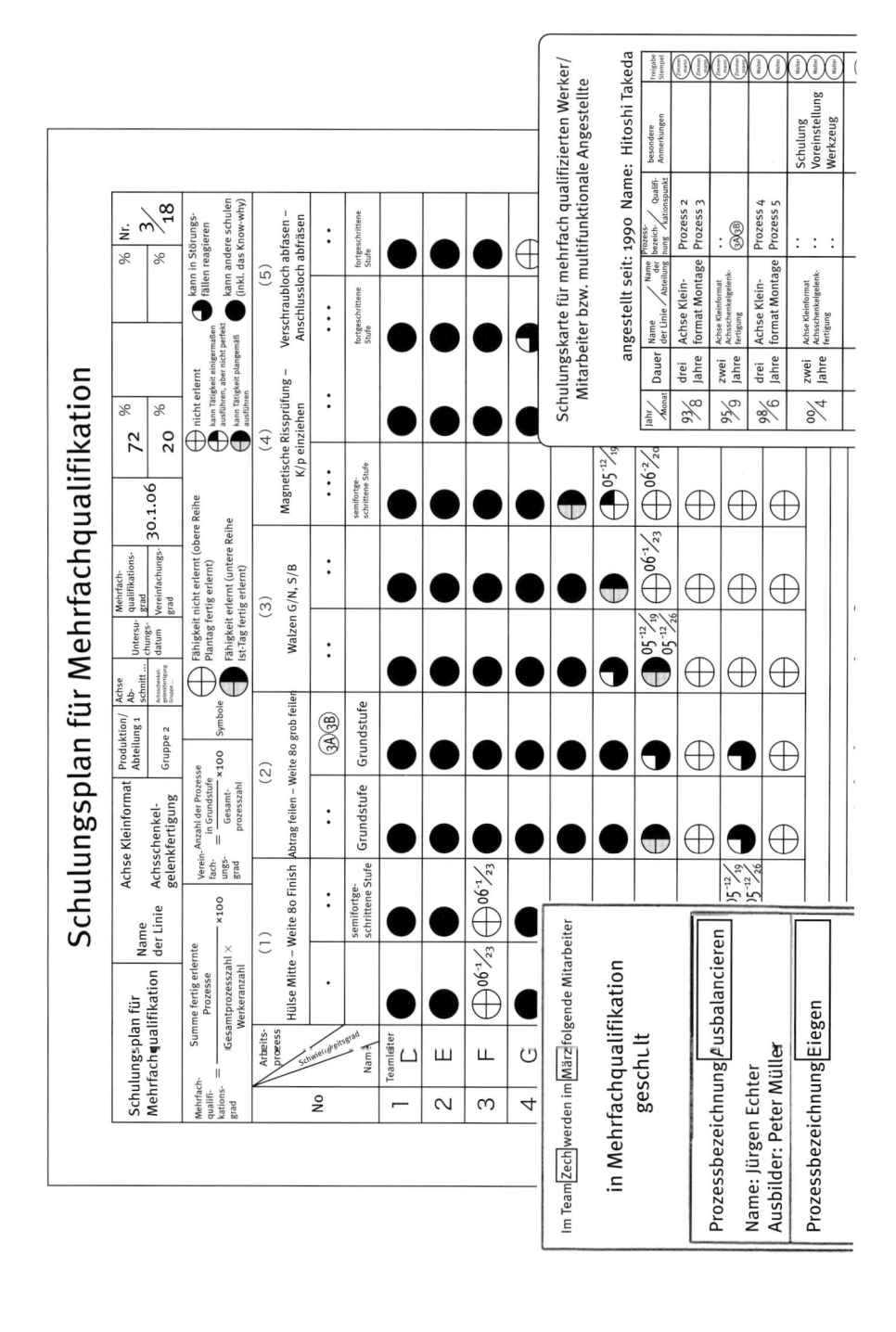

Ansätze zur Steigerung der QiP-Fähigkeit über die Anwendung von Methoden und Tools

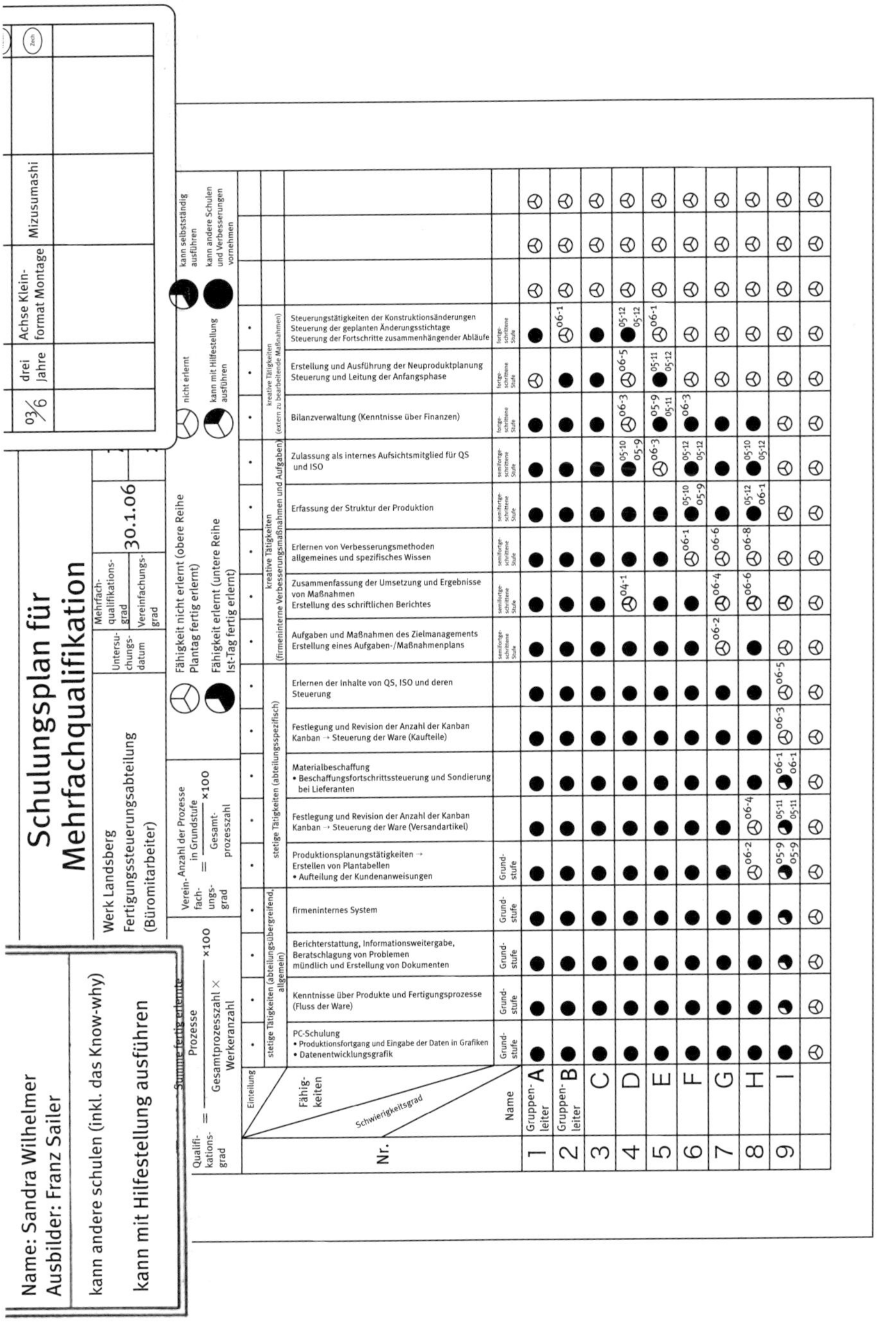

Bedingungen für die Gutteilerzeugung: Personalqualifikation

Abbildung 66: Schulungsplan für Mehrfachqualifikation

Ansätze zur Steigerung der QiP-Fähigkeit über die Anwendung von Methoden und Tools

Errichten eines Qualifikationssteigerungscollege

In vielen Unternehmen ist man willens, Mehrfachqualifikation und die Fortbildung zu multifunktionalen Mitarbeitern voranzutreiben, stellt Pläne auf und nimmt diese Aufgaben vorrangig in Angriff, jedoch gibt es wenige, die plangemäß Fortschritte darin machen. Die Ursache dafür ist meist eine unzureichende Vorbereitung. Es wird selten die dem Schulungsplan entsprechende Trainingszeit eingeräumt, es ist kein angemessener Raum für das Training vorhanden und die Schulungsmethoden sind nicht ausgereift.

Zweck der Errichtung und Schulungspersonal

Ein College zu errichten bedeutet, als Unternehmen hinsichtlich der Qualifikationssteigerung eine klare Richtung zu weisen. Dadurch wird den Mitarbeitern Ort und Zeit für Schulung und Training zugesprochen und es werden eindeutige Regeln zur Schulungs- und Trainingsmethode vorgegeben. Damit sich die neuen Mitarbeiter und die im Prozess neuen Mitarbeiter schnell und zuverlässig zu Fachkräften für das Unternehmen beziehungsweise das Werk entwickeln können, wird innerhalb des Werks eine Fachschule eingerichtet, in der das notwendige Geschick und die richtigen Kniffe bei den jeweiligen Arbeitsschritten vermittelt werden. Selbstverständlich wird bei Auftreten von Fehlern in der Linie am Folgetag eine kurzfristige Schulung eingeschoben, da die Erzeugung von Produkten mit hoher Wertschöpfung in guter Qualität überlebensnotwendig ist.

Um aber kontinuierlich Neuprodukte herauszubringen und einen senkrechten Serienanlauf zu ermöglichen, sollte im Schulungszentrum eine Linie nach dem synchronen Produktionsprinzip aufgebaut werden, regelmäßig verbessert und umgestaltet und zum Training genutzt werden. Dieses ist nicht allein als Schulungsort für neue Mitarbeiter oder zum Unterrichten von Tätigkeiten der Grundstufe konzipiert, sondern durchaus ebenso eine Fachschule (College) zur Vermittlung höheren Fachwissens.

Diese Colleges werden nicht nur pro Werk, sondern auch pro Produkt und Geschäftsbereich eingerichtet. Die Rolle des Schulleiters übernimmt der für das jeweilige Produkt verantwortliche Abteilungsleiter. Es wird festgelegt, inwieweit unter Verantwortung des Abteilungsleiters in diesem Jahr die Mehrfachqualifikationsschulung vorangetrieben wird, wie die Schulungszeiten, mit Rücksicht auf gegenseitige Unterstützung der Abteilungen, gesichert werden, wie die Schulung für den Neuproduktanlauf gehandhabt wird et cetera. Ebenso wird die Richtung für ein halbes Jahr und ein Jahr später bestimmt. Analog zu dieser Planung reichen die jeweiligen Führungskräfte einen Qualifikationssteigerungsplan mit definierten Zeiträumen und Teilnehmern ein. Zweimal im Jahr wird die Schulungsstätte betrieben.

Trainingsstudio und Nutzungsweise

Vergleichbar mit dem Trainingsstudio, das Profisportler zur täglichen Ertüchtigung aufsuchen, sollte zur Verwirklichung von Forschung und Entwicklung und zu Schulungszwecken neben der Hauptmontagelinie ein Trainingsstudio eingerichtet werden. Das Trainingsstudio für die maschinelle Fertigung sollte sich im Werkzeugbau (Aufwärmlinie) befinden und eine einfache minimierte Linie sein, die zugleich eine sehr flexible Pilotlinie und ein Trainingsplatz ist.

Das Trainingsstudio erfüllt folgende Funktionen: Als Erstes soll es als Qualifikationssteigerungscollege Arbeitsschulungs- und Übungsplatz für die Fortbildung zu mehrfach qualifizierten Mitarbeitern und multifunktionalen Angestellten sein. Als Nächstes dient es der Entwicklung und Konstruktion zur Weiterentwicklung von Produkttypen. Drittens wird die Linie für praktische Versuche der Prototypen und für den Übergang von Prototypenfertigung zum Senkrechtstart beim Serienanlauf der Neuprodukte genutzt. Außerdem ist das Trainingsstudio dazu geeignet, neue Bauweisen zu erproben und kostengünstige Automatisierung aus Eigenbau in der Praxis zu erproben. Nicht zuletzt können dort Systemelemente (Erstellung von Kommissionierlisten und Materialtabletts zur satzweisen Anlieferung) für die Linienumgestaltung bei Neuprodukten, kleineren Produktänderungen und erhöhten oder sinkenden Auftragsmengen erarbeitet werden. Im Folgenden wird die Funktion des Trainingsstudios als Schulungsplatz für das Qualifikationssteigerungscollege erläutert.

Was das Qualitätsthema anbetrifft, werden zum Beispiel Schulungen über die richtige Anwendung der Prüfgeräte, die Handhabung von Ein-Griff-Lehren, die Bearbeitung der Qualitätsfehlerkarten und der Pokayoke-Karten des letzten Monats durchgeführt. Da hier die Mitarbeiter, die Qualitätsfehler verursacht haben, wiederholt geschult werden, finden sich auch Diagnosekarten.

Das Trainingsstudio wird auf Basis des Qualifikationssteigerungsplans genutzt und es ist notwendig, je nach Schwierigkeitsgrad der Tätigkeit die Schulungsbeziehungsweise Trainingsmethode zu ändern. Vor allem bei Tätigkeiten der mittleren und fortgeschrittenen Stufe wird im Trainingsstudio gründliches Training durch ständige Wiederholung der Grundfähigkeiten und Schulung im Fachwissen durchgeführt. Dazu sollten als Hilfsmittel Videoaufnahmen eingesetzt werden, beispielsweise zum praxisnahen Training der einzelnen Bewegungsabläufe der rechten und linken Hand und der Beine.

Das Trainingsstudio ist ein wichtiger Platz, der darüber entscheidet, in welcher Zeit Mitarbeiter ausgezeichnete Fähigkeiten erlangen können. Es ist keine Übertreibung, zu behaupten, dass die Nutzung dieses Trainingsstudios vor und nach der regulären Arbeitszeit die Zukunft des Werks oder des Unternehmens entscheidet. Das Trainingsstudio ist ein wichtiger und strategischer Arbeitsplatz.

Ansätze zur Steigerung der QiP-Fähigkeit über die Anwendung von Methoden und Tools

Was ist das Qualifikationssteigerungscollege?

Zielsetzung

Für die effiziente Schulung der neuen Mitarbeiter einer Produktionslinie oder eines Produktionsprozesses zu leistungsstarken Fachkräften für das Werk sowie für die Fortbildung zu mehrfach qualifizierten Mitarbeitern wird innerhalb des Werks eine Fachschule errichtet, die das notwendige Geschick und die richtigen Kniffe der Tätigkeiten vermittelt.

Dieses Vorhaben sollte im gesamten Unternehmen umgesetzt werden, um qualitativ hochwertige Produkte zu erzeugen und den Bedarfsschwankungen der Produkte gerecht zu werden, die saison- und trendbedingt starken Marktveränderungen unterliegen.

Schulleiter

Schulleiter ist der verantwortliche Abteilungsleiter

Dozent

Erfahrener Mitarbeiter, der im Werk die betreffende Tätigkeit am schnellsten und zuverlässigsten und in zufriedenstellender Qualität ausführen kann, oder der Qualifikationstrainer

Vorbereitungen im Vorfeld

1. Videoanlage (zwei Anlagen)
2. Übersichtsblatt des Prozesses oder der Anlage
3. Standardarbeitsblatt, Arbeitsverteilungsblatt, Umrüstschrittfolgeblatt, QC-Prozessbeschreibung, Arbeitsnormblatt
4. Vom erfahrenen Mitarbeiter (oder Dozent) ausgeführte Tätigkeit auf Video aufnehmen
5. Lektionsblatt für Einpunktschulung zum Erlernen des notwendigen Geschicks sowie der Tipps und Kniffe
6. Tatsächliches Produkt, Teil, Hilfsmittel und Werkzeug

Was ist das Trainingsstudio?

Es ist der Trainingsplatz im Qualifikationssteigerungscollege für die theoretische und praktische Schulung. Es enthält Werkbänke und Wagen (ggf. auch kleine Fließbänder) und je nach Bedarf alle zur Schulung notwendigen Materialien wie Produkte, Teile, Werkzeug, Ein-Griff-Lehren, Messinstrumente und Hilfsmittel. Es ist möglich, schnell eine praxisnahe Situation herzustellen. Es werden auch zwei Videogeräte und Monitore bereitgestellt, mit deren Hilfe Schulungen stattfinden.

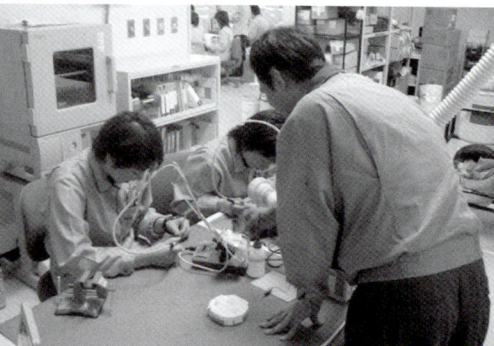

Abbildung 67: Qualifikationssteigerungscollege und Trainingsstudio

Ausbildung von Qualifikationstrainern

Geeignete Trainer und die Grundhaltung beim Lehren

Die Position des Qualifikationstrainers ist sehr wichtig und beeinflusst maßgeblich die Stabilität und Flexibilität der Linie sowie das Qualitätsniveau der Zukunft. Bei der Auswahl des Trainers ist große Sorgfalt geboten.

Als erstes Auswahlkriterium gilt, dass er selbstverständlich über Wissen in Bezug auf die Arbeitsschritte und Tätigkeiten sowie die entsprechende Umsetzungskraft verfügt. Ferner müssen ihm der Teamleiter und die Mitarbeiter ihr Vertrauen schenken. Als Zweites soll er ein freundlicher und herzlicher Mensch sein. Jemand, dem man sich gern anvertraut bei Schwierigkeiten, der Unterstützung gibt, gelegentlich jedoch auch Klartext redet und sich nicht scheut, schlechte Arbeit zu kritisieren und wiederholen zu lassen. Das dritte Kriterium ist das Verantwortungsbewusstsein. Der Qualifikationstrainer muss bei Bedarf den Teamleiter vertreten können und den Überblick behalten, die Situationen beurteilen und entscheiden, was als Nächstes zu tun ist. Dass er einen Train-the-Trainer-Kurs absolviert hat, wird selbstverständlich vorausgesetzt.

Kaum ein Mensch kann sich nach ein- oder zweimaliger Erklärung einen Arbeitsablauf merken. Der Trainer muss mit eigenen Händen die Tätigkeit demonstrieren und gleichzeitig den Ablauf verbal erklären. Dann lässt er den Schüler selbst die Tätigkeit ausführen, wiederholen und den Ablauf in eigenen Worten erklären.

Die Schulung sollte sich nicht nur auf das Ausführen von Tätigkeiten und das Herstellen von Produkten und Teilen beschränken, sondern auch eine qualitative Aufwertung der Menschen mit sich bringen, also eine gemeinsame Weiterentwicklung sein.

Tätigkeiten des Trainers

Im Produktionsbereich trainiert der Qualifikationstrainer die Mitarbeiter auf Basis von Standardarbeitsblatt, Kernarbeitsbeschreibung und Arbeitsnormblatt, jedoch werden zusätzliche Fähigkeiten von ihm gefordert. Die richtige und falsche Ausführung sowie Arbeitssicherheit zu lehren ist eine Selbstverständlichkeit. Darüber hinaus muss er Know-how besitzen, das richtige Gespür haben und Tipps und Kniffe kennen, die er mittels der Einpunktschulungen beschreibt und Mitarbeitern verschiedenster Couleur vermittelt. Hierin liegt der Unterschied zwischen einer üblichen Schulung und der des Qualifikationstrainers. Für den indirekten Bereich und die Büromitarbeiter ist ein konsequentes »Sichtbarmachen« in Handbüchern erforderlich, in denen die einzelnen Fähigkeiten und Tätigkeiten mithilfe von Ablaufdiagrammen, schematischen Darstellungen, Bildern und Tabellen vermittelt werden. Im Bürobereich ist das gemeinsame »Sichtbarmachen« der Abläufe durch den zuständigen Mitarbeiter und den Trainer wichtiger als alles andere.

Jeder Schüler hat seine Eigenheiten sowie seine Stärken und Schwächen. Der Trainer muss seine Schüler aufmerksam beobachten, um ihre Stärken zu fördern und ihre Schwächen zu mildern.

Ansätze zur Steigerung der QiP-Fähigkeit über die Anwendung von Methoden und Tools

Sicherung der Schulungs- und Trainingszeit und Verbesserungsaktivitäten

Bei der Fortbildung zu mehrfach qualifizierten Mitarbeitern und multifunktionalen Angestellten stellt sich stets das Problem, wie die Schulungs- und Trainingszeiten abzusichern sind. Obgleich auf der einen Seite der Schulungsbedarf groß ist, kann ihm in der Praxis häufig nicht entsprochen werden. Hier zwei Tipps, diesen Teufelskreis zu durchbrechen:

Man kann zum Beispiel mit dem zuständigen Abteilungsleiter eine gewisse Zeit lang Verbesserungsaktivitäten durchführen und so einige leistungsstarke Mitarbeiter freisetzen. Diese werden dann zur Unterstützung der Fortbildung, zur Mehrfachqualifikation, als Ersatz in Krankheitsfällen und zu weiteren Verbesserungsaktivitäten eingesetzt. Diese freigesetzten Mitarbeiter nehmen sich im Wechsel mit dem Trainer die zur Mehrfachqualifikation ausgewählten Mitarbeiter vor und schulen und trainieren diese. Während der Schulung kann der freigesetzte Mitarbeiter an der Stelle, von welcher der zu schulende Mitarbeiter abgezogen worden ist, aushelfen. Der Vorteil ist dabei, dass die Schulungen innerhalb der üblichen Arbeitszeiten stattfinden können.

Möglich ist auch, Zeiten außerhalb der regulären Arbeitszeiten (Überstunden und an freien Tagen) zu nutzen. Das erhöht zwar die Schulungskosten, hat jedoch den wesentlichen Vorteil, einen schnellen Anfang machen zu können.

Der Trainer sollte seine Aufgabe mit Ambition erfüllen und sich stets Gedanken machen über seine Schulungsmethoden und die einzelnen Schritte dabei oder wie er in kürzerer Zeit zum gleichen Ergebnis kommen beziehungsweise wie die Intensität der Schulung gesteigert werden kann. Wenn diese Gedankengänge mit den Schülern gemeinsam erörtert werden können, ist es umso besser. Es ist auch wichtig, nicht allein über Verbesserungen der Lehrmethoden, sondern über die Tätigkeiten und Arbeitsschritte an sich nachzudenken. Selbst wenn der Mensch nicht in der Lage ist, zwei Dinge auf einmal zu tun, wird vom Trainer gefordert, stets die Augen offen zu halten und Optimierungsansätze zu suchen.

Bedingungen für die Gutteilerzeugung: Personalqualifikation

1. Der geeignete Trainer
① Von den Werkern wird eine hoch qualifizierte Person, die das Vertrauen aller genießt und als Teamleiter oder Vorgesetzter infrage kommt (Absolvent der Train-the-Trainer-Schulung) ausgewählt.
② Eine Person, die auf die Kommunikation mit den Mitarbeitern Wert legt.

2. Grundhaltung beim Schulen
① Nicht glauben, dass das, was einmal gesagt wurde, verstanden wird.
⇩
Sondern davon ausgehen, dass nach ein- oder zweimaligem Erklären kaum etwas verstanden wird.
Mithilfe von Videoaufnahmen und visualisierendem Training der Abläufe sollen laut Isoroku Yamamoto »Menschen sich nur dann in Bewegung setzen, wenn ihnen vorgezeigt, verbal erklärt und es gehört wird, sie aufgefordert werden, es selbst zu probieren, und sie dabei gelobt werden.«
② Es reicht nicht, zu lernen, gute Produkte und Teile zu erzeugen, sondern die Menschen müssen wachsen. Das passiert nicht allein dadurch, indem man sie dazu anhält, Vorgeschriebenes zu befolgen.

3. Tätigkeiten des Trainers
① Direkt an der Linie wird hauptsächlich mit dem Arbeitsverteilungsblatt gearbeitet, der Trainer muss jedoch in der Lage sein, die Kernarbeitsbeschreibung mit Anweisungen über richtige und falsche Ausführung und zur Arbeitssicherheit sowie mit Know-how über das richtige Gespür und mit Tipps und Kniffen anzureichern.
② Für den indirekten Bereich wird mithilfe von Ablaufdiagrammen, schematischen Darstellungen, Bildern und Tabellen ein Handbuch zur Arbeitsschrittfolge erstellt und damit geschult und trainiert.
③ Die Methoden zur Schulung und zum Training werden anhand von Regeln festgelegt.
④ Es ist ebenfalls wichtig, die Eigenheiten und Problempunkte der Schüler zu erkennen und in einer Schülerkartei festzuhalten.

4. Schulungs- und Trainingszeiten
① Die verlässliche Sicherung von Schulungszeiten zur Qualifikationssteigerung ist wesentlich; sie zu gewährleisten ist die Pflicht des Trainers.
② Es sollten stets durch Verbesserungen fähige Mitarbeiter freigesetzt werden, die genutzt werden, um Zeit zu schaffen und den Qualifikationsplan voranzutreiben.
③ Wenn diese Vorschläge nicht sofort umsetzbar sind, sollten im ersten Schritt durch Nutzung von Überstunden Zeit geschaffen werden.

5. Verbesserungen
① Der Trainer sollte sich stets selbstkritisch fragen, was er tun kann, um die Qualifikationssteigerung in kürzerer Zeit umzusetzen.
② Die Motivation der Schüler steigt, wenn der Trainer sie in seine Gedankengänge einbezieht.

6. Das Niveau der Lehrmethode, { das Timing der Schulung, die konzentrierte Nutzung der Zeit } durch den Dozenten beziehungsweise den Qualifikationstrainer ist sehr wichtig und nimmt Einfluss auf das Überleben des Unternehmens.

Abbildung 68: Ausbildung von Qualifikationstrainern

8.4 Bedingungen für die Gutteilerzeugung: Anlagen

Steuerungstabelle der Gutteilbedingungen

Für die Steigerung der QiP-Fähigkeit ist erforderlich, Methoden und Werkzeuge zur Aufrechterhaltung und Verbesserung der Anlagenbedingungen systematisch zu standardisieren. Im Vergleich zu den manuellen Tätigkeiten unterscheiden sich die Inhalte stark voneinander und es bedarf einer detaillierten Festlegung des Sollzustands der verschiedenen Einheiten und Teile, aus denen sich eine Anlage zusammensetzt.

Aufbau der Steuerungstabelle der Gutteilbedingungen

Ein repräsentatives Werkzeug ist die Steuerungstabelle der Gutteilbedingungen, deren grundlegende Form und ein Praxisbeispiel in Abbildung 69 dargestellt sind. Die Steuerungstabelle der Gutteilbedingungen ist allerdings nicht allein für die Anlagen konzipiert, sondern eignet sich zur Anwendung aller 4M.

Der grundlegende Aufbau der Steuerungstabelle der Gutteilbedingungen besteht in einer Matrix, bei der in der Vertikalen die Bedingungen- und Steuerungspunkte der verschiedenen Faktoren und in der Horizontalen die als Qualitätseigenschaften dienenden Ergebnisse beschrieben sind. Die Felder, bei denen sich Längs- und Querspalten kreuzen, stellen das Vorhandensein oder Nichtvorhandensein des Kausalzusammenhangs zwischen den Bedingungen, die durch die Faktoren verursacht werden, und den Qualitätseigenschaften dar.

Diese Matrix gibt uns im Hinblick auf die Qualitätserzeugung im Prozess die folgenden drei Informationen.

Bei Fokussierung auf die Qualitätseigenschaften und gleichzeitiger Betrachtung der Faktoren in den Längsspalten wird als Erstes deutlich, welche Bedingungen an welchen Teilen der Anlage verlässlich gesteuert werden müssen, um dem Auftreten von Qualitätsmängeln vorzubeugen.

Wenn man sich dann auf die zu steuernden Punkte der Anlage konzentriert und dabei die in den Querspalten eingetragenen Ergebnisse anschaut, kann man erkennen, welche Überprüfungspunkte an der Anlage sich auf welche Qualitätseigenschaften auswirken.

Und schließlich kann man ablesen, wer in welchen Abständen welche Anzahl von zu steuernden Bedingungen überprüfen und ordnungsgemäß aufrechterhalten muss.

Wichtigste zu steuernde Bedingungen

Erläutert man den Aufbau der Matrix in Abbildung 69, wird ersichtlich, dass die zu steuernden Bedingungen in erster Linie Anlagenpräzision, Fertigungsbedingungen, Arbeitsmethoden, Material, Umfeldbedingungen et cetera sind.

Die wichtigste Aufgabe bei der Steuerung der Bedingungen besteht darin, zu überprüfen, ob die Situation oder Eigenheit der spezifischen Stellen in der Anlage, die Einfluss auf die Qualität des Produkts haben, sich innerhalb der Steuerungsgrenzwerte befindet oder nicht. In diesem Beispiel sind die Überprüfungspunkte und die Normwerte die wesentlichen zu steuernden Punkte. Diese sind an sich die wichtigste Bedingung für die Gutteilerzeugung.

Methoden, Intervalle und klar definierte Zuständigkeiten sind notwendig, um die Steuerung der Bedingungen verlässlich aufrechtzuerhalten.

In die Felder, in denen sich die Qualitätseigenschaften und die Faktoren kreuzen, wird ein Kreis eingezeichnet, wenn zwischen diesen ein Zusammenhang besteht. Wenn ein besonders starker Zusammenhang zu erkennen ist, kann dies auch mit einem doppelten Kreis gekennzeichnet werden.

Da die Steuerungstabelle der Gutteilbedingungen ein Basiswerkzeug für die Qualitätserzeugung im Prozess ist, sollte grundsätzlich je Prozess und je Anlage eine solche Matrix erstellt werden. Auf ihrer Grundlage wird dann die Anlageninspektionsliste erstellt, die bei der autonomen Instandhaltung als Arbeitsstandardpapier für die Anlagenüberprüfung dient.

Stufenweise Verbesserung der Steuerungstabelle

Die Steuerungstabelle der Gutteilbedingungen kann häufig nicht von Anfang an vollständig erstellt werden. Zum Zeitpunkt der Anfertigung sollte sie bestmöglich zusammengestellt und in der praktischen Anwendung weiter verbessert und perfektioniert werden.

Sind die Qualitätsmängel zum Zeitpunkt der Erstellung nicht gleich null, bedeutet es, dass die Normwerte nicht exakt genug sind oder in den zu steuernden Bedingungen noch Lücken bestehen. In diesem Fall sind Verbesserungen zur Aufklärung der Gutteilbedingungen erforderlich. Im Gegensatz dazu wäre es bei null Fehlern wichtig, die Überprüfungsmethoden zu revidieren und Verbesserungen dahingehend vorzunehmen, die Überprüfungszeiten zu verkürzen.

Wenn man das Maß an Perfektion der Steuerungstabelle steigern will, sollte man bei den einzelnen zu überprüfenden Bedingungen auf Basis der festgelegten Überprüfungsintervalle und -methoden die Veränderungen über einen bestimmten Zeitraum erfassen und steuern. Das Durchführen dieser Tendenzsteuerung ist ein zuverlässiger Weg, um das Niveau der Steuerung von Gutteilbedingungen zu steigern.

Ansätze zur Steigerung der QiP-Fähigkeit über die Anwendung von Methoden und Tools

Steuerungstabelle der Gutteilbedingungen				Erstellungsdatum Tag/Monat/Jahr	Abteilung	Freigabe	Erstellt von	Ordner Nr.
Produktbezeichnung	Prozessbezeichnung		Anlagenbezeichnung	Qualitätseigenschaften (oben: Eigenschaften, unten: Norm)				

Unterteilung	zu steuernde Bedingungen						Außendurchmesser	Innendurchmesser	Rundheit	Zylindrizität	Oberflächenkörnung
	Nr.	Teil	Überprüfungspunkt	Methode	Normwert	Intervall	Zuständig	±00 µ	±00 µ	weniger ... µ	00 µ / 100 mm	weniger ... µ
Anlagenpräzision	①	Hauptachse	Lockerung des Lagers	Schwingungsmesser	siehe Neigungskontrollblatt	1 Mal / Monat	Instandhaltung			○		○
	②	Hauptachse	Lockerung des Bands	manuelle Prüfung	6mm	1 Mal / Monat	Instandhaltung	○	○			○
	③	Vorrichtung	Verschleiß der Normfläche	visuelle Prüfung	keine erkennbare Verformung	1 Mal / Monat	Produktion				○	
	④	Vorrichtung	Verschleiß der Positionierungsst.	visuelle Prüfung	keine erkennbare Verformung	1 Mal / Woche	Produktion				○	
	⑤	Vorrichtung	Lockerung der Aufspannung	manuelle Prüfung	1mm	1 Mal / Monat	Produktion				○	
	⑥	Abrichten	Lockerung der Justierungsachse	manuelle Prüfung	1mm	1 Mal / Monat	Instandhaltung	○	○			
	⑦	Abrichten	Schwankung des Drehpunkts	Messuhr	100 µ	1 Mal / Woche	Instandhaltung			○		
Fertigungsbedingung												

Korrektur	3				6			
	2				5			
	1				4			
	Nr.	Datum		Korrekturgrund	Nr.	Datum		Korrekturgrund

Abbildung 69: Steuerungstabelle der Gutteilbedingungen (Beispiel)

Anlageninspektionsliste

Werkzeug, um die »eigenen Anlagen selbst zu erhalten«

Qualitätsfehler, bei denen die Ursache in der Anlage liegt, kämen, wenn sich die Anlage in dem ursprünglichen intakten Zustand befände, nicht vor. Störungen kämen ebenfalls nicht vor. Werden die Maschinen jedoch wie in einer Massenproduktionsfabrik Tag für Tag benutzt, nehmen Abnutzungserscheinungen wie Verschleiß und Verformungen zu und so kommt es zum Auftreten von Qualitätsmängeln und Störungen. Das bedeutet, dass Qualitätsmängel sowie Störungen die gleiche Ursache haben: die Abnutzung der Anlage. Um Qualitätsmängel und Störungen zu beseitigen, ist es erforderlich, die Anlagen nicht abzunutzen beziehungsweise die Abnutzungserscheinungen zu korrigieren und den ursprünglichen intakten Zustand wiederherzustellen.

Unter Anlageninstandhaltung versteht man ursächlich das Aufrechterhalten des intakten Zustands der Anlage. Um dies zu verwirklichen, ist jedoch ein Instandhaltungssystem unerlässlich, das den Werkern, die tagtäglich die Anlage bedienen, eine entsprechende Rolle zuordnet, das heißt, dass alle Mitarbeiter in die Instandhaltungsaktivitäten einbezogen werden. Das ist deshalb sinnvoll, weil der Werker, der stets in der Nähe der Maschine ist und sie bedient, die Eigenheiten und Abweichungen der Maschine am besten kennt und gleichzeitig am meisten Gelegenheit zur Überprüfung und Pflege hat.

Indem man also den Produktionsmitarbeitern von den Instandhaltungstätigkeiten die relativ einfachen Überprüfungs- und Pflegearbeiten überträgt, ist die Instandhaltungsabteilung in der Lage, ihren Schwerpunkt auf die spezielleren vorbeugenden Instandhaltungstätigkeiten zu verschieben. Die Produktionsmitarbeiter werden in der Anlageninstandhaltung selbstständiger und aktiver, was insgesamt zu einer Verbesserung des Instandhaltungsniveaus führt.

Das Übernehmen eines Teils der Instandhaltungstätigkeiten bezeichnet man als autonome Instandhaltung. Zu ihrer Umsetzung ist es erforderlich, dass die Produktions- sowie die Instandhaltungsabteilung jeweils ein eindeutiges Zielbewusstsein haben, eine klare Arbeitsteilung herrscht und die notwendigen Werkzeuge zur Ausführung vorhanden sind.

Das Ziel der autonomen Instandhaltung ist, »die eigenen Anlagen selbst zu erhalten«, und eines der Werkzeuge zur Ausführung ist die Anlageninspektionsliste.

Grundbedingungen der Anlage in Ordnung halten

Als grobe Unterteilung der Anlageninspektionsliste dienen die Faktoren Reinigung, Schmierung und Überprüfung. Die Überprüfung enthält auch das Festziehen, um dem Lockern von Schrauben und Muttern vorzubeugen, und gemeinsam mit dem Reinigen und dem Schmieren ergeben sich die drei Punkte, die als Grundbedingungen der funktionierenden Anlage gelten. Diese sind die wichtigsten Tätigkeiten zur Vorbeugung gegen Anlagenabnutzung, das heißt, der grundsätzliche Zweck der Anlageninspektionsliste besteht darin, die Grundbedingungen der Anlage in Ordnung zu halten.

Eine Anlageninspektionsliste zu erstellen bedeutet, dass im Vorfeld einige Aktivitäten vorangegangen sind, um die Abnutzungserscheinungen zu beseitigen oder den ursprünglichen Zustand wiederherzustellen. Aber wie kann man im Detail bestimmen, welche Teile mit welchem Maßstab und welcher Methode, wie lange und wie oft gereinigt werden sollen?

Reinigung bedeutet zwar das Beseitigen von Fremdkörpern wie Abfällen, Staub und Verschmutzungen, aber das allein lässt sich nicht als Instandhaltungsaktivität bezeichnen. Wichtig ist, Maßnahmen gegen die Entstehungsquellen der Abfälle und Verschmutzungen zu treffen, damit diese und die Reinigung auf ein Minimum reduziert werden können. An den Stellen, an denen das Auftreten nicht gänzlich eingedämmt werden kann, werden Maßnahmen gegen unnötige Verunreinigung oder zur einfacheren Reinigung getroffen. Als Folge solcher autonomen Instandhaltungsaktivitäten wird das Regeln der zu reinigenden Teile in Form von Richtlinien und Methoden erst möglich.

Das Gleiche gilt für die Schmierungen. Um die Maßstäbe zum Schmieren festzulegen, ist es erforderlich, herauszuarbeiten, an welchen Stellen mit welcher Art von Öl oder Fett geschmiert wird, und zu verstehen, welchem Zweck die Schmierung dient.

Im Feld für die Skizze werden die wichtigen Punkte der Anlage für die Reinigung, Schmierung und Überprüfung dargestellt, sodass für jedermann intuitiv verständlich wird, an welchen Punkten was zu tun ist. Bei den einzelnen Überprüfungspunkten sind die Methoden, Werkzeuge und Zeiten festgelegt, jedoch sind diese nicht von Anfang an genau zu bestimmen, sondern vielmehr Ergebnis stetiger Verbesserungen, um die Überprüfungstätigkeiten effizient zu erledigen.

Wie zu erkennen ist, werden in einem bestimmten Umfang autonome Instandhaltungsaktivitäten zur Vorbeugung gegen Abnutzung durchgeführt und als Ergebnis des gesammelten Know-hows zu einer Anlageninspektionsliste zusammengestellt.

Bedingungen für die Gutteilerzeugung: Anlagen

Anlageninspektionsliste		Erstellungsdatum Tag/Monat/Jahr	Abteilung	Freigabe	Erstellt von	Ordner Nr.
Produktbezeichnung		Prozessbezeichnung		Anlagenbezeichnung		

Skizze (dreidimensional)

Unterteilung	Nr.	Einzelteil/Teilbereich	Maßstab	Methode	Werkzeug	Zeit	Intervall Tag	Woche	Monat	Jahr	Zuständig
Reinigung	1										
	2										
	3										
	4										
	5										
	6										
Schmierung	1										
	2										
	3										
	4										
	5										
Überprüfung	1										
	2										
	3										
	4										
	5										
	6										
	7										
	8										

Korrekturen	3			6		
	2			5		
	1			4		
	Nr.	Datum	Korrekturgrund	Nr.	Datum	Korrekturgrund

Abbildung 70: Anlageninspektionsliste

Steuerungsdiagramm

Aktivitäten zur QiP-Erzeugung mithilfe von Steuerungsdiagrammen

Basis der Qualitätserzeugung im Prozess ist die tägliche Prozesssteuerung und als Werkzeug zu ihrer effektiven Umsetzung dient das Steuerungsdiagramm. Das Steuerungsdiagramm ist eines der sieben Qualitätswerkzeuge, seine Effektivität ist weitläufig bekannt. Jedoch gibt es nicht viele Unternehmen, die in der Lage sind, das Steuerungsdiagramm zur täglichen Prozesssteuerung und für ihre Verbesserungsaktivitäten richtig einzusetzen.

Hier ein Beispiel dafür, dass Steuerungsdiagramme häufig nicht richtig genutzt werden: In die Steuerungsdiagramme werden zwar vorsichtshalber die Daten eingetragen, jedoch sind sie nicht aktuell. Es sind Anormalitäten erkennbar, aber keine Hinweise dafür, dass Gegenmaßnahmen getroffen worden sind, und die betreffenden Führungskräfte scheinen sich auch nicht dafür zu interessieren. Solche Situationen sprechen so gar nicht für die Qualitätserzeugung im Prozess.

Wenn man die Prinzipien und die Nutzungsweise der Steuerungsdiagramme begriffen hat, kann man ohne großen Aufwand ausreichend Vorteile daraus ziehen. Daher sollte man die Nutzungsweise neu betrachten und die Diagramme als Werkzeug für die Qualitätserzeugung im Prozess im Genba verbreiten.

Das hier genannte Diagramm besteht aus der Zeitachse auf der horizontalen und den Werten der Qualitätseigenschaft auf der vertikalen Achse. Es ist ein Liniendiagramm, in das dem zeitlichen Verlauf folgend die Qualitätsdaten eingetragen werden. Wie in Abbildung 71 dargestellt, befinden sich ober- und unterhalb der Mittellinie die Linien der oberen Vertrauensgrenze (OSG) und der unteren Vertrauensgrenze (USG), es sind also drei Steuerungslinien eingezeichnet. Anhand der eingetragenen Linie der Qualitätsdaten im Zusammenhang mit den drei Steuerungslinien kann die Grafik genutzt werden, um zu beurteilen, ob der Prozess sich in einem gesteuerten Zustand befindet und welche Veränderungen stattfinden.

Die Schwankungen der Qualitätsdaten weisen auf die Veränderung der Faktoren hin, die in einem direkten Zusammenhang stehen mit den 4M (Mensch, Material, Maschine, Methode), welche den Prozess bilden. Mit dem Steuerungsdiagramm kann man beurteilen, ob diese Veränderungen zufällige Veränderungen innerhalb eines alltäglichen, gesteuerten Zustands sind, oder ob sie abnorme Veränderungen darstellen, bei denen es erforderlich ist, Gegenmaßnahmen einzuleiten.

Früherkennung von Anormalitäten anhand der Steuerungsdiagramme

Will man die Steuerungsdiagramme zur Förderung der Qualitätserzeugung im Prozess nutzen, muss man wissen, wie die Steuerungsdiagramme zu interpretieren sind, um Anormalitäten bei der Qualität frühzeitig zu erkennen.

Die Abbildung 71 stellt zusammenfassend verschiedene repräsentative Varianten dar, bei denen Anormalitäten zu erkennen sind.

- Bei der ersten Variante schießen die Werte über die Grenzlinien hinaus und zeigen eindeutige Anormalitäten auf. Man bezeichnet diesen Zustand als verfehlte Steuerung.
- In der zweiten Variante gibt es wiederholt Werte, die sehr nah an die Grenzlinie reichen. Dies ist ein Indikator für verborgene Instabilitätsfaktoren.
- Im dritten Beispiel zeigen sich die Werte in einer Reihe steigend oder absinkend, was eine kontinuierliche Veränderung bestimmter Faktoren indiziert.
- Die vierte Variante nennt sich ein »Aneinander«, sie ist eine Aneinanderreihung der Werte einseitig gegenüber der Mittellinie und zeigt die Veränderung von Faktoren auf.
- In der fünften Variante sind die Bewegungen der Kurve zyklisch, sie weist auf eine zyklisch auftretende Veränderung der Faktoren hin.

Die Vorgesetzten und Führungskräfte sollten die oben genannten Punkte zur Überprüfung nutzen und auch die Mitarbeiter vor Ort schulen, auf diese Weise die Anormalitäten frühzeitig zu erkennen.

Strukturen schaffen zur besseren Nutzung der Steuerungsdiagramme

Zur Steigerung der Qualitätserzeugung im Prozess ist es erforderlich, die Steuerungsdiagramme als alltägliches und selbstverständliches Werkzeug stärker zu nutzen. Dafür sollten folgende Strukturen geschaffen werden.

Als Erstes sollte die Nutzung der Steuerungsdiagramme eindeutig als Richtlinie oder Grundsatz der Abteilung definiert werden. Zweitens sollten die Regeln über die Handhabung, wie die Form der Steuerungsdiagramme, die Wahl der Steuerungseigenschaften, das Vorgehen bei Anormalitäten und Wege der Dokumentation, die wenig Aufwand erfordern, überdacht und als Arbeitsstandard in der Abteilung festgelegt werden. Als Drittes sollten die Vorgesetzten und Führungskräfte bei der Lösung von Aufgaben und Problemen im Arbeitsalltag die Steuerungsdiagramme aktiv nutzen. Als vierter Punkt sollten möglichst viele Mitarbeiter, inklusive derer an den Produktionslinien, kontinuierlich in der Nutzung der Steuerungsdiagramme geschult werden.

Ansätze zur Steigerung der QiP-Fähigkeit über die Anwendung von Methoden und Tools

Steuerungsdiagramme, die auf Anormalitäten hinweisen	Erkennung der Anormalität
① OSG obere Vertrauensgrenze / $\overline{X}$ Mittellinie / USG untere Vertrauensgrenze	• Die Werte schießen über die Grenzlinien hinaus. Diese sind für jeden ersichtliche Anormalitäten. Man bezeichnet diesen Zustand als verfehlte Steuerung.
②	• Es gibt wiederholt und unerwartet Werte, die sehr nah an die Grenzlinie reichen. Daraus lassen sich Instabilitätsfaktoren im Prozess schlussfolgern.
③	• Die Werte stehen in einer Reihe steigend oder absinkend. Sie weisen auf eine kontinuierliche Veränderung bestimmter Faktoren hin.
④	• Es erscheinen ausschließlich auf der einen Seite der Mittellinie aneinandergereihte Punkte. Man bezeichnet die Aneinanderreihung der Werte einseitig gegenüber der Mittellinie als ein »Aneinander«.
⑤	• Die Bewegungen der Werte haben zyklischen Charakter. Die Länge der Zyklen kann unterschiedlich sein, wie tageweise, wochenweise et cetera, und man erkennt sie gelegentlich bei genauerer Untersuchung der Daten. Sie weisen auf sich zyklisch verändernde Faktoren hin.

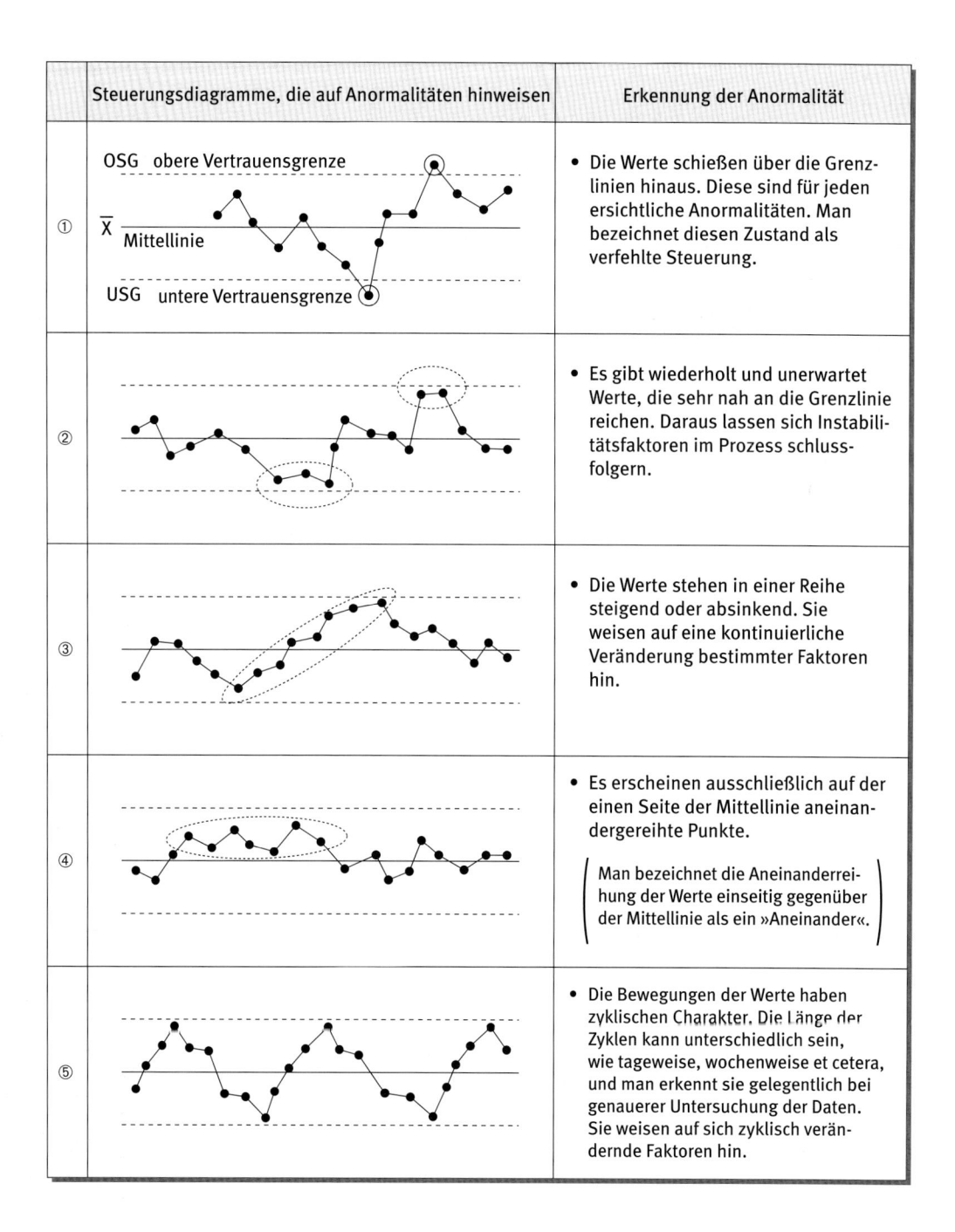

Abbildung 71: Früherkennung der Anormalitäten anhand der Steuerungsdiagramme

Prozessfähigkeitsindex

Prozessfähigkeit und Prozessfähigkeitsindex

Die Prozessfähigkeit bezeichnet die Fähigkeit des Prozesses, Produktionsqualität herzustellen. Die Erklärung wiederholt die gleichen Worte und ist daher etwas schwer verständlich. Etwas anders ausgedrückt lässt sich sagen, dass die Prozessfähigkeit den Grad der Stabilität des Prozesses bei der Erzeugung von Produktionsqualität darstellt. Wieder anders ausgedrückt bildet sie das Niveau der Steuerung der 4M, die den Prozess bilden, ab. Die Prozessfähigkeit ist eine Kennzahl, die aus der statistischen Qualitätssteuerung stammt, ist aber, obwohl schon lange Zeit geläufig, im Produktionsbereich nicht allgemein bekannt. Dass es sich um einen Fachbegriff aus der Statistik handelt, ist wohl mit ein Grund, aber es liegt wahrscheinlich ebenso daran, dass der Gegenstand, der erfasst werden soll, nicht eindeutig ist.

Man trifft häufig Werke an, in denen der Begriff Prozessfähigkeit im Sinne von Produktionskapazität, um das Produktionsvolumen zu sichern, angewandt wird. Prozessfähigkeit bedeutet jedoch die Fähigkeit des Prozesses, Qualität zu erzeugen, und nicht die Produktionskapazität. Will man die Steigerung der Qualitätserzeugung im Prozess erreichen, sollten diese Begriffe strikt voneinander getrennt angewandt werden.

Kurz und bündig: Die Prozessfähigkeit sagt aus, wie gering der Grad der Schwankungen der einzelnen Qualitätseigenschaften ist. Stellt man in einem Prozess die tatsächlich gemessenen Daten einer Qualitätseigenschaft als Histogramm dar, erhält man eine Verteilungskurve ähnlich der Normalverteilung. Inwieweit diese Kurve sich ausbreitet, nämlich das Mehr oder Weniger an Schwankungen, bezeichnet man als Prozessfähigkeit. Das bedeutet, je höher die Prozessfähigkeit ist, desto schmaler ist das Histogramm und desto geringer ist die Streuung (Abbildung 72).

Das heißt also, dass die Prozessfähigkeit darstellt, mit welch geringen Schwankungen ein Produkt in einem Prozess, bei dem die 4M standardisiert sind, erzeugt werden kann.

Wird die Prozessfähigkeit quantitativ beschrieben, wird sie bei einem Mittelwert $\bar{x}$ und der Standardabweichung σ bei der Verteilung im Histogramm üblicherweise als $\bar{x} \pm 3\sigma$ oder als 6σ dargestellt.

Es gibt als weiteren Maßstab zur Beurteilung der Prozessfähigkeit eine Kennzahl, den Prozessfähigkeitsindex, auch Cp-Wert, die das Verhältnis von diesen 6σ und der Prozessstreuung (Toleranzbreite) angibt.

Der Prozessfähigkeitsindex Cp ist die vorgegebene Toleranzbreite geteilt durch die Streuungsbreite 6σ. Im Allgemeinen wird ein Cp-Wert von größer als 1,33 als zufriedenstellend betrachtet. Wenn man noch die Lage des Mittelwertes zur vorgegebenen Toleranzmitte in Betracht ziehen will, wird der Cpk-Wert angewandt.

Vorgehensweise bei der Untersuchung der Prozessfähigkeit

Im Prozess Qualität zu erzeugen und die Prozessfähigkeit sind im Kern gleichbedeutend. Das heißt, dass durch die Untersuchung der Prozessfähigkeit die QiP-Fähigkeit erfasst werden kann. Ebenfalls kann durch eine alltägliche und systematisierte Untersuchung der Prozessfähigkeit die Steigerung der Qualitätserzeugung im Prozess unterstützt werden.

Vor allem bei der Prototypenfertigung im Falle einer Neuproduktentwicklung sollte eine systematische Prozessfähigkeitsuntersuchung stattfinden, um vor Serienstart festzustellen, ob die Prozessfähigkeit tatsächlich ein zufriedenstellendes Niveau erreicht hat. Wenn diese nicht ausreichend ist, ist nicht nur der Senkrechtstart bei Neuanlauf gefährdet, sondern es kann durch Qualitätsmängel zu enormen Qualitätskosten kommen und die Sicherung des Gewinns schwierig werden.

Details der Prozessfähigkeitsuntersuchung sind in Abbildung 73 dargestellt. Hierbei ist wichtig, dass die ausgewählten Qualitätseigenschaften und die damit zusammenhängenden Faktoren der 4M gründlich untersucht werden und anhand einer konsequenten Standardisierung ein guter gesteuerter Zustand hergestellt wird. Bei der tatsächlichen Messung ist die Ausführung der Standardarbeit eine grundlegende Bedingung. Die Bezeichnung Standardarbeit stammt im Ursprung vom Toyota-Produktionssystem und bedeutet eine zyklische Arbeitsabfolge, die mit dem Menschen als Mittelpunkt die 4M auf die möglichst effizienteste Weise kombiniert. Das bedeutet: Wenn die 4M sich nicht in einem standardisierten und gesteuerten Zustand befinden, ist eine Messung der Prozessfähigkeit sinnlos. Die eigentliche Zielsetzung der Prozessfähigkeitsuntersuchung liegt in der Verbesserung der 4M im Prozess. Vor der Untersuchung sowie nach der Untersuchung sollten kontinuierlich Instabilitätsfaktoren aufgedeckt und Gegenmaßnahmen getroffen werden.

Bedingungen für die Gutteilerzeugung: Anlagen

Was ist Prozessfähigkeit?

① Die Fähigkeit eines Prozesses, Produktionsqualität zu erzeugen
② Die Stabilität eines Prozesses, um Produktionsqualität zu erzeugen,
   d. h. das Niveau der Steuerung der 4M
③ Die Prozessfähigkeit wird daran gemessen, wie wenig Streuung ein aufgrund
   von tatsächlichen Messungen erstelltes Histogramm aufweist.
   Üblich ist bei Mittelwert $\bar{x}$ und Standardabweichung σ die Darstellung $\bar{x} \pm 3\sigma$ bzw. 6σ
④ Sie zeigt auf, mit welch geringen Schwankungen ein Prozess bei standardisierten 4M seine Produkte erzeugen kann

Was ist der Prozessfähigkeitsindex?

Der Prozessfähigkeitsindex ist ein Maßstab zur Beurteilung der Prozessfähigkeit, er ergibt sich aus der vorgegebenen Toleranzbreite geteilt durch die Streuung.

Prozessfähigkeitsindex $Cp = \dfrac{OSG - USG}{6\sigma}$

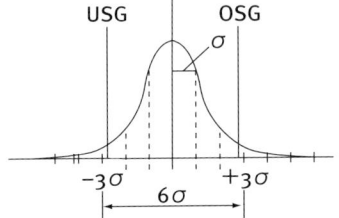

$\begin{pmatrix} OSG : \text{Oberer Spezifikationswert} \\ USG : \text{Unterer Spezifikationswert} \\ \sigma \ \ : \text{Standardabweichungen} \end{pmatrix}$

(Der Wert, bei dem die Lage des Mittelwertes zur vorgegebenen Toleranzmitte in Betracht gezogen wird, ist der Cpk-Wert.)

Abbildung 72: Die Bedeutung der Prozessfähigkeit und Prozessfähigkeitsindex

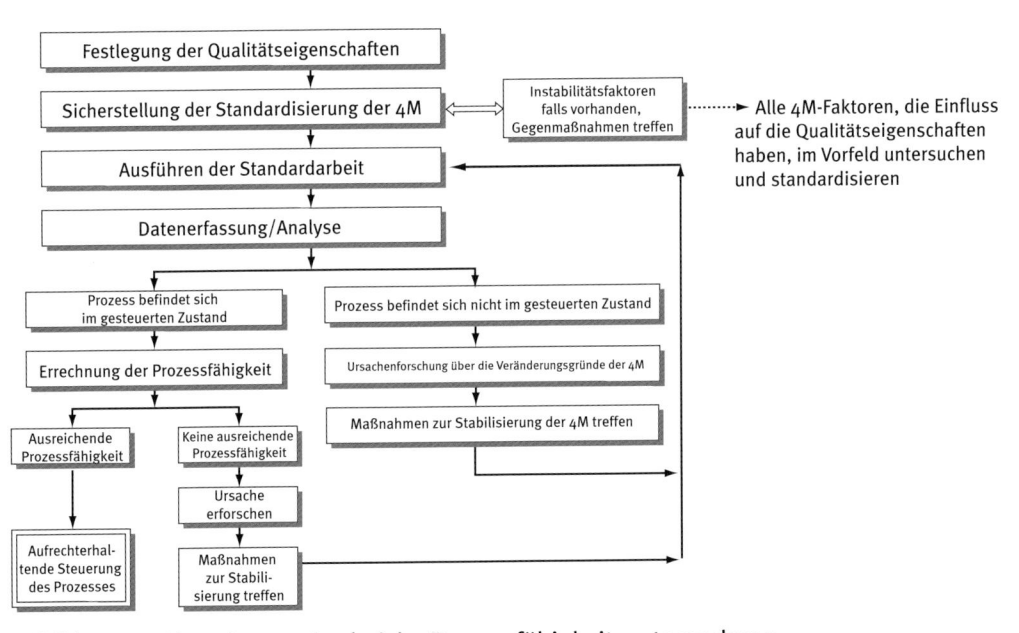

Abbildung 73: Vorgehensweise bei der Prozessfähigkeitsuntersuchung

PM-Analyse

Machtvolles Werkzeug zur Klarung der Gutteilbedingungen

Qualitätserzeugung im Prozess bedeutet, dass die Bedingungen zur Gutteilerzeugung gesichert sind und die Qualitätsmängel im ppm-Bereich bleiben.

Um zu diesem Zwecke die nur noch selten auftretenden Qualitätsfehler, die sogenannten chronischen Fehler, noch weiter Richtung null zu bringen, müssen die Ursachen geklärt und die entsprechenden Maßnahmen vorangetrieben werden.

Bei der Ursachenanalyse ist es erforderlich, alle Faktoren der 4M, welche die Qualitätseigenschaften beeinflussen, bis ins Detail aufzudecken und zu analysieren, welchen Einfluss sie tatsächlich ausüben.

Als Methode zur Ursachenanalyse sind verschiedene Methoden – zum Beispiel die sieben Qualitätswerkzeuge – bekannt, die meisten davon sind jedoch Werkzeuge zur Reduzierung von Qualitätsfehlern im Prozentbereich und es gibt nur wenige, die sich zur Analyse von Qualitätsmängeln im ppm-Bereich eignen. Um Fehler, die nur selten auftreten und bei denen viele Faktoren kompliziert ineinandergreifen, zu klären, sind Methoden, die auf Statistik und Schwerpunkten beruhen, nicht ausreichend. Ein Vorgehen, bei dem die im Zusammenhang stehenden gesamten Faktoren beleuchtet und physisch analysiert und betrachtet werden, ist erforderlich.

Eine Analysemethode, die solchen Anforderungen gerecht wird, ist die PM-Analyse, die in der praktischen Anwendung von TPM entstand.

Bei der PM-Analyse wird das Phänomen des Qualitätsfehlers physisch analysiert und der Mechanismus des Phänomens deutlich gemacht; die gesamten Faktoren der 4M, die den Mechanismus beeinflussen, werden aufgelistet und untersucht.

Vorgehensweise bei der PM-Analyse

Die Schritte bei der Umsetzung der PM-Analyse unterscheiden sich je nach Autor oder Unternehmen ein wenig. Hier werden sie vor allem im Sinne eines Ursachenforschungswerkzeugs für die Qualitätserzeugung im Prozess in sieben Schritten erläutert.

Der erste Schritt besteht in der »eindeutigen Bestimmung des Phänomens«. Das Geschehen vor Ort sollte gründlich beobachtet und das Phänomen des Fehlers kategorisiert und unterteilt werden bis in die kleinstmögliche Einheit.

Der zweite Schritt ist die »physische Analyse des Phänomens«. Das Phänomen des Fehlers wird – basierend auf dem Zusammenhang von Produkt und Anlage – von den Grundprinzipien und Grundsätzen der Fertigung aus physischer Sicht erläutert.

Der dritte Schritt besteht in der »Erforschung der Entstehungsbedingungen des Phänomens«. Hierbei werden die gesamten erforderlichen Bedingungen sowie die vollständigen Bedingungen durchforstet nach den Entstehungsbedingungen, die den Mechanismus beim Auftreten des Phänomens bewirken.

Der vierte Schritt ist die »Erforschung der Zusammenhänge mit den 4M«. Die Bedingungen zur Entstehung des Phänomens werden auf die zusammenhängenden Faktoren Mensch, Material, Maschine und Methode hin untersucht. Wenn das zusammenhängende System zu groß ist, ist eine stufenweise Zerlegung in erste, zweite und dritte Ebene erforderlich.

Der Schritt fünf beinhaltet die »Erforschung der Untersuchungsmethode«. Sie soll eine konkrete Planung, die den Untersuchungsumfang, die zu untersuchenden Punkte, die Vermessungsmethode und die erforderliche Genauigkeit zu jedem einzelnen Faktor enthalten.

Der sechste Schritt besteht in der »Extrahierung des Fehlers«. Durch die Untersuchungen werden im Vergleich zu den Normwerten oder dem Sollzustand die einzelnen fehlerhaften Punkte herausgearbeitet.

Der siebte Schritt ist das »Planen und Umsetzen der Verbesserungsmaßnahmen«. Die aufgrund der extrahierten Problempunkte geplanten Maßnahmen sollten so weit wie möglich auf einmal umgesetzt werden. Anschließend wird das Ergebnis überprüft.

Wenn zum Beispiel bei dem Schritt der Erforschung der Entstehungsbedingungen weitere Faktoren wie die mangelhafte Qualität aus dem vorangegangenen Prozess festgestellt wird, wird dieser Faktor als Phänomen angesehen, um eine weitere Ebene der PM-Analyse durchzuführen.

Aufbau des PM-Analyseblatts und dessen Anwendung

Wenn man den eben genannten Prozess der PM-Analyse auf einem Arbeitsblatt zusammenfasst, entsteht daraus das PM-Analyseblatt. Sein Aufbau ist in Abbildung 74 dargestellt. Die Besonderheit des PM-Analyseblatts besteht darin, dass die Schritte 1 bis 4 von links nach rechts abgebildet werden und somit den Denkprozess der Analyse klar verdeutlichen. In den Spalten zur Bestimmung des Phänomens und zur physischen Analyse ist jeweils ein Posten einzutragen, bei der Erforschung der Entstehungsbedingungen und der Erforschung der Zusammenhänge mit den 4M vermehren sich stammbaumartig die Zeilen für die Einträge. Bei der physischen Analyse soll das Fertigungsprinzip skizziert werden, um auch für Dritte den Denkprozess verständlich zu machen.

Ansätze zur Steigerung der QiP-Fähigkeit über die Anwendung von Methoden und Tools

Die Schritte der PM-Analyse

Schritt	Schritt 1	Schritt 2	Schritt 3	Schritt 4	Schritt 5	Schritt 6	Schritt 7
	Eindeutige Bestimmung des Phänomens	Physische Analyse des Phänomens	Erforschung der Entstehungsbedingungen des Phänomens	Erforschung der Zusammenhänge mit den 4M	Erforschung der Untersuchungsmethode zu jedem einzelnen Faktor	Extrahierung des Fehlers	Planen und Umsetzen der Verbesserungsmaßnahmen
Hauptpunkt	Das Phänomen wird im Detail kategorisiert und unterteilt bis in die kleinstmögliche Einheit	Das Phänomen wird basierend auf den Grundprinzipien und Grundsätzen von einer physischen Sicht aus analysiert.	Auf die Bedingungen, die das Auftreten des Phänomens bewirken, durchleuchten.	Untersuchen der Zusammenhänge zwischen der Entstehung des Phänomens mit den 4M. Maßstab von normgerecht und anormal klar definieren.	Vermessungsmethode und deren Genauigkeit planen.	Beginnend bei der ersten und zweiten Ebene werden die fehlerhaften Punkte herausgearbeitet. Dabei fängt man mit den großen Einheiten zuerst an.	Die Umsetzung der Maßnahmen sollte möglichst auf einmal geschehen. Vor allem bei mehreren Faktoren wird nur bei gleichzeitiger Umsetzung ein Ergebnis erkennbar.

Aufbau der Analyse:
Phänomen → Physische Analyse → Bedingungen des Entstehens → 4M erste Ebene → 4M zweite Ebene

(Zweite Ebene der PM-Analyse)
Phänomen → Physische Analyse → Bedingungen des Entstehens → 4M erste Ebene → 4M zweite Ebene → 4M dritte Ebene

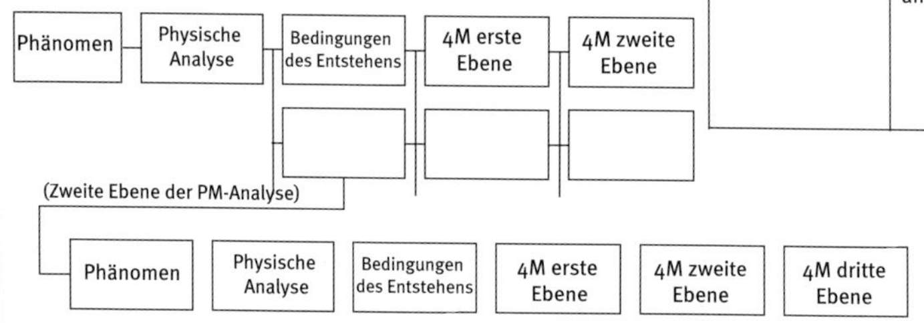

Aufbau des Analyseblatts

Phänomen	Physische Analyse	Bedingungen des Entstehens	Zusammenhänge mit 4M (erste Ebene)	Zusammenhänge mit 4M (zweite Ebene)	Untersuchungsergebnis
Schritt 1	Schritt 2	Schritt 3	Schritt 4	Schritt 4	
Skizze des Fertigungsprinzips					
Schritt 2					

Teilweise überarbeiteter Auszug aus:
Das neue TPM-Entwicklungsprogramm – Teil-Fertigung und Montage – Japan Institute of Plant Maintenance (Hg.), 1992.

Abbildung 74: Die Schritte der PM-Analyse und Analyseblatt

8.5 Pokayoke

Bedeutung von Pokayoke

Pokayoke ist ein am Genba der Produktionsstätte entstandener Begriff: Flüchtigkeitsfehler aus Zerstreutheit, mangelnder Konzentration und voreiligem Handeln (»Poka«) sollen automatisch abgewehrt (»yoke-ru«) werden. Pokayoke-Maßnahmen bestehen darin, dass in Vorrichtungen und Werkzeugen, Anlagen und Informationen Strukturen oder Mechanismen eingebracht werden, die der Entstehung von Fehlern vorbeugend entgegenwirken.

Außerhalb von Japan werden sie als »fool proof« (betriebssicher: so zu konstruieren, dass selbst ein Nutzer, der in der schwächsten Position im ungünstigsten Zustand bedient, keinen Fehler machen kann, selbst wenn er es darauf anlegte) oder als »fail safe« bezeichnet (folgeschadensicher: wird auch als mehrfache Sicherheit bezeichnet. Durch Störung bedingte Fehlfunktionen sind denkbar, aber sie werden so umgeleitet, dass sie keine Bedrohung der Sicherheit darstellen).

Pokayoke ist eines der Schlüsselwörter zur Qualitätserzeugung im Prozess. In Abbildung 75 ist die Beurteilung der verschiedenen Niveaustufen bei der Eliminierung von Flüchtigkeitsfehlern dargestellt.

Werden Flüchtigkeitsfehler begangen, wird üblicherweise durch sogenanntes Hito-yoke (Hito=Mensch, yoke=Vermeidung, Anm. des Übersetzers) das Weiterreichen des Fehlers durch Prüfen von menschlicher Hand vermieden. Bei einer Stichprobenprüfung können Fehler weitergegeben werden, daher liegt die Bewertung bei null Punkten. Bei einer Steuerung durch Prüfung können Fehler weitergegeben werden, aber weil überhaupt Maßnahmen gegen Fehler getroffen werden, befindet sich das Niveau bei 40 Punkten.

Bei den Pokayoke-Maßnahmen gibt es zwei Arten der Steuerung. Die eine ist die Ergebnissteuerung, hier zählt das Handeln nach dem Entstehen des ersten fehlerhaften Teils. Die Maßnahmen der Ergebnissteuerung reichen vom Warnsignal bei Fehlerauftritt bis zum Anhalten der Linie bei Fehlern, es handelt sich in jedem Fall um eine Struktur, bei der auf den Fehler aufmerksam gemacht und der Fehler nicht an den nachgelagerten Prozess weitergegeben wird.

Die zweite Art ist die voraussehende Steuerung. Sie beinhaltet Warnmeldungen, Anhalten und Regulieren, bevor das erste fehlerhafte Teil erzeugt wird. Es ist eine Art von Steuerung, die anormale Abläufe der Mitarbeiter oder der Anlagen oder Geräte erkennt und zur Korrektur in die ordnungsgemäße Richtung auffordert. Für die Zukunft sollten Systeme zur voraussehenden Steuerung aufgebaut werden. Dafür ist bei den Menschen in jedem Fall die Festlegung der Standardarbeit und bei den Anlagen das Sichern der Bedingungen zur Gutteilerzeugung unerlässlich.

Verschiedene Arten und Methoden von Pokayoke

Es gibt acht verschiedene Pokayoke-Arten (Abbildung 76). Die drei Pokayoke-Methoden 1) Gewichts-Pokayoke, 2) Maß-Pokayoke und 3) Form-Pokayoke sollten eigentlich durch die Konstruktionsabteilung umgesetzt werden. Wenn diese gemeinsam mit der Produktion erarbeitet werden und die Ideen in neue Produkte einfließen, ist eine Qualitätssicherung mit minimalen Kosten möglich. 4) Bewegungsablauf-Pokayoke, 5) Schrittfolge-Pokayoke, 6) Anzahl-Pokayoke und 7) Kombinations-Pokayoke sind die Pokayoke-Maßnahmen, die in der Produktionsabteilung umgesetzt werden, und haben stets die Standardarbeit als Basis. Zuletzt gibt es die 8) Umfang-Pokayoke, die durch die Produktionstechnik umgesetzt werden sollten.

Bei der Installierung von Pokayoke-Maßnahmen ist zu beachten, dass die beabsichtigte Wirkung gesichert ist, dass die Fertigungszeit nicht ansteigt und sie optimalerweise kostengünstig und ohne Nebenwirkungen sind. Auch wenn man noch so gute Pokayoke einsetzt, entscheidet sich das Gut oder Schlecht der Qualität am Prozess, an den Tätigkeiten und Anlagen der Linie. Es ist wichtig, sich stärker bewusst zu machen, dass mit Pokayoke zwar dem Weitergeben von Fehlern vorgebeugt werden kann, jedoch mit Pokayoke allein keine guten Produkte erzeugt werden können. Pokayoke dienen dazu, Qualitätsfehler nicht an den nachgelagerten Prozess weiterzugeben, jedoch liegt die wahre Verbesserung darin, möglichst bald den nächsten Schritt zu erreichen, nämlich Strukturen zu schaffen, die menschliche Fehlhandlungen erst gar nicht entstehen lassen.

Der Sinn bei der Installierung von Pokayoke liegt in der Eliminierung der Verschwendung durch Qualitätsfehler und in der damit verbundenen Kostenreduktion. Es gibt viele Unternehmen, die stolz davon berichten, wie viele Pokayoke sie erstellt haben, jedoch mangelt es häufig an der Weiterbearbeitung und am Erreichen größerer Ziele. Die Anzahl der Pokayoke-Einrichtungen entspricht der Anzahl der Problempunkte, die an der Quelle verbessert werden müssen.

Es sollte klar sein, dass Pokayoke-Maßnahmen Teil eines Prozesses sind und ein Mittel darstellen; daher sind sie zur schnellen Umsetzung geeignet. Wichtig ist, die Pokayoke-Maßnahmen wieder zurückzufahren und zu einem Niveau aufzusteigen, bei dem im Prozess die Qualität gesichert werden kann.

Pokayoke

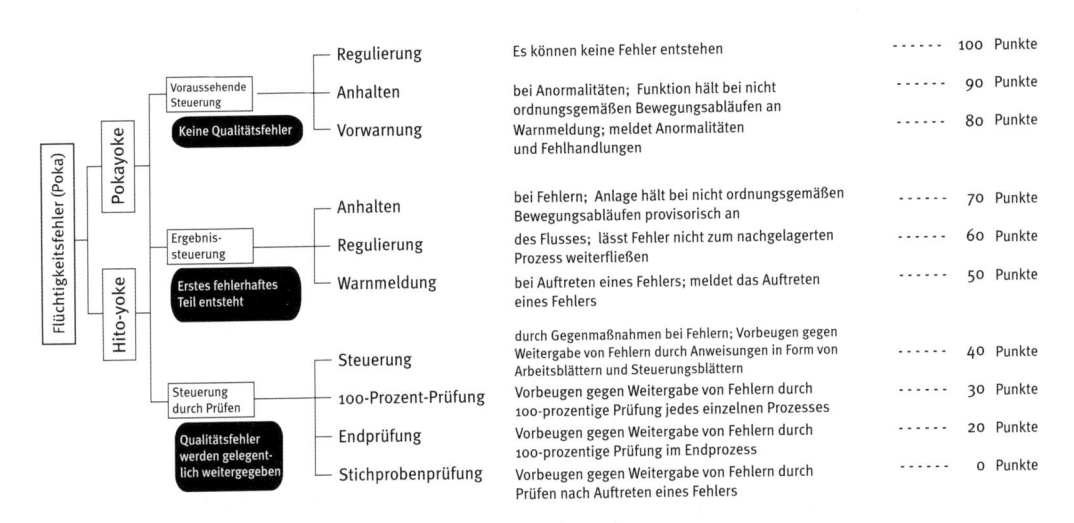

Flüchtigkeitsfehler (Poka)					
Pokayoke	Keine Qualitätsfehler	Voraussehende Steuerung	Regulierung	Es können keine Fehler entstehen	------ 100 Punkte
			Anhalten	bei Anormalitäten; Funktion hält bei nicht ordnungsgemäßen Bewegungsabläufen an	------ 90 Punkte
			Vorwarnung	Warnmeldung; meldet Anormalitäten und Fehlhandlungen	------ 80 Punkte
Hito-yoke	Erstes fehlerhaftes Teil entsteht	Ergebnissteuerung	Anhalten	bei Fehlern; Anlage hält bei nicht ordnungsgemäß Bewegungsabläufen provisorisch an	------ 70 Punkte
			Regulierung	des Flusses; lässt Fehler nicht zum nachgelagerten Prozess weiterfließen	------ 60 Punkte
			Warnmeldung	bei Auftreten eines Fehlers; meldet das Auftreten eines Fehlers	------ 50 Punkte
	Qualitätsfehler werden gelegentlich weitergegeben	Steuerung durch Prüfen	Steuerung	durch Gegenmaßnahmen bei Fehlern; Vorbeugen gegen Weitergabe von Fehlern durch Anweisungen in Form von Arbeitsblättern und Steuerungsblättern	------ 40 Punkte
			100-Prozent-Prüfung	Vorbeugen gegen Weitergabe von Fehlern durch 100-prozentige Prüfung jedes einzelnen Prozesses	------ 30 Punkte
			Endprüfung	Vorbeugen gegen Weitergabe von Fehlern durch 100-prozentige Prüfung im Endprozess	------ 20 Punkte
			Stichprobenprüfung	Vorbeugen gegen Weitergabe von Fehlern durch Prüfen nach Auftreten eines Fehlers	------ 0 Punkte

Abbildung 75: Beurteilung der Niveaustufen bei der Eliminierung von Flüchtigkeitsfehlern

Wird von der Konstruktionsabteilung umgesetzt	①	Gewichts-Pokayoke	Der Maßstab des Gewichts von Gutteilen wird festgelegt und anhand dessen werden Qualitätsfehler beurteilt; Unterscheidung von Gut- und Schlechtteilen durch die Gewichtsbalance von linker und rechter Seite
	②	Maß-Pokayoke	Es werden Maße wie Länge, Breite, Höhe, Dicke, Durchmesser et cetera als Maßstab festgelegt und anhand der Differenz Qualitätsfehler aufgedeckt.
	③	Form-Pokayoke	Es werden Eigenschaften von Formen des Materials oder eines Teils wie Bohrungen, Ecken, Aus- und Einbuchtungen, Wölbungen et cetera genutzt (als Maßstab) und anhand der Differenz Qualitätsfehler erkannt.
Wird in der Produktionsabteilung umgesetzt	④	Bewegungsablauf-Pokayoke	Die Bewegungsabläufe der Mitarbeiter oder Abläufe im Zusammenhang mit den Anlagen werden durch das Standardarbeitsblatt festgelegt. Wird der Arbeitsablauf nicht nach Standard ausgeführt, kann die weitere Arbeit nicht ausgeführt werden.
	⑤	Schrittfolge-Pokayoke	Wird bei den aneinandergereihten Arbeiten eines Prozesses nicht nach der im Standard vorgegebenen Schrittfolge gearbeitet und ein Schritt ausgelassen, kann die weitere Arbeit nicht ausgeführt werden.
	⑥	Anzahl-Pokayoke	Ist eine Zahl im Vorfeld festgelegt wie z. B. die Anzahl der Arbeitsschritte oder die Stückzahl der Teile, gilt sie als Maßstab. Bei auftretender Differenz wird die Anormalität gemeldet.
	⑦	Kombinations-Pokayoke	Wird aus einer Kombination von einigen Teilen ein Satz gebildet, wird nach der Vorbereitung dieser Sets die Kombination der Teile geprüft, so können Abweichungen festgestellt werden.
Wird in Produktionstechnik bzw. Arbeitsvorbereitung umgesetzt	⑧	Umfang-Pokayoke	Ein bestimmter Umfang von Spannung, Strom, Temperatur, Zeit et cetera wird festgelegt. Bei Nichterreichen oder Überschreiten dieses Wertes ertönt ein Warnsignal oder es kann nicht weitergearbeitet werden.

Abbildung 76: Verschiedene Arten und Methoden von Pokayoke

Ansätze zur Steigerung der QiP-Fähigkeit über die Anwendung von Methoden und Tools

Eliminierung von Flüchtigkeitsfehlern und menschlicher Fehlhandlung

Menschen sind Lebewesen, die vergessen. Trotz konsequentem Einsatz der »standardisierten Arbeit«, »Selbstkontrolle« und »100-Prozent-Prüfung« in der Produktion, erreicht man kaum das Ziel von null Fehlern. Das liegt mitunter daran, dass Menschen die Eigenschaft haben, gelegentlich Fehler aus Zerstreutheit und mangelnder Konzentration, eben menschliche Fehlhandlungen, zu begehen.

Wirkungsvoller Ansatz zur Eliminierung von Flüchtigkeitsfehlern

Die grundlegenden acht Schritte dazu sind in Abbildung 77 dargestellt. Höchste Priorität haben die Kundenreklamationen der Vergangenheit. Als Nächstes muss die Situation der Fehler im Prozess der letzten drei bis sechs Monate untersucht und erfasst werden. Was die Zielsetzung betrifft, ist sie vom Inhalt abhängig. Richtlinie sollte jedoch jeweils eine Reduktion um 20 Prozent innerhalb von drei Monaten sein.

Wichtig bei der Erfassung der Qualitätsmängel ist, die Phänomene (die Erscheinungen) der Fehler möglichst korrekt zu erfassen. Zusätzlich sollte untersucht werden, ob es im Auftreten der Fehler Tendenzen gibt, ob beim Durchleuchten der Faktoren etwas ausgelassen worden ist oder man auf einige Faktoren fokussieren kann, dieses sind die Schritte vier und fünf. In diesem Zusammenhang sollte über den Einsatz von Pareto-Boards nachgedacht werden.

Diese werden an jeder Produktionslinie aufgestellt, Mitarbeiter der beteiligten Abteilungen treffen sich und besprechen die tatsächlich vorhandenen Qualitätsmängel, klären die Ursache und treffen konkrete Maßnahmen. Die Pareto-Boards sind ein wichtiges Werkzeug, um anhand des Drei-Tatsachen-Prinzips, indem man nämlich am tatsächlichen Ort des Geschehens anhand des vorliegenden fehlerhaften Teils das aufgetretene Phänomen betrachtet, den Täter (die wahre Ursache) zu ermitteln. Mit dem Pareto-Board vor Ort wird das tatsächliche Teil betrachtet, der entsprechende Arbeitsablauf gründlich beobachtet und die Faktoren, die zum Entstehen des Phänomens des Qualitätsfehlers beitragen könnten, aufgelistet. Diese Punkte werden nochmals genauer betrachtet und nach der 5x-Warum-Analyse so lange untersucht, bis man zu einem überzeugenden Ergebnis kommt.

Im Schritt sechs werden aufgrund der wahren Ursachen, die man durch die Erforschung der einzelnen Faktoren eingegrenzt hat, mithilfe der 16 Bedingungen zur Eliminierung von Flüchtigkeitsfehlern Verbesserungen durch Pokayoke erarbeitet und umgesetzt. Bei den Verbesserungen durch Pokayoke gibt es unterschiedliche Wege – es kann schlicht das Auftreten des Fehlers gemeldet werden, aber der Idealfall ist natürlich, dass Anormalitäten erfasst werden und vor Entstehung des Fehlers eingegriffen wird. In jedem Fall ist die Erstellung von Standardarbeits- und Arbeitsverteilungsblättern unerlässlich. Darin sind Inhalt und Schrittfolge der Tätigkeit, wie sie aktuell durchgeführt wird, »klar und lebendig, den Tatsachen entsprechend und lückenlos« aufzuschreiben. Man sollte sich bewusst machen, dass es erst auf dieser Grundlage möglich ist, mit Pokayoke zu arbeiten.

Bei den Pokayoke-Maßnahmen ist es wichtig, sie nicht nach dem Gießkannenprinzip anzuwenden. Qualität im Prozess zu erzeugen ist nur möglich, wenn das Arbeitsverteilungsblatt und eine der acht Pokayoke-Maßnahmen gleichzeitig eingesetzt werden. Der Wichtigkeitsgrad der Qualitätssicherungspunkte sollte wiederholt überprüft werden, um diese auf ein notwendiges Minimum zu reduzieren. Man sollte sich vom Gedanken, überall Pokayoke aufzustellen, distanzieren, die wahre Ursache an der Quelle aufdecken und Gegenmaßnahmen ergreifen. Man sollte besser eine Struktur schaffen, bei der mit wenigen Pokayoke-Maßnahmen und vor allem mit der Standardarbeit die Qualitätserzeugung im Prozess gewährleistet wird.

Mit Struktur die Flüchtigkeitsfehler in Schach halten

Die Annäherung an die acht essenziellen Pokayoke-Arten (Abbildung 78) beginnt mit dem Auftreten der Fehlhandlung, dann folgt eine gründliche Betrachtung der Phänomene der Fehler, die mit dem Pareto-Board aufgedeckt wurden. Täglich zu einer festgelegten Zeit sollten Mitarbeiter, die Entscheidungsbefugnis und Tatkraft besitzen, vor Ort anhand der tatsächlichen fehlerhaften Teile die Fehler besprechen. Dieser Prozess beinhaltet die »Struktur«, die geschaffen werden muss.

Die Details zur Analyse der Fehler und zur besseren Erforschung der wahren Ursache finden sich in den 16 Bedingungen zur Eliminierung von Flüchtigkeitsfehlern. Selbst das Installieren von sehr guten Pokayoke-Maßnahmen führt zu erneutem Auftreten von Fehlhandlungen, wenn diese Grundbedingungen nicht stimmen. Besonders wichtig, um die durch Menschen verursachten Fehler zu vermeiden, ist das Erstellen von Standardarbeits- und Arbeitsverteilungsblättern sowie ihre Einhaltung. Diese sind unerlässlich zur Erzeugung der Qualität im Prozess und Voraussetzung für die acht essenziellen Pokayoke-Maßnahmen.

Ansätze zur Steigerung der QiP-Fähigkeit über die Anwendung von Methoden und Tools

Die grundlegenden acht Schritte

1. Erfassen des Qualitätsfehlers
2. Zielsetzung der Verbesserung und Eintrag in die Themenregistration
3. Erfassen der Fehlerphänomene
4. Tendenzen im Auftreten untersuchen
5. Die beeinflussenden Faktoren untersuchen
6. Ansätze von Verbesserungen und Maßnahmenerarbeitung
7. Beurteilung des Pokayoke-Niveaus
8. Umsetzung der Verbesserungen und Überprüfen und Unterstützen des Fortschritts

- Qualitäts-Pareto-Board
- Standardarbeits- und Arbeitsverteilungsblatt
- Struktur acht essenzielle Pokayoke

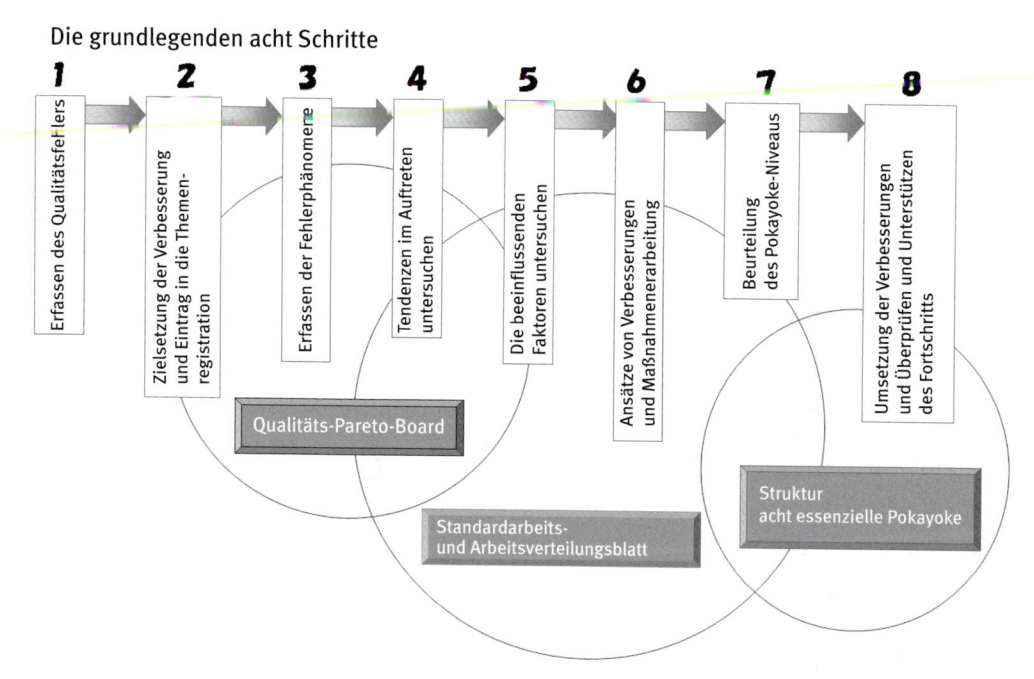

Abbildung 77: Der wirkungsvolle Ansatz zur Eliminierung von Flüchtigkeitsfehlern

Flüchtigkeitsfehler:
① Montage-/Fertigungsfehler
② Fehler beim Einsetzen des Werkstücks
③ Fehler durch Einbau falscher Teile
④ Fehler bei der Anzahl oder Menge
⑤ Vergessenes Teil bei der Montage (Fertigung)
⑥ Fehlteil bei der Montage (Fertigung)
⑦ Bedienungsfehler bei der Anlage (Gerät)
⑧ Fehlteil
⑨ Fehler bei der Festlegung des Umrüstvorgangs
⑩ Falsches Produkt
⑪ Falsche Kennzeichnung
⑫ Einmischung von falschem Teil

Die 16 Bedingungen zur Eliminierung von Flüchtigkeitsfehlern

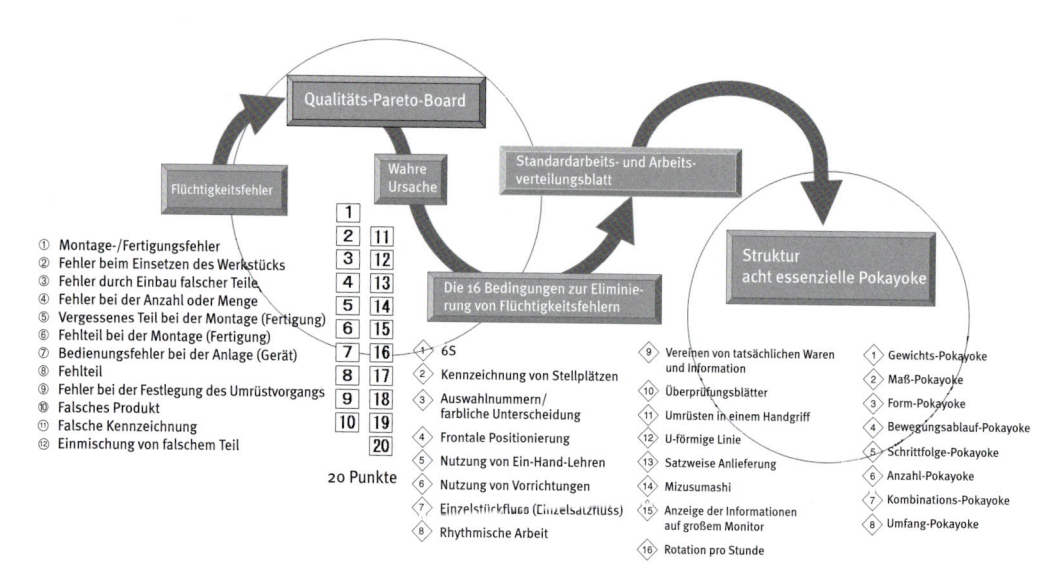

20 Punkte

① 6S
② Kennzeichnung von Stellplätzen
③ Auswahlnummern/farbliche Unterscheidung
④ Frontale Positionierung
⑤ Nutzung von Ein-Hand-Lehren
⑥ Nutzung von Vorrichtungen
⑦ Einzelstückfluss (Einzelsatzfluss)
⑧ Rhythmische Arbeit
⑨ Vereinen von tatsächlichen Waren und Information
⑩ Überprüfungsblätter
⑪ Umrüsten in einem Handgriff
⑫ U-förmige Linie
⑬ Satzweise Anlieferung
⑭ Mizusumashi
⑮ Anzeige der Informationen auf großem Monitor
⑯ Rotation pro Stunde

Struktur acht essenzielle Pokayoke:
① Gewichts-Pokayoke
② Maß-Pokayoke
③ Form-Pokayoke
④ Bewegungsablauf-Pokayoke
⑤ Schrittfolge-Pokayoke
⑥ Anzahl-Pokayoke
⑦ Kombinations-Pokayoke
⑧ Umfang-Pokayoke

Abbildung 78: Prozess der Annäherung an die acht essenziellen Pokayoke-Arten

Zusammenhang zwischen Flüchtigkeitsfehlern und Standardarbeit

Wahre Ursache von Fehlhandlungen

Die Ursachen für Fehlhandlungen des Menschen, zum Beispiel Fehler bei der Erkennung, beim Vergewissern, in der Beurteilung, durch falsche Erinnerung, Bewegungs- oder Bedienungsfehler, kann man folgendermaßen unterteilen: ungeeignete Arbeits- und Umfeldbedingungen (Arbeitsumfeld), schlechte Arbeitsbedingungen wie übermäßige Belastung, persönliche Faktoren wie mangelhafte Fähigkeiten, mangelndes Training sowie mangelnde Motivation (Tätigkeiten) und Faktoren, die durch das System hervorgerufen werden, wie mangelnde Ergonomie der Anlagen und Geräte oder nicht ausreichend vorhandene technische Daten für bestimmte Aktivitäten und Instandhaltung. Daraus resultiert, dass zur Vorbeugung von Flüchtigkeitsfehlern (menschlichen Fehlhandlungen)

1. Maßnahmen in Bezug auf Anlagen und Umfeldfaktoren (Umfeld),
2. Maßnahmen in Bezug auf die menschlichen Faktoren (Tätigkeiten) und
3. Maßnahmen, die das Management betreffen (System),

erforderlich sind.

Kann es vielleicht sein, dass ein Teil der Führungskräfte und Vorgesetzten, ohne es zu beabsichtigen, die Verantwortung in diesem Punkt auf andere Menschen (die Mitarbeiter) geschoben hat? Werden infolgedessen die Maßnahmen gegen Fehlhandlungen vielleicht vernachlässigt, weil man ja die Mitarbeiter darauf hinweist, ordentlicher zu arbeiten, alle zusammenruft und darüber unterrichtet, wie wichtig die Standardarbeit ist, oder die Prüfung vor dem Versand verstärkt hat? Man sollte die wahre Ursache erforschen und wirksame Gegenmaßnahmen treffen, um einem wiederholten Auftreten der Fehler vorzubeugen.

Menschen machen Fehler, dem kann man entgegenwirken, indem man die Qualität im Prozess erzeugt. Die Qualität der im eigenen Prozess gefertigten Teile muss eigenverantwortlich zu 100 Prozent geprüft werden (es ist die Pflicht eines jeden, das Ergebnis der eigenen Arbeit zu prüfen) und jeder Mitarbeiter sollte verinnerlicht haben, dass er dem nachgelagerten Prozess keinesfalls schlechte Qualität weitergeben darf.

Konkrete Untersuchungen über die wahren Ursachen ergeben folgende Gründe:

1. Mangelhafte Arbeitsanweisungen,
2. unzureichende Erklärungen,
3. mangelhaft ausgeführte 3 S,
4. schlechter Zustand von Anlagen und Maschinen,
5. mangelhafter Zustand von Werkzeugen,
6. Probleme, die durch das Layout verursacht werden, und
7. unzureichende Arbeitsmethoden.

Diese Ursachen machen einen Anteil von 80 Prozent aus. Das bedeutet, dass nur etwa 20 Prozent vom Menschen verursachte Fehler sind und es eine Fülle anderer Faktoren gibt, die durch die Führungskräfte und Vorgesetzten verbessert und umgestaltet werden sollten.

Erzeugung von Qualität durch Standardarbeit der Mitarbeiter

Standardisierte Arbeit, bei der Mensch, Material und Maschinen effizient miteinander verknüpft werden, bedeutet, ohne Fehlhandlungen gute Qualität sicher und zusätzlich kostengünstig zu fertigen. Im Mittelpunkt steht erst einmal der Bewegungsablauf des Menschen, der standardisiert wird zu einem rhythmisch wiederkehrenden Ablauf, verbunden mit Pokayoke-Vorrichtungen.

Der Vorgesetzte vor Ort ist verantwortlich dafür, das Niveau dieser beiden Voraussetzungen (Pokayoke und Standardarbeit) zu steigern. Das bedeutet, sämtliche Bewegungen der Mitarbeiter zu steuern. Kurze Qualitätsprüfungen sollten, selbst wenn sie nur eine halbe Sekunde lang dauern, stets Teil davon sein. Es handelt sich hierbei um die Steuerung der Bewegungsabläufe, die jedoch innerhalb eines einzelnen Prozesses schlecht einzuhalten sind. Erst im Fluss einer längeren Kette, in der die korrekten und geregelten Bewegungen jedes Einzelnen ineinandergreifen, können gesteuerte, rhythmische Bewegungsabläufe gut eingehalten werden. Dazu sind eine gründliche Tätigkeitsschulung und Training (Management der Qualifikationssteigerung) erforderlich.

In Abbildung 80 wird der Weg vom Auftreten des Flüchtigkeitsfehlers bis hin zur Erforschung der wahren Ursache dargestellt. Am Ende des Weges erreicht man auch hier die Standardarbeit und die Installierung von Pokayoke. Die Arbeitsstandards müssen gegebenenfalls überarbeitet werden, man entwickelt sich weiter zu Disziplinierung, Qualitätsschulung und Motivationstraining. Wenn nicht darin geschult wird, warum ein Arbeitsprozess geprüft werden muss, was mit dem Produkt passiert, wenn im Prozess ein Fehler begangen wird, bleibt es beim simplen Ausführen von Tätigkeiten ohne die wichtige Qualitätserzeugung im Prozess. Sämtliche Mitarbeiter müssen über den Sinn der Prüfungen in den jeweiligen Prozessen unterrichtet werden und ihn begreifen.

Bei der Standardarbeit sind vor allem die Fertigungsweise, die Zählweise und Qualitätsphilosophie wichtig. Das hohe Niveau der standardisierten Arbeit und ihre Umsetzung sind Voraussetzungen für die Lieferfähigkeit (D) und die Qualität(Q). Dass sich infolgedessen die Kosten (C) reduzieren, ist bereits wiederholt erwähnt worden.

Pokayoke

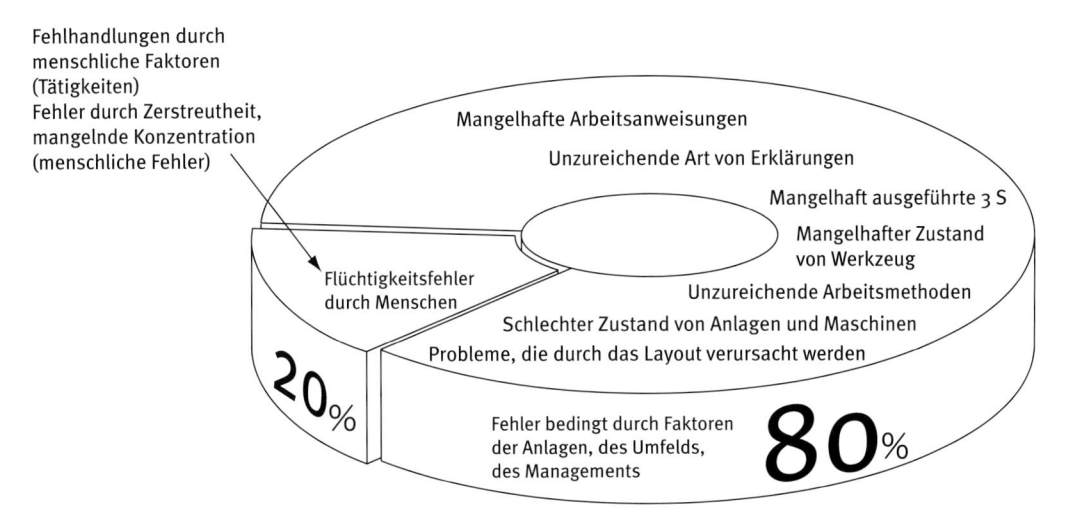

Fehlhandlungen durch menschliche Faktoren (Tätigkeiten)
Fehler durch Zerstreutheit, mangelnde Konzentration (menschliche Fehler)

- Flüchtigkeitsfehler durch Menschen — **20%**
- Mangelhafte Arbeitsanweisungen
- Unzureichende Art von Erklärungen
- Mangelhaft ausgeführte 3 S
- Mangelhafter Zustand von Werkzeug
- Unzureichende Arbeitsmethoden
- Schlechter Zustand von Anlagen und Maschinen
- Probleme, die durch das Layout verursacht werden
- Fehler bedingt durch Faktoren der Anlagen, des Umfelds, des Managements — **80%**

Abbildung 79: Faktoren, die zu Fehlhandlungen führen

Flüchtigkeitsfehler

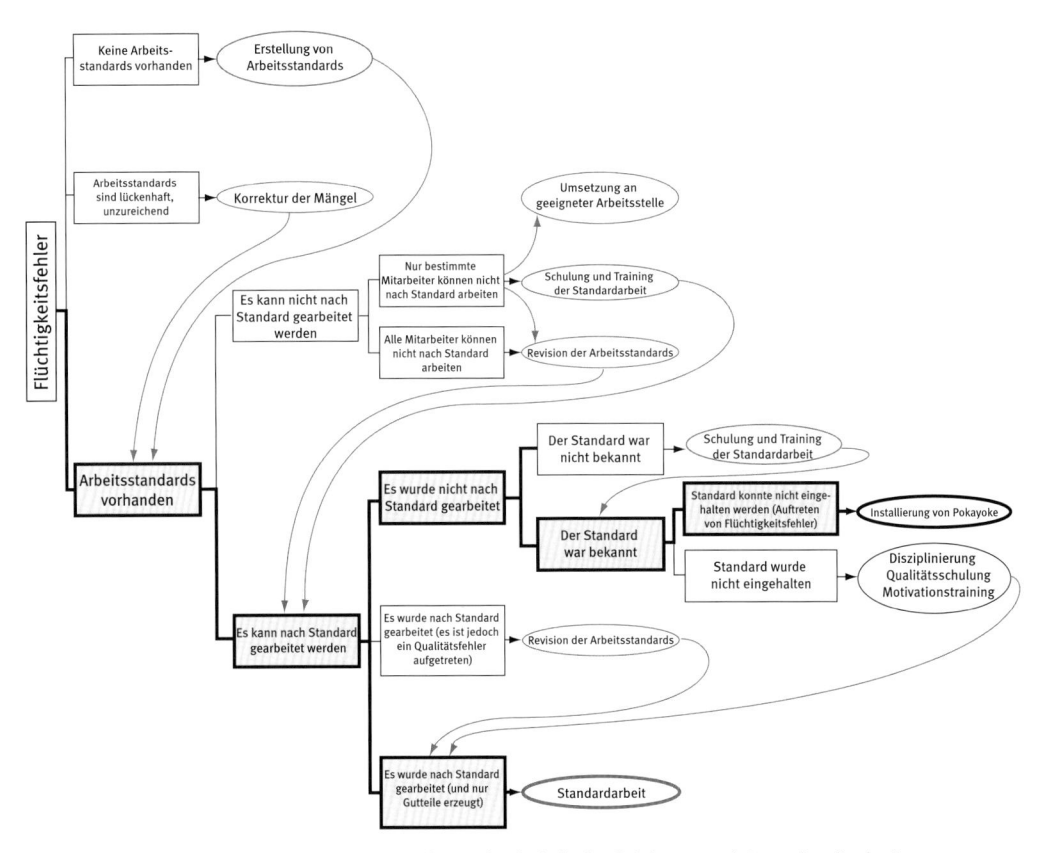

- Keine Arbeitsstandards vorhanden → Erstellung von Arbeitsstandards
- Arbeitsstandards sind lückenhaft, unzureichend → Korrektur der Mängel
- Arbeitsstandards vorhanden
  - Es kann nicht nach Standard gearbeitet werden
    - Nur bestimmte Mitarbeiter können nicht nach Standard arbeiten → Schulung und Training der Standardarbeit → Umsetzung an geeigneter Arbeitsstelle
    - Alle Mitarbeiter können nicht nach Standard arbeiten → Revision der Arbeitsstandards
  - Es kann nach Standard gearbeitet werden
    - Es wurde nicht nach Standard gearbeitet
      - Der Standard war nicht bekannt → Schulung und Training der Standardarbeit
      - Der Standard war bekannt
        - Standard konnte nicht eingehalten werden (Auftreten von Flüchtigkeitsfehler) → Installierung von Pokayoke
        - Standard wurde nicht eingehalten → Disziplinierung Qualitätsschulung Motivationstraining
    - Es wurde nach Standard gearbeitet (es ist jedoch ein Qualitätsfehler aufgetreten) → Revision der Arbeitsstandards
    - Es wurde nach Standard gearbeitet (und nur Gutteile erzeugt) → Standardarbeit

Abbildung 80: Zusammenhang zwischen Flüchtigkeitsfehlern und Standardarbeit

Struktur zum Einsatz von Pokayoke

Es ist notwendig, deutlich zu klären, welcher Ansatz zur effektiven Einführung der Fehlereliminierung vorhanden ist, wann der richtige Zeitpunkt zur Übertragung auf Modelllinien und Modellbereiche ist und wie diese Ansätze auf neue Linien und Neuprodukte anzuwenden sind.

Struktur für die effiziente Übertragung von Pokayoke auf weitere Bereiche

Wie aus Abbildung 81 ersichtlich, besteht die erste Aufgabe darin, die Inhalte der Flüchtigkeitsfehler des gesamten Werkes zu erfassen. Dafür werden zunächst Kommunikationsbereiche mit Qualitäts-Pareto-Boards eingerichtet und anhand der vorliegenden fehlerhaften Teile die bestehenden Flüchtigkeitsfehler nach Inhalten sortiert. Die Idee, am tatsächlichen Ort des Geschehens anhand des vorliegenden fehlerhaften Teils das aufgetretene Phänomen zu betrachten, setzt voraus, dass das Pareto-Board direkt neben der betreffenden Linie oder Anlage angebracht wird. Hier findet täglich zu einer festgelegten Zeit eine Besprechung mit den Verantwortlichen der jeweiligen Abteilungen, angefangen beim Werksleiter, statt. Gemeinsam analysiert man die Faktoren der Qualitätsmängel, forscht nach den Ursachen und setzt Pokayoke-Maßnahmen um.

Es ist erforderlich, aufgrund der sortierten Inhalte der Fehler und Häufigkeit des Auftretens eine Modelllinie beziehungsweise Modellanlage zu bestimmen, da ein konsequentes Erforschen an einem Beispiel schlussendlich eine tiefere Betrachtung und effektivere Maßnahmen ermöglicht.

Bei der Erforschung der Ursachen ist die Betrachtung der 16 Bedingungen zur Eliminierung von Flüchtigkeitsfehlern unerlässlich. Diese sind grundsätzlich in die drei Themenbereiche Arbeitsumfeld, Tätigkeiten und System unterteilt. Es gibt vier Bedingungen zur Eliminierung der Fehler in Bezug auf Anlagen und Arbeitsumfeld: 1) 6S, 2) Kennzeichnung von Stellplätzen im Supermarkt, 3) Auswahlnummern/farbliche Unterscheidung und 4) frontale Positionierung der Materialien. Bezüglich der menschlichen Faktoren und Tätigkeiten gibt es sieben Punkte: 5) Nutzung von Ein-Hand-Lehren, 6) Nutzung von Vorrichtungen, 7) Einzelstückfluss (Einzelsatzfluss), 8) rhythmische Arbeit, 9) Vereinen von tatsächlichen Waren und Information, 10) Überprüfungsblätter und 11) Umrüsten in einem Handgriff. Diese beinhalten alle Strukturen, die zur Produkterzeugung wesentlich sind. Zuletzt gibt es noch fünf Voraussetzungen in Sachen Management und System, die umgesetzt werden sollen. Diese sind: 12) U-förmige Linien, 13) satzweise Anlieferung, 14) Mizusumashi, 15) Anzeige der Informationen auf großem Monitor und 16) Rotation pro Stunde.

Bei der Eliminierung der Flüchtigkeitsfehler bilden Standardarbeits- und Arbeitsverteilungsblätter die Grundlage. Außer dem Teamleiter, dem Springer, dem Qualifikationstrainer und dem Zuständigen für Synchro- und Verbesserungsaktivitäten werden die Tätigkeiten aller Mitarbeiter beleuchtet. Auf Basis der Standardarbeit werden die acht essenziellen Arten von Pokayoke installiert. Die Pokayoke-Maßnahmen werden registriert und als Teil der täglichen Inspektion aufgenommen.

Der Zustand wird jeden Morgen vor Arbeitsbeginn überprüft und in das Überprüfungsblatt eingetragen (erhaltende Steuerung). Gleichzeitig wird eine Beispielsammlung der Pokayoke-Maßnahmen erstellt, damit die Zusammenhänge zwischen den Flüchtigkeitsfehlern und den Pokayoke-Einrichtungen deutlich werden, die bei Übertragung auf andere Linien hilfreich sind. Die Pokayoke-Beispielsammlung kann stets als Know-how für das Werk dienen und auch Ansätze für kostengünstige Automationslösungen liefern.

Es werden auch misslungene Beispiele darin aufgenommen, sie dienen ebenfalls als Ansätze zur Weiterentwicklung. In den Modelllinien schreitet in Zukunft die Typenvielfalt weiter voran und die Schwankungen des Volumens werden ebenfalls größer. Während auch bei Anstieg von Sortenvielfalt und Menge der Kostenaufwand für Pokayoke minimal sein soll, müssen an der Modelllinie konsequent Pokayoke-Einrichtungen installiert werden und diese im nächsten Schritt entfernt werden. Die 16 Bedingungen zur Eliminierung von Flüchtigkeitsfehlern sollten konsequent umgesetzt werden und die Standardarbeit sollte die Qualität sicherstellen. Das bedeutet, ganz bewusst auf Pokayoke-Maßnahmen zu verzichten und durch die Tätigkeiten und Prozesse an sich die Qualität zu gewährleisten.

Um bei Übertragung auf andere vorhandene Prozesse im Vorfeld Fehlern vorzubeugen, sollte die Modelllinie erst ein gewisses Niveau (100-ppm-Niveau) erreicht haben. Bei diesen Aktivitäten sollten die Abteilungen Entwicklung, Konstruktion und Einkauf miteinbezogen werden, um die Integration der entwickelten Ideen bei der Neuproduktentwicklung oder bei den Lieferanten zu erleichtern.

Selbst wenn man stets bestrebt ist, die Fehler im Prozess und die Flüchtigkeitsfehler anhand von Pokayoke-Maßnahmen auf null zu bringen, tauchen immer wieder neue Qualitätsfehler auf. Gegen noch nicht bekannte Mängel und Flüchtigkeitsfehler sollte man gewappnet sein, indem man sich auf verschiedene Möglichkeiten vorbereitet, um beim Auftreten von Mängeln schnell reagieren zu können.

Ansätze zur Steigerung der QiP-Fähigkeit über die Anwendung von Methoden und Tools

```
┌─────────────────────────────────────────────────┐   ┌──────────────────────┐
│ Einsatz von Pokayoke-Maßnahmen in bestehenden   │   │ Einsatz von Pokayoke-│
│ Prozessen                                       │   │ Maßnahmen in neuen   │
└─────────────────────────────────────────────────┘   │ Prozessen            │
                                                      └──────────────────────┘
  Wiederholtes Auftreten      Fehlern vorbeugen        Vorbeugen vor Beginn
  der Fehler vermeiden                                 der Serienproduktion
         ↓↓                          ↓↓                        ↓↓
   Flüchtigkeitsfehler

   Qualitäts-Pareto-Board      Überprüfung des         Produktkonstruktion ←┐
            ↓                  gesamten Prozesses              ↓            │
   Ursachenanalyse/-erforschung      Pokayoke-          Prozessplanung   ←┐ │
            ↓                      Einsatzplan                 ↓         │ │
      Wahre Ursache                                                      │ │
            ↓                                           (Übertragen auf  │ │
   16 Bedingungen                                        andere Linien)  │ │
   zur Eliminierung                                                      │ │
   von Flüchtigkeits-                                                    │ │
   fehlern                                                               │ │
            ↓                                                            │ │
   Standardarbeits-                                     Standardarbeits- │ │
   und Arbeitsverteilungsblatt                          und Arbeitsverteilungsblatt
                                                                ↓
            Installierung von Pokayoke auf Basis der acht essenziellen Arten
                             und entsprechender Struktur
                                      ↓
            Pokayoke-             Registrierung der
            Beispielsammlung      Pokayoke-Maßnahmen
                                      ↓
                                  Erhaltende Steuerung   Tägliche Inspektionen
                                      ↓
                              Integration der Ideen in Produktkonstruktion
                                      und Prozessplanung
```

16 Bedingungen zur Eliminierung von Flüchtigkeitsfehlern

Arbeitsumfeld:
1. 6S
2. Kennzeichnung von Stellplätzen
3. Auswahlnummern/farbliche Unterscheidung
4. Frontale Positionierung

Tätigkeiten:
5. Nutzung von Ein-Hand-Lehren
6. Nutzung von Vorrichtungen
7. Einzelstückfluss (Einzelsatzfluss)
8. Rhythmische Arbeit
9. Vereinen von tatsächlichen Waren und Information
10. Überprüfungsblätter
11. Umrüsten in einem Handgriff
12. U-förmige Linie

System:
13. Satzweise Anlieferung
14. Mizusumashi
15. Anzeige der Informationen auf großem Monitor
16. Rotation pro Stunde

Vorbeugung gegen wiederholtes Auftreten der Fehler

Man sollte in der Entwicklung stärker vorbeugend denken.

Das ist zwar richtig, aber ...

dass Fehler wiederholt auftreten, liegt daran, dass die wahre Ursache nicht gründlich erfasst worden ist.

In Zukunft

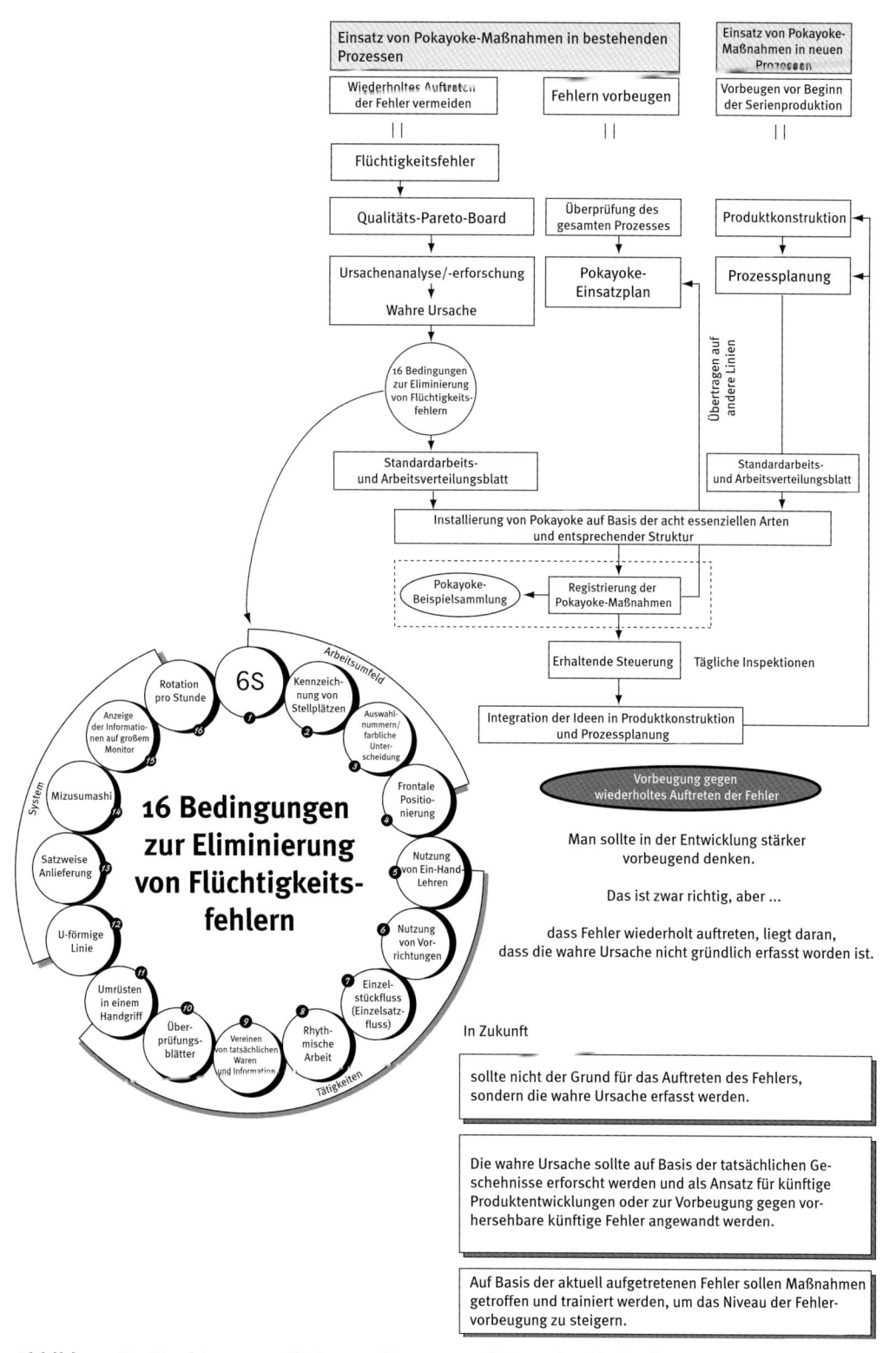

sollte nicht der Grund für das Auftreten des Fehlers, sondern die wahre Ursache erfasst werden.

Die wahre Ursache sollte auf Basis der tatsächlichen Geschehnisse erforscht werden und als Ansatz für künftige Produktentwicklungen oder zur Vorbeugung gegen vorhersehbare künftige Fehler angewandt werden.

Auf Basis der aktuell aufgetretenen Fehler sollen Maßnahmen getroffen und trainiert werden, um das Niveau der Fehlervorbeugung zu steigern.

Abbildung 81: Struktur zum effizienten Einsatz von Pokayoke-Maßnahmen

Acht Formen von Pokayoke

Methode 1: Gewichts-Pokayoke

Die Präzision der modernen Messinstrumente hat sich enorm gebessert. Das Gewichts-Pokayoke nutzt das Gewicht als Maßstab, um Gutteile von Schlechtteilen zu unterscheiden. Es gilt jedoch, Vorsicht walten zu lassen bei Teilen, die feine Gewichtsdifferenzen hervorrufen wie Aufkleber, Etiketten und O-Ringe. Vor allem Wellpappe kann zu regnerischen Zeiten Feuchtigkeit ziehen und durch subtile Gewichtsveränderungen falsche Beurteilungen verursachen.

Methode 2: Maß-Pokayoke

Differenzen von Maßen werden zur Beurteilung von Qualitätsfehlern genutzt, am bekanntesten ist die NO-GO-Lehre. Hierbei ist eine Lehre erforderlich, mit der nicht vermessen wird, sondern die mit einem Handgriff eine zügige und ergonomische 100-Prozent-Prüfung möglich macht. Es werden zu diesem Zweck verschiedenste Sensoren genutzt. Im Falle von NIO schaltet sich eine Verriegelung ein, sodass die nächste Tätigkeit nicht ausgeführt wird. Dabei sind physikalische und mechanische Sensoren vorzuziehen.

Methode 3: Form-Pokayoke

Bei jeglicher Fertigungs- und Montagetätigkeit ist es notwendig, die Vorrichtung anzupassen, indem Unterschiede in der Form des Werkstücks genutzt werden, um Anormalitäten erkennen zu können. Das sollte bereits bei der Konstruktion mit bedacht und bewusst die Form so geändert werden, dass man kostengünstig eine Vorrichtung bauen kann, die das Einsetzen des Werkstücks nur in der korrekten Richtung erlaubt. Die richtige Bauart von Vorrichtungen ist also sehr wichtig.

Methode 4: Bewegungsablauf-Pokayoke

Dies ist eine wirkungsvolle Pokayoke-Methode, wenn verschiedene Kombinationen von Tätigkeiten erforderlich sind und in der Reihenfolge der Kombination keine Fehler erlaubt sind – oder wenn anhand der äußeren Form die Qualitätsfehler nur schwer zu erkennen sind. Auftretende Fehler werden sofort durch Signalleuchten oder -töne gemeldet. Werden die Schritte korrekt ausgeführt, kann ein einfacher automatischer Auswerfmechanismus angebracht werden, der bei falscher Schrittfolge das Auswerfen durch eine Verriegelung unterbricht.

Methode 5: Schrittfolge-Pokayoke

Hierbei wird die konsequente Ausführung der Standardarbeit angestrebt. Die Arbeitsschrittfolge wird gekoppelt mit einer Spannvorrichtung, welche verriegelt bleibt, wenn die Arbeitsschrittfolge nicht korrekt eingehalten wurde. Hier wird ebenfalls die Vorrichtung, die das Werkstück hält, als wirkungsvolles Pokayoke-Werkzeug eingesetzt.

Ansätze zur Steigerung der QiP-Fähigkeit über die Anwendung von Methoden und Tools

Die Vorrichtung fungiert zum einen als Halterung bei der Tätigkeit und gleichzeitig werden Pokayoke-Funktionen eingebaut. Das Ergebnis dieser Vorrichtung entscheidet über die Qualität und beeinflusst ebenfalls die Ausbringung. Es ist erforderlich, diese Vorrichtung mit kreativen Ideen zu ergänzen.

Methode 6: Anzahl-Pokayoke

Bei dieser Methode wird die Anzahl der Teile beziehungsweise die Anzahl sich wiederholender Arbeitsgänge genutzt. Bei der Anzahl der Teile ist es erforderlich, stets an der Quelle an die Fehlervermeidung zu denken. Geht es zum Beispiel um die Behälter bei der Anlieferung, wie Kassetten oder Magazine, erleichtert diese Methode die Überprüfung der Anzahl. Sie kann infolgedessen als kostengünstige und einfache Pokayoke-Einheit genutzt werden. Für die Anzahl der Arbeitsgänge sollte die Haltevorrichtung des Werkstücks sinnvoll genutzt werden. Es gibt zum Beispiel die Möglichkeit, dass bei Nichterreichen der notwendigen Anzahl von Arbeitsgängen die Halterung verriegelt bleibt. Gleichzeitig leuchtet eine Warnlampe auf und es ertönt ein Warnsignal.

Methode 7: Kombinations-Pokayoke

Hierbei werden die Teile satzweise angeliefert. Nach Beenden der Tätigkeit wird die Reststückzahl überprüft, um Anormalitäten festzustellen. Zu diesem Zweck ist es sinnvoll, wenn die satzweise Anordnung nicht durch den Mitarbeiter, sondern durch einen Dritten geschieht. Dabei sind Ideen beim Erstellen des Satzes gefordert. Die Kommissionierung sollte man mithilfe großer Buchstaben, Skizzen, Fotos oder Einbuchtungen erleichtern. Die Teile in Reihenfolge der Arbeitsschritte anzuordnen wirkt sich positiv auf die Qualität und die Ergonomie aus.

Methode 8: Umfang-Pokayoke

Bei der Steuerung der Umfangswerte sollten nicht die Werte überprüft, sondern nur anhand einer Signalleuchte IO und NIO beurteilt werden. Zur Meldung von Anormalitäten ist ein blinkendes Licht zehnmal besser zu erkennen als ein durchgängig leuchtendes. Ein akustisches Warnsignal ist noch wirkungsvoller, und die gleichzeitige Nutzung von Leuchte und Ton umso besser.

Pokayoke

Gewichts-Pokayoke
Es nutzt das Gewicht als Maßstab, um Gutteile von Schlechtteilen zu unterscheiden.

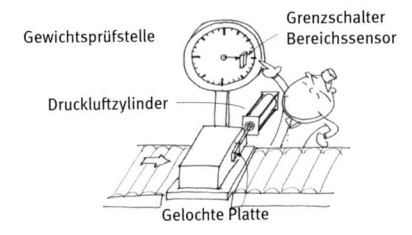

Maß-Pokayoke
Es werden Maße wie Länge, Breite, Höhe, Dicke, Durchmesser et cetera als Maßstab festgelegt und anhand der Differenz Qualitätsfehler identifiziert.

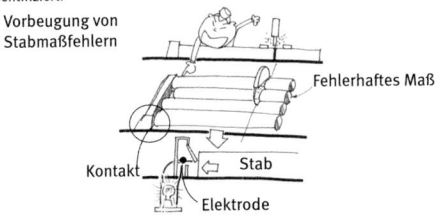

Form-Pokayoke
Es werden Eigenschaften von Formen des Materials oder eines Teils wie Bohrungen, Ecken, Aus- und Einbuchtungen, Wölbungen et cetera genutzt (als Maßstab) und anhand der Differenz Qualitätsfehler identifiziert.

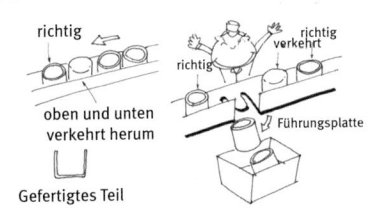

Bewegungsablauf-Pokayoke
Die Bewegungsabläufe der Mitarbeiter oder Abläufe im Zusammenhang mit den Anlagen werden durch das Standardarbeitsblatt festgelegt. Wird der Arbeitsablauf nicht nach Standard ausgeführt, kann die weitere Arbeit nicht ausgeführt werden.

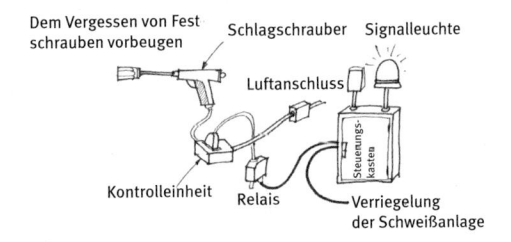

Schrittfolge-Pokayoke
Wird bei den aneinandergereihten Arbeiten eines Prozesses nicht nach der im Standard vorgegebenen Schrittfolge gearbeitet und ein Schritt ausgelassen, kann die weitere Arbeit nicht ausgeführt werden.

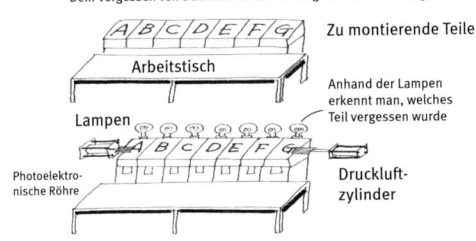

Anzahl-Pokayoke
Ist eine Zahl im Vorfeld festgelegt – wie die Anzahl der Arbeitsschritte oder die Stückzahl der Teile –, gilt diese als Maßstab und bei auftretender Differenz wird die Anormalität gemeldet.

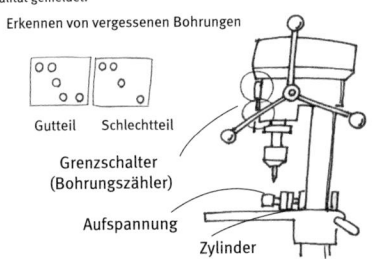

Kombinations-Pokayoke
Wird aus einer Kombination von einigen Teilen ein Satz gebildet, wird nach Ende der Vorbereitung dieser Sets die Kombination der Teile geprüft und Abweichungen werden festgestellt.

Umfang-Pokayoke
Ein bestimmter Umfang von Spannung, Strom, Temperatur, Zeit et cetera wird als Wert festgelegt. Bei Nichterreichen oder Überschreiten ertönt ein Warnsignal oder es kann nicht weitergearbeitet werden.

Abbildung 82: Die acht Formen von Pokayoke

8.6 Schnelles Rückmeldesystem bei Auftreten eines Qualitätsfehlers

Nutzung des Qualitäts-Pareto-Boards

Alle Reformen sollten aufgrund der drei »gen« (dem Tatsächlichen) geschehen. Hier ist die Rede vom Drei-Tatsachen-Prinzip, bei dem am tatsächlichen Ort des Geschehens (»genba«) anhand der tatsächlich vorhandenen Dinge (»genbutsu«) die Tatsachen (»genjitsu«) beziehungsweise das tatsächliche Phänomen betrachtet werden. Das ist die Basis zur Erforschung der wahren Ursachen aller Qualitätsfehler, angefangen von Kundenreklamationen aufgrund von Produktmängeln bis hin zu Fehlern im Prozess.

An Linien und Anlagen, bei denen die Fehlerrate im Prozess im Prozentbereich (bei mehr als 0,1 %) liegt, sollten in jedem Fall Qualitäts-Pareto-Tische mit einem Kommunikationsbereich (siehe Abbildung 83) eingerichtet werden, die in unmittelbarer Nähe der Linie oder direkt neben der Anlage aufgestellt werden. Vor allem bei wichtigen Prozessen, in denen häufig Qualitätsfehler auftreten, wäre dies wünschenswert. Aus diesem Grund sollten die Pareto-Boards mobil gestaltet und mit Rollen versehen sein.

Das Pareto-Board und der Kommunikationsbereich beherbergen eine Fülle von Qualitätsinformationen. Dort hängen Pläne über das Qualitätskonzept des Geschäftsbereichs, Grafiken mit der Zielsetzung und den Ist-Werten der Fehler im Prozess der betreffenden Linie, der Rückmeldungsablauf bei Fehlern im Prozess mit den dazugehörigen Regeln sowie Verbesserungsbeispiele zum Qualitätsthema aus. Auf dem dazugehörigen Tisch sind in Reihenfolge der Häufigkeit die fehlerhaften Teile angeordnet (daher die Bezeichnung Pareto-Board). Selbstverständlich sind die fehlerhaften Stellen mit den entsprechenden Informationen auf einem roten Zettel gekennzeichnet. Unterhalb der Tischplatte befinden sich mehrere Ordner, in denen Qualitätsmängelberichte der Vergangenheit, Verbesserungsbeispiele und Aktionspläne sowie Dokumentationen wie Qualitätsregelkarten aufbewahrt werden, die der Dokumentation über Qualitätsveränderungen und der Rückverfolgbarkeit dienen. Jedem, der sich zum Pareto-Board und zum zugehörigen Kommunikationsbereich begibt, sind der Zustand der Fehler im Prozess der betreffenden Linie und die Inhalte der Gegenmaßnahmen zugänglich und verständlich. Ein Unternehmen berichtete, dass es ihm nicht möglich sei, dem Pareto-Board die tatsächlichen fehlerhaften Teile beizulegen, und stellte die Frage wie man nun damit umgehen solle. Nach genauerer Rückfrage stellte sich heraus, dass es sich bei den betreffenden Qualitätsmängeln um Mängel in Tofu handelte, die nach mehreren Stunden nicht mehr zu erkennen sind. In solchen Fällen sind auch Fotos zulässig, da der Grund, die tatsächlichen Mängelteile zu demonstrieren, vor allem darin liegt, dass alle betreffenden Personen gemeinsam und aus dem gleichen Blickwinkel das gleiche Objekt betrachten, um daraus Maßnahmen abzuleiten. Um das Phänomen (die Erscheinung) des Qualitätsfehlers möglichst korrekt zu erfassen, sollte – vergleichbar den Ermittlungen am Tatort in Kriminalfällen – die Form oder Richtung von Beschädigungen in Bildern oder einfachen Skizzen dargestellt werden und ein Umfeld zur optimalen Betrachtung der Fehler geschaffen werden. Auf die Frage hin, wie lange die fehlerhaften Teile ausgelegt werden sollen, sei gesagt, dass dies von der Häufigkeit des Auftretens abhängig ist. Treten häufig Mängel auf, werden in diesen Fällen die Teile jeden Tag ausgetauscht, bei längeren Abständen ist denkbar, dass die Teile eine Woche lang ausgelegt werden.

Als Nächstes geht es darum, tatsächlich vor diesem Qualitäts-Pareto-Board miteinander zu kommunizieren. Grundsätzlich gilt, dass täglich zu einer festgelegten Zeit eine Besprechung stattfindet, an der sich der Werksleiter und der Produktionsleiter sowie die Zuständigen der beteiligten Abteilungen (Fertigungsleiter, Leiter der Qualitätssicherung, der Konstruktion, des Einkaufs, der Produktionssteuerung et cetera) beteiligen. Anhand der tatsächlich vorhandenen Qualitätsmängel erläutert der betreffende Zuständige der Fertigung (Fertigungsteamleiter) die Phänomene der Fehler. Dann gehen sie gemeinsam vor Ort, betrachten das tatsächliche Teil, beobachten den entsprechenden Arbeitsablauf gründlich und listen die Faktoren auf, die zum Entstehen des Phänomens (der Erscheinung) des Qualitätsfehlers beigetragen haben könnten. Diese Punkte werden vor Ort nochmals genauer betrachtet und nach der 5x-Warum-Analyse so lange untersucht, bis man zu einem überzeugenden Ergebnis kommt. Es werden also folgende Schritte unternommen:

Phänomen – Ursache – wahre Ursache – Gegenmaßnahme – Vorbeugung gegen das wiederholte Auftreten des Fehlers.

Vor allem beim Umsetzen der Maßnahme ist darauf zu achten, dass in jedem Fall klargestellt wird, ob die Maßnahme eine provisorische oder eine endgültige ist. Allgemein neigt man nämlich dazu, unbeabsichtigt aus dem Provisorischen das Endgültige zu machen.

Bei Beginn können die Besprechungen am Pareto-Board pro Linie recht zeitaufwendig sein, nach einer gewissen Zeit jedoch kommt man mit 10 bis 15 Minuten gut aus. Wichtig dabei ist, dass die Besprechungen täglich stattfinden, für den Fall der Abwesenheit einer Person ein Stellvertreter festgelegt ist sowie Entscheidungs- und Umsetzungsbefugnis übertragen werden.

Es wäre wünschenswert, dass an der Besprechung im Kommunikationsbereich vor dem Pareto-Board ein- bis zweimal im Monat die Verantwortlichen von Vertrieb, Entwicklung/Konstruktion und Einkauf teilnehmen. Die direkten Meinungen und Vorschläge aus der Vertriebsabteilung, die von Kundenreklamationen am meisten betroffen ist, wirken wie gute Arznei für die Verbesserung der QiP-Fähigkeiten. Für die Entwicklungs- und Konstruktionsabteilung ist das Gespräch hilfreich für die Übertragung der Erkenntnisse auf die Entwicklung neuer Produkte und die Erstellung von Konstruktionszeichnungen. Vom Einkauf kann man die Weiterentwicklung der besprochenen Ergebnisse in der Zusammenarbeit mit den Lieferanten (vorgelagerten Prozessen) erwarten.

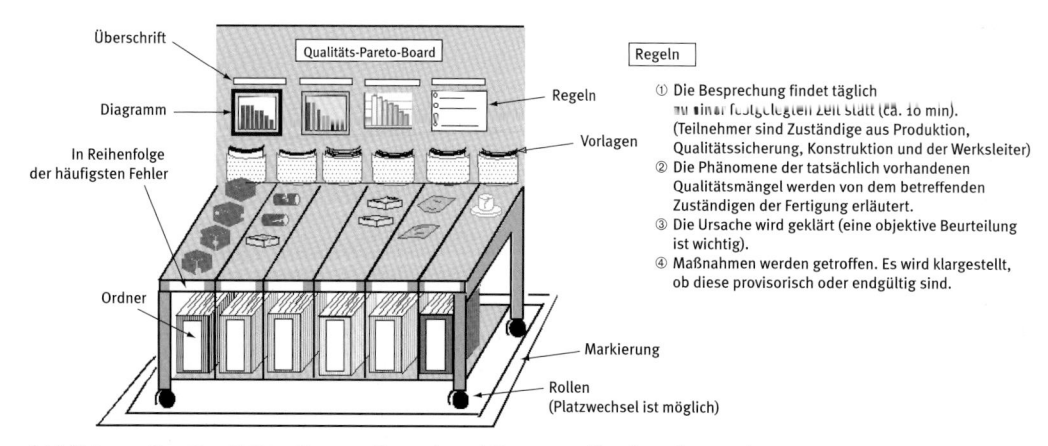

Ansätze zur Steigerung der QiP-Fähigkeit über die Anwendung von Methoden und Tools

Abbildung 83: Qualitäts-Pareto-Board und Kommunikationsbereich

Abbildung 84: Beispiel eines Qualitäts-Pareto-Boards eines japanischen Unternehmens

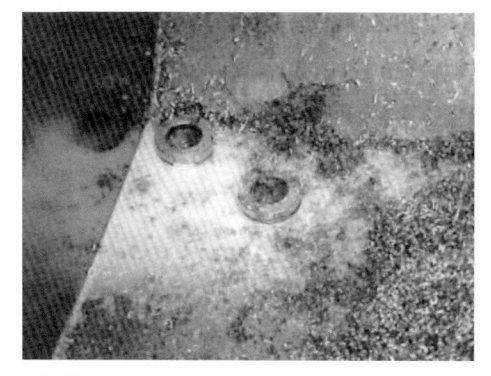

Abbildung 85: Beispiel eines Qualitäts-Pareto-Boards eines deutschen Unternehmens

Zwei-Stunden-Rückmeldesystem

Die Aufgabe des Teamleiters (nicht die des herkömmlichen Vorgesetzten) besteht darin, nicht nur dem Auftreten von Qualitätsfehlern vorzubeugen, sondern die Bedingungen zur Gutteilerzeugung gründlich zu erforschen und die Bedingungen im Prozess diesen anzugleichen. Das ist die Bedeutung von »Qualitätserzeugung im Prozess«. Vor allem für die Werker sind Standardarbeits- und Arbeitsverteilungsblätter, in denen die Vorgehensweise bei den Arbeitsschritten, die richtige Schrittfolge und die für die Qualität zu beachtenden Punkte klar dargestellt sind, und Pokayoke-Vorrichtungen grundlegende Werkzeuge. Durch die Analyse des tatsächlichen Qualitätsmangels und durch eine schnelle Erfassung der Ursache werden die Bedingungen für die Gutteilerzeugung ebenfalls eindeutig. Das heißt, dass durch die Steuerung von Ergebnissen wie die Prüfung von Produkten und Teilen auch die Steuerung der Bedingungen verschiedener Faktoren unterstützt wird.

Ein Weg, um das Niveau der Bedingungssteuerung zur Gutteilerzeugung anhand dieses Mechanismus zu heben, ist die Struktur, bei Auftreten eines Fehlers die Linie anzuhalten und durch ein Andon (Signal) dem Teamleiter zu melden. Dieser eilt an den Ort des aufgetretenen Fehlers, kann aufgrund der Situation Ursachen vermuten, die richtige aufdecken und diese an den Verursacherprozess rückmelden. Findet diese Rückmeldung an den Verursacherprozess innerhalb von zwei Stunden nach Auftreten oder Entdecken des Fehlers statt, hat das Zwei-Stunden-Rückmeldesystem seine Funktion erfüllt. Es ist einleuchtend: Je kürzer der Zeitabstand bis zur Rückmeldung ist, desto wirkungsvoller sind die Maßnahmen, weil so die wahre Ursache eher zu erkennen ist. Dadurch kann man das Sichtbarmachen von Qualitätsfehlern und ihrer Ursachen vereinfachen und das Festlegen der Gutteilbedingungen unterstützen. In diesem Sinne hat die Steigerung der QiP-Fähigkeit nichts mit Techniken zu tun, sondern vielmehr mit dieser Art von Regelungen und Grundsätzen, das heißt mit dem Managementsystem.

Um die Struktur des Zwei-Stunden-Rückmeldesystems aufzubauen, muss die Bestandsmenge im Supermarkt auf eine Reichweite von wenigen Stunden reduziert werden. Das setzt kürzere Umrüstzeiten und häufigeres Umrüsten voraus. Und je häufiger umgerüstet wird, desto eindeutiger zeigen sich die Bedingungen für die Gutteilerzeugung.

Als Nächstes werden Standardarbeits- und Arbeitsverteilungsblätter erstellt und konsequent und genauestens eingehalten. Dies ist das A und O, denn ohne Standardarbeit gibt es weder Verbesserung noch Qualitätssicherung. Nicht nur das Umsetzen der Standardarbeit unter den Mitarbeitern, sondern auch die Überwachung, das Aufrechterhalten und weiteres Verbessern ist angesagt.

Als Drittes ist erforderlich, dass Teamleiter und Mitarbeiter sich besprechen, dabei die Definitionen der Maßstäbe von Prozessanormalitäten verschärfen (detaillierter festlegen) und die Vorgehensweise beim Auftreten eines Qualitätsfehlers (Verhaltensregeln bei Prozessanormalitäten) klarstellen. Wird die Linie angehalten und man wartet auf den Teamleiter, kann im schlimmsten Fall die Produktivität absinken und auch betroffene nachgelagerte Bereiche im gesamten Werk können an Produktivität einbüßen. Um dies zu verhindern, müssen Analysefähigkeiten und die schnellere Entscheidungsfindung über die Handhabung des fehlerhaften Loses bei den jeweiligen Teamleitern und Springern sowie die Übertragung von Kompetenzen und Befugnissen stark vorangetrieben werden. Ebenfalls muss sich die Frage gestellt werden, ob nach den Standardarbeitsblättern gearbeitet worden ist oder nicht.

Als Viertes muss geklärt werden, wie vorzugehen ist, wenn der Teamleiter nicht präsent ist, zum Beispiel bei Abwesenheit oder bei Nachtschichten. Es ist wichtig, dass der Mizusumashi oder Springer als Vertreter ernannt wird und seine Aufgaben beziehungsweise die Informationsrouten sichergestellt werden.

Als Fünftes ist zu beachten, dass die Struktur definitiv nicht etabliert werden kann, wenn die Steuerung der Bedingungen von Anlagen, Vorrichtungen und Werkzeugen sowie der Fertigung unzureichend sind und Dokumentationen wie Qualitäts- beziehungsweise Anlagenverlässlichkeitsmatrix, Anlageninspektionslisten und FMEA nicht vorhanden sind. Die zu kommunizierenden Informationen müssen verdichtet werden und es sollte ein stetiger Austausch zum Beispiel per E-Mail über Fehler im Prozess stattfinden, als ob sich der Lieferant ebenfalls direkt neben der eigenen Linie befände, sonst ergibt das Zwei-Stunden-Rückmeldesystem keinen Sinn.

Der anzustrebende Sollzustand ist ein Echtzeit-Rückmeldesystem.

Schnelles Rückmeldesystem bei Auftreten eines Qualitätsfehlers

Zwei-Stunden-Rückmeldesystem bedeutet, dass die Rückmeldung an den Verursacherprozess innerhalb von zwei Stunden nach Auftreten oder Entdecken des Fehlers stattfindet und Gegenmaßnahmen ergriffen werden. Je kürzer die Rückmeldezeit, desto wirkungsvoller sind die getroffenen Maßnahmen.

Dafür ist erforderlich:
1. Die Reduktion der Bestände im Supermarkt
2. Konsequente Anwendung der Standardarbeit
3. Klarstellung der Vorgehensweise beim Auftreten eines Qualitätsfehlers gegenüber den Mitarbeitern
4. Der Teamleiter muss Aufgaben und Befugnisse der Zuständigen klar festlegen.
5. Die Bedingungen von Anlagen, Vorrichtungen, Werkzeugen und der Fertigung müssen gesteuert werden.
6. Die Zuständigen bei den Lieferanten oder bei Nachtschichten müssen festgelegt werden.

Der Sollzustand ist ein Echtzeit-Rückmeldesystem.

Supermarkt

Überprüfen des Supermarkts durch den Teamleiter

Entdeckung eines Qualitätsfehlers

innerhalb von zwei Stunden

Fima X = Lieferant
Klarstellung der Organisation

Aufbau einer Kooperationsstruktur für Qualitätssicherung

Definitionen der Maßstäbe von Prozessanormalitäten verschärfen (detaillierter festlegen)

Sicherstellung von Fähigkeiten

Liste der Vorgehensregeln bei Prozessanormalitäten einsetzen

Werkzeuge der Qualitätssteigerung

Studiengruppe für Produktkenntnis

Nutzung der Qualitätskommunikationstafel

Studiengruppe für Analysefähigkeiten, Röntgenstrahlen, REM, Oszilloskop et cetera

Zyklus von Ursachenerforschung und Maßnahme wiederholen

Erforschung zurückgehend bis auf Produkt- bzw. Anlagenkonstruktion und Teile

Nutzung des »Schatz«-Beschreibungsblatts (Ausgangspunkt Montage)

Diagramm der Ausbeuterate, das die Anzahl der Qualitätsfehler nach Fällen sortiert

Fehlerratendiagramm der letzten drei Monate (mit Kommentar)

Qualitätsfehler-Muster

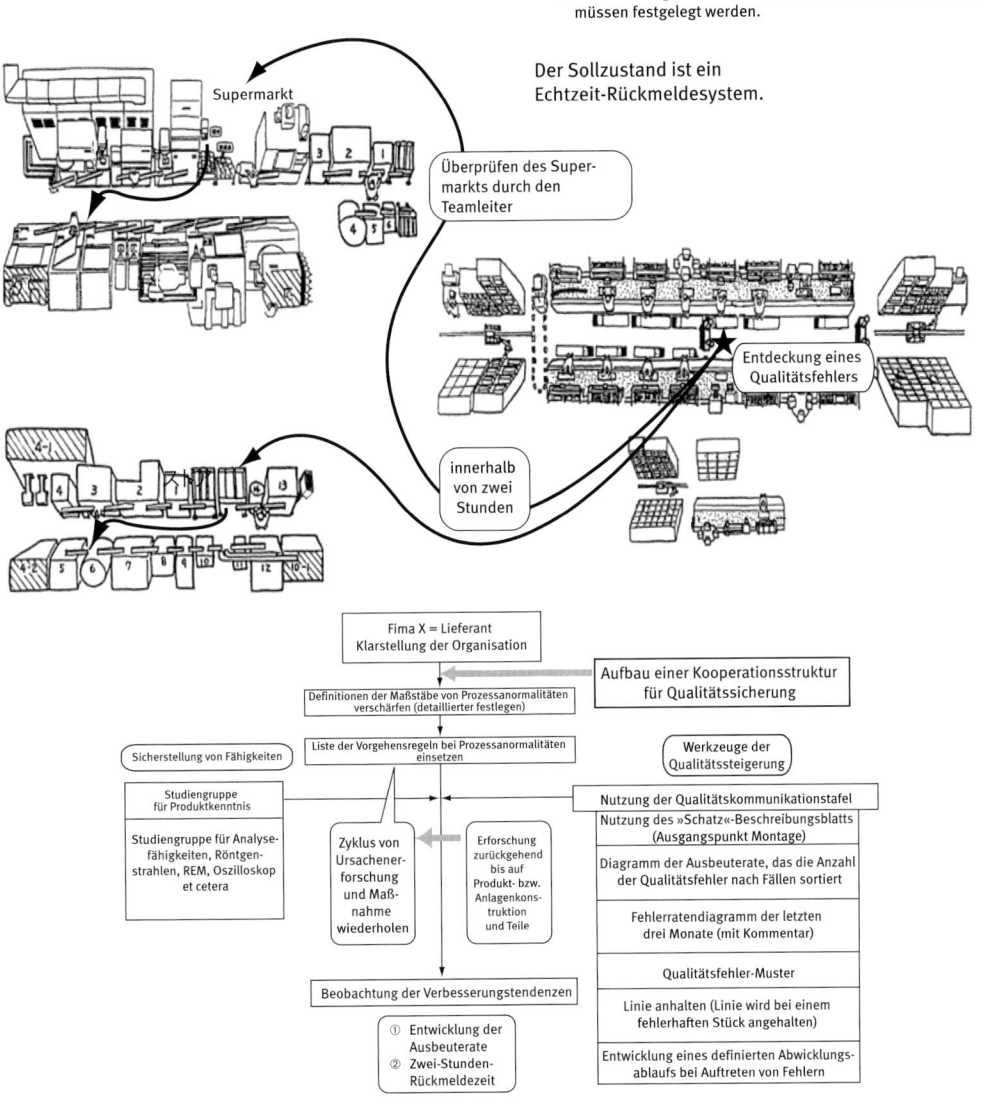

Beobachtung der Verbesserungstendenzen

Linie anhalten (Linie wird bei einem fehlerhaften Stück angehalten)

① Entwicklung der Ausbeuterate
② Zwei-Stunden-Rückmeldezeit

Entwicklung eines definierten Abwicklungsablaufs bei Auftreten von Fehlern

Abbildung 86: Zwei-Stunden-Rückmeldesystem

Ansätze zur Steigerung der QiP-Fähigkeit über die Anwendung von Methoden und Tools

Fünfmal »Warum?«

Höhere Anforderungen der Kunden bedeuten höhere Qualitätsanforderungen

Die Zeiten, in denen »verkauft wird, was hergestellt wird« sind vorbei, und während die Produktionsstätten sich verändernden Varianten und Mengen ausgesetzt sind, steht ebenfalls fest, dass die Anforderungen der Kunden vielfältiger werden. Dabei fordert der Kunde selbstverständlich eine 100-prozentige Qualität und bezüglich der Produktnormen innerhalb des Spezifikationsumfangs möglichst geringe Abweichungen.

Die Realität der meisten Produktionsstätten zeigt jedoch, dass – zwar in unterschiedlichem Ausmaß – mehr oder weniger Produkte mit Qualitätsmängeln auf den Markt gebracht werden.

Man spricht von der Spitze des Eisbergs, die auch im Zahlenverhältnis 1 : 29 : 300 ausgedrückt wird. Dieses Zahlenverhältnis ist auf verschiedenen Gebieten unter der Bezeichnung »Heinrichs Gesetz« bekannt, es stellt das Verhältnis von unterschiedlich gearteten Arbeitsunfällen dar. Selbst wenn die tatsächlichen Zahlen etwas differieren mögen, lässt sich Gleiches über die Qualität sagen. Tritt der Fall eines verheerenden Qualitätsfehlers auf, existieren im Hintergrund 29 Kundenreklamationen, ausgelöst durch 300 Fälle irgendwie gearteter interner Fehler (Abbildung 87).

Es ist wesentlich, dass jeder dieser 300 Fehler einzeln behoben wird. Dafür ist auf Basis der Qualitätserzeugung im Prozess eine »Steuerung an der Quelle« erforderlich, was bedeutet, dass bei Auftreten eines Fehlers eine prompte Rückmeldung und ein schnelles Ergreifen von Maßnahmen erfolgen muss.

Hintergründe durchschauen

Den Begriff des autonomen Unternehmens bekommt man gelegentlich zu hören. Jedoch ist hier nicht die Rede vom gesamten Unternehmen an sich, sondern bei gleicher Autonomie sind die »Eigenständigkeit der Produktionsstätte« und die »Eigenständigkeit des Werks« wesentlich. Es gibt nichts Beruhigenderes für den Menschen, als dass er das Ergebnis seiner Arbeit und Tätigkeit auf der Stelle erkennen kann. Jeder ist bemüht, keine Qualitätsfehler zu erzeugen, jedoch sollten für den Fall, dass doch ein Fehler auftritt und damit dieser nicht weitergegeben wird, durch den Wandel von getrennten Prüfungen zu Eigenprüfungen die Prozesse in sich abgeschlossen sein. Vereinfacht gesagt handelt es sich um die Vorstellung, dass »der nachgelagerte Prozess der Kunde ist«.

Es ist keine Verbesserung der Qualität durch verstärktes Prüfen möglich. Sind Fehler aufgetreten, müssen deren Ursachen auf Basis des Drei-Tatsachen-Prinzips erforscht werden. Dabei ist es wichtig, sich fünfmal die »Warum?«-Frage zu stellen, diese Vorgehensweise bewusst in den Alltag zu integrieren und es sich zur Gewohnheit zu machen, den Blick auf das Wesentliche zu lenken. Geschieht dies nicht, besteht die Gefahr, die Probleme nur an der Oberfläche zu betrachten und kurzfristig sichtbare Lösungen anzustreben.

Schnelles Rückmeldesystem bei Auftreten eines Qualitätsfehlers

Es kann gut sein, dass bei einem wiederholten Fragen nach dem »Warum?« hinter einfachen Flüchtigkeitsfehlern wie ein nicht oder fehlerhaft montiertes Teil als Ursache zum Beispiel die Haltung und die Handlungen des Vorgesetzten oder der Führungskraft erkennbar werden (Abbildung 88).

Erforscht man die Ursachen mit einem fünfmaligen wiederholten Fragen nach dem Warum, schafft man es in den meisten Fällen, das Wesen der Dinge zu durchschauen. Würde man wie bei dem oben genannten Beispiel (siehe Abbildung 88) nach einmaligem Stellen der »Warum«-Frage eine Maßnahme für eine bessere Einhaltung der Arbeitsschrittfolge treffen, scheint zwar auf den ersten Blick das Problem gelöst. Es kommt jedoch häufig vor, dass nach einer gewissen Zeit ein ähnliches Problem wieder auftritt.

Geht man jedoch der Sache auf den Grund und trifft auf »die Haltung und die Handlungen des Vorgesetzten beziehungsweise der Führungskraft«, kann man Maßnahmen treffen wie eine grundsätzliche Vorgehensweise bei Veränderungen von Bauteilen oder Standardisierung von Arbeitsschrittfolgen, die in diesem Fall die »wahren Maßnahmen« sind, und dem Auftreten von ähnlichen Fehlern im Vorfeld vorbeugen.

Eine Gewohnheit entsteht durch wiederholtes Üben. Es ist wesentlich, bei der Bearbeitung von Problemen sich stets das fünfmalige »Warum?« ins Bewusstsein zu rufen, bis man eine Ebene erreicht, bei der dies bereits unbewusst vonstatten geht.

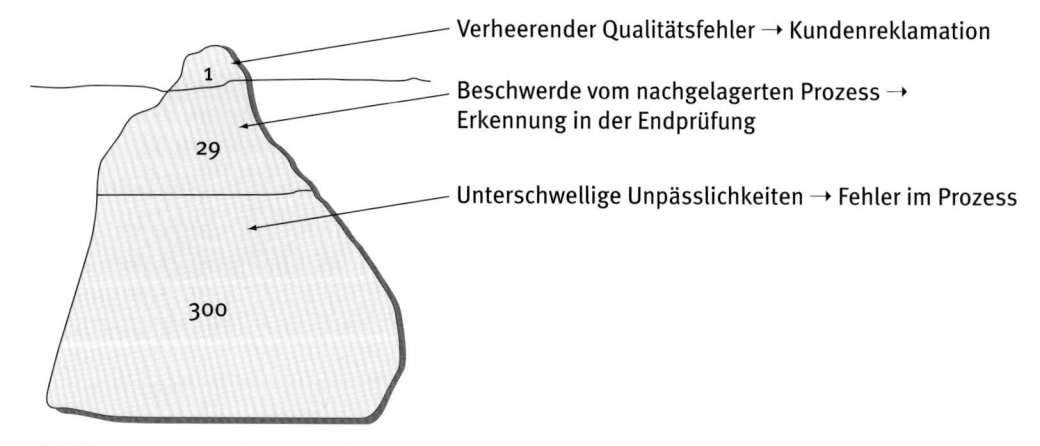

Ansätze zur Steigerung der QiP-Fähigkeit über die Anwendung von Methoden und Tools

- 1 — Verheerender Qualitätsfehler → Kundenreklamation
- 29 — Beschwerde vom nachgelagerten Prozess → Erkennung in der Endprüfung
- 300 — Unterschwellige Unpässlichkeiten → Fehler im Prozess

Abbildung 87: Heinrichs Gesetz

Teil ist fehlerhaft montiert worden
Warum?

Arbeitsschrittfolge war unklar
Warum?

Der Teilebehälter wurde ...
Warum?

Die Konstruktion des Teils wurde verändert und ...
Warum?

....
Warum?

Der Vorgesetzte hat ...

Abbildung 88: Fünfmal »Warum?

Standardisierung der Schrittfolge bei der Fehleranalyse

Man muss verstehen, dass sich in einem Fertigungsprozess die Bedingungen von Mensch, Maschine, Material und Methode, kurz der 4M, stets in Veränderung befinden. Genauso wie nur wenige Leute die Frage, was es gestern Abend zu essen gab, genau beantworten können, werden die sich stets verändernden Zustände im Lauf der Zeit undurchsichtiger. Erfasst man jedoch die sich stets verändernden Bedingungen der 4M in Echtzeit und kann die Situation bei Auftreten eines Fehlers reproduzieren, wird das Ergreifen von Maßnahmen sehr einfach. Erkennt man nämlich die wahre Ursache, reicht es, diese schlicht zu beseitigen. Im Folgenden wird die Standardisierung der Analyseschrittfolge erörtert, bezogen auf Fehler, die in der alltäglichen, sich wiederholenden Arbeitssituation durch Abweichungen und menschliche Fehlhandlungen entstehen.

Bei der Analyse von Fehlern ist es wesentlich, die Tatsachen korrekt zu erfassen. Der zuständige Mitarbeiter des Prozesses geht davon aus, dass er selbst den Prozess am besten kennt, worauf allerdings oftmals kein Verlass ist. Gerade weil er den Prozess gut kennt, ist es schwierig, das Drei-Tatsachen-Prinzip anzuwenden. Daher sollte man mit einem Ursachenanalyse-Prüfblatt das Geschehen in Bezug auf den tatsächlichen Ort, die vorliegenden Objekte und die Tatsachen (inklusive Prüfprotokolle, Steuerungslisten, Überprüfungslisten et cetera) korrekt erfassen. Dabei ergeben sich häufig unerwartete Tatsachen. Jedoch ist es in der Produktionsstätte oft physisch am Objekt sowie von den Kräften her nicht möglich, die gesamten Prozessfehler genau zu untersuchen. Daher ist es sinnvoll, Regeln festzulegen, zum Beispiel diese Aktion dann vorzunehmen, wenn innerhalb einer bestimmten Zeit der gleiche Fehler dreimal auftritt, und nach diesem Standard vorzugehen. Dazu ist Kleinlosefertigung, Einzelstückfluss und eigenständiges Prüfen im Prozess erforderlich.

Wurden die Tatsachen erfasst, kann man als Nächstes zur Ursachenerforschung und Erarbeitung der Maßnahmen übergehen. Der Ablauf von der Ursachenklärung bis zur Maßnahme, Abstellung des Fehlers und Überprüfung des Ergebnisses ist auf dem Qualitätsfehlermaßnahmenblatt einzusehen (Abbildung 90). Über die Ursachenforschung und die Fünfmal-Warum-Methode wurde weiter oben geschrieben, so dass sie hier nicht vertieft werden, jedoch ist hierbei wichtig, dass man die Werker vor Ort nicht ignoriert und in einer Gruppe von Fachleuten aus der Qualitätssicherung und dem Teamleiter beratschlagt. Der Werker kennt sich mit der Tätigkeit am besten aus und er muss auch die Maßnahmen ausführen. Indem man ihn mit einbezieht, kann man seine Motivation und gleichzeitig seine Fähigkeiten steigern. Beginnen die Werker vor Ort, selbst diese Vorgänge in die Hand zu nehmen, ist man noch eine Stufe weiter – vorausgesetzt man schafft als Organisation Bedingungen, die das Klären der Gutteilbedingungen erleichtern. Während der Fehler besprochen wird, steht die Linie und die Produktionsmenge sinkt; bewirkt jedoch die Wiederholung einen Prozess, der keine Fehler produziert, wird die Produktivität rapide steigen. Hier heißt es »Eile mit Weile«.

Ansätze zur Steigerung der QiP-Fähigkeit über die Anwendung von Methoden und Tools

Soeben wurde die Analyseschrittfolge der alltäglichen Prozessfehler im Mikroskopischen erläutert, jedoch ist auch die makroskopische Sicht wichtig. Nun werden die Ergebnisse pro Monat in Maschinentypen oder Prozesse unterteilt und gesammelt. Diese werden per Pareto-Analyse, Analyse je nach Phänomen oder je nach Prozess untersucht. Man beginnt mit den Fehlern, die höchste Priorität haben. Dann wird die Schrittfolge Erfassung der Tatsachen, Ursachenklärung, Maßnahmen ergreifen, Abstellen und Überprüfung des Ergebnisses in Angriff genommen.

Diese Aktivitäten finden in den Gruppen vor Ort statt. Daher sind die Informationen über die aufgetretenen Probleme und Lösungswege anderer Bereiche schlecht zu erreichen. Es kommt sehr häufig vor, dass die gleichen Probleme auftreten oder dass die einen eine sehr gute Pokayoke-Vorrichtung erarbeitet haben, die anderen jedoch das gleiche Problem weiterhin nur durch ineffiziente Prüfungen umgehen können. Aus diesem Grunde setzen sich aus jeder Gruppe die Stellvertreter einmal in der Woche zu einer Qualitätsverbesserungsbesprechung zusammen, um einen gemeinsamen Wissensstand zu erreichen und Meinungen auszutauschen. Dabei sollte stets die Werksleitung anwesend sein, um die Aufgaben des Werks und die Verbesserungsaktivitäten zu erfassen, und es sollte nicht vergessen werden, die Motivation der Mitarbeiter zu steigern.

Diese Analyseschrittfolge bei Prozessfehlern sollte als firmeneigener Standard festgelegt und alle Mitarbeiter darin geschult werden. Diese Art des Vorgehens ist in der Tat nicht gerade attraktiv, sondern eine Wiederholung von sehr bodenständiger, ausdauernder Arbeit. Aber getreu dem Sprichwort »Steter Tropfen höhlt den Stein« werden sich die Bemühungen in jedem Fall auszahlen.

Schnelles Rückmeldesystem bei Auftreten eines Qualitätsfehlers

Prüfblatt für Ursachenanalyse bei Versandstopp/Prozessanormalitäten

8. Kontinuität des Fehlerphänomens: wiederholtes Auftreten (neu)		9. Übertragung von Gegenmaßnahmen bei ähnlichen Fehlern: vorhanden (nicht vorhanden)		10. Pokayoke an Stelle des aufgetretenen Fehlers vorhanden (nicht vorhanden)
11. Fehlerverur- C/M C/M I/M Manuelle Implemen- Löt- (Hauptteil-Linie) Löten Teil Konstruktions- Hauptteil-Linie Justierungs- Vorarbeits- Fehler Haftung von Fremdkörper Fremdkörper Sonstiges sacherprozess Nacharbeit Montage Implementierung tierung bei Fehlern roboter (manuelles Löten) Nacharbeit fehlerhaft mängel Montage fehler fehler in Optik Fremdkörper in Verzahnung am Kontaktpunkt ( )				

4M und sonstige Faktoren	Posten	Inhalt (Zustand)	Problempunkt (Ursache)	Anmerkungen
① Mensch	Name des Mitarbeiters (Auftreten des Fehlers)	Andrea Meister	Je nach Spezifikation unterscheidet sich die Anzahl der Lötstellen.	
	Anzahl Jahre im Dienst	28 Jahre		
	Anzahl Jahre an der Linie	5 Jahre		
	Stellvertretender Teamleiter 1	Jan Tiedemann		
	Teamleiter 1	Andreas Seifert		
	Linienleiter	Max Wolk		
	Trainer			
	Name des Mitarbeiters (Weiterreichen des Fehlers)	Andrea Meister	Es gibt zwar eine Schablone zur Überprüfung der Lötstellen, jedoch wird für den Typ 15 W trotz unterschiedlicher Anzahl von Lötstellen die gleiche Schablone benutzt.	
	Anzahl Jahre im Dienst	28 Jahre		
	Anzahl Jahre an der Linie	5 Jahre		
	Stellvertretender Teamleiter 2	Jan Tiedemann		
	Teamleiter 2	Andreas Seifert		
	Linienleiter	Max Wolk		
	Trainer			
	Sonstige Auffälligkeiten			
② Arbeitsmethode	Vorhandensein von Arbeitsstandards	(vorhanden) Nr. 58E1-302 nicht vorhanden		
	Arbeit nach Standard ist	(möglich) nicht möglich		
	Vorhandensein von Schulungs-Checklisten	vorhanden (nicht vorhanden)		
	Schwierigkeitsgrad der Arbeit	schwierig (mittel) leicht		
	Sonstige Auffälligkeiten			
③ Anlage	Auftreten von Kurzstillständen	vorhanden nicht vorhanden		
	Zustand der Vorrichtungen	normal anormal		
	Steuerungszustand (Tag/Monat/Halbjahr)	vorhanden (Tag der Ausführung: ....) nicht vorhanden		
	Nachweis von Mängeln	möglich nicht möglich		
	Häufigkeit des wiederholten Anlaufs	vorhanden nicht vorhanden		
	Zustand des Prüfgeräts			
	Sonstige Auffälligkeiten			
④ Material	Bezeichnung des Teils			
	Sonstige Auffälligkeiten			
⑤ Arbeitsumfeld	Reinigungszustand			
	Sonstige Auffälligkeiten			
Anmerkungen et cetera				

Abbildung 89: Ursachenanalyse-Prüfblatt (Beispiel)

Ansätze zur Steigerung der QiP-Fähigkeit über die Anwendung von Methoden und Tools

Dokument Nr. (SC) – Versandprüfung – 050002-2 (1 / 1)

Erstellung	Überprüfung	Genehmigung	QS (Überprüfung)	Bericht an GF
Produktions-abteilung 05/04/12 Zimmermann	Produktions-abteilung 05/04/12 Walter	05.4.15	05.4.20	05.4.23

☐ Markt
☐ Information **Qualitätsfehlermaßnahmenblatt**

Typ S8E1 – 01524A

Name des Kunden _____

Los Nr. 05450M   Anzahl Rückgabe (betroffene) _____

Bericht Nr. _____   Grad der Behinderung durch Fehler (Wichtigkeitsgrad)

Annahme QS (ausgestellt am) 05/04/05

Zu beantworten bis zum 05/04/12

Produktion Werk

Wiederauftreten des Fehlers: ☐ tritt jederzeit wieder auf   ☐ tritt gelegentlich auf   ☐ tritt nicht wieder auf   ☐ Wiederauftreten lässt sich nicht feststellen   ☐ tritt nur bei QS wieder auf   (neu)

Phänomen/Zustand des Fehlers Bezeichnung der betroffenen Stelle ....

L51 Lötstelle fehlt

Feststellen der Tatsachen wiederholtes Auftreten (vor Maßnahme/nach Maßnahme)
① Es ist ein normaler Mitarbeiter.
② L51 ist eine am 2.10.2004 neu dazugekommene Lötstelle.
③ Es wurde bereits in der Vergangenheit beim Prüfvorgang das Vergessen der Lötstelle L51 festgestellt.
④ Lötstellen werden anhand von Glanz überprüft.
⑤ Der Typ 15W hat je nach Spezifikation eine unterschiedliche Anzahl von Lötstellen.
⑥ Die Lötstelle L51 ist als Letzte an der Reihe.

Maßnahme gegen erneutes Auftreten des Fehlers unten einkreisen (mehrfach möglich) Los Nr. ....
① Die Lötstellen sollen während des Lötens gezählt werden.
② Eine Liste der Lötstellen je nach Spezifikation wird erstellt und am Arbeitsprozess ausgehängt.
③ Die Anzahl der Lötstellen wird auf den Lieferschein gedruckt und gemeinsam mit Überprüfen der Spezifikation sichergestellt.

Zustand: unvollständig falsch belastet fehlerhaft (vergessen) haften/Kleben Berührung Einmischung Verschmutzung Kratzer/Verschmutzung Sonstiges ( )

Ursache des Auftretens
Nach Aussage in Punkt 5) bei Feststellen der Tatsachen, dass bei 15W je nach Spezifikation eine unterschiedliche Anzahl an Lötstellen erforderlich ist, wird vermutet, dass die Anzahl der Lötstellen mit der einer anderen Spezifikation verwechselt worden ist.

Verursacher: (Mitarbeiter) Anlage Norm/Maßstab Standards Anweisung Implementierung Prozess Konstruktion Sonstiges ( )

Schnelles Rückmeldesystem bei Auftreten eines Qualitätsfehlers

Ursache für Weiterreichen des Fehlers
Die Überprüfung erfolgt anhand einer Schablone und eines Stifts. Bei 15W wird für die weitere Spezifikation mit einer anderen Anzahl von Lötstellen die gleiche Schablone benutzt. Es wird vermutet, dass die Anzahl der Lötstellen verwechselt und falsch überprüft worden ist.

Maßnahme gegen Weiterreichen des Fehlers
unten einkreisen (mehrfach möglich) Los Nr. ....
① Bei der Überprüfung mit der Schablone sollen die Lötstellen einzeln gezählt werden.
② Nach Aufdruck auf dem Lieferschein soll die Anzahl der Lötstellen gezählt und mit dem Lieferschein verglichen und überprüft werden.

| Verursacher | Prüfer | Anlage | Norm/Maßstab | Prüfpunkt nicht vorhanden | Bewegung instabil | Schulung zur Beachtung | Bearbeitung WGS | Justierung der Anlage | Veränderung der Prozessreihenfolge | Erstellung Pokayoke | Konstruktionsänderung |
| Erkennung war nicht möglich | Sonstiges ( ) | | | | | Abschaffen der Variante | Sonstige | Keine | | | |

	Überarbeitung von Arbeitsstandards, Prüfstandards, sonstiger Informationsweiterleitung	Rev		QS
CRS	☐ un-nötig ☐ erledigt Nr.		Überprüfung der bereits umgesetzten Maßnahmen	05.4.25
QCI	☐ un-nötig ☐ erledigt Nr.		☑ Produktionsrundgang N (SC), M ☐ Rundgang durch Kunde	
WGS	☐ un-nötig ☑ erledigt Nr. S8E1-302	E	☑ Weiterbearbeitungsblatt notwendig unnötig (Plantag Beendigung / /)	
WGS	☐ un-nötig ☐ erledigt Nr.		☐ Überprüfung der bereits umgesetzten Maßnahmen	
ISS	☑ un-nötig ☐ erledigt Nr.		B eurteilung gut schlecht	
VSC	☑ un-nötig ☐ erledigt Nr.		Vorgehen falls schlecht _____	

Verbesserungstabelle: unnötig, Grund: Maßnahme durch zusätzlichen Arbeitsschritt und Verbesserung der Schablone

Zukünftige Verbesserungspläne
☐ keine ■ Planung der unten genannten Maßnahme
Da 15W zwei Arten von Lötstellen hat, wird pro Sorte eine Schablone erstellt zur Überprüfung (Auf der Schablone ist die Reihenfolge der Überprüfung vorgegeben und die Anzahl wird überprüft.)
Für 50W werden ebenfalls zwei separate Schablonen erstellt.

Falls einzelne Überprüfungspunkte unnötig sind, mit Schrägstrich durchkreuzen.   erledigt   Produktion

Überprüfen, ob Maßnahme sich bewährt hat (6 Monate später) Kommentar	Produktion	Umsetzung geplant 05 4 ab Los Nr. 2845 0M			QS

Überprüfen, ob Maßnahme sich bewährt hat (12 Monate später) Kommentar | Produktion

Überprüfung des umgesetzten Verbesserungsplans
☐ Produktionsrundgang N (SC), M ☐ Rundgang durch Kunde
☐ Erstellung Weiterbearbeitungsblatt
☐ Überprüfung der endgültigen Maßnahme Beurteilung
gut schlecht
Vorgehen falls schlecht _____

Abbildung 90: Qualitätsfehlermaßnahmenblatt (Beispiel)

8.7 QiP-Beurteilungsliste

Zielsetzung der Beurteilungsliste

Wenn man die Fähigkeit zur Qualitätserzeugung im Prozess steigern will, ist es bei den Überlegungen zur weiteren Vorgehensweise von Vorteil, die aktuellen Fähigkeiten zu erfassen. Vor allem bezüglich der vier Grundelemente ist es nützlich, zu wissen, wo die Stärken und die Schwächen liegen, um sich auf zu bearbeitende Schwerpunkte konzentrieren zu können. Die QiP-Fähigkeit lässt sich einfach gesagt durch die Fehlerrate darstellen. Abhängig davon, ob sie sich in einem ppm-Bereich von wenigen Stellen hinter dem Komma befindet oder nicht, kann man die Stärke oder Schwäche der Qualitätserzeugung deutlich erkennen. Geht es jedoch um die Frage, wie nun diese Fähigkeit gesteigert werden kann, ist die Antwort darauf nicht einfach. Wie wiederholt erwähnt, liegt der Grund dafür darin, dass diese Fähigkeit durch das Zusammenwirken verschiedenster Faktoren innerhalb einer vielschichtigen Struktur entwickelt wird.

Einen Weg, diese Komplexität der Faktoren in Form einer Checkliste zu sortieren und einen Überblick über das Gesamtbild zu erleichtern, bietet diese Beurteilungsliste. Sie ist weniger als Werkzeug für die Praxis gedacht, sondern hat in der Hauptsache vielmehr den Zweck, sich stets darüber Gedanken zu machen und das Augenmerk darauf zu lenken, dass die Steigerung der QiP-Fähigkeit eine Aufgabe von großem Format ist, die verschiedene Bereiche der gesamten Organisation betrifft.

Aufbau der Beurteilungsliste

In dieser Beurteilungsliste sind den vier Elementen, aus denen sich die Fähigkeit zur Qualitätserzeugung im Prozess zusammensetzt, jeweils fünf repräsentative, grundlegende Aspekte untergeordnet, es sind also 20 Aspekte zur Beurteilung aufgeführt.

Zu jedem Aspekt sind Beispiele genannt, sodass man überprüfen kann, wie weit die einzelnen Punkte in der Umsetzung sind. Mit der Beurteilungsliste ist nicht die Absicht verbunden, den einzelnen Aspekten Punktzahlen zuzuordnen und eine rechnerische Bewertung vorzunehmen. Der Grund: Aspekte wie die Anwendung von Methoden und Werkzeugen sind konkret, dagegen sind Themen wie Management und Produkterzeugungsphilosophie recht abstrakt. Also können diese sich auf unterschiedlichen Ebenen befindlichen, fremdartigen Aspekte nicht in gleicher Weise beurteilt werden. Ein weiterer Grund: Die einzelnen Aspekte umfassen häufig einen größeren Themenbereich, sodass eine Berechnung des Zustands recht schwierig ist.

Anwendung der Beurteilungsliste

Diese Liste ist gedacht zur Beurteilung einer bestimmten Seite der Organisationsfähigkeit eines Werks oder eines gesamten Produktionsbereichs, nämlich fokussiert auf die Fähigkeit zur Qualitätserzeugung im Prozess. Dabei ist wesentlich, eine Sichtweise einzunehmen, welche die Aktivitäten der Organisation systematisch sowie umfassend betrachtet.

Es sollte vermieden werden, die einzelnen zu beurteilenden Aspekte voneinander zu trennen und gesondert zu bewerten sowie das Ergebnis am Ende zusammenzurechnen und zu beurteilen.

Als Beispiel lässt sich nennen, dass eine Konzentration aller Kräfte allein auf die Anwendung von Methoden und Tools keine Gewährleistung für die Kontinuität des Erfolgs und auch kein Beitrag zum betrieblichen Erfolg ist, da dies einen unterstützenden Unterbau durch das Management und die Produkterzeugungsphilosophie erfordert. Also sollte ebenfalls die Wechselwirkung der einzelnen Aspekte untereinander mit betrachtet werden.

Da die Inhalte der einzelnen Beurteilungsaspekte umfassender Art sind, ist die Liste nicht für kurzfristige Bewertungen geeignet, sondern grundsätzlich zur Beurteilung der Aktivitäten des Quartals oder des Jahres gedacht. Will man eine solche Liste zur Beurteilung kürzerer Zeitspannen nutzen, sollte man eine gesonderte Liste erstellen. Die Spalte der Grundaspekte kann dem Aktivitätsplan entlang angepasst und noch eine Ebene weiter heruntergebrochen werden.

Die Spalte der Fallbeispiele sollte der Geschäftsart oder den Eigenheiten des Werks entsprechend ergänzt oder umgruppiert werden. Um die Vorgehensweise der Aktivitäten verständlicher zu gestalten, sollte die Beurteilungsliste angepasst und genutzt werden.

Wird durch die Beurteilungsliste ein Konsens über das Gesamtbild der Aktivitäten für viele Menschen wie Führungskräfte, Vorgesetzte und andere Mitstreiter der Qualitätserzeugung im Prozess erreicht, hat die Beurteilungsliste ihren Zweck erfüllt.

Ansätze zur Steigerung der QiP-Fähigkeit über die Anwendung von Methoden und Tools

	Grundlegende Aspekte	Fallbeispiele	geprüft
Aus der Perspektive der Nutzung von Methoden und Tools	① Menschen betreffende Bedingungen zur Gutteilerzeugung	Etablierung von Standardarbeit, Management der Qualifikationssteigerung	☐
	② Bedingungen für die Gutteilerzeugung bei den Anlagen	Nutzung von Steuerungstabelle der Gutteilbedingungen, Anlageninspektionsliste	☐
	③ Gutteilbedingungen bei Materialien und Teilen	Wareneingangsprüfsystem, Kommissionierung, Adressenkennzeichnung, Prinzip des besten Zugriffs	☐
	④ Pokayoke	Schaffung von Strukturen zum Vorantreiben der Pokayoke-Maßnahmen, Pokayoke-Überprüfungsliste	☐
	⑤ Schnelle Rückmeldung	Qualitäts-Pareto-Board, Zwei-Stunden-Rückmeldesystem	☐
Aus der Perspektive des Produktionssystems	⑥ Fließprinzip der Prozesse, Gradlinigkeit des Flusses	Vereinfachung und Stabilisierung der Qualitätsfaktoren, Vereinfachung der Ursachenanalyse	☐
	⑦ Einzelstückfluss, Kleinlosefertigung	Schnelle Rückmeldung durch Verkürzung der Produktionsdurchlaufzeit	☐
	⑧ Struktur, die Linie anzuhalten	Reißleine, Anhalten an definierter Stelle, Andon	☐
	⑨ Garantie für den eigenen Prozess	Autonomation (Automatische Fehlererkennung), eigenständige Prüfung des eigenen Prozesses	☐
	⑩ Stabilisierung der Produktion durch Glättung	Bildung von Mustern in der Produktionsplanung (Tagesmenge, in Reihenfolge der Typen)	☐
	⑪ Schaffung einer Struktur zur Förderung von Verbesserungen im Alltagsgeschäft	Verbesserungsaktivitäten als Teil des Alltagsgeschäfts, Anstreben des Sollzustands, fünfmal Warum	☐
Aus der Perspektive des Management	⑫ Visuelles Management	Denkweise der »visuellen Steuerung«, Werkzeuge, Umsetzung der entsprechenden Reaktionen	☐
	⑬ Eigenständigkeit der Produktionsstätte	Teamorganisation, Aktivitäten in Teams, Rolle des Teamleiters	☐
	⑭ Die Rolle der Führungskräfte	Strategieplanung für die Zukunft, Personalentwicklung, Unterstützung der Eigenständigkeit der Produktionsstätte	☐
	⑮ Qualitätserzeugung an Prozessen nahe der Quelle	Qualitätserzeugung im Stadium der Produktionsvorbereitung, Unterstützung der Lieferanten	☐
Aus der Perspektive der Produkterzeugungsphilosophie	⑯ Etablieren der Philosophie der Qualitätserzeugung im Prozess	Klare Darstellung der Wertvorstellungen der Organisation und der Verhaltensregeln	☐
	⑰ Haltung des Topmanagements	Mehr Wert legen auf Qualität als auf Kosten und Geschäftsergebnisse, Wert legen auf langfristige Wettbewerbsfähigkeit	☐
	⑱ Wert legen auf tatsächlichen Ort und tatsächliches Objekt	Erarbeitung von Qualitätsmaßnahmen findet am tatsächlichen Ort anhand des tatsächlichen Qualitätsfehlers statt.	☐
	⑲ Schulung in der praktischen Qualitätsverbesserung	Schulung anhand von internen Workshops zu tatsächlichen Qualitätsproblemen	☐
	⑳ Personal zu Qualitätsexperten entwickeln	Entwicklung von Experten in Qualitätsverbesserung	☐

Abbildung 91: QiP-Beurteilungsliste

Abbildungen

Abbildung 1:	Die vielfältige Bedeutung des Begriffs Qualität	13
Abbildung 2:	Qualität in der produzierenden Industrie	13
Abbildung 3:	Die zwei Muster der Qualitätsverbesserung (Fallbeispiel) ..	16
Abbildung 4:	Die Bedeutung von »Erzeugen der Qualität im Prozess« ..	16
Abbildung 5:	Strukturelle Faktoren eines Fertigungsprozesses und Bedingungen für die Gutteilerzeugung	19
Abbildung 6:	Qualität und Cp-Wert des Fertigprodukts	19
Abbildung 7:	Zwei unterschiedliche Muster bei der Festlegung der Gutteilbedingungen	22
Abbildung 8:	Die vier Phasen der Qualitätsverbesserung	25
Abbildung 9:	Voraussetzungen zur Sicherung der Bedingungen für die Gutteilerzeugung	28
Abbildung 10:	Erzeugen von Qualität im Prozess und der Wandel des Produktionssystems	31
Abbildung 11:	Eine Verlagerung der Produktionsstätte ins kostengünstigere Ausland bedeutet nicht notwendigerweise eine Kostenreduktion (Fallbeispiel)	35
Abbildung 12:	Die vierschichtige Struktur der Wettbewerbsfähigkeit	38
Abbildung 13:	Traditionelle Qualitätskosten	41
Abbildung 14:	Grundelemente und Zusammensetzungen der Qualitätskosten	44
Abbildung 15:	Modell der neuen Qualitätskosten	47
Abbildung 16:	QiP-Erzeugung in Zusammenhang mit altem und neuem Qualitätskosten-Modell	50
Abbildung 17:	QiP führt zur Produktionsreform	53
Abbildung 18:	Produktionsreform führt zu Produktionssystem mit Schwerpunkt auf Kundenorientierung.	53
Abbildung 19:	Was ist Organisationsfähigkeit?	57
Abbildung 20:	Woraus sich Organisationsfähigkeit zusammensetzt	57
Abbildung 21:	Bedeutung von QiP-Fähigkeit	60
Abbildung 22:	Die vier Grundelemente der QiP-Fähigkeit	63
Abbildung 23:	Maßnahmen für die Produktionsstätte zur Steigerung der QiP-Fähigkeit	66
Abbildung 24:	Etablieren der Produkterzeugungsphilosophie	69
Abbildung 25:	Reform des Produktionsmanagements	72
Abbildung 26:	Reform des Produktionssystems	75
Abbildung 27:	Anwendung von Methoden und Tools zur Qualitätserzeugung im Prozess	78
Abbildung 28:	QiP als Wertvorstellung der Organisation etablieren	81
Abbildung 29:	Etablieren der Wertvorstellung durch das Topmanagement.	84

Abbildung 30:	Bedeutung der Priorität, die auf Qualität setzt	87
Abbildung 31:	Priorität auf Qualität (Wertvorstellung) und Leistungsbeurteilung setzen	87
Abbildung 32:	Qualitätsanspruch und Anstreben des Sollzustands	90
Abbildung 33:	Qualifikationsentwicklung für die Qualitätserzeugung im Prozess	93
Abbildung 34:	Ausbildung von Experten der Qualitätserzeugung im Prozess	93
Abbildung 35:	Einführung der Teamstruktur	97
Abbildung 36:	Organisierung innerhalb des Teams (Fallbeispiel)	97
Abbildung 37:	Rolle des Teamleiters	100
Abbildung 38:	Systematik der Arbeitsstandards (Fallbeispiel)	103
Abbildung 39:	Rolle der Führungskräfte und Büromitarbeiter	106
Abbildung 40:	Prozessschritte der Produktionsvorbereitung und die Aufgaben der Produktionsstätte	109
Abbildung 41:	Denk- und Vorgehensweise bei der begleitenden Unterstützung der Lieferanten	112
Abbildung 42:	Produktionsqualität beginnt in der Neuproduktentwicklung	115
Abbildung 43:	Glättung und Produktionsplanung in Mustern	119
Abbildung 44:	Visuelles Management und Qualitätserzeugung im Prozess	122
Abbildung 45:	Im-Fluss-Halten und Prozessgestaltung	125
Abbildung 46:	Kleinlosefertigung und Einzelstückfluss (Einzelsatzfluss)	128
Abbildung 47:	Beispiele von Ein-Griff-Lehren	130
Abbildung 48:	Ein-Griff-Lehren	131
Abbildung 49:	Strukturen und Mechanismen, die bei Fehlern die Linie anhalten	134
Abbildung 50:	6S und Qualitätserzeugung im Prozess	137
Abbildung 51:	Beispiel für eine Stellplatzbezeichnung	140
Abbildung 52:	Grundlagen und Beispiele der Supermarktkennzeichnung	141
Abbildung 53:	Auswahlnummern und Steuerung durch farbliche Kennzeichnung	144
Abbildung 54:	Verschwendungsarme Bewegungsabläufe	146
Abbildung 55:	Definierte Teilestellplätze auf der Frontseite	147
Abbildung 56:	Satzweise Anlieferung	150
Abbildung 57:	Rhythmische Tätigkeit	153
Abbildung 58:	Grundsätze der Standardarbeit	156
Abbildung 59:	Vorgehensweise beim Eintragen in das Arbeitsverteilungsblatt	159
Abbildung 60:	Vorgehensweise beim Eintragen in das Standardarbeitsblatt	160
Abbildung 61:	Grundlagen und Beispiele für eine Kernarbeitsbeschreibung	163
Abbildung 62:	Erstellung und Anwendung der Lektionsblätter für Einpunktschulungen	166
Abbildung 63:	Lektionsblätter für Einpunktschulungen	167

Abbildung 64:	Wichtige Themen und Einführungsschritte für das Management der Qualifikationssteigerung	170
Abbildung 65:	Roadmap zur Einführung eines Weiterbildungsprogramms	173
Abbildung 66:	Schulungsplan für Mehrfachqualifikation	177
Abbildung 67:	Qualifikationssteigerungscollege und Trainingsstudio	180
Abbildung 68:	Ausbildung von Qualifikationstrainern	183
Abbildung 69:	Steuerungstabelle der Gutteilbedingungen (Beispiel)	186
Abbildung 70:	Anlageninspektionsliste	189
Abbildung 71:	Früherkennung der Anormalitäten anhand der Steuerungsdiagramme	192
Abbildung 72:	Die Bedeutung der Prozessfähigkeit und Prozessfähigkeitsindex	195
Abbildung 73:	Vorgehensweise bei der Prozessfähigkeitsuntersuchung	195
Abbildung 74:	Die Schritte der PM-Analyse und Analyseblatt	198
Abbildung 75:	Beurteilung der Niveaustufen bei der Eliminierung von Flüchtigkeitsfehlern	201
Abbildung 76:	Verschiedene Arten und Methoden von Pokayoke	201
Abbildung 77:	Der wirkungsvolle Ansatz zur Eliminierung von Flüchtigkeitsfehlern	204
Abbildung 78:	Prozess der Annäherung an die acht essenziellen Pokayoke-Arten	204
Abbildung 79:	Faktoren, die zu Fehlhandlungen führen	207
Abbildung 80:	Zusammenhang zwischen Flüchtigkeitsfehlern und Standardarbeit	207
Abbildung 81:	Struktur zum effizienten Einsatz von Pokayoke-Maßnahmen	210
Abbildung 82:	Die acht Formen von Pokayoke	213
Abbildung 83:	Qualitäts-Pareto-Board und Kommunikationsbereich	216
Abbildung 84:	Beispiel eines Qualitäts-Pareto-Boards eines japanischen Unternehmens	216
Abbildung 85:	Beispiel eines Qualitäts-Pareto-Boards eines deutschen Unternehmens	216
Abbildung 86:	Zwei-Stunden-Rückmeldesystem	219
Abbildung 87:	Heinrichs Gesetz	222
Abbildung 88:	Fünfmal »Warum?«	222
Abbildung 89:	Ursachenanalyse-Prüfblatt (Beispiel)	225
Abbildung 90:	Qualitätsfehlermaßnahmenblatt (Beispiel)	227
Abbildung 91:	QiP-Beurteilungsliste	230

Register

3MU 151 ff.
4M 18, 59, 64, 71, 73, 76 f., 91, 98, 117 f., 120 f., 190, 193 f., 196 f.
5x-Warum-Analyse 202, 215, 220 ff.
6S 135 ff., 208
100-Prozent-Prüfung 129 ff., 152, 205

A

AB-Steuerung 133
Andon 27, 121, 132, 208
Anhalten der Linie 26 f., 29, 74, 132 ff., 217 f.
Anlagen
- beschaffung 107, 123 f.
- inspektion 27, 98
-(s)liste, Erstellung 187 ff.
-planung 107, 123 f.
Anlauf, senkrechter 169, 178, 194 siehe auch Serienstart
Arbeits-
-anweisung 101 f. siehe auch Arbeitsstandards und Standardarbeitsblatt
-schrittfolgeblatt siehe Kernarbeitsbeschreibung
-standards 27, 59, 64, 71, 91, 96, 98 f., 101 ff. siehe auch Standardarbeitsblatt
-verteilungsblatt 102, 132, 152, 202 f., 217
-vorbereitung 20 f., 59, 101
Auswahlnummer 142, 208
Autonomatisierung 52, 73 f., 117

B

Best-Point-Prinzip 145 ff., 208
Bewegungsabläufe, Reihenfolge der 155
Büromitarbeiter 104 ff., 172, 174

C

Cp-Wert *siehe Prozessfähigkeitsindex*

D

Durchlaufzeit, Reduzierung der 27, 29, 62, 113, 126

E

Ein-Griff-Lehre/Ein-Hand-Lehre 129 ff., 179, 208
Einkaufsabteilung 110
Einpunktschulung 102, 160 f., 164 ff.
Einzelsatzkommissionierer 148 f.
Einzelstückfluss 27, 29, 62, 74, 124, 126 ff., 145, 155, 208
Entwicklung, simultane (Concurrent Engineering) 113 ff. *siehe auch Neuproduktentwicklung*

F

Fehlerrate im ppm-Bereich 23 ff., 107, 196 ff.
Fehlerrückmeldung in Echtzeit 26, 62, 74, 214 ff., 217 ff.
Fertig-/Unfertig-Karte 142 ff.
Fließprinzip 74, 123 ff., 139
Flüchtigkeitsfehler 202 ff., 205 ff. *siehe auch Pokayoke*
Führungskräfte 104 ff., 135

G

Glättung der Produktion 117 ff.

H

Hauptverwaltung, Mitarbeiter der 172
Heinrichs Gesetz 220 ff.

J

Just in Time 52, 62, 68 f., 71, 73 f., 117, 123

K

Kaizen *siehe kontinuierliche Verbesserung*
Kanban 121
Kern-
-arbeitsbeschreibung 102
-punkt 161
Kleinlosefertigung 27, 29, 62, 126 ff.
Kommissionier-
-regal 149
-tablett 149, 179 *siehe auch Einzelsatzkommissionierer*
Kommissionierung 148 ff.
Konstruktionsqualität 12, 30, 113
kontinuierliche Verbesserung 65, 99
Kundenorientierung 51 f., 61, 76, 80, 105 *siehe auch Verkauf*

L

Lieferant 30, 110 ff.

M

Marketingqualität 12
Mitarbeiter
- einfach qualifizierter 168, 171
- mehrfach qualifizierter 168, 171, 174 f., 182
- multifunktionaler 99, 124, 168, 171, 175, 182
- Multimaster 168, 172
- sachverständiger 171
Mizusumashi 126 f., 208
Modelllinie 178, 209

N

Neuproduktentwicklung 105, 194 *siehe auch Entwicklung, simultane*
NO-GO-Lehre 129 ff. *siehe auch Ein-Griff-Lehre und Ein-Hand-Lehre*

O

Organisations-
-fähigkeit 37 f., 55 ff., 58 ff.
-kultur 56 *siehe auch Unternehmenskultur und Wertvorstellung*

P

Pareto-Board 121, 202, 208, 214 ff.
Personalqualifikation und -schulung 27, 29, 64 f., 71, 91 ff., 99, 105, 168 ff. *siehe auch Einpunktschulung, Qualifikation, und Weiterbildungsprogramm*
Pilotlinie 179
Piratenschiff 145 f.
PM-Analyse 196 ff.
Pokayoke 121, 132, 179, 199 ff., 202 ff.
-Gewichts-Pokayoke 211
-Maß-Pokayoke 211
-Form-Pokayoke 211
-Bewegungsablauf-Pokayoke 211
-Schrittfolge-Pokayoke 211
-Anzahl-Pokayoke 212
-Kombinations-Pokayoke 212
-Umfang-Pokayoke 212
Produkterzeugungsphilosophie 29 ff., 61 ff., 67 ff., 76, 79 ff.
Produktions-
-kapazitätsblatt 102, 193
- Erstellung 157 ff.
-management, Reform des 51, 61 f., 70 ff., 76, 120 f.
-philosophie 59, 62
-qualität 12, 30, 113 f., 193 ff.
-system, Reform des 29, 51 ff., 62, 73 ff., 76, 117 ff.
-technik 20 f., 59, 64 f., 101 f., 107 ff.
-vorbereitung 107 ff., 117
Prototyp 21 f., 107 f., 179, 194 *siehe auch Testmodell*
Prozess
-fähigkeitsindex 18 f., 107, 193 ff.
-planung 101, 107 ff., 117 f., 123 ff.
-steuerungsdiagramm 190 ff.

Q

Q, C, D 37, 73, 89 f., 96, 98, 102, 107, 120 f., 152, 158
QiP-Beurteilungsliste 228 ff.
Qualifikations-
-matrix, -steigerungsplan 121, 169, 174 ff.
-steigerungscollege 178 ff.
-trainer 169, 181 ff.
Qualität
- Bedeutung 11 ff.
-(s)experten, Ausbildung von 92
-(s)fehlermaßnahmenblatt 223 ff.
-(s)kosten 33 f., 39 ff., 48 ff., 85 ff., 194
-neues Konzept 40, 45 ff.
-traditionelles Konzept 39 ff., 42 ff.
-(s)niveau 14, 34, 39, 43, 45 f., 71, 85 ff., 88 ff.
-(s)sicheung durch Prüfen 15
-(s)sicherung im Prozess 17 ff., 92
-(s)steuerung 12, 17, 64
-(s)verbesserung 14 ff.

R

Raumschiff 145 f.
Reißleine 27, 133
Rüstzeit, Reduzierung der 126

S

Schulungs-
-personal 178 ff. *siehe auch Qualifikationstrainer*
-zentrum 169 *siehe auch Qualifikationssteigerungscollege und Trainingsraum*
Serienstart 108
Standardarbeitsblatt 102, 121, 133, 151 ff., 154 ff., 202, 217
- Erstellung 157 ff.
Stellplatzbezeichnung 138 ff., 208
Steuerungstabelle der Gutteilbedingungen, Erstellung 184 ff.
Supermarkt 138 ff., 208

T

Taktzeit 155
Team
-leiter 64, 91 f., 96, 98 ff., 105, 160 ff., 165, 217 f.
-struktur, Einführung der 59, 61, 64, 71, 91, 95 ff.
-Workshops 92, 96, 105
Teilestellplatz 145 ff.
Testmodell 113 *siehe auch Prototyp*
Topmanagement, Rolle des 82 ff.
TQC 40
TQM 40
Trainingsraum 169, 179

U

Überproduktion, Verschwendung durch 126
Unternehmenskultur 85 ff. *siehe auch Organisationskultur und Wertvorstellung*
Umlaufbestand, standardisierter 127, 155
Ursachenanalyse-Prüfblatt 223 ff.

V

Verfahrensanweisung 101 f.
Verkauf 136
Vertrauensgrenze, obere und untere 190 ff.
Visuelles Management 64, 120 ff., 135, 138, 154 f., 181

W

Weiterbildungsprogramm 171 ff.
Wertvorstellung 79 ff., 86, 136 *siehe auch Organisationskultur und Unternehmenskultur*
Wettbewerbsfähigkeit,
- Steigerung der 33 ff., 36 ff.
- Struktur der 36 ff.

Autoreninformation

Nach dem Abschluss seines Maschinenbaustudiums an der Meiji Universität in Tokio im Jahr 1972 trat Hitoshi Takeda in ein großes Unternehmen der Automobilzulieferindustrie ein. Er war dort in den Bereichen Fertigungssteuerung, Fertigungstechnik, Lieferantenabwicklung sowie im »Promotion Office« für den Kaizen-Prozess tätig. Zu seinen Aufgaben gehörten auch das Auditieren und das Anleiten von Prozessverbesserungen bei circa hundert Lieferanten.

Im Jahr 1990 gründete er SPS Management Consultants. Er betreut Unternehmen in Japan, Korea und Europa mit einem Schwerpunkt in Deutschland. Zu seinen Kunden zählen namhafte Unternehmen aus sehr unterschiedlichen Branchen wie Elektronik, Schiffbau, Maschinenbau, Automobilzulieferer, Möbel und andere. In deutscher Übersetzung liegen außerdem folgende Titel vor: *Das Synchrone Produktionssystem, LCIA – Low Cost Intelligent Automation, Das System der Mixed Production.*

Hitoshi Takeda hat als erster die Methoden des synchronen Produktionssystems in einer bis dahin nicht gekannten Anschaulichkeit veröffentlicht. Sein Vortrag und seine praktische Arbeit vor Ort zeichnen sich durch eine außerordentliche Lebendigkeit und manchmal auch Direktheit aus. Es gelingt ihm dadurch auch Personen gerade im mittleren Management, die unter Umständen jahrzehntelang eine bestimmte Arbeitsweise trainiert haben, von notwendigen Veränderungen zu überzeugen. Es gibt mittlerweile auch in Deutschland eine ganze Reihe namhafter Unternehmen, die sich unter seiner Anleitung bedeutend weiterentwickelt haben.

Hitoshi Takeda, Jahrgang 1948, schätzt gutes Essen mit einer besonderen Vorliebe für Meeresfrüchte.